August Ludwig Reyscher

Die Rechte des Staats an den Domänen und Kammergütern

August Ludwig Reyscher

Die Rechte des Staats an den Domänen und Kammergütern

ISBN/EAN: 9783741158810

Hergestellt in Europa, USA, Kanada, Australien, Japan

Cover: Foto ©ninafisch / pixelio.de

Manufactured and distributed by brebook publishing software (www.brebook.com)

August Ludwig Reyscher

Die Rechte des Staats an den Domänen und Kammergütern

Die

Rechte des Staats

an den

Domänen und Kammergütern

nach

dem deutschen Staatsrecht und den Landesgesetzen,
insbesondere der sächsischen Lande.

Von

A. L. Reyscher.

Leipzig,
Verlag von S. Hirzel.
1863.

Vorwort.

Jeder Staats- und Geschichtskundige weiß, wie sehr die frühere Entwicklung des Verfassungsrechts der deutschen Territorien auf der Stellung des Landes zu dem Kammerhaushalt der Fürsten beruhte, wie die häufige Verschleuderung der landesherrlichen Domänen nicht blos zu vielfachen Reklamationen der Regierungsnachfolger, sondern auch zu harten Kämpfen mit den Ständen führte, die nun durch Steuern in die Lücke eintreten sollten, wie diese Gelegenheit sodann von den Ständen benützt wurde, ihre Rechte zu erweitern, die Erhebung und Verwendung der Steuern sich anzueignen, und wie endlich der regellosen Finanzwirthschaft und dem oft kleinlichten Hadern und Markten um öffentliche Leistungen und Gegenleistungen ein Ende gemacht wurde durch die Verfassungen dieses Jahrhunderts, welche das Kammergut als unveräußerliches Staatsgut vor Vergebung und Mißverwaltung schützten, den ganzen Staatshaushalt unter ständische Kontrolle stellten und dagegen den Grundsatz zur Anerkennung brachten, daß die nothwendigen Staatsausgaben, soweit sie nicht durch den Ertrag des Staatsguts gedeckt sind, durch Steuern aufgebracht werden müssen.

Aber auch der Rückgang der staatsrechtlichen Entwicklung hat sich jederzeit kundgethan in einer mehr oder minder willkürlichen Behandlung der Finanzsachen, und nicht selten war es das wiedererwachte Verlangen nach den Fleischtöpfen der alten unabhängigen Domänen-Wirthschaft, welches die inneren Kämpfe eines Landes nicht zur Ruhe kommen ließ, während dagegen in denjenigen Staaten, wo die neue gesetzliche Ordnung der Finanzen unangefochten blieb, der fürstliche Haushalt wie der Staatshaushalt davon Vortheil zog.

Der Versuch, welchen Herr Professor Zachariä in Göttingen schon in einigen Stellen seines Staatsrechts, noch mehr aber in seiner neuen Schrift über das rechtliche Verhältniß des fürstlichen Kammerguts, insbesondere im Herzogthum Sachsen-Meiningen machte, denjenigen „fürstlichen Häusern," welche erst spät (1848 u. 1849) in die neue Richtung eingetreten sind, den Weg zur Rückkehr in die alten Verhältnisse oder richtiger über diese hinweg zu einem Privat-Eigenthum an den Domänen zu ebnen, kann nach meiner innigsten Ueberzeugung nicht dazu beitragen, Irrthümer, welche über die Natur des deutschen Kammerguts oder Domänenvermögens vielfach verbreitet sind, aufzuklären, zu weit gehende Ansprüche zu mäßigen und einen festen Rechtszustand herbeizuführen. Im Gegentheil werden die Ansichten und Rathschläge eines so gewiegten Staatsrechtslehrers dazu mitwirken (und sie haben es zum Theil schon gethan), daß unhaltbare Zustände geschaffen werden, welche den betheiligten Regierungen größeren Schaden bringen, als der vorübergehende Gewinn beträgt, den sie etwa dadurch errungen haben.

Ich habe es für Pflicht gehalten, der bis jetzt unwidersprochenen privatrechtlichen Auffassung des Domänen-Verhältnisses, wie sie in der zachariäschen Schrift zum Vorschein gekommen, mit aller Entschiedenheit entgegenzutreten und bin dabei derselben staatsrechtlichen Grundansicht gefolgt, welche schon vor 25 Jahren in einem Gutachten der Juristenfacultät zu Tübingen, betreffend den hannoverschen Verfassungsstreit, von mir niedergelegt worden. Auch diesmal war es eine bekannte streitige Sache, welche mir zunächst Veranlassung bot, mich mit der theoretisch wie praktisch

wichtigen Domänenfrage eingehender zu beschäftigen. Es ist dies
der Rechtsstreit zwischen dem herzoglichen Hause zu Sachsen-Meiningen und den dortigen Ständen über das Eigenthum an
dem Domänenvermögen und dessen fernere Verbindung mit dem
Staate, von welchem es losgerissen werden soll.

Keinen Hehl mache ich aus der Partei, welche ich in diesem
berühmten Streite, der jetzt vor dem Oberappellationsgericht zu
Dresden als Schiedsgericht verhandelt wird, ergriffen habe. Nachdem Herr Professor (nun meiningischer Staatsrath) Zachariä seitens
der herzoglichen Regierung um seinen Rath und Beistand angegangen worden, hat anderseits die meiningische Landschaft es
für ihre Pflicht gehalten, von einem auswärtigen Rechtsgelehrten
ein unparteiisches Gutachten in der belangreichen Angelegenheit
einzuholen, und gerne würde ich mich diesem ehrenvollen Auftrage
schon früher unterzogen haben, wenn nicht eine langwierige Krank-
heit mich daran gehindert hätte.

Insbesondere über die meiningische Domänensache verbreitet
sich die zachariäsche Schrift; ja diese ist von Anfang bis zuletzt
gegen die meiningischen Stände und die von ihrem Domänen-
ausschuß versuchte Rechtsvertheidigung in einer Weise gerichtet,
welche mit dem unwandelbaren Sinn für „Wahrheit und Recht"
und mit der Liebe zu den sächsischen „Geburtslanden" (Gotha),
wodurch Zachariä laut seiner Vorrede allein bestimmt worden
das Wort zu ergreifen, nicht in Einklang zu bringen ist. Es war
nicht zu umgehen: ich mußte auch auf dem speziellen Felde, wo der
Gegner zu Hause ist, den Kampf aufnehmen und, wenn schon ich
mich keiner verwandtschaftlichen oder dienstlichen Beziehungen zu
dem schönen Sachsenlande, auch nicht zu den alten thüringischen
Landen, rühmen darf, so wird mein vormaliger publizistischer Kol-
lege mir doch, vielleicht gerade deßhalb, das Zeugniß nicht versagen,

daß ich in der Liebe zur Wahrheit, worauf es hier vor Allem ankommt, nicht zurückstehe.

Je weniger die literarische Klopffechterei nach meinem Geschmacke ist, um so mehr war ich bemüht, durch ruhige Betrachtung der Sache und genaues Eingehen auf die historische und praktische Seite der sich erhebenden Rechtsfragen jene Objectivität der Forschung und jene Freiheit des Urtheils zu behaupten, wobei allein es möglich ist, die Behandlung gegebener Rechtsfälle für die Doctrin und Praxis fruchtbar zu machen.

Indem ich mich nicht darauf beschränkte, blos diejenigen Schriften und diejenigen Gesetze anzuführen, welche für meine Auffassung des Gegenstandes sprechen, sondern möglichst die ganze Literatur und die Gesetzgebung aller deutschen Staaten in den Kreis der Untersuchung zog, hoffe ich dem Leser sein Urtheil erleichtert und eine für Manche nicht unnützliche Arbeit vollbracht zu haben. Lieb wäre es mir, wenn ich auch bei solchen, welche an der Wissenschaft des gemeinen Staatsrechts oder an diesem selbst irre geworden sind, die Ueberzeugung befestigt hätte, daß die Kontinuität der Rechtsentwicklung, wenn auch zuweilen durch verkehrte Zeitströmung unterbrochen, doch niemals ganz aufgehalten werden kann.

Noch kann ich, was die badischen Domänen betrifft (S. 182, 365) auf eine mir soeben erst zu Gesicht gekommene Abhandlung von Helferich (Professor in Freiburg, jetzt in Göttingen) über die Domänenverwaltung in Baden aufmerksam machen, worin die öffentliche Natur jener Domänen auch bei Auslegung des §. 69 der badischen Verfassung festgehalten und praktisch nachgewiesen wird. s. Zeitschrift für die Staatswissenschaft 1847 S. 14 ff.

Rastatt, den 1. Sept. 1869.

A. L. Reyscher.

Inhalt.

I. Die Kammergüter zur Zeit des deutschen Reichs.

	Seite
1. Staat und Staatsvermögen, Kammergut (domanium)	3
2. Ursprung und Character der Reichs- und Territorial-Gewalt . .	12
3. Ansichten der Rechtsgelehrten über das Rechtsverhältniß der Domänen und Kammergüter	24
4. Königliches Kammergut (Reichsdomänen)	46
5. Landesherrliche Kammergüter (Landesdomänen), deren Ursprung Bestandtheile und rechtliche Natur. Unterschied zwischen Kammerfiskus und landschaftlicher Kasse	58
6. Die Rechtstitel der einzelnen Besitzthümer. Einheit des Kammerguts	70
7. Insbesondere die säkularisirten Kirchengüter und die Zutheilungen durch den Reichsdeputations-Hauptschluß v. J. 1803. Eroberungen	78
8. Verbindung des Kammerguts mit der Landeshoheit. Staatssuccession	85
9. Die Pertinenz-Qualität und öffentliche Natur des Kammerguts .	92
10. Der auf dem Kammergut haftende Regierungsaufwand. Kammerbeiträge und Steuern	101
11. Die „fideikommissarische Eigenschaft" des fürstlichen Kammerguts. Das sog. Privatfürstenrecht	111
12. Das sog. Familieneigenthum. Die Erbverbrüderungen . . .	125
13. Verhältniß der Hausgesetze zu den Landesgesetzen. Wiederruf unerlaubter Veräußerungen	132
14. Ergebniß des Bisherigen	140

II. Heutiges Recht der Domänen- und Kammergüter.

15. Folgen der Auflösung des deutschen Reichs für die Domanial-Verhältnisse: a. unmittelbare Folgen	143
16. b. Mittelbare Folgen. Kassen-Vereinigung, Staatsgut . . .	149
17. Art. 27 der Rheinbundsakte. Mediatisirungen	156
18. Selbstmediatisirungen. Hohenzollernsche Domänen	162

§.		Seite.
19.	Die Gesetzgebung in den einzelnen Staaten (mit Ausnahme der sächsischen Lande): a. Oesterreich	169
20.	b. Preußen	171
21.	c. Baiern	173
22.	d. Hannover	175
23.	e. Würtemberg	179
24.	f. Baden und Nassau	182
25.	g. Die drei hessischen Lande	189
26.	h. Holstein und Lauenburg, Luxemburg und Limburg	192
27.	i. Braunschweig und die beiden Mecklenburg	194
28.	k. Oldenburg und die anhaltischen Herzogthümer	197
29.	l. Die Fürstenthümer Schwarzburg-Sondershausen und Rudolstadt, Lichtenstein, Waldeck, Reuß-Schleiz und Greiz, Lippe	200

III. Die Kammergüter in den sächsischen Landen.

30.	Vorbemerkung	209
31.	Das alte Herzogthum Sachsen, dessen Zerfall und Neubildung in dem askanischen, später wettinischen Hause	210
32.	Ursprung der sächsischen Domänen	215
33.	Oerterungen und Theilungen	222
34.	Sachsen albertinischer und ernestinischer Linie. Weitere Theilungen	227
35.	Rechtliche Natur der sächsischen Kammergüter zur Zeit des deutschen Reichs	236
36.	Die Ordnungen im gothaischen Gesamthause	249
37.	Die auf dem Kammergut ruhenden Lasten	268
38.	Das heutige Recht der Domänen und Kammergüter in den sächsischen Staaten. 1. Königreich Sachsen	276
39.	2. Großherzogthum Sachsen-Weimar	278
40.	3. Herzogthum Altenburg	284
41.	4. Sachsen-Koburg-Gotha	289
42.	5. Sachsen-Meiningen. a. Die Fürstenthümer Meiningen, Hildburghausen und Saalfeld in ihrer alten Verfassung	297
43.	b. Das gemeinschaftliche Grundgesetz von 1829	304
44.	c. Die Gesetze von 1831, 1846 u. 1849	309
45.	d. Aufhebung des Gesetzes von 1849. Agnatische Proteste	315
46.	e. Das Gesetz vom 3. Juni 1854	323
47.	f. Verschiedene Auslegungen	334
48.	g. Nichtigkeit und Unausführbarkeit des Gesetzes	347

IV. Schlußbetrachtungen.

49.	Rückblick auf den Stand der Gesetzgebung	359
50.	Nochmals die Privateigenthumstheorie. Politische Gründe	364

I.
Die Kammergüter zur Zeit des deutschen Reichs.

§. 1.
Staat und Staats-Vermögen. Kammergut, domanium.

Mit Recht bemerkt Herr Professor Zachariä im Eingange seiner Schrift über das rechtliche Verhältniß des fürstlichen Kammerguts, insbesondere im Herzogthum Sachsen-Meiningen (Göttingen 1861). „Wer sich ein gründliches, der Wahrheit und dem Rechte entsprechendes Urtheil über den Stand der sog. Domänenfrage bilden will, wird nicht umhin können, zunächst seinen Blick auf den Rechtszustand zur Zeit des deutschen Reichs zu lenken, wie er aus einem mehrere Jahrhunderte umfassenden Entwicklungs-Prozesse der Territorial-Verhältnisse hervorgegangen ist." Statt nun aber diesen Entwicklungs-Prozeß zu zeigen, beschränkt er sich auf einzelne polemische und aphoristische Bemerkungen, welche — zu meinem Bedauern muß ich es sagen — weder den Rechtszustand zur Zeit des deutschen Reichs, noch das Recht der Gegenwart aufzuklären geeignet sind.

Niemand wird Herrn Z. bestreiten, wenn er §. 1 sagt, daß es das erste Erforderniß einer richtigen (historischen) Erkenntniß sei, die Verhältnisse so zu nehmen, wie sie wirklich waren und nicht so, wie sie möglicher Weise hätten sein können. Was soll aber die damit verbundene Lection, wo er von idealem Staatsrecht, Fälschung der Geschichte und Täuschung Anderer spricht? Veranlassung bot ihm, wie er bemerkt, die erst in der neueren Zeit (?!) entstandene Controverse über das Eigenthumsrecht an den Domänen in den deutschen Bundesstaaten, und insbesondere die Schrift des landschaftlichen Referenten in der Meiningenschen Domänensache, Herrn Geheimen Regierungsraths Luther: über die rechtliche Natur der Domänen u. s. w. (Meiningen 1857). Ich maße mir nicht an, jedes einzelne Wort dieser Schrift oder der Zachariä'schen Erwiderung zu wägen und zu drehen (in verbis simus faciles!). Sollte aber Herr Zachariä wirklich glauben, mit Einwürfen, wie folgender (§. 2) seinen Gegner aus dem Felde zu schlagen?

„Jeder, der auch nur eine oberflächliche Kenntniß von den früheren Zuständen in Deutschland hat, weiß, daß der Staatsbegriff nur auf das Reich Anwendung litt" u. s. w.

Mit Einem Schlage sehen wir hier das frühere Territorial-Staatsrecht vernichtet und nur das Reich mit seiner siechen Verfassung, welche aber der Staatsaufgabe nicht gewachsen war, weil sie „die Keime centrifugaler Entwicklung" nicht zu hemmen vermochte, blieb übrig, bis auch dieses, aber erst 1806, in völliger Entkräftung dahin sank. Da war es wohl noch ein Glück, daß man in Frankreich das Wort jus territoriale oder Landeshoheit in Souveraineté übersetzte[1]) und daß Napoleon I. im Preßburger Frieden von 1805, Art. 14, gleichsam vor Thorschluß förmlich die Souveränität mehrerer deutschen Fürsten anerkannte[2]) sonst hätte es uns Deutschen im römischen Reiche deutscher Nation an einer staatlichen Existenz gänzlich gefehlt!

Herr Zachariä ist seiner Sache so gewiß, daß er wie jener Eroberer Hiebe nach allen Seiten austheilt und diejenigen, welche für den Staat noch etwas von den Domänen retten wollen, welche namentlich die Sekularisation als einen staatlichen, nicht als einen privatrechtlichen Erwerbgrund betrachten, wie Schuljungen heimschickt:

Die bloße Hypothese (lesen wir S. 2) muß die Stelle des zu führenden Beweises vertreten. Jahrhunderte dazwischen fallender und neue Verhältnisse erzeugender Rechtsentwicklung werden ignorirt und wo sich irgend die Legitimität (?) eines Erwerbs Seitens der in den Besitz einer schon ausgebildeten Landeshoheit gelangten Fürsten bemäkeln läßt (?) z. B. in Betreff der sekularisirten ehemaligen geist-

---

[1]) Schon in den französischen Friedens-Vorschlägen v. 1645, §. 8, ist die Rede von „droits de souverainété" und von „souverenitatis jura." Meiern, acta pacis. Westph. I. p. 444. 447.

[2]) Die neuen Könige von Bayern und Württemberg und der Kurfürst von Baden sollten hienach die vollständigste Souveränität ebenso ausüben, wie der Kaiser von Deutschland (?) und Oesterreich und der König von Preußen sie über ihre deutschen Staaten ausüben.

lichen Güter, da muß der noch gar nicht vorhandene „Staat" sich gebrauchen lassen, nicht um ein angeblich begangenes Unrecht durch Restitution zu sühnen, sondern um, wie Richter alter Zeiten, sich selbst das dem Uebelthäter abgenommene Gut zuzueignen.

Ich habe nicht nöthig, die Sachsen-Meiningen'sche Landschaft oder den landschaftlichen Domänen-Ausschuß wider die letzten Worte in Schutz zu nehmen. Wenn die Abgeordneten des Landes und die Beauftragten im Ausschusse sich berufen sahen, die Rechte des Staats am Domanium geltend zu machen [3]), so thaten sie dabei nichts anderes, als was auch die Stände anderer Staaten, namentlich Hannovers (1833), im öffentlichen Interesse zu thun für ihre Pflicht hielten. Hier von dem Versuche einer Aneignung fremden Gutes zu reden, ist in der That ein nicht zu entschuldigendes Beginnen und es war eine solche Verletzung der Wahrheit und des gesunden Menschenverstandes am wenigsten von Seite eines anerkannten Staatsrechtsgelehrten zu erwarten, der selbst den öffentlichen Kämpfen seit einer Reihe von Jahren nicht ferne geblieben ist und wohl zu erwägen vermag, welche schwere Pflicht die Abgeordneten eines kleinen Landes bei Streitigkeiten mit der ihnen nahestehenden Regierung zu erfüllen haben.

Zur Sache selbst hier nur wenige Bemerkungen. Allerdings war der engere Begriff des Staats, als eines selbständig gegliederten, unabhängigen oder souveränen Gemeinwesens dem früheren jus publicum germanicum fremd. Nicht blos die Reichslande entbehrten den Vollbesitz der öffentlichen Gewalt, auch das deutsche Reich war weder nach innen noch nach außen ein vollendeter Staat, ein Staat κ. ε. Kann man aber deshalb sagen, daß es kein öffentliches Recht der Territorien oder daß es

---

[3]) Zachariä selbst sagt in seinem deutschen Staats- und Bundesrecht II. S. 416, daß die Kammergüter in so fern Staatsgüter seien, „als ihre Einkünfte zur Bestreitung von Staatsbedürfnissen verwendet werden müssen." Mit Grund konnte daher Herr R. Luther in seiner angeführten Schrift §. 10 a. C. sagen: der ganze Einwurf laufe auf ein bloßes Wortspiel hinaus, welches schon dadurch den Boden verliere, daß man statt des Wortes „Staatsgut" sich des Ausdrucks „öffentliches Gut" bediene.

keine Territorialstaaten gegeben habe? Wie jeder Sachkundige weiß, so bildete das teutsche Reich seit der Entstehung der Landeshoheit, also spätestens seit dem 13. Jahrhundert, nicht einen einfachen, sondern einen zusammengesetzten Staat, dessen einzelne Glieder — um mit Pütter zu reden — wieder eigene Staaten ausmachten, die nur als Theile des Ganzen demselben untergeordnet waren⁴). Daß auf diese Weise ein Staat im Staate möglich sei, beweisen die nordamerikanischen Staaten, die Kantonéstaaten der Schweiz, und auch die Frankfurter Reichsverfassung vom Jahr 1849 hatte einen solchen Staatenstaat in Aussicht genommen. Die gleiche Auffassung finde ich schon bei einem teutschen Schriftsteller des 17. Jahrhunderts, der in einer oft nachgedruckten Dissertation sagt: Peculiaris in singulis (ditionibus s. territoriis) consistit Respublica et praeterea omnes conjunctim sumptae communi aliqua Rep. Imperii continentur⁵).

Gleichwohl wurde das Wort „Staat" lange Zeit im deutschen Reiche wenig gebraucht⁶). Die Worte „Reich" (imperium) und Land (terra, territorium) vertraten die Stelle. Ebenso wurde gewöhnlich nicht von einer „Staatsregierung" gesprochen, sondern einerseits von kaiserlichem oder königlichem Amt und Gewalt, andererseits von landesfürstlicher hoher Obrigkeit oder Landes-Regiment. In lateinischen Schriften und Urkunden des Mittelalters und der späteren Zeit steht dagegen für Staat die gleich allgemeine Bezeichnung: respublica und, wie wir kaum gesehen haben (Note 5), wurde diese auch angewandt auf die deutschen Reichslande. Erst in den zwei letzten Jahrhunderten

---

⁴) El. Pütter, histor. Entwicklung der Reichsverfassung, Bd. I. S. 209. II., S. 160. Ders. in seinen Beiträgen zum Staats- und Fürstenrecht Bd. I. S. 31. Eichhorn, deutsche Staats- und Rechtsgeschichte Bd. II. S. 290.

⁵) Lud. Hugo (praes. Binnio), Disp. de statu regionum Germaniae et regimine principum summae imperii reipublicae aemulo. Helmstädt 1661. Leipzig 1736 cap. II. §. IV. sq. Vergl. Hertius de special. Romano-Germ. Imp. Rebus publicis sect. I. §. 2.

⁶) Selbst die Glossarien des vorigen Jahrhunderts erwähnen das Wort theils nicht, theils nur kurz, wie Wachter, gloss. Germ. v. Stat, Staat, res constituta: dicitur per synecdochen generis de regalis et imperiis, quia regna et imperia sunt respublicae constitutae.

kam das Wort: „Etat", „Staat", abgeleitet von status, englisch state, französisch éstat, état, allmälig in Uebung, Anfangs noch für status, Stand, Zustand, wie Klosterstaat, Hofstaat, Fürstenstaat [7]), oder auch für Dienstanweisung [8]), dann aber auch für respublica oder staatliches Gemeinwesen. Auch der Ausdruck „Staat" in diesem Sinne wurde auf die Reichsterritorien, hier sogar häufiger als auf das Reich, in Anwendung gebracht. „Wer ein Territorium hat, der hat auch einen Staat", sagte Moser, Einleitung in die Lehre des besonderen Staatsrechts §. 8.

Der kürzeste und bequemste Weg, um über die staatlichen Ansprüche an die Domänen hinwegzukommen, war freilich der, den betheiligten Staaten die staatliche Existenz abzusprechen, oder einerseits nur Patrimonialherrn und andererseits privatrechtlich berechtigte und verpflichtete Grundholden als Unterthanen anzuerkennen, aber „keine nach Innen organisirte und nach Außen abgeschlossene Staaten." Jede andere Vorstellung von dem frühern Verhältnisse der Reichslande und ihrer Gebiete ist nach Zachariä eitle Doctrin und ideales Staatsrecht. Zwar verwahrt er sich auch wieder gegen die Vermuthung, als ob er „mit (den Worten) Staat und Staatsbegriff Spott treiben wolle": „Wir gehören nicht zu der Schule, welche ihn so „gerne aus der Gegenwart vertilgen und die zum Abschluß ge„langte (Idee?) von der herrschenden Verbindung von Fürst und „Volk zu einem organischen Gemeinwesen in eine Summe von „nebeneinander liegenden, je ungleicher und vielgestaltiger, desto „interessanter und ansprechender erscheinenden Einzelverhältnisse „auflösen möchten." Er freut sich der zum Durchbruch gelangten

---

[7]) In diesem Sinne ist v. Seckendorff's deutscher Fürstenstaat (Status principum, im Gegensatz zu Status imperii) abgefaßt 1656. 5. Ausg. Frankfurt a. M. 1678. Zwar kann der Verf. nicht umhin, auch zuweilen von Etat, Staatssachen im neueren Sinne zu reden; im Allgemeinen aber verwahrt er sich in der Vorrede, mit dem Worte Staat dasjenige keineswegs gemeint zu haben, was darunter heutzutage öfters begriffen „und fast keine Untreu, Schand-That und Leichtfertigkeit zu nennen sein wird, die nicht an etlichen verkehrten Orten mit dem Etat, ratione status oder Staats-Sachen entschuldigt werden will."

[8]) Staat des ständischen Ausschusses und Staat für Vormünder in Württemberg.

rationellen Entwicklung und Geltung des Staatsbegriffs in der Gegenwart; er protestirt nur gegen jede Nichtachtung des positiven Rechts, unter Berufung auf allgemeine staatsrechtliche Doctrinen, besonders wo es sich um Gegenstände handle, die an sich zu den Objekten des Privatrechts gehören, wie dieß bei den Bestandtheilen des Kammerguts oder Domaniums fast überall der Fall sei.

Wir wollen uns durch die leztere Bemerkung den Gesichtspunkt, auf den es ankommt, nicht verrücken lassen. Es handelt sich bei der Domäneufrage, welche in verschiedenen deutschen Staaten noch ihrer endlichen Lösung harrt, nicht blos um das Eigenthum an den Domänen, sondern auch um sehr reelle Nuzungsrechte; es handelt sich hauptsächlich um die alterthümliche Verwendung der Kammer-Einkünfte zu den Regierungs-Ausgaben und die Sicherstellung dieser Verwendung. Sieht man in den frühern Reichslanden keine politischen Gemeinwesen, wie man sie immer benennen mag, sondern bloße Herrschaftwesen oder mit Zachariä bloße Aggregate von „Einzelverhältnissen", so konnte auch das Recht auf eine solche Verwendung nicht dem Lande erworben werden; es konnten überhaupt keine Landesrechte entstehen. Allerdings sind die Domänen und Forsten, welche die Hauptbestandtheile des Kammerguts ausmachen, an sich und einzeln betrachtet, Gegenstände des Privatrechts, d. h. die dazu gehörigen Grundstücke könnten heutzutage ebensowohl von einem Privatmann erworben und besessen werden, wie vom Staat oder von dem Landesherrn. Aber nachdem sie einmal vom Staat erworben worden oder nachdem sie von dem Landesherrn erworben sind für öffentliche Zwecke, wie der Unterhalt des Staats und seiner Regierung, so kommt ihnen, als Bestandtheilen des vorhandenen Kammer-Vermögens, eine öffentlich-rechtliche Bedeutung zu, d. h. die Einkünfte aus dem Kammer-Vermögen sind zu den bestimmten öffentlichen Zwecken zu verwenden und es kann dieses Vermögen nicht beliebig von dem Staate wieder getrennt oder zu fürstlichem Privatgute gemacht werden. Noch weniger kann dieß geschehen bei andern Einkünften öffentlichen Ursprungs, wie die Einnahmen aus nuzbaren Hoheitsrechten, Fiskusgebühren, welche gleichfalls früher in die landesherrliche Kammer flossen *).

Die Frage kehrt also immer wieder: wem gehört das Kammergut, gehört es dem Staat, hat der Staat Rechte darauf? Und diese Frage kann nicht damit abgeworfen werden, daß der Staat im Laufe der Zeit eine neue Form oder eine weitere Ausbildung erhalten hat. Daß der Staat an sich (in thesi) schon bestanden, als das Kammergut sich gebildet, kann natürlich auch Herr Zachariä nicht läugnen (bekanntlich ist der Staat so alt als die menschliche Gesellschaft); er läugnet nur, daß die deutschen Territorialstaaten zu jener Zeit schon gewesen seien. Eine unzulässige Rückanwendung des Staatsbegriffs wäre es nach ihm, wenn davon für die Zeit des deutschen Reichs und namentlich für die Zeit der Säkularisationen (des 16. 17. oder 19. Jahrhunderts?) Gebrauch gemacht werden wollte, wo der Staat als organisches Gemeinwesen noch gar nicht existirt hätte. — Was Herr Zachariä unter einem „organischen Gemeinwesen" versteht, hat er uns in seiner Schrift nicht gesagt. Eine Republik kann er nicht gemeint haben: denn das sind die wenigsten deutschen Staaten auch jetzt noch. Ebensowenig kann er eine landständische oder eine Repräsentativ-Verfassung zum Begriff des Staates fordern: denn ein Staat mit unumschränkter Regierung (mit einem imperium absolutum, wie der Engländer Hobbes es wünschte) ist nichtsdestoweniger ein „Staat", wenn schon kein freier Staat. Man kann also zum Begriff eines Staats im weitern Sinne nur fordern eine Gesammtheit von Menschen, vereinigt unter einer Regierung, einem imperium überhaupt. Dieses Merkmal fand sich aber, wie nachher (§. 2) gezeigt werden wird, nicht blos bei dem sog. imperium, dem Reiche, sondern auch bei dem Territorialverbande. Auch Vermögen kann ein Staat mit rein monarchischer Regierung und ein

---

*) Ueber die Bedeutung des Wortes Kammer als conclave publicae administrationis, conclave rationum et reditum publicorum, aerarium, fiscus s. die Glossarien von Haltaus und Scherz v. Kammer. Obgleich die Domänen-Erträgnisse nur einen Theil der Kammerintraden oder Kammereinkünfte bilden, so wird doch Kammergut, Kammervermögen mit dominium oder Domanial-Vermögen meist identisch genommen.

Staat mit ständischer Vertretung ebensowohl erwerben, wie ein Staat mit sog. repräsentativer oder gemischter Verfassung; es folgt dieß schon aus dem Begriffe des Staats als einer rechtlichen Persönlichkeit [10]). Waren auch die deutschen Lehensstaaten und Immunitätsherrschaften noch nicht zu der Form eines **staatsbürgerlichen Gemeinwesens** (einer civitas) entwickelt, wie wir sie jetzt finden, waren vielmehr Staat und Landesherr gewissermaßen Eines, und wurde daher in vielen Beziehungen, wo wir jetzt vom Staate reden, nur vom Landesherrn gesprochen, so vertrat der Landesherr doch nicht blos seine eigenen Interessen, sondern auch die des Landes, und auch seine eigenen Rechte und Pflichten, soweit sie sich auf die Landes-Regierung und auf die Reichsstandschaft bezogen, waren öffentlicher oder, wie man jetzt sagt, staatlicher Natur. Als Rechtssubject stand ihm gegenüber einerseits Kaiser und Reich, andererseits das Land, allerdings abgetheilt nach Ständen und Corporationen, welche aber meist wieder ihre gemeinsamen Interessen gegenüber dem Landesherrn durch das ständische corpus, die gemeine Landschaft geltend machten. —

Warum übrigens Herr Zachariä Nachdruck darauf legt, daß das staatliche Gemeinwesen als **Eines** sich darstelle, ist nicht klar. Vermuthlich will er damit wieder den Gegensatz zur Theilung der Staatsgewalt im Reiche oder zu der „Summe von neben einander liegenden, je ungleicher und vielgestaltiger, desto interessanter und ansprechender erscheinender Einzelverhältnisse" (Feudalstaat?) ausdrücken. War denn aber nicht ein Herzogthum, eine Grafschaft im Reiche auch ein Ganzes, und stellte nicht das Reich, auch nach Herr Zachariä, einen Staat dar, trotz seiner Getheiltheit und trotz der Verschiedenheit seiner Bestandtheile? Setzt nicht der Begriff der Einheit selbst wieder Verschiedenes voraus, das in ihr verbunden ist? Doch was bedürfen wir weiter Zeugniß? Herr Zachariä selbst hat an einem andern Orte [11]) das vormalige Reich einen „**Staaten-Staat**", die Landeshoheit eine Territorial-Regierungsgewalt genannt; er

---

[10]) v. Savigny, System des heut. röm. Rechts, Bd. 1. S. 22. 29.
[11]) Deutsches Staats- und Bundesrecht, 2. Aufl. Bd. 1. S. 100. 103. Vergl. S. 91. 119.

hat wie von Reichsverfassung und Reichsregierung, so analog von der Verfassung und Regierung der Territorien gesprochen und zugefügt: „Im Verhältniß zu einander waren die Bestandtheile des Reichs zwar selbständige, von einander **unabhängige Gemeinwesen** (also doch!); allein kraft der Reichsverbindung war es doch in keiner Weise ein völkerrechtliches, sondern ein staatsrechtliches Verhältniß" [12]). Ganz richtig! Es entspricht dieß eben der Vorstellung von einem Gesammtstaate oder Bundesstaate (richtiger **Staatenreich**), welcher in mancher Beziehung selbständige, staatliche Gemeinwesen oder **Einzelnstaaten** in sich schließt, wie dieß auch Zachariä §. 27 seines Staats- und Bundesrechts auseinandersetzt. Ebendaselbst §. 12 erfahren wir: „Jeder Staat ist ein **Gemeinwesen**, d. h. ein lebendiger Organismus, welcher das Gesetz der Unterordnung der Glieder unter die Gesammtheit oder die sie repräsentirende Obrigkeit in sich schließt und worin Jeder von dem Ganzen das empfängt, was seines Amtes (?) als Glied des Ganzen ist."

Ferner §. 206: „**Alle** positiven Rechte älterer und neuerer Zeit legen der respublica oder dem Staate auch insofern juristische Persönlichkeit bei, als er die Fähigkeit besitzt, Sachen (auch Theile des Grund und Bodens) **eigenthümlich zu besitzen** und Eigenthum nach den Regeln des geltenden Privatrechts zu erwerben."

So wäre also der Staat und das Gemeinwesen für die vormaligen Reichslande mit Hülfe von Zachariä selbst gerettet. Auf den Ursprung des Gebiets — ob aus Eroberungen, Kauf, Erbfolge u. s. w. hervorgegangen —, desgleichen auf die Art der Organisation, auf das Subjekt der Staatsgewalt: ob monarchisches, aristokratisches oder demokratisches Regiment, bischöfliche, stiftische, prälatische oder magistratische Regierung, erbliches oder gewähltes Oberhaupt — alle diese verschiedenen Spitzen kamen bekanntlich in Deutschland vor — darauf kommt es bei dem Begriffe des Staats und der Staats-Gewalt nicht an. Uebrigens gebe ich Herrn Zachariä vollständig zu, daß der Staat in seiner heutigen Erscheinung keinen Maßstab abgeben kann für die geschichtliche Auffassung früherer Zustände. Meine eigene

---

*) Daf. S. 101.

Ansicht von der historischen Natur der Kammergüter geht auch keineswegs dahin, daß diese Staatsgüter im neueren Sinne immer gewesen seien. Aber Verwahrung muß ich einlegen gegen eine verkehrte Behandlung der Geschichts- und Staats-Wissenschaft, welche heutige Zustände gleichsam auf den Kopf stellen würde und nur eine Entwicklung rückwärts annehmen ließe.

§. 2.
Ursprung und Character der Reichs- und Territorial-Gewalt.

Wenn es wahr ist, daß der Staat ursprünglich und naturgemäß in einem Volk, durch das Volk und für das Volk entsteht[1]), so muß man gestehen, daß die deutsche Staatenbildung mit ihrem Produkt von 463 größeren und kleineren Territorien (vor 1792)[2]) sich weit von dieser Natur-Aufgabe des Staats entfernt hat. Dennoch läßt sich nicht sagen, daß das Mittelalter so sehr aller volks- und staatsrechtlichen Gedanken entbehrt habe, um die patrimoniale Auffassung zu rechtfertigen, welche Herr Zachariä seiner Darstellung der Sachsen-Meiningenschen Domanial-Verhältnisse zu Grunde legt. Ich muß hier auf die Geschichte der öffentlichen Gewalt in Deutschland, wenn auch nur kurz, eingehen, zumal da in dieser Beziehung noch häufig die unklarsten, längst überwundenen Standpunkten angehörigen Meinungen zu Tage gefördert werden.

Daß die königliche Gewalt nach dem Aussterben der Karolinger durch Wahl oder Zustimmung des Volks[3]), später

---

[1]) v. Savigny, System des heut. röm. Rechts Bd. 1. S. 22. 29.

[2]) S. Verzeichniß der deutschen Territorien bis 1792 bei Lancizolle, Uebersicht der deutschen Reichsstandschafts- und Territorial-Verhältnisse, Berlin 1830. S. 15 f.

[3]) Schon Karl der Große und Ludwig der Fromme hatten die Bestimmung eines Nachfolgers in den getrennten Reichsantheilen bei Konkurrenz mehrerer Enkel von der Zustimmung des Volks abhängig gemacht. Divisio imperii 806. a. 5. 817. a. 14. 830. c. 1. (Pertz. Legg. I. p. 141. 149. 357.) Auch zu der Nachfolge Kaiser Lothars hatte nach dem Eingange der Urkunde

der 7 Kurfürsten, übertragen wurde, ist bekannt. Seit der Krönung Otto's I. zum römischen Kaiser (962) machte zwar der Papst eine gewisse Lehensherrlichkeit gegenüber dem deutschen Reichsoberhaupte geltend [4]); dieselbe wurde jedoch von dem Reiche nicht anerkannt [5]), und als der Papst Johann XXII. den König Ludwig den Bayer der durch seine Wahl erlangten Rechte

---

vom Jahr 817 das ganze Volk, d. h. die Reichsversammlung die Zustimmung gegeben. König Ludwig II., Sohn Ludwigs des Deutschen, nannte sich (877) in seinem Eide misericordia Domini nostri et electione populi Rex constitutus. Pertz, Monumenta Germ. Legum tom. I. p. 549. Nach dem Sturze Karls des Dicken wurde Arnulf von den Großen des Reichs auf dem Reichstage zu Tribur zum Könige ernannt. Ebenso wurde Ludwig IV. nach dem Rathe der Fürsten und mit Zustimmung des Volks in seine Würde eingesetzt. Mansi Concil. Tom. 18. col. 204.

[4]) Die Krönung Otto's I. konnte für eine solche Abhängigkeit nicht geltend gemacht werden, s. die Verhandlungen bei Pertz Monumenta Germ. Legum tom. II. p. 29—33. pars altera p. 159.

[5]) Allerdings gab sich Kaiser Friedrich I. bei seinem ersten Römerzug 1154 nach einigem Widerstreben dazu her, dem Papst Hadrian IV., welcher hilfsbedürftig in das Lager zu Viterbo gekommen war, den Steigbügeldienst, das vasallitische officium strepae, zu leisten. Als aber zwei Jahre hernach zu Briançon (Bisontiaum) die päpstlichen Gesandten dem Kaiser erinnerten, daß er die kaiserliche Krone vom Papst erhalten habe, erhob sich allgemeiner Unwille in der Fürstenversammlung und auf die Frage eines Legaten: si ergo a domino Apostolico non habet, a quo habet? war Pfalzgraf Otto von Wittelsbach nahe daran, ihm die Antwort mit dem Schwerte zu geben, das er in Händen hielt. Der Kaiser begnügte sich jedoch, die Gesandten, welche unausgefüllte Briefe mit dem päpstlichen Siegel bei sich trugen, nach Hause zu schicken, und erließ sofort ein Rundschreiben, worin es unter Anderem heißt: Cumque per electionem principum a solo Deo regnum et imperium nostrum sit, qui in passione Christi filii sui duobus gladiis necessariis regendum orbem subjecit, cumque Petrus apostolus hac doctrina mundum informaverit, Deum timete, regem honorificate: quicumque nos imperialem coronam pro beneficio a domino Papa suscepisse dixerit, divinae institutioni et doctrinae Petri contrarius est et mendacii reus erit. Otto de S. Blasio, Chron. ad an. 1156, vid. Monumenta res Alamanicas illustr. tom. II. p. 459. Pertz Monum. Germ. l. c. II. p. 105. Dieselbe Ansicht von einer Gleichstellung der geistlichen und weltlichen Gewalt liegt zu Grunde dem Sachsensp. I, 1, wogegen der Schwabensp., Landr. (Laßberg) Vorrede d. s. der päpstlichen Auslegung folgt. In dem Grundsatze, daß der Papst die weltliche Gesetzgebung (Land- und Lehenrecht) nicht ändern könne, stimmen beide Rechtsbücher überein. Sachsensp. Lbr. I. 3. §. 3. Schwabensp. 3b.

verlustig erklärte und diejenigen Orte, welche noch ferner denselben als König anerkennen würden, mit dem Interdikt bedrohte (1324. 1327), vereinigten sich gesammte Reichsstände den 8. August 1338 in Frankfurt zu dem Ausspruche, daß die kaiserliche Würde und Gewalt **unmittelbar** von Gott komme und daß nach dem Rechte und dem Reichs-Herkommen der von den Kurfürsten einstimmig oder durch die Mehrheit Erwählte vermöge der Wahl allein für den wahren und rechtmäßigen König und römischen Kaiser zu halten sei *). Der göttliche Auftrag, worauf auch die früheren und späteren Herrscher sich beriefen, ward hienach bei der Wahl stillschweigend vorausgesetzt, ohne daß es einer Bestätigung der Wahl durch die Kirche bedurfte; daher der Titel: e r w ä h l t e r römischer Kaiser, welchen zuerst Maximilian I. führte. Bestritten war, ob die Reichsgewalt bei dem Kaiser oder nicht ;vielmehr bei dem Reiche sei *). Die letztere Ansicht hatte die Geschichte und das Prinzip der Wahlmonarchie für sich; jedoch erlangte der Kaiser durch seine Wahl ein e i g e n e s lebenslängliches Recht auf die königliche Würde, Amt und Regierung *), wenn gleich beschränkt einestheils durch die **L a n d e s h o h e i t** der einzelnen Reichsstände, welche als ein selbständiges Recht der Reichshoheit gegenüberstand, andererseits durch die Komitialrechte der „Kurfürsten und Stände des Reichs", welchen

---

*) ex sola electione est Rex verus et Imperator Romanorum censendus et nominandus. Ohlenschlager, Staatsgeschichte, Urkundenbuch Nr. 68. Ganz korrekt war übrigens obiger Ausspruch nicht: denn nur die königliche Gewalt und Ehre ward begründet durch die Reichswahl und durch die nachgefolgte bischöfliche Weihe zu Aachen, die Gewalt über das römische Reich und der kaiserliche Name kamen geschichtlich und nach der übereinstimmenden Deutung der Rechtsbücher her von der Weihe zu Rom. Auch anerkennen diese, daß der Kaiser aus 3 Ursachen: Ketzerei, eigenmächtige Scheidung von dem rechten Weibe, Zerstörung eines Gotteshauses den päpstlichen Bann verwirke. Sachsensp. III, 52, §. 1. 57. §. 1. Schwabensp. Ldr. 118, 128.

*) Für jenes *Reinkingk*, de regimine seculari et eccles. (1616. Ed. VI. 1659) für dieses Hipp. a *Lapide* (Bogislaus Philipp von Chemnitz) de ratione status in Imperio (1640) P. 2. cap. 18. Noch weiter gieng *Bodinus* de republica Lugduni 1586 lib. II. cap. 6. p. 223, welcher behauptet: seit Einführung der Königswahl sei Deutschland allmälig eine aristokratische Republik wie Venedig geworden.

*) Wahlkapit. von 1792 Eingang und §. 1.

in ihrer Gesammtheit eine Mitentscheidung, sog. Mitregierung (coimperium) bei den meisten Reichssachen zukam ⁷).

Worauf gründete sich nun die Landeshoheit oder Territorialgewalt? Schon das Aachener Capitulare Ludwigs des Frommen vom Jahr 825 c. 3 und 8 spricht von einer Theilung des Reichsamtes (ministerium) zwischen dem Kaiser und den Reichsständen (per partes divisum esse cognoscitur). Wie die oberste Gewalt des Kaisers die Erhaltung des Friedens und der Gerechtigkeit im Reiche überhaupt zur Aufgabe hatte, so sollten die Reichsvasallen, insbesondere die Bischöfe und Grafen, jeder an seiner Stelle und in seinem Amte, die ersten Gehilfen des Kaisers und die Hüter des Volkes sein; wogegen andererseits der Kaiser sich wieder zu ihrer Unterstützung und Ermahnung berufen fühlte. Obgleich die Erblichkeit der Lehen und Aemter damals noch nicht entschieden, sondern erst im Werden begriffen war ⁸ᵃ), so ist doch dieses Kapitular durch seine prinzipielle Abgrenzung zwischen der Reichs= und der Territorial-Gewalt die Grundlage des öffentlichen Rechts im fränkischen und in dem nachherigen deutschen Reiche geworden und geblieben ¹⁰). Auch die Rechtsbücher des 12. und 13. Jahrhunderts sehen in der kaiserlichen und königlichen Gewalt die Quelle aller weltlichen Macht der Reichsstände, die Quelle namentlich des Fürstenamts und der Gerichtsbarkeit ¹¹). „Der Mensch ist des Reichs und der Kaiser ist sein Schirmer", wiederholt noch das Kaiserrecht ¹²). Weil aber der Kaiser nicht in allen Landen konnte sein, darum verlieh er den Fürsten, Grafen und andern Herrn die Gerichte (Grafschaft, Schultheißenthum) ¹³). Die Markgrafen, Pfalz=

---

⁷) S. jedoch Pütter, Beiträge zum Staats= und Fürstenrecht Th. 1 S. 58 f.

⁸) Kaum ein halbes Jahrhundert später war es anerkannte Regel, daß Amt und Lehen des Vaters dem Sohne (wenn er tauglich) gelassen werden müssen. Capit. a. 877. c. 9. bei Pertz, Legg. I. p. 539.

⁹) Dies bemerkt auch Pertz bei Mittheilung des Gesetzes in den Monumenta germ. Legg. I. p. 242.

¹¹) Sachsensp. I. 1. III. 52. 53. Schwabensp. Lbr. Vorr. Art 69. 114. 119. 121b.

¹²) Buch IV. Kap. 8 nach Endemann.

¹³) Sachsensp. III. 52. §. 2. Schwabensp. Landr. 119.

grafen und Landgrafen richteten unter des Königs Bann, wie andere Grafen, und übten selbst herzogliche Rechte aus, z. B. die Landgrafen von Thüringen [14]). Auch durch die eingetretene Vererbung des Reichsamts und dessen Umwandlung in Landeshoheit wurde der frühere Amtssprengel nicht in Eigenthum des Landesherrn verwandelt; die Grundlage des Rechtsverhältnisses im Territorium blieb das **Amtsrecht** [15]), wie andererseits in den von der Gerichtsbarkeit des Landrichters befreiten geistlichen und weltlichen Besitzungen das kaiserliche **Immunitätsprivilegium**. Das Wesen der landesherrlichen Rechte, welche erstmals in dem Privilegium der weltlichen Fürsten von 1231 [16]) und bestimmter in dem westphälischen Frieden von 1648 [17]) (hier unter dem Titel: jus territoriale) anerkannt wurden, war die **Gerichtsbarkeit**. Wie der König dem Reiche schwur, daß er Recht stärke und Unrecht kränke [18]), so waren die Landesherrn verpflichtet, den Frieden und das Recht in ihren Landen zu schützen [19]). Aus dieser Aufgabe der Landesgewalt entwickelten sich aber von selbst weitere Rechte, namentlich das Gesetzgebungsrecht [20]). Auch in dieser Beziehung war die Landeshoheit nachgebildet der Reichshoheit, wiewohl dieser untergeordnet, und insoferne keine vollständige Staatsgewalt. [21])

Thatsächlich freilich schloßen sich die Territorien mehr und

---

[14]) Sachsensp. III, 62. §. 2. 64. §. 8.

[15]) Kaiserrecht III. 6. Alle Fürstenthume sind einsampte des Kaisers. (al. des riches).

[16]) Pertz, Legum tom. II. p. 282. Vergl. die Bestätigung Friedrichs II. vom Jahr 1232. Pertz. l. c. p. 291.

[17]) Art. VIII. §. 1.

[18]) Sachsensp. III. 54. §. 2. Schwabensp. Lbr. 122.

[19]) Schwabensp. 135. 156b. Landfrieden von 1235. cap. 4. 1323. §. 3. 7. Aen. Silvius (1458 Papst Pius II.) Germania cap. 73. Principis proprium est, judicium et justitiam facere, subvenire oppressis, sublevare jacentes et Christi sacerdotes honorare.

[20]) Landfrieden von 1287 §. 44. Swaz ouch die fursté oder die Lantherren in irm lande *mit der herren rate setzent* und machent disem lantfriden ze bezzerange und ze vestenunge, daz mogen si wol tun, und damitte brechen si den landsfridis niht.

[21]) S. de Pufendorf de statu imperii germ. cap. VI. §. 2.

mehr als gegen die Reichsgewalt,²²) und schon in Folge der Beschränkung der kaiserlichen Macht, welcher nur wenige Reservatrechte übrig geblieben waren, und in Folge der Schwerfälligkeit der Reichsgesetzgebung, welcher Religions-Sachen und verwandte Gegenstände durch den westphälischen Frieden entzogen wurden, mußte das Reich zurücktreten gegen die Entwicklung der Regierungsthätigkeit in den Einzel-Staaten, namentlich in Oesterreich und Preußen, welche bereits für souverän galten, ehe noch der Rheinbund gestiftet (1806) und dadurch das Reich factisch aufgelöst wurde. Indessen so mannigfach auch die Territorien in Deutschland ursprünglich und in Folge späterer Theilungen und anderer Schicksale sich gestaltet haben, so verschieden die Machtverhältnisse der einzelnen regierenden Häuser und die Rechtstitel waren, durch welche dieselben in den Besitz ihrer Gebiete und ihrer einzelnen Bestandtheile gekommen sind, so kann doch darüber kein Zweifel sein, daß sämmtliche Reichslande rechtlich in einem Verhältnisse der Unterordnung zum Reiche standen und daß die Landeshoheit, ohne Unterschied zwischen allodialen und lehenbaren Territorien, in der Reichsverfassung ihren Grund und ihr Bestehen hatte.²³) Sie war daher auch, wie die Reichsgewalt und wie die Reichsstandschaft, ein öffentliches Recht (juris publici) und es kann hieran weder etwas ändern, daß sie in den weltlichen Reichsländern der Succession unterworfen, noch daß sie überhaupt dem Subjekte nach ein Sonderrecht war. Das Gleiche ist auch der Fall bei andern Erbmonarchien, wenn gleich in verfassungsmäßigen Staaten der Antritt der Regierung zuweilen noch von besondern Bedingungen (Verfassungseid) abhängig ist.

Auch das Bild, welches Herr Zachariä S. 5 von dem innern Zustande der deutschen Territorien entwirft, kann ich nicht zutreffend finden:

---

²²) Aen. *Silvius* l. c. cap. 72 sagt über das Verhalten der Reichsstände zum Kaiser: Tantum ei (imperatori) parctis quantum vultis, vultis autem minimum. Libertas omnibus in communi placet, aeque civitates neque principes, quod suum est, imperatori praebent, nulla illi vectigalia, nullum erarium; quisque sui rei moderator et arbiter esse vult.

²³) Gönner, deutsches Staatsrecht §. 86—91. 228. 229.

In den Ländern der geistlichen und weltlichen Fürsten, Grafen und Herren und diesen nur in so weit verpflichtet, als es die alte Unterordnung unter Grafen- oder Fürstenamt, das Herkommen oder vertragsmäßige Uebereinkunft, die bestimmte Lehenspflicht oder ein anderer specieller Rechtstitel mit sich brachte, sitzen die landsäßigen Prälaten, Ritter und Städte mit ihrer gegen einander sowohl als dem Landesherrn gegenüber abgegrenzten und insofern durchaus privatrechtlichen Rechtssphäre; der Bauer, wenn nicht leibeigen, doch meistens oder in der Regel, im Verhältniß der Gutsunterthänigkeit zu einem geistlichen oder weltlichen Herrn! Wie konnte da von einem Staat und Consequenzen des Staatsbegriffs die Rede sein?

Also eine durchaus privatrechtliche Rechtssphäre wäre es gewesen, worin die Landstände in den Reichslanden sich bewegten; und zwar aus dem Grunde, weil die Rechtssphäre der verschiedenen Stände unter sich und zum Landesherrn eine „abgegrenzte" gewesen?! Ist denn das Rechtsverhältniß der heutigen Stände ein unbegrenztes und schließt das Staatsrecht überhaupt besondere Rechte einzelner Klassen (jura singulorum) und specielle Rechtstitel aus? Die alte „Unterordnung unter (das) Grafen- oder Fürstenamt" war übrigens kein specieller und kein privatrechtlicher Subjektions-Titel, sondern ein öffentlicher und allgemeiner Rechtsgrund, und was das „Herkommen" betrifft, so ist dasselbe allerdings eine wichtige Quelle des Ständerechts, aber nicht blos in privatrechtlicher, sondern auch in staatsrechtlicher Beziehung. [24]) (Manche beschränken dasselbe sogar auf das öffentliche Recht.) Ebenso ist es mit der Vertragsform, mittelst welcher bis auf die neuere Zeit manche ständische Rechte und ganze Verfassungen gegründet und verbrieft worden sind. Die Grundlage der ständischen Rechte aber waren die alten Rechte der Freien, und der daraus hervorgegangene gemeine Rechtssatz: daß der Landrichter oder der Landesherr

[24]) Darauf verweist das Privilegium der weltlichen Fürsten vom Jahr 1231: quum usque principum — — utatur quiete secundum terre sue consuetudinem.

(beides wird in den Rechtsbüchern gleichbedeutend genommen) keine neuen Lasten und keine neuen Gesetze einführen könne, es bewillige sie denn das Land.²⁵) Herr Zachariä scheint sein Bild einer späteren Zeit entlehnt zu haben, wo allerdings Prälaten, Ritter und Städte meist die einzig politisch berechtigten Stände waren; doch war der freie Bauernstand deßhalb in Deutschland nicht verschwunden (in einzelnen Landen z. B. Ostfriesland nahm er Theil an der Landstandschaft). War denn aber die ständische Vertretung nicht selbst schon Theil, sogar Haupttheil der öffentlichen Verfassung?

Soll ich noch an die wichtigen Rechte erinnern, welche die alten Landstände einzeln oder in corpore ausübten: das freie Einigungs- und Versammlungsrecht (erst später wurde landesherrliche Berufung für nöthig gehalten), die Selbstbesteurung und das Kassarecht, die Theilnahme an der Gesetzgebung, zuweilen auch vormundschaftliche Mit- oder gar Alleinregierung? Auch von dem alten Volksrechte der Wahl eines Richters, Grafen und Herrn ²⁶) erhielten sich Spuren bis in das 15. Jahrhundert²⁷). Zwar hat sich die ständische Verfassung nicht überall und auf die gleiche Weise ausgebildet; aber die Elemente, mindestens gemeine Landschaft, und auch die Berechtigung dazu (s. Note 25) waren in allen deutschen Landen vorhanden und, wo jene nicht zur Entwicklung gekommen sind, lag der Grund hievon entweder in der Kleinheit des Gebiets und in der Einfachheit der Verhält-

---

*) Reichserkenntniß von 1231 bei Pertz Legum II. p. 283. — ut neque principes neque alii quilibet constitutiones vel nova jura facere possint nisi meliorum et majorum terrae consensus primitus habeatur. Vergl. Sachsensp. III. 91. §. 3. He ne mot ock nen gebot noch herberge, noch bede, denest, noch nen recht uppat land setten, it ne willekore dat land. (Aus der Görlitzer H. S. von 1387 und dem Breslauer Coder des 15. Jahrh. von Homeyer geschöpft.

²⁶) L. Alam. tit. 41. L. Bajuv. II. 1. §. 1. Sachsenspiegel I, 55 und 56. Al werltlk gerichte havet begin von kore. Vergl. Tacitus Germ. c. 7. eliguntur in iisdem conciliis et principes, qui jura per pagos vicosque exercent.

²⁷) Michelsen, das Wahlrecht der schleswigholstein'schen Stände in der Zeitschrift für deutsches Recht Bd. III. S. 64. f. Das Wahlrecht des böhmischen Landes ist anerkannt in der goldnen Bulle cap. VII §. 5. Ueber die

niſſe, wo mehr eine herrſchaftliche Regierung am Plaze ſchien²⁶), oder darin, daß der Landesherr bei der Zureichenheit ſeiner Domänen-Einkünfte und guter Wirthſchaft keinen Anlaß hatte, die Hülfe des Landes zur Ausbeſſeruug ſeiner Finanzen nachhaltig in Anſpruch zu nehmen ²⁹).

Man darf ſich alſo innerhalb der Reichslande keineswegs blos gutsherrliche oder gar leibherrliche Verhältniſſe denken (ſchon die Subjektion unter die Landesherrſchaft als ſolche war ein ſtaatsrechtliches Verhältniß), und auch wo jene Verhältniſſe mit der Landesunterthänigkeit zuſammentrafen, war doch die Perſon des Landesherrn und die des Guts- und Leibherrn wohl zu unterſcheiden. ³⁰) Die wechſelſeitigen Verpflichtungen des Herrſchers und der Unterthanen bezweckten nicht etwa nur die Vermehrung der Macht und des Reichthums des erſtern, ſondern ſie bezogen ſich weſentlich auf ein Gemeinſames, namentlich auf Anſtalten für die gemeine Wohlfahrt ³¹) und auf den öffentlichen Rechtsſchutz, wozu der Landesherr vor Allem verbunden war. Sie fußten auch nicht blos in beſonderen Lehens- und Dienſt-

---

Wahl und Einſetzung des Herzogs in Kärnthen durch die freien Landſaſſen und die Reſte dieſes Wahlrechts bis zum 18. Jahrhundert ſ. Laßberg-Schwabenſpiegel S. 133. Note. Sonſtige Wahlrechte ſ. bei Wilda v. Landſtände in Erſch s Rechtslexikon Bd. VI. S. 606.

²⁷) Dieß ſind die regiones, von welchen Ludolf, symphor. consult. forens. tom. 1. consult. 10. p. 326 ſagt, daß ſie modo magis beruht als auf den Grund von Landesverträgen regiert werden. Daß das Eigenthumsrecht Grund und Maß der Regierung abgegeben habe oder abgeben durfte, läßt ſich deßhalb nicht ſagen. Auch die beiden Beiſpiele, welche St. Pütter, Beiträge zum Staats- und Fürſtenrecht Bd. 1. S. 140 f. 159 f. anführt, ſprechen nicht für dieſes Fundament.

²⁸) Dieß iſt der Grund, warum es in den Grafſchaften Oldenburg und Delmenhorſt zu keiner landſtändiſchen Verfaſſung gekommen iſt, ſ. C. L. Runde, patriotiſche Phantaſien ꝛc. ꝛ.

²⁹) Schnaubert, teutſches Territorialſtaatsrecht §. 167. Gönner, teutſches Staatsrecht §. 226. a. E.

³¹) v. Seckendorf, Fürſtenſtaat II. 1. §. 8. „Es beſtehet die landesfürſtliche Regierung in Erhaltung und Behauptung gemeinen Nutzens und Wohlſtandes in geiſt- und weltlichen Sachen." Pütter, elementa juris publici (1766) lib. 3. cap. 1. §. 132. Norma territorialis potestatis est, ut tantum ad salutem publicam locum habeat.

Verträgen, sondern mehr noch in gemeinsamen Satzungen, Landes-Verträgen und Gewohnheiten (Note 24 und 25), und diese hatten wieder ihre Grundlage und Ergänzung in den Reichsgesetzen und in den Grundbegriffen und Grundanschauungen der Zeit über das Wesen der obrigkeitlichen Gewalt und ihre Beziehung zu Gott und der Welt.⁵²) Großen Einfluß übte das ganze Mittelalter hindurch das sogenannte geschriebene Recht: das fränkische Reichsrecht (Karlsrecht), das römische und das kanonische Recht.⁵³) Auch die Schriftsteller der späteren Jahrhunderte erklären mit wenigen Ausnahmen die Gewalt des Landesherrn nicht aus einem **privatrechtlichen** Princip, sondern theils aus der Analogie der kaiserlichen Gewalt — nach dem Grundsatze: tantum valet status in suo territorio, quantum caesar in imperio — ⁵⁴) theils unmittelbar aus kaiserlicher Verleihung. ⁵⁵) Daneben machte sich in theologischen Schriften und in Gesetzen seit der Reformation die Ansicht von einem **göttlichen** Ursprung der Regierungsgewalt in veränderter Form wieder geltend. Das fürstliche Amt, die landesherrliche Dignität wurden als unmittelbar von Gott verliehen betrachtet; doch wurden nicht blos Rechte, namentlich Vermögensrechte, sondern auch öffentliche **Pflichten**: für die gemeine Wohlfahrt und die Erhaltung einer guten Justiz u. s. w. mit der göttlichen Mission in Verbindung gebracht. ⁵⁶)

Juristisch betrachtet ist nicht zu läugnen, daß der Landesherr (im staatsrechtlichen Sinne) ein **eigenes**, wenn schon häufig lehnbares Recht auf die Regierung hatte und nur im

---

⁵²) Siehe den prologus zum Sachsensp: Gott is selve recht. Kaiserrecht I. 1—2. Augsb. Confessien Art 16.

⁵³) Sachsensp. I, 1. Schwabensp., Lbr. 1ᵒ und Vorwort.

⁵⁴) *Hugo* (praes. Biondo) Diss. cit. cap. IV. §. 9. sq. cap. III. §. 34. Quasi regiam potestatem habent. *Pütter*, Beiträge zum Staats- und Fürstenrecht Bd. 1. S. 188.

⁵⁵) Nicht blos die Regalien, auch die Jurisdiktion wird auf diese Weise abgeleitet von *Myler ab Ehrenbach* de principibus, Stuttgardiae 1669. P. 1. cap. 14. §. 21. S. jedoch **Moser**, von der Reichsstände Landen. Buch 1. Kap. 17. §. 7.

⁵⁶) So in den brandenburgischen Kirchenordnungen von 1549 und 1602. Corp. Const. Marchic. tom. I. Abth. 1. S. 6. 83.

Falle der Reichsacht oder wegen Mißbrauchs der Regierung dieser entsetzt werden konnte.⁸⁷) Ja man kann noch weiter gehen und sagen: auch das Land selbst, das Territorium, d. h. das Landesgebiet, der Herrschaftsbezirk war Gegenstand des landesherrlichen Verfügungsrechts, wenn schon beschränkt, wie wir später sehen werden, durch lehensherrliches und ständisches, zum Theil auch agnatisches Einwilligungsrecht. Mit dieser Ansicht ist jedoch nicht zu verwechseln das Patrimonialprinzip, wonach die Landeshoheit aus dem Eigenthum an Grund und Boden hervorgehen und selbst wieder den Charakter des Privat-Eigenthums an sich tragen sollte. Dieses Prinzip ward erst durch Biener wissenschaftlich zu begründen gesucht.⁸⁸) — Doch hat schon v. Seckendorf (Fürstenstaat III., 4, §. 4), gegen die in praxi vorkommende mißbräuchliche Anwendung des Worts „Landesherr" bemerkt: obwohl man den Fürsten des Landes für einen Herrn desselben erkenne, so verstehe sich solche Herrschaft nicht in Bezug auf das Eigenthum aller im Lande gelegenen, unbeweglichen oder beweglichen Güter; die Herrschaft des Landesherrn sei nichts anders als die hohe Botmäßigkeit. Bekämpft wurde das Patrimonialprinzip insbesondere von Posse⁸⁹), und auch Zachariä in seinem deutschen Staats- und Bundesrecht 2. Aufl. Bd. 1. §. 18 hat sich dagegen ausgesprochen, indem er sagt: „Geht man von einer richtigen Bestimmung des Begriffs des Staats als eines organischen Gemeinwesens aus, so kann zunächst von keiner ursprünglichen, den Staat blos zum zum Object eines eigenen persönlichen Rechts machenden, Fürsten-Souveränität die Rede sein und es ist in gleicher Weise ver-

---

⁸⁷) Wahlkap. Art. 1. §. 3. 4. Leist, deutsches Staatsrecht §. 98. Anm. §. 145. Gönner, deutsches Staatsrecht §. 245. nr. V.

⁸⁸) Chr. G. *Biener*, de natura et indole dominii in territoriis Germaniae, Halae 1780. Die Patrimonialstaatsgattung wird allerdings schon von *H. Grotius* de jure belli et pacis (1625. 1701) lib. I. cap. III. §. 12 lib. II. cap. 7. §. 12. genannt. Aber ihre Anwendung auf alle deutsche Staaten (mit Ausnahme des Reichsstaats selbst) war Biener (p. 41) vorbehalten: Germania tota, si ab imperio ipso ejusque regimine, quod per totius regni fines patet, recesseris, *regitur jure patrimoniali et herili*.

⁸⁹) Ueber das Staatseigenthum in den deutschen Reichslanden und das Staatsrepräsentationsrecht der deutschen Landstände. Rostock und Leipzig 1794.

werflich, die Fürsten in diesem Sinne zu Lehenträgern der öffentlichen Gewalt von Gottes Gnaden zu machen, als den Staat zu einem Patrimonium des Fürsten herabzuwürdigen und diesem ein Eigenthum an der Staatsgewalt im privatrechtlichen Sinne beizulegen, da nur der willkürlichen Disposition unterworfene Sachen, nicht aber zur Erzielung eines höheren sittlichen und rechtlichen Zweckes vorhandene organische Anstalten, Objekte des Eigenthums eines Einzelnen sein können." *⁰)

Noch in unserem Jahrhundert gab es und gibt es wohl Manche, die in dem Staatsoberhaupte nur den Landesherrn im strengen Sinne des Worts, in den Staatsbürgern nur Hörige, in den Staatsbeamten die persönlichen Diener des Fürsten sehen. Es beruht dieß aber auf einer völligen Mißkennung der geschichtlichen Verhältnisse sowohl als des heutigen Staatswesens. Die Personification des Staates in dem monarchischen Oberhaupt schließt die Gemeinschaft der politischen Interessen, einen obersten Staatszweck, dem Alle dienstbar sind, also auch die Idee des staatlichen Gemeinwesens oder der Vereinigung zwischen Fürst und Volk nicht aus. Dem stolzen Worte Ludwigs XIV. „l'état c'est moi," steht das edlere Wort Friedrichs des Großen von Preußen gegenüber, welcher, obgleich Selbstherrscher im eigentlichen Sinne des Worts, dennoch als ersten Diener und als obersten Beamten des Staats sich bekannte. Ebensowenig schließt jene Personification aus ein eigenes erbliches Recht des Monarchen auf die Regierung und die Repräsentation des Staates: dieses Recht liegt vielmehr im Wesen der Erbmonarchie, der vorherrschenden Regierungsform in den deutschen Bundesstaaten. Nur muß man sich hüten, das Subjekt des Rechts mit dem Objekt desselben zu verwechseln oder anzunehmen: darum weil die Regierungsfolge Sache eines Einzelnen sei, nehme auch das Regierungsrecht oder was damit zusammenhängt (z. B. das Domanialrecht) die Natur eines Privatrechts an. Ebensowenig

---

*⁰) Hierbei wird sich auf Stahl, Philosophie des Rechts Bd. II. Abth. 2. S. 110 bezogen, wo gesagt ist: der Staat ist durch und durch eine öffentliche Sache; auf seine Ordnung und Nothwendigkeit gründet sich alles Ansehen und Gewalt in ihm, nicht auf den Willen des Volks, nicht auf einen Privaterwerbgrund des Fürsten u. s. w.

darf das Regierungsrecht mit dem Staate selbst verwechselt werden. Das Objekt des monarchischen Rechts oder Regierungsrechts ist nicht der Staat selbst, sondern die Staatsgewalt. Diese behält aber ihren politischen Charakter bei, auch wenn sie das Recht eines Einzelnen, eines Fürsten ist. Der monarchische Staat kann zwar nicht ohne einen Monarchen gedacht werden; aber der Staat an sich dauert fort, auch wenn der Monarch ohne Erbsuccessor stirbt oder, ohne einen Regierungsverweser zu bestellen, das Land verläßt (wie 1850 der Kurfürst von Hessen) oder gefangen wird⁴¹) und daher für eine interimistische Regierung zu sorgen ist. Je mehr die fürstliche Gewalt wuchs, desto mehr war sie allerdings versucht, ihren Grund in sich selbst, nicht außerhalb, auch nicht im Staate zu suchen. Doch ist gerade die Erkenntniß ihres Zusammenhangs mit der Staatsgesellschaft oder mit dem Volke als ein wesentlicher Fortschritt des neueren Staatsrechts anzusehen, und nur zu wünschen, daß jene Erkenntniß nicht durch falsche Vorstellungen immer wieder getrübt und in dessen Folge der erlangte Fortschritt in veraltete, staatswidrige Bahnen zurückgeleitet werde.

§. 3.
Ansichten der Rechtsgelehrten über das Rechtsverhältniß der Domänen und Kammergüter.

Ohne einen Grundstock sicherer Einkünfte kann der Staat so wenig bestehen, als ohne Unterthanen. Aber als juristische Person, als Gemeinwesen, erwirbt der Staat Vermögen nicht durch sich selbst, sondern es bedarf dazu eines vertretenden Organs; das ist in einherrlich regierten Staaten der Monarch, das Staatsoberhaupt. Von diesen allgemeinen Sätzen, welche im

---

⁴¹) Dergleichen Fälle kamen zur Zeit des deutschen Reichs nicht selten vor. Wie das Reich während der Erledigung des Throns durch die beiden Reichsvikare versehen wurde, so wurde bei dem Erlöschen der landesherrlichen Familie oder bei Gefangenschaft des Landesherrn von den Ständen für die Versehung des Regiments Sorge getragen.

Ganzen noch jetzt unbestritten sind, und welche auch Zachariä
anerkennt[1]), giengen schon die Rechtsgelehrten des 17. Jahrhunderts bei dem landesfürstlichen domanium oder Kammergute
wie bei den Reichsdomänen grossentheils aus. Sie sahen darin
dasjenige Vermögen, welches zur Bestreitung der Hofhaltung
und Regierung bestimmt ist, und gaben das Eigenthum dem
Staat und an dessen Stelle dem Staatsoberhaupt als solchen.
So der Tübinger, später Ingolstadter Rechtslehrer Chr. Besold
politicorum libri duo, Francof. 1620. cap. IV. §. 7.

> n. 31. Pecunia rerum gerendarum nervus est et sine
> sumptibus non ulla consistere Respublica potest.
> n. 32. Vocantur hodie bona *Regno* conjuncta et incor-
> porata, seu *Coronae* unita, itemque dos Reip.
> Camergut, Domaine, cujus quidem dotis dominus
> est *Princeps*, sed illam alienare nequit.

Aehnlich sprechen Andere von einem dominium in rebus ad
rempublicam ac *imperantium utilitatem* ac *dignitatem* deputa-
tum oder von bona, reditus ac jura *principatui* incorporata
ac *potestati principis* subjecta, eum in finem, ut mensa ducalis
instruatur ac *regiones* cum dignitate geratur.[2]) Indessen
herrschte über den Ursprung des Kammerguts noch keine Klarheit. Man hielt sich vorzugsweise an allgemeine Abstractionen
aus der Natur des Staats und an römisches Recht,[3]) das je-

---

[1]) Deutsches Staats- und Bundesrecht Bd. 1. §. 206. Vergl. v. Krellt:
mayr Anmerkungen zu dem bairischen Codex Maximilianeus Th. II. Kap. I.
§. 5. nr. 6ᵇ: „der Staat wird öfters vel mysticé für eine Person geachtet und
so wenig eine Privatperson ohne Eigenthum bestehen kann, also und noch
viel weniger ist solches einem ganzen Staatskörper möglich — — und gleichwie hier nächst in Statu Monarchico der Regent den ganzen Staat repräsen-
tirt, so ergibt sich von selbst, daß alles, was er in dieser Qualität und als
Landesherr hat oder besitzt, res mere publica sei."

[2]) *G. H. Brückner*, Diss. de domaniis regni germanici in eoque con-
tentarum regionum, Erfort 1684. 1690. cap. 1. §. 3. *Ch. Jul. Cellarius*,
Diss. de principum domaniis, Francof. 1686. cap. III. §. 1. Weitere Litera-
tur s. bei *Pfeffinger*, Vitriarius illustratus lib. III. lit. 18. St. Pütter,
Literatur des Staatsrechts Bd. III. §. 857. 1052. 1053. Fortsetzung von
Klüber §. 1053.

[3]) So der oft citirte *H. Grotius* de jure belli et pacis (1625) lib. II.
cap. 6. §. 11. patrimonium populi, cujus fructus destinati sunt ad susten-

doch im Laufe der Zeit selbst verschiedene Systeme angenommen hat. Doch konnten den Verfassern auch die einheimischen Institutionen nicht entgehen und namentlich einem Manne, wie Besold, der die ständische Einrichtung in der Nähe (Württemberg) beobachtete, der Grundsatz, daß die Staatsausgaben zunächst und ursprünglich allein aus der Kammer zu bestreiten seien. Daß die Domänen dem Fürstenthum folgen, galt auch für Samuel v. Pufendorf als eine ausgemachte Sache.⁴)

Genauer wurde die Natur der Domänen zuerst in Frankreich untersucht. Bekanntlich wurde dort mit den Kronbomänen, domaines de la couronne⁵), übel gewirthschaftet. Die königlichen Edikte, welche den Grundsatz der Unveräußerlichkeit festfiellten und bis in das 14. Jahrhundert zurückgehen, wurden nicht befolgt; daher die vielen Widerrufs-Ordonnanzen und neue Verbote, welche aber immer wieder mißachtet wurden. Auf diese Verhältnisse bezieht sich eine Schrift des Kronadvokaten *Choppin*, welche nachher in Deutschland vielfach citirt und bei Bearbeitung des Domanialrechts zu Grund gelegt wurde.⁶) Der Verfasser spricht sich für die Unveräußerlichkeit des Domanium

---

tanda reipublicae aut regiae potestatis onera, a regibus alienari nec in totum nec in partem potest. Eine Ausnahme macht Grotius (§. 13) bei Königen mit unumschränkter Gewalt, d. h. bei solchen, welche das Recht hätten, neue Steuern einzuführen: diese könnten nöthigenfalls auch das Volksgut veräußern, als ein Pfand, das ihnen vom Volk für seine Schuldigkeiten gesetzt worden.

⁴) De jure naturae et gentium 1672 lib. 8. c. 5. n. 11.

⁵) So wurden die Güter und Herrschaften der Könige von Frankreich genannt. *Le Bret*, de la souveraineté du roi de France liv. 3. c. 1 p. 322.

⁶) Choppini de Domanio Franciae libri tres 1572. nova ed. 1583. 1605, auch abgedruckt in dem nachher genannten Sammelwerk von Frisen. Heinrich V. wollte seine navarresischen Besitzungen sich vorbehalten, was aber nicht anerkannt wurde. Seither ist es unbestrittener Grundsatz in Frankreich, daß das Vermögen des Thronerben im Augenblick der Thronbesteigung Staatsgut werde (Gesetz vom 2. März 1832). Die früheren Krondomänen oder Reichsdomänen (domaines du royaume) in Frankreich heißen jetzt domaines publics. Man versteht darunter solche Güter, dont l'état a tout-à-la fois la propriété et la jouissance. *Merlin*, repertoire de jurisprudence v. Domaine public.

aus, als eines theils schon bei Gründung des Staats von dem Herrscher sich vorbehaltenen, beziehentlich ihm bei der Wahl überlassenen (dominium profectitium) theils später der Krone ausdrücklich oder stillschweigend einverleibten Gutes (dom. adventitium). Dasselbe erscheint ihm und andern französischen Schriftstellern als ein der Regierung (symbolisch dem Scepter, der Krone) anhängiges, unverletzliches, öffentliches Besitzthum (sacrum dominium, publicum regium dominium, principis patrimonium publicum, substantia publica, sceptrorum jure quaesita) bestimmt zum Unterhalte des Staats und Hofs. Damit stimmen im Wesentlichen die bereits angeführten deutschen Politiker und Rechtsgelehrten des 17. Jahrhunderts überein, obwohl in den deutschen Territorialstaaten die Domänenfrage nicht wie in Frankreich, Schweden[1]) England u. s. f. schon damals practisch zur Lösung gekommen ist, sondern zum Theil bis heute noch in der Schwebe blieb.

Auch v. Seckendorf, welcher in seinem deutschen Fürstenstaat (1656) Thl. III. Kap. 1 und 4. aus unmittelbarer Anschauung und geschäftlicher Kenntniß die Aufgabe eines deutschen Landesfürsten bei Leitung der Kammer wie der übrigen Regierung beschreibt, anerkennt wiederholt die öffentliche Bestimmung der Kammergüter. „Es ist leichtlich abzunehmen (bemerkt er), wie große und schwere Kosten, Mühe und Arbeit, wie viel Diener und Leute zu der Verführung eines fürstlichen Regiments vonnöthen seyen, damit Ordnung, Friede, Recht und Wohlstand im Lande erhalten, auch dem Landes-Herrn und seinen Angehörigen ihr geziemendes anständiges Auskommen erfolge und er daneben seiner schweren Regiments-Last ergötzet werde." — „Bei denen erblichen Königreichen, Fürstenthümern und Herrschaften sind auch allenthalben theils bei ihrem ersten Ursprung, theils durch nachmalige Vermehrung gewisse Güter, Ein-

---

[1]) Hier ward 1682 bei dem Regierungs-Antritt Karls XI. eine Verabschiedung getroffen, wodurch der Bestand der Krongüter festgestellt, deren Unveräußerlichkeit, als von der Krone inseparabler Güter, ausgesprochen und die Wiedereinlösung der seit der Thronbesteigung der Königin Christine (1632) verschenkten oder verkauften Krongüter angeordnet wurde. *Leyser* jus georgicum p. 255.

künsten und Vorzüge zu finden, deren sich die Landesherren zu ihrer Unterhaltung und Verführung des Regiments gebrauchen, welche insgemein Cammer- oder auch Tafel-Güter und Herrschafts-Einkünften genennet werden, darum solche in des Landesherren eigenem Gewahrsam und besonders dazu verordneten Oertern, die man Cammern nennet oder zu seiner Tafel und Unterhaltung mehrentheils eingebracht werden." Der Verfasser nennt als Bestandtheile des Kammerguts **eigene Güter** und **herrschaftliche Einkünfte**, deren etliche dem Vermögen anderer Leute allerdings ähnlich seien, nur daß der Landesherr deren in größerer Anzahl und Vortrefflichkeit besitze, während andere herrschaftliche Einkünfte aus sonderbaren Vorzügen und Regalien herrühren. (Näher wird auf die Eigenthumsfrage nicht eingegangen.) Als „**Subursach und rechter Brauch der Kammergüter**" wird angegeben die Verwendung ihrer Einkünfte für den Unterhalt des Landesherrn, seiner Gemalin und Kinder, für Besoldung hoher und niederer Diener bei Hof und auf dem Lande zu Erhaltung des Rechts und **gemeinen Nutzens**; für allerhand Verrichtungen und Geschäfte in- und außerhalb des Landes, auch in Reichs- und Kreissachen, wodurch der fürstliche Stand, die Freiheit und Befugniß des Landes und gute Nachbarschaft erhalten werde; Unterhaltung der fürstlichen Schlösser, Amthäuser und dergleichen Gebäude, auch Festungen, Landstraßen und Brücken; für milde Zwecke, Beförderung von Kirchen und Schulen, Unterhalt der Armen, Belohnung verdienter Leute, Verehrungen und dergl. Endlich könne dem Landesherrn nicht verdacht werden, wenn er zur Erquickung in mühseliger Regiments-Arbeit etwas auf fürstliche Ergözlichkeiten und Uebungen verwende. — Neben andern nützlichen Rathschlägen ertheilt v. Seckendorf auch den einer ordentlichen Vorberathung und Vergleichung der Einnahmen und Ausgaben (Kammeretat) und er spricht sich insbesondere gegen die Vorstellung aus, als wäre ein fürstliches Kammer-Einkommen, weil es so mannigfaltig und sich durch das ganze Land erstrecke, auch fast ein jeder etwas dazu gebe, nicht zu erschöpfen. Die Mängel und Unordnungen in der Verwaltung des Kammerguts, bemerkt er, greifen endlich die Kraft und Regierung selbst an (II., 7. §. 15); der Landesherr habe sein fürstliches Amt in Erhaltung der ihm anvertrauten Güter und Einkünfte nicht weniger wie in andern Stücken zu gebrauchen (III., 4. §. 3.). Der Verkauf eines Kammer- oder herrschaftlichen Stückguts sei zuweilen, besonders bei Heimfällen von Lehen, nüzlicher, als wenn sich die fürstliche Kammer mit mehr Dienern und Aufsicht belaste, die Veräußerung alter uuz̄barer Kammergüter aber schädlich und schimpflich; die Aufnahme eines Anlehens, außer in Nothfällen oder bei offenbarem Nutzen, zu vermeiden (III., 4. §. 18.). Des agnatischen Konsenses gedenkt der Verf. nur aus dem Grunde der Lehensfolge. Sofern ein Fürstenthum oder eine Landesherrschaft, wie dieß denn meist der Fall sei, dem Reiche oder einem andern Staub lehenbar, dürfe der Landesherr ohne Wissen und Willen seiner mitbelehnten Brüder und Vettern und des Lehensherrn seine Lande oder einen ansehnlichen Theil derselben oder die fürstlichen Regalien und Gerechtsame nicht veräußern oder letztwillig darüber zu Gunsten eines Dritten verfügen. Doch — fügt der Verf. bei — werde bei ansehnlichen Territorien viel freier verfahren, als bei geringen Ritterlehen, und daher wegen Veräußerung eines und des andern Amtes, Guts oder Nutzung es so genau nicht genommen.

Ein anderer praktischer Schriftsteller, Gottfr. Christian Leiser, (Stolbergischer Rath und Erbbesitzer in Rothermark und Dittgerode), handelt in seinem Werke über die Rechte der Landgüter[5]) speziell von den Domänen und er versteht darunter nicht allein die Staatsdomänen d. h. ausdrücklich dem Staate gewidmete, zum Staate deputirte Herrschaftsgüter, sondern auch die Kammer- und Tafelgüter; in welcher Beziehung er vielfach das v. Seckendorf'sche Buch citirt und ausschreibt. Fast in jedem Staate habe es von Anfang an zu öffentlichen Zwecken bestimmte Güter gegeben, mit deren Einkünften die Fürsten zufrieden gewesen seien, ohne ihre Unterthanen mit Steuern zu beschweren. Weiter bemerkt der Verf. daß die Errichtung von

---

[5]) Jus Georgicum s. tractatus de praediis, von Landgütern. Lips. & Francof. 1698. lib. I. cap. 44.

Domänen lediglich von der Regierung und jeweiligen Verfassung des Staats abhänge; es könne aber auch durch stillschweigende Inkorporation einer späteren Erwerbung die Domanial-Eigenschaft ertheilt werden. (n. 8. 10. 19.)

Ringler*), Advokat der Regierung zu Sachsen-Weimar, unterscheidet die deutschen Grundsätze des Domänenrechts von denen anderer Staaten, indem zwar unter den Kammergütern einzelne sich befinden, welche nach der Natur der **Staatsgüter** und Domänen in Spanien, Frankreich, England u. s. w. zu beurtheilen seien, aber auch andere, wo dieß nicht zutreffe. Die meisten Reichslande seien **kaiserliche Lehen**: in diesem Falle werden die bona domanialia ad dignitatem et sustentationem principis aliusve Status in imperio adsignata aus demselben Rechtstitel besessen wie die Lande selbst, weil sie mit dem Fürstenthum oder der Grafschaft **unauflöslich verbunden** seien. (J. praef.) Ringler verwirft (II. §. 10. p. 101—102.) die civilrechtlichen Analogien des Ususfructs, der **fideikommissarischen Substitution**, der negotiorum gestio, der Tutel und sonstiger Privat-Administrationen, da die Fürsten und Stände des Reichs die jura regalia, fiscalia und domanialia kraft der **Landeshoheit** und des **Lehenrechts** besitzen. Sie seien nicht bloße Verwalter, sondern hätten domanii proprietatem et quasi dominium in bonis publicis, sustentationi eorum et summae dignitati destinatis. (p. 101.) Vermöge der Landeshoheit hätten die Fürsten die Macht, jederzeit ein domanium zu errichten mit Einwilligung der Stände, wo diese vorkommen. Ausführlich handelt der Verf. (II., 11) noch von den Tafelgütern der Bischöfe und Prälaten, welche den Domänen zwar ähnlich, doch darin verschieden seien, daß wie diese ohne Consens der Stände (als am meisten bei ihrer Erhaltung betheiligt) nicht veräußert werden können, so jene ohne Consens des Kapitels.

Auch in Deutschland gaben einzelne Fälle von Verschleuderungen des Kammervermögens Anlaß, der Natur der Kammergüter, insbesondere der Frage von deren Veräußerlichkeit näher

---

*) J. Ph. *Bimpler*, de domaniis Germaniae libr. tres. Francof. & Lipsiae 1698.

zu treten. Ich erwähne hier der Kompilation von Friese [10]), welche vom König Friedrich I. von Preußen mit Vertheidigung seiner Domanialrechte im Herzogthum Magdeburg beauftragt war; ferner einer Stettiner Dissertation, welche denselben Zweck mit Rücksicht auf frühere Domanial-Veräußerungen in Pommern verfolgte [11]) Der Streit ward für die Zukunft gelöst durch das Edict Friedrich Wilhelms III. vom 13. August 1713, welches den bisherigen Unterschied zwischen Domänen und Chatoullgütern aufhob und beiden, auch den noviter acquisita, die Natur rechter Domanial-, Kammer- und Tafelgüter, samt der denselben in den Rechten anklebenden Inalienabilität beilegte (näher bestimmt durch Hausgesetz vom 17. Dez. 1808, sowie durch die Erklärung der Domänen zu Staatsgut in dem allgemeinen Landrecht s. unten §. 20.).

Beachtenswerth sind nicht minder die Streitschriften, welche über die Veräußerung der Grafschaft Falley in Bayern gewechselt wurden. [12]) Der Streit drehte sich hauptsächlich um die

---

[10]) *Chr. Friese*, jus domaniale ex celeberrimorum ictorum sc. Chopini, Brückneri, de las Caesas, Cellarii, Bingleri, Struvii, Reckmanni, Stryckii, Lynkeri, Thomasi, Textoris etc. dissertationibus et tractatibus repraesentatum. Francof. 1701. fol.

[11]) *J. Sam. Hering*, D. de alienatione domaniorum a Pomeraniae ducibus facta, domui Brandenburgicae nil quicquam praejudicante. Stettin 1732. Schon der König von Schweden hatte 1690 wegen der von den früheren pommerischen Herzogen vor ihrem Abgang (das Geschlecht erlosch 1637) veräußerten Tisch- und Kammergüter eine Revocation angestellt, in Uebereinstimmung mit den pommerischen Ständen, welche bereits 1651 zu der von den schwedischen Kommissären übergebenen Regimentsform unter Anderem erklärt hatten, daß die Patrimonial- oder fürstlichen Tischgüter vermöge der kaiserlichen Investitur, der Reichsgesetze und Gewohnheiten, der Landesgrundgesetze und alten Verfassung dem fürstlichen Etat zu sustentiren, deputirt und zugeeignet seien. Bingler l. c. p. 160. 161.

[12]) Anton Johann Lipowsky bekämpfte in einer zuerst anonym erschienenen Schrift: Ungrund der Domänen in Baiern (München 1768 fol.) die Revocation der Grafschaft Falley, welche einstweilen in die Hände der Jesuiten gekommen war; wogegen J. G. v. Käppler, kurfürstlicher Fiskal, unter dem Titel: die Wirklichkeit der Domänen in Baiern (München 1768 fol.) die Veräußerung als nichtig und widerruflich darstellte. Darauf folgte eine neue Schrift von Lipowsky: gründliche Abfertigung der im Druck erschienenen Debution oder Widerlegung der behaupteten Domänen oder viel-

Frage, ob die kurfürstlichen Kammergüter in Baiern als Domänen zu betrachten und demnach, als eine dos reipublicae, vom Staate unzertrennlich seien, ob ferner neue Erwerbungen denselben Charakter annehmen oder blos, wenn sie, wie Choppin und Andere forderten, ausdrücklich dem Hauptcorpus einverleibt worden. Also immer wieder die alte Frage von der Unveräußerlichkeit der Kammergüter, wodurch man aber von selbst auf das Subject des Eigenthums zurückgeführt wurde. Auch hier stellte sich die Landesregierung, in Uebereinstimmung mit dem Verfasser und Kommentator des bairischen Landrechts, Freiherrn v. Kreittmayr [13]) auf die Seite der weit überwiegenden Zahl derjenigen Schriftsteller, welche die öffentliche Natur der sog. Domänen und fürstlichen Kammergüter behaupteten und daraus, als Regel wenigstens, ihre Unveräußerlichkeit ableiteten. Es zeigte sich zwar in diesen Verhandlungen dieselbe Unbestimmtheit über den Begriff und die Abkunft der fürstlichen Kammergüter, dasselbe Spielen mit dem Schlagwort einer dos reipublicae, wie bei Grotius und andern Aelteren; doch wurde mehr wie bisher auf die einheimischen Quellen und die darin enthaltenen Veräußerungs-Verbote hingewiesen.

Inzwischen war von Aug. v. Leyser [14]) die vermeintliche Entdeckung gemacht worden, daß die Domänen eine italienische (sizilianische), zuerst von Frankreich rezipirte Erfindung seien und daß daher von Domänen nur da die Rede seyn könne, wo die

---

mehr Rechte der churfürstlichen Kammergüter in Baiern 1769 fol. (Diese und obige Schrift desselben Verf. wurden nachgedruckt 1770 in 2 Th.) Gleichfalls nur auf den bairischen Streit bezieht sich eine Schrift von Destouches, Beurtheilung von dem Domänenrechte in Teutschland, München 1768. 8. nebst Fortsetzung und Nachtrag von dems. Jahre. Auch der Verf. dieser unbedeutenden Schrift nimmt von Amtswegen Partei für das bairische Aerar.

[13]) Anmerkungen über den Codex Maximilianeus oder das bairische Landrecht. Th. II. Kap. 1. §. V. nr. 6. und 10.

[14]) De assentationibus Jurisconsultorum cap. 3. sect. 2. §. 1—7, cap. 4. sect. 2. §. 1. Daß das Wort: domanium nicht aus den constitutionibus siculis zu uns herübergekommen, worin Leyser dasselbe zuerst gefunden haben will, gibt selbst sein Anhänger Lipowsky S. VIII. seines „Ungrunds" zu; doch soll auch nach ihm (§. IX.) der Begriff der Domänen „eine Erfindung italienischer Köpfe" sein.

lex dominialis d. h. ein Veräußerungsverbot ausdrücklich eingeführt worden. Hiegegen wurde von dem Freiherrn v. Kreittmayr[15]) eingewendet: auf das Wort dominium (das jedenfalls korrumpirt lateinisch ist) komme es weniger an, als auf die Sache; die Sache aber sei unwidersprechlich, indem es in allen Landen und zu allen Zeiten Güter gegeben, welche lediglich zum Gebrauche des Staats oder der Regierung gewidmet gewesen, möge man sie nun mit den Italienern und Franzosen dominia vel bona coronae, mit den Römern aerarium publicum, mit unsern deutschen und baierischen Landsleuten aber Landschafts-, Cammer- oder Urbar-Güter benennen, genug daß man dergleichen Güter fast in aller Herren Ländern antreffe.

Leyser selbst unterscheidet an einem andern Orte[16]) 1) besondere, getrennt von der Kammer in ständischer Verwaltung stehende Einkünfte; 2) Kammer-Güter, d. h. diejenigen Güter, welche der Staat dem Fürsten als solchen zu dem Zwecke gegeben, um aus ihren Einkünften den eigenen Glanz und die Ausgaben für den öffentlichen Dienst zu bestreiten; 3) Patrimonial-Güter des Fürsten (patrimonialia bona) welche er nicht als Fürst, sondern mehr als Privatperson besitze. Die erste Klasse sollte dem römischen aerarium, die zweite dem fiscus proprie sic dictus, die dritte dem patrimonium principis entspreche; doch bemerkt Leyser, daß jene Eintheilung in ipsa recta ratione gegründet sei und den deutschen Rechten am meisten entspreche. Andere unterscheiden Domanial-, Kameral- und Fiskal-Einkünfte; unter den erstern verstehen sie die für die Staats- und Regierungskosten bestimmten Einkünfte, welche sie auch bona principatus nennen, unter den zweiten die dem Landesherrn als solchem für sich und seinen Hofstaat unmittelbar zustehenden Güter und Einkünfte (bona principis), unter den dritten die sogenannten Fiskalgefälle, wie vakante Erbschaften, konfiscirte Güter; alle drei wurden zu dem patrimonium publicum gezählt, im Gegensatz zum patrimonium privatum principis.[17])

---

*) Anmerkungen zum baierischen Landrecht II. I. §. 6 nr. 6.
*) Meditatt. ad Pandectas Tom. X. spec. 657. §. 1—10. Auf ähnliche Weise unterscheidet Glück, Erläut. zu den Pandect. Bd. II. S. 500.
*) Kreittmayr a. a. O. nr. 6.

Ich kann nicht umhin, diesem einige Aussprüche von Juristen-fakultäten aus früherer Zeit beizufügen. Nach einem von Leyser angeführten Wittenberger Gutachten vom Jahr 1732 genügt zu einem Domanial-Gute nicht die bloße Benützung als domanium, sondern das Gut muß dem Landesherrn zur Unterhaltung seiner fürstlichen Würde und Bestreitung der öffentlichen Lasten von den Landständen angewiesen oder wenigstens (!) durch ein Fundamental-Gesetz als Domäne erklärt oder auf andere unzweifelhafte Art den Domänengütern einverleibt sein.[18]) Auch ein Consilium der Universität Halle vom Jahr 1697 geht davon aus, daß das domanium vom ganzen Lande dem Fürsten zum beständigen Unterhalt des Staats (ad perpetuam sustentationem status publici) abgetreten sei, erklärt sich aber gleichwohl dagegen, daß die säkularisirten Klöster zum Privatgut der Fürsten gerechnet würden, da die Klöster nicht sämmtlich vom Landesherrn gestiftet und überdieß auf früheren Landtagen vereinbart worden, daß die Klöster den Aemtern beigelegt und unveräußerlich sein sollen.[19]) In Frankfurt a. O. war man dagegen der Ansicht, daß der Fürst auch für sich ein Gut dem domanium oder der Kammer einverleiben könne; nur wird ihm das Recht zur Veräußerung abgesprochen, weil er bloß Verwalter und quasi dominus sei, die Domänen, vulgo Kammergüter oder Tafelgüter, vielmehr dem Staate angehören und von diesem nicht getrennt werden dürfen (gleich den res pupilli und der dos uxoris).[20])

Näher kam der richtigen Ansicht über den Ursprung der Kammergüter Struben.[21]) Die Voraussetzung einer unmittelbaren Staats-Ausstattung durch das Volk oder das Land,

---

[18]) *Leyser.* l. c. ad. §. 11—16. Dafür wird sich berufen auf c. 3. §. 5. Cod. de bonis vacant.

[19]) Cons. Hallensis tom. II. lib. 1. cons. 47. In einer andern Entscheidung wird auch eine admixtio für zulässig erklärt l. c. tom. II lib. 2. cr. 44. S. 1228. Dieselbe Fakultät war der Ansicht, daß bei Veräußerung eines Cominialguts sowohl die Einwilligung der Landstände als die der nächsten Blutsverwandten nöthig sei — außer die Veräußerung geschehe zu des Landes Bestem l. c. lib. 2. nr. 63 p. 1339.

[20]) *Brunnemann,* Cons. 1 nr. 63. 68. 70. seq.

[21]) Rechtliche Bedenken (1760. 1788. fl.) Bd. II. nr. 1. u. 2.

wovon die Meisten bisher ausgegangen waren, verwandelte sich bei ihm in eine Ausstattung des fürstlichen Amtes durch das Reich: „Herzoge und Grafen waren anfänglich Bediente (Bedienstete); um diese in den Stand zu setzen, die Gerechtigkeit handhaben, mithin Ruhe und Friede erhalten zu können, sind ihnen von den Königen ansehnliche Güter verliehen, von deren Aufkünften sie also nicht nur lebten, sondern auch die zu Ausübung ihrer Aemter nöthigen Kosten nahmen." Der Verfasser verkennt nicht, daß außer den Ambachts- und Lehengütern auch Allodialgüter und Herrschaften im Besitze der Reichsstände vorkamen, welche ihren Vorfahren als Heerführern des Volks bei Eroberung der Länder zugetheilt oder ihnen von den Königen geschenkt worden. Doch macht er bei den Kammergütern keinen Unterschied zwischen Lehen- und Erbgütern. „Was der Herr sich selbst vorbehielt, blieb seiner unbeschränkten Disposition unterworfen, und dieses nennt man noch heutigen Tags sowohl als die Lehen Kammergüter." Struben bestreitet, daß die Kammergüter blos zu dem Aufwand, welchen die Hofstatt erfordert, bestimmt seien, wie Justi (historische und juristische Schriften Bd. 2. S. 131. 132. 134.) annahm; sie seien vielmehr auch zur Bestreitung der sämmtlichen Regierungskosten gewidmet und nur ausnahmsweise von den Unterthanen Beisteuern verwilligt worden. Dagegen ist er der Ansicht, daß „heutiges Tags" weder der Consens der Erben noch der Landstände zur Gültigkeit einer Veräußerung erforderlich sei.

Der letztern Behauptung widerspricht zwar eine große Anzahl von Landesverträgen, Landtags-Abschieden und Reversalen, wodurch das ständische Zustimmungsrecht bei Veräußerungen anerkannt worden. In der Wirklichkeit wurde aber freilich von dem ständischen Consensrecht so wenig Gebrauch gemacht, als von agnatischen Consensen. Jedenfalls war kein Bedürfniß vorhanden, um jener Einschränkung willen eine eigene Klasse von Gütern, eigentlichen (d. h. unveräußerlichen) Domänen (im Gegensatz zu Kammergütern, aufzustellen. Um so wichtiger war der Unterschied zwischen Domänen oder Kammergütern einer- und zwischen Patrimonial- oder Chatoulle-Gütern anbererseits, worauf Schreber[22]) hinwies: jene, deren Einkünfte zu den gewöhnlichen Kammer-Ausgaben verwendet werden, mögen (bemerkt er) zum Präjudiz des Staats nicht veräußert werden; diese aber, welche der Fürst nicht als Regent besitze, sondern vor oder während seiner Regierung als sein Eigenthum erworben habe, stehen, so lange sie der Kammer nicht einverleibt worden, in seiner freien Disposition.

Auf das Gleiche lauft die Unterscheidung J. J. Moser's[23]) hinaus: „Nach meinem Begriff (sagt dieser) seynd Kammergüter diejenigen, deren Eigenthum dem Landesherrn zustehet und deren Gefälle zu seiner Kammer gezogen werden, um davon seinen und seiner Familie Unterhalt, auch die ihm obliegenden Regierungs- und andere Ausgaben zu bestreiten." Im Gegensatz davon nennt er Privatgüter diejenigen, „welche er nicht als Landesherr, sondern gleichsam als eine Privatperson besitzt oder welche aus Privat-Händen erkauft oder sonst erworben, auch nicht zu denen Kammergütern geschlagen worden sind, sondern als ein peculium, Privateigenthum u. dgl. beibehalten werden." Moser verwirft also die Ansicht von einem Staats-Eigenthum an den Domänen: es gebe wohl Staaten, wo dieses stattfinde, wie Wahlmonarchien z. B. Polen, oder wo eine große Staatsveränderung vor sich gegangen und mit der übrigen Verfassung nach diesem Punkt geordnet worden, z. B. Großbritannien, Schweden; einen stillschweigenden Vertrag über eine solche Verwandlung gebe es aber nicht. Gleichwohl darf

---

[22]) Von Kammergütern und Einkünften, deren Verpachtung und Administration, Leipzig 1743. 1754.

[23]) Von der Reichsstände Landen (1769) Bd. 1. Kap. 17. §. 9. 12. und 14. (S. 208–214). In dem Werke: von der Landeshoheit in Cameralsachen Kap. 1. und 2. bezieht er sich lediglich auf das frühere Werk. Moser gibt a. a. O. § 14 noch einen zweiten Begriff von Privatgütern und versteht darunter „diejenigen Lande, Gebiete, Orte oder Güter, deren Eigenthum und Nutznießung zwar dem Landesherrn auch zustehet, deren Gefälle er aber nicht in seine Rentkammer fließen läßt, noch sie zu den ordentlichen Staatsausgaben, sondern sonst nach Gefallen verwendet." Hier hat Moser nicht eigentlich Privatgüter im Auge, als vielmehr eigene Territorien, welche weder der Landschaft noch der Kammer, überhaupt also nicht dem Hauptlande inkorporirt waren, wie die vormaligen württembergischen Kammerschreibereiorte.

die Ansicht Mosers nicht so aufgefaßt werden, als ob das dem Landesherrn „privative" zustehende Eigenthum der Kammergüter ein wahres Privateigenthum sein sollte oder als ob die staatsrechtliche Bestimmung der Kammergüter von ihm hätte ausgeschlossen werden wollen. Dem widerspricht der von Moser angegebene doppelte Zweck der Kammergüter, ferner die von ihm mitgetheilte Liste von Verfassungsgesetzen, Reversalien u. s. w. worin das ständische Zustimmungsrecht bei Veräußerungen anerkannt ist,[24]) endlich der, freilich unbestimmte, Gegensatz von **Privatgütern**, welcher von ihm gemacht wird. Dennoch verwirft Moser auch wieder diejenige Meinung, wonach das Eigenthum dem Landesherrn **als solchem** unmittelbar zukommen soll; was soll aber dann die gegensätzliche Bezeichnung der **Privatgüter als solcher Güter, die der Landesherr nicht als Landesherr, sondern gleichsam (!) als eine Privatperson besitze.**[25]) Richtiger wäre es gewesen, wenn Moser zwischen **incamerirten und nicht incamerirten Territorien und Gütern** unterschieden hätte. Auch bei letzteren, namentlich bei den württembergischen Kammerschreibereigütern, welche Moser bei seinen Privatgütern vorschwebten, hatte übrigens der Landesherr den mit der Regierung derselben verknüpften Aufwand, und zwar aus den dortigen besonderen Einkünften, zu tragen. —

Klarer als Moser spricht sich aus G. L. Böhmer,[26]) welcher die Kammergüter in den weltlichen Territorien, als bestimmt zur Aufrechthaltung der reichsständischen Würde, für

---

[24]) Moser vom der Reichsstände Landen S. 286—312.

[25]) Dieselben Worte gebraucht der anonyme Verfasser des reichsprälatischen Staatsrecht (Held, Prälat der Reichsabtei Roth in Oberschwaben) 2. Theil (1785) S. 590. 591. Der Verf. hatte hiebei, wie er ausdrücklich sagt, die weltlichen Reichslande im Auge. Von den Tafelgütern der geistlichen Fürsten sagt er (S. 590 nr. IV. daß deren Einkünfte dem Regenten allein zukommen, welcher auch, so lange er dieselben zu genießen habe, darüber (über die Einkünfte) allein disponiren und das Ersparte nach Belieben verwenden könne.

[26]) Princ. juris feud. §. 60. „in provinciis Germaniae praeter jura territorialia existunt bona cameralia, ad tuendam Statum Imperii, qua talis, dignitatem destinata."

Eigenthum des Landesherrn als solchen erkennt. Damit stimmt überein die Definition Döhler's[27]); das Dominium sei ein Gut, das „mit der wesentlichen Eigenschaft, oder der moralischen Person eines Regenten wesentlich und unabsonderlich verknüpft, vereiniget und derselben einverleibt ist."

Dagegen drückt sich Pütter in seinem Staatsrecht unbestimmt dahin aus: daß das Eigenthum der Kammergüter nicht sowohl bei dem Staat als bei der Familie sei. Dann spricht er auch wieder von Patrimonialgütern des Landesherrn, die in keines Privaten Eigenthum seien, und deren Ertrag der Landesherr beziehe.[28]) In seinem Privatfürstenrecht[29]) führt er den ganzen fürstlichen Besitz auf ein Familienfideikommiß zurück, und als höchstes Gesetz der regierenden Familien stellt er auf: daß der Glanz jeder Familie erhalten werde und die einmal ihr gewidmeten Güter beständig bei derselben verbleiben.

Von selbst ergab es sich freilich, daß Biener[30]), indem er die Landeshoheit auf ein Privateigenthum am Grund und Boden des Landes gründete und daraus ein unbeschränktes Besteuerungs- und Veräußerungsrecht ableitete, auch das Kammergut für einen Privatbesitz des regierenden Hauses ausgab: denn, wenn das Land selbst in patrimonio sich befand, so konnten öffentliche und Staats-Sachen, es konnten auch Domänen im Sinne des Staatsrechts anderer Staaten in den deutschen Ländern nicht vorkommen. — Schnaubert[31]) geht von einem Eigenthumsrecht des Landesherrn und des landesherrlichen Hauses an dem Lande aus und folgert, daß alle Theile des Landes, die nicht von Andern eigenthümlich besessen werden, wirklich und wahrhaft dem Landesherrn zugehören; gleichwohl geht er nicht soweit, anzunehmen, daß weil in den kleineren Territorien das Eigenthum des Landesherrn meist ausgebreiteter sei, als in den

---

[27]) Abhandlungen von Domänen, Contributionen u. s. w. Nürnberg 1775. S. 28.
[28]) Instit. juris publici (1770) §. 186. 190.
[29]) Jus privatum princ. §. 12.
[30]) In seiner oben §. 3. Note 38 cit. Schrift §. 10. 17. 18. sq. 41.
[31]) Staatsrecht der Reichslande (1787) S. 141 f. 165 f.

größeren, jene nach **Eigenthumsrecht** beherrscht werden; er kommt also zuletzt selbst dahin, daß zwischen Landeshoheit und Eigenthum doch ein Unterschied sei. Auch gibt er zu, daß aus den Gefällen der Kammergüter oder, wie sie in neuerer Zeit genannt wurden, der Domänen nicht blos der Unterhalt des Landesherrn, sondern auch andere öffentliche Ausgaben bestritten werden. Ebenso v. Berg[52]), welcher außer den längst vergeudeten Reichsgütern keine **Staatsgüter** oder **Domänen** (hier sollte also der Begriff Domäne wieder mit Staatsgut identisch sein) zur Zeit des deutschen Reichs anerkennt, gleichwohl aber auch den Kammergütern, als „**dem öffentlichen Dienst gewidmeten Gütern**" den Regierungs-Aufwand zur Last legt. „Die Regierungskosten (sagt er) waren nicht Folge einer neu errichteten Staatsgesellschaft; sie waren längst vorhanden; sie waren längst aus bestimmten Fonds bestritten und die Fonds blieben größtentheils dem Landesherrn, nicht dem nun zum besonderen Staate gewordenen Theile des Reichsgebiets." Daß diese Güter zur Bestreitung der Staatsausgaben jetzt noch gebraucht wurden, beweist nach ihm nichts gegen das Eigenthumsrecht der regierenden Familie (dieses wird hauptsächlich aus ihrer Erblichkeit geschlossen) da sie zum größten Theile ursprünglich schon jene Bestimmung gehabt hätten und deren Beibehaltung nicht nur an sich der Billigkeit gemäß sei, sondern auch zur Befestigung der Landeshoheit wesentlich nothwendig gewesen.

Auch Leist[53]) räumt ein, daß die Kammer-Revenüen zur Bestreitung des **Regierungsaufwands** verwendet werden; gleichwohl dürfe daraus kein Schluß zum Nachtheil des Landesherrn und zum Vortheil des Landes (?) gezogen werden; das Eigenthum der Kammergüter stehe in den deutschen Erbstaaten nicht dem Staate oder Lande selbst zu, sondern nur der landesherrlichen Familie; folglich (?) müssen sie auch als **Privatgüter** (?) der regierenden Familie (?) betrachtet werden, im Gegensatz zu eigentlichen Domänen oder wahren Staatsgütern und andererseits zu den Chatoullegütern, worüber der Regent allein disponire.

---

[52]) Juristische Beobachtungen und Rechtsfälle Th. 1. (1802) S. 14–18.
[53]) Lehrbuch des teutschen Staatsrechts (1803) §. 22. 205.

Da aber auch die Chatoulle-Güter meist mit Fideikommiß-Eigenschaft belegt wurden, so ist nicht einzusehen, wie nach dieser Ansicht die Kammergüter sich von den Chatoulle-Gütern anders unterscheiden sollten, als durch ihre öffentliche Bestimmung, welche eben die Eigenschaft bloßer Privatgüter ausschließt. In der That wurde auch die staatsrechtliche Bedeutung der Kammergüter dadurch anerkannt, daß sie in den Lehr- und Handbüchern des Staatsrechts ihre Stelle fanden und selbst zu einer eigenen Disciplin unter dem Namen „Kameralrecht" den Namen hergeben mußten. — Gönner, der letzte Lehrer des deutschen Reichsstaatsrechts [34]), drückt sich vermittelnd dahin aus: „Zwischen Staats- und Privateigenthum in der Mitte stehen die Kammergüter deutscher Fürsten." Es sollten also die Kammergüter wegen ihrer Verhaftung für „eigentliche Landeslasten" eine eigene Klasse von Vermögen bilden. [35]) Zu dem Eigenthum des Staats rechnet dagegen Gönner außer den öffentlichen Flüssen, Landstraßen, fiskalischen Gefällen, welche onst als Kammerobjekte angesehen wurden, auch die Güter der Klöster, milden Stiftungen und anderer öffentlichen Anstalten (als mittelbares Staatsvermögen?)

Ich will nicht alle einzelnen Schriften, welche über die Domänenfrage sich aussprechen, aufzählen, sondern nur noch einige Abhandlungen von vorwiegend praktischer Richtung anführen. Die Frage nach dem Eigenthumssubjekt an dem Kammergut war von jeher besonders wichtig wegen der in Successionsfällen häufig nothwendig werdenden Trennung der Staats- und Privat-Verlassenschaft. Von selbst ergab sich, daß das, was schon die Aelteren zu dem öffentlichen patrimonium oder zu dem Fiskusgute rechneten i. e. quod princeps ex suo territorio habet aut quod occasione dignitatis accepit, kurz was der Landesherr als solcher besaß [66]), auf den

---

[34]) Teutsches Staatsrecht (1805) §. 449. 450.

[35]) Gönner spricht zwar nur von der Verhaftung zu einem Theil und dann auch wieder blos von einem Beitrage zu den Landesbedürfnissen aus dem Kammergut; in der Note jedoch sagt er, daß alle Reichsgesetze die Unterthanen nur zu einem Beitrage (Kammerbeitrage) verpflichten, die Landesausgaben also principaliter auf dem Kammergute lasten.

[66]) *Brunnemann*, consil. 1. nr. 61—63.

Nachfolger in der Regierung ut talis überging, während sein persönliches oder Privateigenthum (quod princeps ratione personae possidet), wenn kein besonderer letzter Wille oder Erbverzicht vorlag, den Privaterben zu Statten kam.⁸⁷) Auch Posse, welcher sich mit jener Trennungsfrage eigens beschäftigt ⁸⁸) versteht unter der Staatsverlassenschaft alles dasjenige, was nach dem Absterben eines Regenten der Regierungsnachfolger der Regentenwürde wegen erhält. Dahin rechnet er nicht blos das unmittelbare Lehen, sondern auch das unmittelbare oder mittelbare Allod oder Stammgut, aber nur accessorisch insolange, als das Lehen bei der Familie bleibt, das besondere Stammgut einer Linie nur, so lange die Staatsverlassenschaft sich überhaupt bei der erwerbenden Linie erhält. Besäße eine Familie nichts als Allod, so werde derjenige Staatserbe, der das unmittelbare Allod erhalte. Wäre aber die Landeshoheit lehenbar, nicht aber auch das Land selbst, so würde — nach Posse — im Falle der lehensfähige Mannsstamm ausstürbe, die Staatsverlassenschaft auf die lehenbaren Hoheitsrechte sich beschränken, der Besitzer des Landes aber würde im strengsten Verstande landsäßig (das Kammergut würde Privatvermögen) werden. Man sieht, Posse kann sich nicht von dem Gedanken losmachen, der seit Pütter in Aufnahme gekommen, daß die Kammergüter nicht sowohl dem Regenten als der Familie gewidmet seien. Er sieht in dem Kammergut ein Stamm- oder Fideikommiß-Gut, welches nur so lange mit der Regierung verbunden bleibe, als diese in derselben Familie resp. in derselben Linie sich erhält. Er gibt zwar zu, daß der Regel nach jeder Landesherr nicht blos seinen persönlichen Aufwand, sondern auch die Regierungs-

---

⁸⁷) Der Streit darüber, ob ein Erbverzicht der Töchter überhaupt nothwendig sei, ob diese nicht schon nach Standesgewohnheit als mit dem Heirathsgut und der Prinzessin-Steuer ein für allemal abgefunden seien, ebenso die Kontroverse, welche ganze Reiche bewegte und Kriege entzündete, ob bei ledigem Anfall (deficientibus masculis) die Succession an die Erbtochter oder an die erstmals übergangene weibliche Linie (Regrebienterben) komme, will ich hier nicht weiter berühren.

⁸⁸) Posse über die Sonderung reichsständischer Staats- und Privat-Verlassenschaft. Göttingen 1790. S. 13. ff. 17. ff.

kosten aus dem Stammvermögen entnehme, weil das Besteuerungsrecht, wenige gesetzlich bestimmte Fälle ausgenommen, nur ein
Ansinnungsrecht an die Unterthanen sei, sich besteuern zu
lassen; allein höher als die Rücksicht auf die jeweiligen Regie-
rungs-Bedürfnisse, höher auch als die Vermuthung für die Vermehrung des Familienglanzes steht ihm die Vorliebe für die
eigene Nachkommenschaft; es lasse sich nicht wohl denken,
daß Jemand die Bedürfnisse seiner Nachkommen (auch der weiblichen?) dem Glanze entfernterer Stammesvettern opfern wolle,
welcher Glanz weil weniger Licht auf sein Grab werfe, als das
Wohlleben jener Nachkommen!

Konsequenter jedenfalls ist das von Herrn v. Kampz aus
Anlaß einer andern, verwandten Frage**) gefundene Resultat,
daß die deutschen reichsständischen Kammergüter, ohne Unterschied zwischen ursprünglichen Stammgütern und den seit Entstehung der Landeshoheit gemachten Erwerbungen, ein Theil des
Staatsvermögens der reichsfürstlichen Häuser seien, mit
andern Worten: daß die Kammergüter in ihrer nunmehrigen
Vereinigung, als zur Bestreitung der Regierungslasten, somit
zum Wohl und Zwecke des Staats bestimmt, Staatsgüter
im deutschen Sinne des Worts d. h. Theile desjenigen Vermögens seien, welches der Landesfürst als solcher besitze.
In einer späteren Schrift bekennt sich zwar derselbe Verfasser
(nun preußischer Minister) zu der Ansicht von einem Haus-
und Patrimonial-Eigenthum des fürstlichen Hauses an dem
Kammergute, ohne jedoch Beweise dafür beizubringen oder überhaupt etwas Anderes zu bezwecken, als daß den Ständen (in
Preußen) keine Vollung des Budgets und keine Kontrollirung
des Staatshaushalts, wie dieß in neueren Verfassungen geschehen,
eingeräumt werde, indem er der alten ständischen Verfassung den
Vorzug gibt, wonach die Staatsausgaben zunächst auf den Domänen haften und die Stände nur neue Steuern oder Staats-

---

**) v. Kampz. Erörterung der Verbindlichkeit des weltlichen Reichsfür-
sten aus den Handlungen seiner Vorfahren. Neustrelitz 1800. §. 11 Zu be-
richtigen ist ein offenbarer Druckfehler §. 11. a. E. wo Privatvermögen statt
Staatsvermögen steht.

anleihen zu bewilligen gehabt hätten.⁴⁰) Aber auch das alte, der Regierung weniger günstige Steuerverwilligungs- resp. Verweigerungsrecht der Stände entfernt er wieder durch Berufung auf die **Bundesbeschlüsse**, welche zu ihrer verbindenden Kraft nicht erst die Einwilligung der Landstände nöthig hielten⁴¹) und durch Herbeiziehung neuer Verfassungs-Bestimmungen, welche seiner Auslegung nach die ständische Verweigerung der nach dem Ermessen der Regierung nothwendigen Steuern gleichfalls ausschließen! Was bliebe alsdann von den altständischen Rechten noch übrig?

Der **heutige Stand der Meinungen** ist folgender:

1) Die Kammergüter werden als **Staatsgut** betrachtet d. h. das Eigenthum wird der moralischen Person des **Staats** unmittelbar zugeschrieben von **Klüber**, öffentliches Recht des deutschen Bundes und der Bundesstaaten 3. Aufl. §. 392. **Schmelzer**, das Verhältniß auswärtiger Kammergüter deutscher Staaten und des Familienrechts deutscher Regentenhäuser zu den bürgerlichen Gesetzen, Halle 1819. S. 59. v. **Aretin**, Staatsrecht der konstitutionellen Monarchie 2. Bd. S. 310. **Phillips**, Grundzüge des gem. deutschen Privatrechts 2. Auflage. 1. Bd. S. 357. R. v. **Mohl**, Polizeiwissenschaft 2. Aufl. Bd. II. S. 47 und 48. **Beseler**, System des gemeinen deutschen Privatrechts Bd. II. S. 16. **Bluntschli**, Staatsrecht 2. Aufl. Bd. II. S. 67. **Zette** im Staatslexikon von Rotteck und Welcker, 2. Aufl. Bd. IV. v. Domänen und Anderen.

2. Das Eigenthum an dem Kammergute soll dem **Fürsten**, als solchem, vermöge desselben Rechtsgrunds zukommen, aus welchem er auch die Staatsgewalt besitzt — kurz das Kammergut wird als Zubehörde des Regierungsrechts, als **Fürsten-** oder **Krongut**, dargestellt: so in dem Tübinger Fakultäts-Gutachten, betreffend den hannover'schen Verfassungsstreit.⁴²) Diese Ansicht

---

⁴⁰) Fragmente über das Besteurungsrecht deutscher Landesherren, vom Staatsminister v. **Kampz**. Berlin 1847. S. 193.

⁴¹) Das. S. 257. „Wenn die Landesherren den Ständen ein **Bewilligungsrecht** zugestanden, so ist dies mehr, als der Landesherr nach dem Bundesgesetz zugestehen durfte."

⁴²) Gutachten der Juristenfakultäten in Heidelberg, Jena und Tübingen.

wird im Wesentlichen getheilt von Mittermaier, Grundsätze
des deutschen Privatrechts 7. Aufl. §. 142. Note 14. Held,
System des Verfassungsrechts Th. II. S. 184. *Gumbrecht*, Diss.
de jure principis in bona cameralia competente, Berol. 1846.
p. 93. H. A. Zachariä, deutsches Staats- und Bundesrecht
2. Aufl. §. 207 f.

3) Die Kammergüter werden als im Privat-Eigenthum
der regierenden Familie befindlich (Familiengut) angesehen von
Hagemann, Landwirthschaftsrecht §. 81. Zöpfl, Grundsätze
des deutschen Staatsrechts 3. Ausg. §. 209. Note 3., welcher jedoch die Kammergüter nur als partikularrechtliches Institut neben
der Staatsguts-Theorie gelten läßt. Am weitesten hierin geht
A. Kräzer, Diss. über Ursprung und Eigenthum der Domänen
in Deutschland und insbesondere in Baiern, München 1840.
S. 69. 76. 89. 143. welcher selbst auf die Flüsse, Seen und
öden Plätze das Privateigenthum der regierenden Familie erstreckt,
übrigens mit den Andern zugibt (S. 80. 89. 192.), daß
die Verwendung des Ertrags der Domänen zu öffentlichen
Zwecken von jeher Pflicht der Landesherrn gewesen sei, eine
Pflicht, welche aus der Natur des landesherrlichen Regiments,
aus dem Ursprunge eines Theils dieser Güter und den Beisteuern
der Unterthanen zu deren Erhaltung herrühre.

4) Eine weitere Ansicht geht dahin, daß sich keine gemeinschaftliche Regel bezüglich des Eigenthums an den Kammergütern
oder Domänen aufstellen lasse, sondern diese Frage nur aus dem
positiven Recht und der Geschichte des einzelnen Landes beantwortet werden könne; so Maurenbrecher, deutsches Staatsrecht §. 201. Note 1, welcher übrigens im Texte selbst die Regel aufstellt: die Domänen seien, wo sie nicht zum Staatseigenthum gehören, „das zu öffentlichen Zwecken zu verwendende
Familien-Eigenthum des Regenten, das unter dem besonderen
Schutz der Stände steht." In seinem deutschen Privatrechte
(2. Aufl. §. 177. 1. Aufl. §. 154) dagegen sagt er: „die
Domänen (Kammergüter, Kassengüter, Krongüter, (bona re-

---

die Hannover'sche Verfassungsfrage betreffend, herausgegeben von Dahlmann,
Jena 1839. S. 213. f. 2. Aufl. S. 166. f. Reyscher in der Zeitschrift für
deutsches Recht Bd. 1. Abth. 1. S. 55. f.

galla s. fiscalia) bilden insofern eine besondere Klasse des öffentlichen Vermögens (1. Aufl. Staatsguts), als man in der Rechtssprache darunter dasjenige Vermögen versteht, welches zum Unterhalte des Regenten und seiner Familie bestimmt ist." In der Note wird sich dann auf das preußische Landrecht bezogen, worin die Domänen oder Kammergüter, auch diejenigen, deren Einkünfte zum Unterhalt der landesherrlichen Familie bestimmt sind, als Staatsgut benannt sind. Man sieht hieraus nur, wie schwer es ist, diesen Schriftsteller zu klassifiziren, nicht aber, daß es überhaupt unmöglich, einen gemeinrechtlichen Lehrsatz aufzustellen. — Weiß, deutsches Staatsrecht §. 265. Note K. pflichtet der Mauerubrecher'schen Ansicht, daß die Präsumtion weder für Staats- noch für Familien-Eigenthum sei, bei und hält lediglich den Erwerbtitel für entscheidend. In Paragraph selbst nr. II. sagt er: Die Kammergüter gehören meistens zu den Familiengütern; doch rechnet er dahin nicht die aus Staatsmitteln oder durch den Gebrauch der Staatskräfte oder die Ausübung der Regierungsrechte gemachten Erwerbungen. Noch muß ich erwähnen einen Aufsatz v. Treitschke's im deutschen Staatswörterbuche von Bluntschli und Brater Bd. III. v. Domänen. Derselbe versteht unter Domänen den „werbenden Grundbesitz des Staats." Gleichwohl hält er nachher, wo von dem Eigenthumssubjekt die Rede ist (S. 166) für unmöglich, ein gemeines Recht hierüber festzustellen — warum? weil nicht blos die neueren Gesetzgebungen auseinander gehen, sondern auch die Geschichte wenig Uebereinstimmung in den Territorialrechten zeige oder auf Zustände führe, die von den unsrigen grundverschieden seien.

Ich kann diese Einwürfe nicht für gegründet halten, schon deßwegen nicht, weil sie zu viel beweisen: denn dieselben Einwürfe, wenn sie gegründet wären, würden überhaupt eine Wissenschaft des gemeinen Rechts unmöglich machen; man müßte also auch bei andern deutschen Instituten, wo wir einer Verschiedenheit der Territorial-Legislation begegnen, auf Feststellung des gemeinen Rechtsbegriffs und der historischen Natur der Sache verzichten. Jeder Sachverständige weiß, wie unzureichend öfters die partikulären Quellen, namentlich älterer Zeit, sind. Auch in der

Domänenfrage setzen sie den Begriff und Zweck der Domänen oder Kammergüter meist voraus. Durch die Schwierigkeit der Aufgabe, namentlich durch die Massenhaftigkeit der Quellen und der Literatur, die Entlegenheit der Ereignisse und den Widerstreit der neueren Landesgesetzgebungen darf man sich nicht abhalten lassen, in den Schacht der Vergangenheit hinabzusteigen. Glücklicher Weise zeigt die teutsche Rechtsgeschichte nicht blos die Ausgangspunkte, sondern auch den Fortschritt der Entwicklung und sie weist ebensowohl das Zufällige und Besondere als auch das Allgemeine und Wesentliche in den Erscheinungen nach. Es versteht sich übrigens von selbst, daß jede der angeführten Theorien nur für den Fall praktische Geltung in Anspruch nehmen kann, daß nicht durch das Partikularrecht eines Landes die Domänenfrage in anderer Weise definitiv gelöst ist. Von einer gesetzlichen Präsumtion für das eine oder andere System kann also nicht die Rede sein; es fragt sich nur, was nach wissenschaftlichen Grundsätzen das Richtige ist, und in dieser Beziehung sind wir, wie bei so vielen anderen Fragen des deutschen Rechts, auf den geschichtlichen Weg hingewiesen. Doch lassen wir die historischen Thatsachen selbst sprechen.

§. 4.
Königliches Kammergut (Reichsdomänen).

Wie im römischen Reich unter dem Namen fiscus das in den Händen des Kaisers vereinigte Staatsvermögen begriffen war[1], so wurde auch in den fränkischen und in dem späteren deutschen Reiche unter fiscus, fiscus regius, fiscus imperialis das königliche Vermögen und Einkommen verstanden.[2]

Im Wesentlichen dieselbe Bedeutung hatte das seit dem

---

[1] v. Savigny, System des römischen Rechts Bd. II. S. 273. 361. Daß das Privatvermögen des Kaisers (res privata principis) von dem fiscus verschieden war, ist bekannt, wiewohl auch darauf und selbst auf das Vermögen der Kaiserin die Vorrechte des fiscus ausgedehnt wurden.

[2] S. die Glossarien von Dufresne, Ducange und Carpentier v. fiscus.

9. Jahrhundert vorkommende Wort camera, camera regalis, camera imperatoris. Zunächst wurde damit bezeichnet die königliche Kasse oder Schatzkammer *) sodann auch die Gesammtheit der Reichs-Einkünfte (aerarium) und die darüber gesetzte königliche Verwaltung.⁴) Dahin fielen namentlich die öffentlichen Gefälle z. B. der census regalis, welcher einzelnen Provinzen auferlegt war⁵), die Geldstrafen und Konfiscationen⁶), die Erträgnisse des der Kammer einverleibten königlichen Vermögens oder Kammerguts (fiscus camerae). Alle diese Einkünfte wurden theils durch die ordentlichen Reichsbeamten⁷) theils durch eigene Beamte erhoben;⁸) ein

---

Später wurde jedes öffentliche Vermögen z. B. Stifts-, Universitäts-, städtische Kassen mit dem Namen fiscus bezeichnet. Hüllmann, Finanzgeschichte des Mittelalters S. 18.

³). Daher das Amt eines thesaurarius oder camerarius, der die Ausgaben für den Hof, aber auch Regierungs-Ausgaben zu bestreiten hatte. *Hincmari* epist. de ordine palatii §. 22. (Walter corp. juris germ. tom. III. p. 766.) Die Worte, welche Kräher a. a. O. S. 16 (und wieder S. 46) citirt, stehen nicht in diesem Brief.

⁴) *Eckehardus* jun. de casibus S. Galli cap. 1. (Pertz Monum. hist. II. p. 83.) Nondum adhuc illo tempore (vor 917) Suevia in ducatum erat redacta, sed *fisco regio* peculiariter parebat sicut hodie et Francia; procurabant ambas *camerae*, quos sie vocabant, nuntii.

⁵) Capit. a. 805. v. 20. (Pertz Legg. I. p. 134). Urf. v. 901 bei Neugart, Cod. dipl. Alemaniae I. p. 519. Ilse, Geschichte des deutschen Steuerwesens I. Abth. S. 21 ff.

⁶) Reichsschluß von 1137. 1174. 1234. bei Pertz, Leg. II. p. 104. 145 301. Const. pacis 1158 eod. p. 185. Urf. von 1179 u. 1197 bei Gerden, verm. Abhandlungen S. 220. 221. (camera imperatoria).

⁷) *Marculfi* form. I. 8. bei *Walter*, corp. jur. germ. III. p. 294. Hier wird den Reichsbeamten (duces, comites) aufgetragen: quicquid de ipsa actione in fisci ditionibus speratur, per tempus ipsum annis singulis *nostris aerariis* inferatur. Unter den Aerarien sind verstanden die rationes fisci bei den einzelnen Komitaten, selbst auch wieder fisci genannt, s. Schenkung Kaiser Ludwigs von 816 bei Neugart I. c. p. 159: quicquid exinde fiscus sperare potest. Schenkung Otto's I. v. 951 bei *Eichhorn*, Episc. Cur. or. 24. omnis fiscus de Curensi episcopatu, sicut haetenus ad regalem pertinebat cameram et potestatem. Die königlichen Pfalzen waren wieder besondere Hebestellen, s. die Kaiserurkunden von 819 und 852 bei Neugart I. c. p. 177. 281. palatio nostro.

⁸) Regiae potestatis procuratores et exactores atque comites genannt. Urkunde von 856 bei Schannat, Hist. Worm. cod. prob. nr. 8, s. oben Note 4.

Unterſchied zwiſchen fiscus, camera und aerarium iſt nicht gemacht.

Ebenſoweuig darf für die ältere Zeit zwiſchen Reichsgut und königlichem Privat- oder Hausgut unterſchieden werden. Was der König hatte, gehörte gewiſſermaßen auch dem Staate.⁹) Umgekehrt ſchaltete der König als Träger des Reichs nicht blos mit dem Schatze, der ſtets dem Reiche (regno et populo) folgte¹⁰), ſondern auch mit den Reichsländereien auf die freieſte Weiſe. Schon von Haus aus brachten wohl die merovingiſche Dynaſtie und die ihr nachgefolgten pipiniſch-karolingiſchen Herrſcher einen anſehnlichen Grundbeſitz mit; doch traten die alten Erbgüter, welche Hüllmann¹¹) nachzuweiſen ſich bemüht, jedenfalls weit zurück gegen das große Krongut, welches durch Eroberung und Konfiskationen in den zuvor römiſchen Provinzen, wo auch das frühere dominium populi romani dem germaniſchen Herrſcher zufiel, und bei den unterworfenen deutſchen Völkerſchaften gewonnen wurde. Nicht blos die Schätze und Güter der unterdrückten Könige und Stammesfürſten wurden eingezogen; auch auf die unbewohnten und unbewehrten oder wieder verlaſſenen Landſtriche wurde ein Recht des königlichen Fiscus geltend gemacht.¹²)

Wie früher die Gefolgſchaften der Stammes-Häuptlinge und Könige aus den Einkünften der Erbgüter und den eroberten Ländereien unterhalten und belohnt wurden, ſo ward jetzt ein großer Theil des königlichen Reichthums dazu verwendet, um durch Ausſtattung der Reichsämter und Bisthümer und durch Ertheilung von Sold- und Lehengütern an die Miniſterialen

---

⁹) Waitz, deutſche Verfaſſungsgeſchichte II. S. 557. Daß die im römiſchen Abendlande gebräuchliche Unterſcheidung zwiſchen eigentlichen Reichsgütern, dem kaiſerlichen Hauſe zugewieſenen fiscaliſchen Beſitzungen (praedia domus Augustae) und kaiſerlichen Patrimonialgütern (fundi patrimoniales) im fränkiſchen Reiche Eingang gefunden habe, dafür liegen keine Beweiſe vor, wohl aber läßt ſich annehmen, daß alle dieſe Klaſſen von Gütern innerhalb der eroberten Provinzen von den Königen eingezogen wurden. Gaupp, die germaniſchen Anſiedlungen S. 335.
¹⁰) Waitz, a. a. O. II S. 124. 125. 559.
¹¹) Deutſche Finanzgeſchichte des Mittelalters S. 1—6.
¹²) P. Roth, Geſchichte des Beneficialweſens S. 69. 72.

und Vasallen die Organisation des Reichs auf einer festen Grundlage reeller Treue durchzuführen. Das Uebrige wurde zurückbehalten, um die Bedürfnisse des königlichen Haushalts und die
Kosten der Reichsregierung davon zu bestreiten.[13]) Viele von
den königlichen Domänen (curtes indominicatae, villae regiae,
terrae fiscalinae, curtes fisci regii, fisci regales, fisci), über deren
Verwaltung Karl der Große ausführliche Anweisungen ertheilt
hatte[14]), sind freilich noch unter seinen nächsten Nachfolgern an
Bischöfe und Klöster verschenkt oder an weltliche Herren verliehen worden; doch bildeten noch zu Ende des 9. Jahrhunderts,[15])
ja noch unter den deutschen Kaisern sächsischen Stammes die
Domänen die wichtigste Quelle des königlichen Einkommens.

Bei der wiederholten Theilung des fränkischen Reichs folgten die Domänen je den Ländergebieten, worin sie gelegen
waren[16]), und so kamen an die deutsche Krone diejenigen Kam-

---

*) S. oben Note 3. Wenn Waitz a. a. O. II. S. 566 im Bezug auf
die merovingische Zeit sagt: von Verwendung zu öffentlichen Zwecken sei in
den Quellen nicht die Rede, die Unterhaltung des Königs und des Hofs sei
offenbar die Hauptsache gewesen, so ist zuzugeben, daß für den Unterhalt der
Provinzialbeamten und den Aufwand in den Provinzen überhaupt die königliche Kasse aus dem Grunde weniger in Anspruch genommen wurde, weil
dazu die Güter und Einkünfte in den Amtssprengeln und Pfalzen dienten,
und weil, wie Waitz selbst bemerkt, auch das Kriegsgefolge mit Gütern belohnt wurde. Die Unterhaltung der Zöllner und Zollstätten sowie der Land-
und Wasserstraßen, so weit diese den Fiscus angingen, wurde von den Zoll-
Einnahmen unmittelbar bestritten. Uebrigens gehören auch die largitiones
publicae, sowie die Ausgaben des Palastes selbst, wo das unmittelbare Gefolge seinen Unterhalt fand, zu den öffentlichen Ausgaben, wenn man überhaupt zu jener Zeit zwischen öffentlichen und Privat-Ausgaben des Königs
streng unterscheiden kann.

[14]) Capit. de villis imperialibus a. 812 bei Pertz, Legum II. p. 181.
Vergl. das Formular zur Beschreibung der fisci dominici das. p 178 sq. Das
Verzeichniß von 123 karolingischen Domänen bei Hüllmann, deutsche Fi-
nanzgeschichte des Mittelalters S. 19. [. bedarf noch vielfacher Ergänzung, siehe
z. B. Stälin württemberg. Geschichte Bd. 1. S. 341–346. Ueber die Villen-
Verfassung s. v. Maurer, Einleitung zur Geschichte der Mark, Dorf- und
Stadtverfassung S. 255. f.

[15]) Eichhorn, deutsche Staats- und Rechtsgeschichte Bd. 1. §. 171.

[16]) Ausnahmsweise erwähnt die Theilung v. 817. c. 2. zweier villae indominicatae: Lauterhofen und Ingolstadt im Nordgau, welche Ludwig, Sohn

mergüter, welche innerhalb des abgesonderten deutschen Reichs
sich befanden. An eine besondere Succession im Domanial-
Nachlasse, getrennt von der Staatssuccession, wurde nicht gedacht.
Nach dem Tode Ludwigs des Kind's (911) geschah es binnen
8 Jahren zweimal, daß eine neue Herrscher-Familie auf den
deutschen Thron gehoben wurde und auch hier, wie bei den
späteren Wahlen, folgten die Domänen stets dem neuen Reichs-
oberhaupte.

Wenn Hüllmann [17]) einen Gegensatz zwischen den römischen Staatsgütern und den germanischen Domänen darin erkennen will, daß die ältern Könige diese Domänen, besonders
die der unterdrückten kleineren Fürsten, wie unbedingtes Privat-
eigenthum behandelt und viele davon willkürlich „ohne allen
Widerspruch eines öffentlichen Beamten" verschenkt hätten, so ist
darauf zu erwidern, daß auch der römische Kaiser in Veräußerung des Fiskusgutes nicht gebunden war. Gerade aber die
Fiscal-Eigenschaft oder der Charakter eines Königsguts geht
aus den meisten, von Hüllmann angeführten Beispielen deutlich
hervor, so z. B. wenn es bezüglich einer Pipin'schen Schenkung
von 768 heißt: fiscum cum omnibus, quae in illa villa reges
possidebant, oder in einer Urkunde vom Jahr 882: concessimus
quasdam res *juris nostri*, videlicet: curiem *indominicatam*,
sicut ad *imperatorem* pertinet, oder in einer Urkunde Otto's I.
von 968: donavimus juris *regni nostri* quasdam curtes. Die
abgekürzten Worte: juris nostri in andern Urkunden drücken
dasselbe aus, wie die kaum erwähnte Urkunde vom Jahr 882
beweist. Es ist also dabei so wenig an einen Gegensatz von
Sondergut- und Reichsgut zu denken, wie bei der Benennung
späterer Urkunden: camera nostra et romani imperii. [18]) Selbst

---

Ludwig des Frommen, ad suum servitium als Darringabe erhalten sollte.
Von den Tributen, Zinsen und Bergwerken wird c. 12 gesagt: quicquid in
eorum potestate exigi vel habere potuerit, ut ex his in suis necessitatibus
consulant. Bei der Theilung des Reichs i. J. 870 erhielt Ludwig der Deutsche
als Zugabe die Stadt Metz und den Moselgau cum omnibus villis in eo con-
sistentibus, tam dominicatis quam et vassallorum.

[17]) Deutsche Verfassungsgeschichte des Mittelalters S. 14.

[18]) Dannielo a. 1312 bei Pertz Legg. II. p. 526; fiscus camerae nostrae et
romani imperii p. 527. bona omnia camerae nostrae et romani imperii advoca-

die Worte in einer Urkunde vom Jahr 881 [19]): res proprietatis nostrae lassen nicht auf eine res privata principis schließen; es spricht dagegen der beigefügte Vorbehalt: post suum obitum ad regiam revertatur potestatem. [20]) Wie hier über domicilialen Grundbesitz [21]), so wurde auch über andere Kammer-Objekte, wie census, Dienste, ja selbst über sämmtliche Fiscus-Einkünfte eines Orts oder eines Bezirks vom König verfügt. [22])

Uebrigens gibt Hüllmann selbst zu, daß nach dem Aussterben der karolingischen Familie die Nachfolger im deutschen Reich sich zugleich als Erben der karolingischen Hausgüter angesehen hätten, und daß diese Güter Reichsgüter, Reichsdomänen geworden seien. [23]) Einen bestimmten Akt, wodurch diese Umwandlung bewirkt worden wäre, weiß er nicht anzugeben. Ich finde auch nicht, daß der Charakter der königlichen Güter früher oder später

---

mus. p. 527 steht auch wieder nostro et romani imperii erario. Schon eine Uebersetzung der Urkunde Karls des Dicken v. 14. Oct. 881 in der Chronik des Klosters Reichenau vom 15. Jahrh. (Cod. dipl. Alemanniae tom. I. p 429) enthält die Worte: unser rich oder des riches Schatzkammer. Doch scheint mir die Urkunde nicht ächt, obgleich Böhmer in seinen Regesten sie anführt und auf ein Diplom des Klosters Zurzach von dem genannten Tage auch sonst sich bezogen wird.

[20]) Neugart l. c. p. 423.

[21]) Dasselbe steht auch in der Urkunde v. J. 875 bei Neugart l. c. p. 398. nostri juris ist identisch mit nostrae potestatis s. Neugart l. c. p. 489.

[22]) Urkunde von 882: quasdam ibidem pertinet ad partem dominicam Neugart l. c. p. 436.

[23]) Erlassung eines census ad regium jus pertinens s. Neugart l. c. p. 489. nullam servitium potestati regiae permovere cogatur. Neugart l. c. p 355. Abtretung von omnis fiscus de Curiensi comitatu oben Note 7. Weitere Urkunden aus dem 9. Jahrhundert bei Stälin, württembergische Geschichte I. S. 350.

[24]) Hüllmann a. a. O. S. 16. Dagegen nimmt Kräger a. a. O. S. 56 diese Umwandlung erst mit dem Tode Heinrichs V. an (1125). Groß wäre das Objekt hier nicht mehr gewesen: denn das Reichsgut hatte unter Heinrich IV. wieder große Einbuße erlitten (durch Belohnung der Anhänger und Zurückgabe eingezogener Güter); was Heinrich V. auf den Plan gebracht haben soll, den seine Zeitgenossen ihm Schuld gaben, nach dem Rathe des Königs von England das Reich zinspflichtig zu machen, d. h. eine ständige Steuer einzuführen. Ottonis Frising Chron. VII. 16. Ausgeführt wurde der Plan nicht.

ein anderer gewesen wäre. Wie die pipinisch-karolingische Familie seiner Zeit als Nachfolgerin der merovingischen Königsfamilie mit andern königlichen Rechten sich auch die königlichen Güter aneignete, so wurden diese Güter auch unter den Karolingern als Zubehörde der Krone betrachtet [24]) und mit dem Reiche selbst getheilt (Note 16). Wieder kann auch die Succession des unächten Karolingers Arnulf in den königlichen Domänen [25]) nur aus deren Eigenschaft als Krongüter erklärt werden: denn waren die Domänen karolingisches Hausgut, so war Arnulf von der Nachfolge in denselben, auch nach fränkischem Rechte, dem sich die deutschen Kaiser unterwarfen [26]), nicht blos durch die ächten Mannsverwandten, sondern auch durch die weiblichen Verwandten ausgeschlossen. [27])

Nach dem Erlöschen des sächsischen Kaiserhauses (1024) zog Konrad II. (salicus) wieder den ganzen königlichen Nachlaß, ohne Unterschied zwischen Reichsgut und eigenem Gut an sich. Allein in den nun folgenden schlimmen Zeiten wurden die Ansprüche des Reichs auf das gesammte Reichsgebiet und die königlichen Domänen so wenig beachtet, daß es nicht Wunder nehmen darf, wenn auch die Kaiser auf Gründung einer eigenen erblichen Territorialmacht und deren Erweiterung auf Kosten des Reichs, namentlich mit dem Reiche heimgefallenen oder durch Achterklärung demselben verfallenen Besitzungen bedacht nahmen. Nach dem Tode Heinrichs V. (1125) nahmen die zwei Söhne seiner Schwester Agnes, Friedrich und Konrad von Hohenstaufen, welchen der Kaiser sein Erbgut hinterlassen hatte, alle Besitzungen des verstorbenen Oheims an Burgen, Städten, Höfen und was sonst noch unter den vier Kaisern fränkischen Stammes dem

---

[24]) Dies nimmt auch Zachariä Staatsrecht §. 207, Note 1 „unbedenklich" an, indem er sagt: „das Kammergut war Eigenthum der Könige, aber nur des Königs als solchen und nicht Privat-Eigenthum des herrschenden Individuums." Er nennt es „Staatsgut im richtigen Verstande des Wortes."

[25]) Nur einige Domänen in Alemannien wies Arnulf dem entsetzten Kaiser Karl dem Dicken zum Unterhalte an. *Regino ad ann. 887: concessit Arnulphus rex nonnullos fiscos in Alemannia, unde ei alimonia praeberetur. Hermanni contr. Chron. ad eund ann.*

[26]) Sachsensp. III., 51. §. 4.

[27]) Zeitschrift für deutsches Recht, Bd. VI. S. 266 ff.

Reiche heimgefallen war, in Besitz. Der neue Kaiser Lothar von Sachsen bewirkte zwar auf dem Hoftage zu Regensburg (1125) einen Beschluß, welcher dahin gieng, daß erledigte, oder durch Konfiskation dem Reiche verfallene Reichsgüter nicht zum Nachlasse eines Kaisers sondern, zur königlichen Kammer gezogen werden sollen.[28]) Schließlich aber blieben die Hohenstaufen großentheils im Besitz der fränkischen Erbschaft; nur daß sie die Lehensherrlichkeit des Reichs in Bezug auf die fraglichen Erwerbungen anerkannten.

Die Eigenschaft der königlichen Domänen als Reichsgüter konnte freilich auch nach diesen Vorgängen nicht bezweifelt werden. Zwar hat man neuerdings wieder die Lehre vom göttlichen oder vielmehr päpstlichen Ursprung der königlichen Gewalt zu Hülfe genommen, um ein Patrimonial-Eigenthum nicht blos des vormaligen Kaisers sondern aller Fürsten und Vasallen des Reichs an den Domänen und selbst an den Hoheitsrechten darzuthun[29]), und allerdings hat jene Lehre und die damit in Verbindung stehende Idee von einem dominium mundi des Kaisers zur Erweiterung des Reichs und damit auch der Reichsdomänen manchen Vorwand geliehen. Auch die Lehensabhängigkeit der meisten Fürsten und Stände des Reichs ward dadurch zu erklären versucht.[30]) Allein das staatsrechtliche Verhältniß des Kaisers und hinwieder der Fürsten und des Reichs ward doch stets als von der Verfassung des Reichs und von der weltlichen Gesetzgebung (Kaiserrecht) abhängig betrachtet. Wäre übrigens auch der hierarchische Anspruch auf Verleihung der deutschen Krone gegen das Wahlrecht der Stände und die nationale Weihe des Königthums im deutschen Reiche durchgedrungen,

---

[28]) Dodechini Chronicon ad. a 1125.

[29]) Kräher a. a. O. S. 53. der übrigens mit sich selbst in Widerstreit kommt: denn zur Zeit der Rechtsbücher, wo jene Lehre eben in der höchsten Blüthe stand, waren ja auch nach ihm die königlichen Domänen bereits als Reichsgut anerkannt. Siehe über die ältere Kontroverse *Ringler de domaniis Germaniae* p. 107.

[30]) Aen. *Sylvius de ortu et auctoritate romani imperii* cap. XI. Etenim cum Canonum auctoritas Imperatorem in temporalibus eos praecellere dicat, qui ab eo recipiunt temporalia, quis non videt et populos et principes om-

was nicht der Fall ist (s. §. 2.), so würde daraus doch nicht folgen, daß die Person oder gar die Familie des jeweiligen Kaisers oder Königs, sondern nur daß das jeweilige, in Rom gekrönte Reichsoberhaupt zu den Rechten der Krone berufen war; wir kämen also auch hier wieder auf den Begriff eines Kronguts, nicht eines Familienguts zurück.

Die Verbindung des Kammerguts oder Kronvermögens mit dem Reiche und die Verschiedenheit desselben von dem eigenen Besitze des Königs wird auch in dem Schwabenspiegel c. 124 hervorgehoben:

> ist daz ein kivnig eigen hat, so er erwelt wirt, daz gil er mit rechte an daz riche, ob er wil, hat aber er kind hinder im, div erbent *des riches* gut nůl, unde stirbet der kivnig ono kint, unde hat er das eigen nůl gegeben an daz riche, so erben ez die nehsten erben.

So lange das Thronfolgerecht der königlichen Familie anerkannt war, hatte das Reichsoberhaupt allerdings weniger Interesse, sein von Haus aus besessenes Vermögen von dem königlichen Besitz getrennt zu halten: denn er hatte ja über beides gleiches Verfügungsrecht, und es kam doch hauptsächlich darauf an, die königliche Macht, als die Quelle des höchsten Ansehens auch der Familie, zu stärken. In Folge des anerkannten Wahlrechts der Reichsstände und der Erblichkeit der Lehen und Aemter war aber der Kaiser genöthigt, sich mehr und mehr auf seine Territorialmacht zu stützen. Er konnte zwar das eigene Gut noch immer dem Reichsgute einverleiben; that er es aber nicht, so konnte dasselbe nicht seinen Erben entzogen werden. Noch mehr Interesse hatte das Reich, daß die Reichs-Domänen und Rechte und die heimgefallenen Lehen nicht mit dem erblichen Nachlasse (terra hereditaria) des Kaisers vermischt würden, wie so häufig geschah. Daher bemerkt der Schwabenspiegel in obiger Stelle ganz richtig: **die Kinder erben des Reiches Gut nicht**. Daher bestimmt ferner die Wahlkapitulation Karls VI.

---

nos ab Imperatore (qui mundi Dominus est) recipere temporalia sibique idcirco debere obedientiam? Jure enim humano (ut Augustinus inquit) dicitur: haec villa mea est, hic servus meus est, haec domus mea est; justa autem humana jura Imperatorum sunt.

(und die späteren) Art. 20. §. 6. in Uebereinstimmung mit dem schon erwähnten Regensburger Beschlusse v. J. 1125, daß konfiscirte Güter der Geächteten nicht dem Kaiser und seinem Hause angeeignet, sondern dem Reiche verbleiben sollen. Einen Erfolg für die erschöpften Reichsdomänen hatte freilich auch diese Bestimmung nicht, zumal die Rechte der unschuldigen Agnaten und Lehensanwärter vorbehalten wurden.

Das königliche Kammergut hatte dasselbe Schicksal, wie die königliche Gewalt. Wie diese ist auch jenes mehr und mehr in die Hände der Landesherren übergegangen. Schon unter den Karolingern waren zwar Gesetze gegen die einseitige Aneignung des Krongutes und der Reichsrechte durch die geistlichen und weltlichen Herrn und Andere aus dem Volke erlassen worden.[31]) Ein Verbot der Domänen-Veräußerung, welches noch Schriftsteller des vorigen Jahrhunderts auf Karl den Großen zurückführen wollten[32]), bestand aber damals noch nicht. Es war wohl selbstverständliche Pflicht des Kaisers, das Reichsgut nicht ohne besondere Ursache zu vermindern.[33]) Damit war aber kein zuverläßiger Anhalt gegeben. Auch der Reichsschluß vom 19. November 1274 entzog dem Kaiser nicht das Veräußerungsrecht, sondern er war nur auf Revokation derjenigen Krongüter (bona imperialia et ad fiscum pertinentia) gerichtet, welche nach der Absetzung (?) Friedrichs II. von ihm oder den Gegenkönigen und Nachfolgern veräußert oder sonst dem Reiche mit Unrecht abhanden gekommen waren.[34]) Der Reichsschluß vom 9. August 1281 spricht gleichfalls nur von denjenigen Reichs-Rechten und Gütern (de rebus vel bonis imperii), welche von

---

[31]) Cap. Ludov. P. a. 817 c. 1. n. 2. (Pertz Legum I. p. 216. 217.) Vergl. Schwabensp. Ldr. Kap. 362.

[32]) Noch Döhler, von den Domänen S. 24 sagt, daß die Unveräußerlichkeit der Domänen oder Krongüter von Karl dem Großen an Regel gewesen.

[33]) Hierauf berief sich Kaiser Heinrich VI. bei Zurücknahme der von ihm am 17. April 1191 gemachten Schenkung der Abtei Erstein an das Bisthum Strassburg s. Urk. vom 4. März 1192 bei Würdtwein, nova subsidia diplomatica X. p. 156.

[34]) Pertz, Legum tom. II. p. 526.

König Richard und seinen Vorgängern (1246—1272) veräußert worden, indem er diese Veräußerungen für nichtig erklärt, jedoch sie auch wieder aufrecht erhält, soweit die Mehrheit der Kurfürsten zustimmen würde.⁵⁵) Das Veräußerungsrecht des rechtmäßigen Kaisers wird somit auch in diesen Urkunden vorausgesetzt, obgleich die kaiserlichen Domänen als Eigenthum des Reichs, als Reichsgüter anerkannt waren. Aber auch von dem, wie man annahm, rechtswidrig Veräußerten kam wenig genug zurück. Das Erbgut der Kaiser fränkischen und schwäbischen Stammes, unter welches manches Stück Reichsgut gekommen war, hätte sowie früher das karolingische und sächsische Gut den Abgang ersetzen können; aber nach den jetzigen staatsrechtlichen Grundsätzen wurde es nicht zum Reichsgut.⁵⁶) Noch unter Karl IV. luxemburgischen Stammes (1346—78) waren Regalien, Reichsgüter und Privilegien für den augenblicklichen Vortheil der kaiserlichen Schatzkammer feil.⁵⁷) So blieben von Reichsgütern nur noch übrig einige Vogteien⁵⁸), wovon die letzte, die oberschwäbische, als eine Pfandschaft an Oesterreich übergieng.⁵⁹)

Zwar verpflichtete sich Karl V. in der Wahlkapitulation, ohne die Zustimmung der Kurfürsten nichts zu veräußern, vielmehr herauszugeben, was er selbst wider Recht besäße.⁶⁰) Ebenso gelobte noch der letzte deutsche Kaiser Franz II.: ohne Zustimmung des Reichstags keine Zubehörungen des Reichs zu veräußern, noch exorbitante Privilegien und Immunitäten zu ertheilen, vielmehr abgekommene Stücke, wo möglich, wieder herbeizuschaffen und heimgefallene Lehen zum Unterhalte des

---

⁵⁵) Pertz l. c. p. 435.
⁵⁶) Eichhorn, Staats- und Rechtsgeschichte II. §. 295.
⁵⁷) Daselbst III. §. 394.
⁵⁸) Ueber die Landvogtei oder Herrschaft Nürnberg s. Salbuch der Güter, die zu dem Reich gehörend auf die Burg zu Nürnberg in der Mat. Norimb. Dipl. p. 4. Eichhorn a. a. O. Bd. II. §. 295. Note a—d. Ueber die Landvogtei in Schwaben s. Gründlicher historischer Bericht von der kaiserlichen und Reichs-Landvogtei in Schwaben, wie auch dem Landgericht auf Leutkircher Haid und in der Pirß 1755.
⁵⁹) Ueber die zahlreichen österreichischen Erwerbungen im Elsaß und in Schwaben unter den Kaisern Rudolf und Albrecht f. Stälin württ. Geschichte Bd. 3. S. 41. 108—110.
⁶⁰) Wahlkapit. Karls V. Art. 9. und 10.

Reichs und des Kaisers wieder einzuziehen.⁴¹) Es war aber zu spät. Schon Karl V. traf fast keine Reichsdomänen mehr an; seine Zusage, herauszugeben, was das habsburgische Haus wider Recht besäße, gieng nicht in Erfüllung. Ebensowenig gaben die Reichsstände etwas zurück; die an sie gekommenen Reichspfandschaften und sonstigen Rechte wurden ihnen durch die Reichsgrundgesetze selbst garantirt.⁴²) So erklärt es sich, wenn schon die Publizisten des 17. Jahrhunderts von keinen Reichsdomänen mehr wissen.⁴³) Das kaiserliche Einkommen bestand am Ende des Reichs nur noch in wenigen Einnahmen der fiskalischen Kasse⁴⁴), in der Urbarsteuer von einigen Reichsstädten (die meisten Urbarsteuern waren längst an Dritte veräußert oder ebenso wie die Ammanrechte von den Städten selbst dem Reiche abgekauft), in den Charitativ-Subsidien der Reichsritterschaft und in einem Ehrengeschenke der kaiserlichen Kammerknechte, der Juden, in der Krönungsstadt.⁴⁵) Die Laudemial- und Anfallsgelder von den Reichslehen und die Taxen in Gnadensachen waren dem Reichshofrath und der Reichshofkanzlei überlassen; die einzige ordentliche Reichssteuer aber, welche erhoben wurde, die sogenannten Kammerzieler, diente zur Unterhaltung des Reichskammergerichts, das in den lateinischen Schriften der letzten Jahrhunderte vorzugsweise camera imperii genannt wird.

---

⁴¹) S. Wahlkap. von 1792. Art. X. XI. §. 10. und 11.

⁴²) Wahlkap. Karls V. Art. 4. Franz II. Art. 1. §. 9. Osnabrücker Frieden von 1648. Art. V. §. 26.

⁴³) Monzambanus (S. Pufendorf) de statu imperii cap. 7. §. 9. klagt, daß weder ein commune aerarium noch ein communis miles germanicus vorhanden. Ebenso *Schiller*, Institutiones jur. publ. lib. II. tit. 1. §. 13: quod hodie fiscus imperialis fere totus sit exhaustus et cessaverit, neque laudemia vasallorum ad fiscum imperatoris aliquid conferre, neque per feuda aperta accessionem hactenus factam esse.

⁴⁴) Dahin gehörte z. B. die Hälfte der Geldstrafe, welche für den Fall der Verletzung eines kaiserlichen Privilegiums gegen den Nachdruck der kaiserlichen Kammer vorbehalten wurde; die andere Hälfte erhielt der Verletzte.

⁴⁵) Gönner, Deutsches Staatsrecht §. 437.

§. 5.

Landesherrliche Kammergüter (Landesdomänen), deren Ursprung, Bestandtheile und rechtliche Natur. Unterschied zwischen Kammerfiskus und landschaftlicher Kasse.

Im Hinblick auf das Bisherige wird sich die Frage von dem Ursprung und Eigenthum der *landesfürstlichen Kammergüter* unschwer beantworten lassen. Daß hierüber die verschiedensten Ansichten bestehen, ist schon §. 3 gezeigt. Selbst über den Namen Kammergut ist Streit. v. Seckendorf, Fürstenstaat III., 4. §. 1. leitet das Wort Kammer nicht ohne Grund davon her, daß vor Zeiten die Kaiser und Könige ihre Einkünfte und Gefälle sowohl, als ihre Regierungssachen in ihren eigenen Zimmern und Kammern berathschlaget, daher auch das höchste Gericht im Reich, welchem vordem die Kaiser selbst abgewartet, die Kammer genannt, insgemein aber dieser Namen dem Ort, da man von Ausgaben und Einkünften handelt, zugelegt werde, also daß nunmehr (1656) *bei allen Kur- und fürstlichen Höfen dieser Namen gar bekannt und gebräuchlich sei*. Döhler[1] dagegen behauptet: das Wort Kammergut sei ganz neu und schreibe sich von dem Kurfürsten August von Sachsen her, welcher unter der Direktion eines gewissen Herrn von Dumshirn das erste Kammerkollegium errichtet habe. Zachariä[2] findet die Benennung Kammergut seit dem 15. Jahrhundert bei den deutschen Fürstengütern im Gebrauch.

Auf das Wort Kammer, Kammergut kommt es weniger an, als auf die Sache; die Wahrheit aber ist: **die Kammergüter der deutschen Fürsten sind so alt, wie ihre Landeshoheit.** Schon die Rechtsbücher und Urkunden des 12. und 13. Jahrhunderts nennen neben dem fürstlichen Amte eines Truchseß, Marschall und Schenk auch das eines *Kämmerers*.[3] Diese

---

[1] Abhandlung von Domänen u. s. w. (1775) S. 28.
[2] Staats- und Bundesrecht II. §. 207. Note 13.
[3] Sachsenspiegel, Lehenrecht Art. 63. Schwabenspiegel Lbr. Art. 69 Const. de expeditione romana bei Pertz Legum tom. II. p. 4. Weitere Ur-

alten vier Hauptämter, „Fürstenämter", wie sie der Schwabenspiegel nennt, waren den königlichen Erzämtern nachgebildet,⁴)
wurden erblich, wie diese, und gaben den damit bekleideten hohen
Dienstleuten, welchen die andern Ministerialen untergeordnet
waren, am Hofe ihres Herrn eine ähnliche geachtete und gewissermaßen selbständige Stellung, welche die Erbbeamten des Reichs
am kaiserlichen Hofe einnahmen; so daß es eines kaiserlichen Rechts-
spruchs bedurfte, um es durchzusetzen, daß kein fürstlicher Beamter (officiatus) befugt sei, für sich einen Unterbeamten (submini-
strum) zu bestellen, noch über bewegliches oder unbewegliches
Eigenthum des Fürsten, ohne Zustimmung seines Herrn, zu ver-
fügen.⁵) Auch hier werden nur genannt der dapifer, marscalcus,
camerarius und pincerna. Doch gewannen bald auch andere
Dienstleute, z. B. der Landhofmeister (welcher jetzt vom Haushof-
meister unterschieden wurde) Kanzler und Räthe Einfluß auf die
Regierungs-Handlungen. Namentlich wird des Raths und der
Zustimmung der Ministerialen theils neben andern Landständen, theils ohne diese erwähnt bei Einführung neuer Steuern,
bei Münz-Veränderungen, bei Guts- und Landes-Veräußerungen⁶);
und so weit erstreckte sich ihre Macht, daß sie einen Landesherrn,

---

funden bei v. Fürth, die Ministerialen S. 188. f. Weber, Handbuch
des Lehenrechts Bd. II. S. 301 f.

⁴) Schwabenspiegel, Ldr. Art. 70: also wart och daz riche gestiftet
von erste.

⁵) Sent. Friderici II. a. 1223. bei Pertz Legum tom. II. p. 250. Der
Rechtsspruch wurde von dem Bischof zu Hildesheim beantragt und scheint hauptsächlich gegen Mißbräuche bei den geistlichen Fürstenthümern gerichtet, wo die
Erbbeamten das Hausgeräthe des verstorbenen geistlichen Herrn in Anspruch
nahmen. Schon in den Privilegien Friedrichs II. für die geistlichen Fürsten
von 1220 cap. 1. hatte der Kaiser verordnet, daß der bewegliche Nachlaß dieser Fürsten, wenn solche ohne Testament sterben, dem Nachfolger zufallen
solle. Pertz l. c. p. 236

⁶) v. Fürth a. a. O. S. 158—166. Den dort angeführten Urkunden
füge ich bei eine Urkunde der Grafen Ulrich und Eberhard von Württemberg über die Abtretung der Burg Steußlingen an das Kloster Salmans-
weiler v. J. 1273: prohabito consilio ministerialium nostrorum et consensu.
Sattler, Geschichte von Württemberg I. Forts. Beil. 1. Noch bis in das
17. Jahrhundert hatten in Württemberg die Amtleute das Recht, auf den
Landtagen zu erscheinen.

der zum Nachtheil des Landes ihren Rathschlägen kein Gehör gab, insgesammt den Gehorsam aufkündigen und ihn dadurch zum Rücktritt von der Regierung nöthigen konnten.⁷) Die ritterlichen Ministerialen waren wie die Vasallen mit ihrem Unterhalte gewöhnlich auf Lehengüter angewiesen, welche ihnen vom Landesherrn, meist aus den ihm verliehenen Reichsgütern als Reichsafterlehen, verliehen waren. Andere Domänen wurden mit jährlichen Renten bei der landesherrlichen Kammer (ex camerae proventibus) belehnt; doch galten solche „Kammerlehen" ursprünglich nicht für rechte oder unwiderrufliche Lehen.⁸)

Das Wort Kammer wurde gebraucht nicht blos für den Ort, wo die fürstlichen Einkünfte verwahrt waren (Zimmer, Kasten, Kasse), sondern auch für die Gesammtheit der fürstlichen Einkünfte, das landesherrliche Vermögen oder Kammergut als Ganzes (universitas rerum). Dieselbe Bezeichnung (camera) findet sich bei anderem öffentlichen Vermögen, namentlich dem Kämmerei-Vermögen der Städte, der Klöster. Doch bleiben wir bei den landesherrlichen Kammern stehen. Wie bei der camera regis, welcher die camera principis nachgebildet ist, waren die Einkünfte der landesherrlichen Kammern der verschiedensten Art: Guts-Erträgnisse und Gefälle, Einkünfte öffentlichen und privatrechtlichen Ursprungs⁹). Insbesondere kann man folgende Bestandtheile unterscheiden:

---

⁷) Fürth a. a. O. S. 164. Dieser Fall kam noch vor 1498 im Herzogthum Württemberg, wo außer den Prälaten und den Abgesandten der Städte (Landschaft) der Landhofmeister, die Räthe und andere Diener bis auf die Schreiberknechte, reitende Boten und Trompeter herab dem Herzog Eberhard II. den Gehorsam aufkündigen. Nachdem der Kaiser die Sache durch den Kurfürsten von Sachsen hatte untersuchen lassen, erkannte er, daß dem ausgetretenen Herzog die Führung des Regiments nicht weiter anvertraut werden könne und bis zur Volljährigkeit des Grafen Ulrich dem Landhofmeister und den 12 ständischen Räthen die Regierung zu übertragen sei. Meine Sammlung württ. Staatsgrundgesetze Bd. 1. Einl. §. 196—198.

⁸) Sent de feudis camerae a. 1222 bei Pertz Legum II. p. 248. Vergl. II. Feud. 1. §. 1. Sachsenspiegel, Lehenrecht Art. 63. Schwabenspiegel, Lehenrecht Art. 99. s. jedoch Eichhorn, deutsches Privatrecht §. 195.

⁹) S. das habsburgisch-österreichische Urbar aus dem Anfang des 14. Jahrhunderts in der Bibliothek des literarischen Vereins zu Stuttgart. Bd. 19. Stuttgart 1850. Das Landbuch der Mark Brandenburg, eine unter

1) **Amts-Güter** und **Amts-Einkünfte**. Dahin gehören die Liegenschaften und Gefälle, welche ursprünglich als Ausstattung der Herzogthümer und Grafschaften mit dem Amte selbst verliehen und später erblich wurden. Dahin gehören ferner die fructus jurisdictionis: Strafen, Brüchten, Konfiskationen.

2) **Immunitätsrechte**. Mit der Exemtion eines Bezirks von der Jurisdiction der ordentlichen Grafschafts- oder Landgerichte wurden auch die Jurisdictions- und andere Fiscalgefälle des Reiches (omnis fiscus) an den Immunitätsherrn übertragen. (§. 4. Note 7.)

3) nutzbare **Regalien**: Bergregal, Zoll- und Geleiterecht, Münze, Judenschutz.[10] Alle diese wurden den geistlichen wie den weltlichen Landesherrn theils mit dem Lande, wo dieses lehnbar war, theils besonders auf Ansuchen verliehen, oder auch sonst vermöge langen Besitzes behauptet.[11] Auch das Recht des Forst- oder Wildbanns kam ursprünglich nur dem Könige zu: ohne seine Erlaubniß konnte kein Bezirk gegen das Herkommen dem gemeinen Gebrauche entzogen noch eine Stadt oder ein Dorf von ihrer Gemeinde d. h. Almande getrennt werden.[12] Gleichwohl haben auch geistliche und weltliche Fürsten und Herren unter dem Titel des Forst- und Wildbannes ganze Distrikte vormaliger Gemeindewaldungen sich angeeignet oder doch von gewissen Nutzungen, welche als der forstlichen Obrigkeit anhängig erklärt wurden, wie Jagd, Fischerei, die Unterthanen ausgeschlossen.[13]

Karl IV. (um das Jahr 1373) verfaßte Beschreibung der Mark und ihrer Bestandtheile, herausgegeben von dem Grafen von Herzberg, Berlin und Leipzig 1781.

[10] Ueber Geleits-, Zoll- und Münzregal s. Landfrieden v. 1281. §. 8 und 9. v. 1287. §. 18—27. (Pertz II. p. 437. 450.) Bergregal und Judenschutz: Eichhorn, deutsche Staats- und Rechtsgeschichte Bd. II. §. 296. 297. 307.

[11] Statutum in favorem principum a. 1231. Den Kurfürsten wurden dieselben bestätigt in der goldenen Bulle a. 9. Vergl. ferner Wahlkapit. Art. 8. 9.

[12] Capit. a 817. c. 7. (Pertz Legg. II. p. 215.) cod. anno c. 22. (p. 218) Sent. de jure communitatum a. 1291. (Pertz II. p. 437.) Kaiserrecht II, 73. Verleihungen des Forstbanns s. bei Maurer, Geschichte der Markverfassung §. 122.

[13] Der Sachsenspiegel II. 61. §. 1. und 2. drückt noch die alte Regel

4) **Reichskriegslehen**, welche gegen die Verpflichtung besonderer Treue und Kriegsdienstleistung vom Reiche verliehen wurden. Auch diese gehörten wegen des vorbehaltenen Obereigenthums und des damit verbundenen Heimfallrechts zum Reichseigenthum. [14]

5) freieigenes Gut, Allod. Auch hierauf haftete zur Zeit des deutschen Reichs der reichsmatrikelmäßige Anschlag für Mannschaftsstellung und Reichssteuern.

6) **Landbeten**, Landessteuern. In der Regel wurden die Kosten der Regierung und der Hofhaltung aus den bisher angeführten Einkünften bestritten [15]); doch wurden in außerordentlichen Fällen zur Unterstützung der landesherrlichen Kammern eigene Landesabgaben erhoben, welche aber, wenn sie nicht auf besonderem Abkommen mit den Pflichtigen beruhten (wie die städtische Urbete), einer Landes-Verabschiedung bedurften. [16]

Das quantitative Verhältniß des Lehens- und des allodialen Besitzes zu einander war sehr verschieden: es gab sowohl allodiale als lehenbare Territorien. Bald war der Lehens- bald der Allodialbesitz vorherrschend. Auch finden sich alte Amtsbezirke mit Immunitätsbezirken häufig unter Einer Regierung, also auch unter Einer Kammer vereinigt, und wenn gleich die weltlichen Reichsstände nun ein erbliches Recht auf ihre Territorien hatten, so ward doch von Seite des Reichs auf den Zusammenhang der landesherrlichen Rechte (libertates, jurisdictiones, comitatus, centae) [17]) mit dem Reichsstaate nicht verzichtet, sondern mehr und mehr anerkannt, daß die Lehens-Verbindung das Fundament des Verhältnisses zwischen dem Kaiser und den Reichsständen sei. [18]) Der Rang unter den deutschen regierenden Fürsten richtete sich nach der Ordnung, welche sie herkömmlich

_{aus und bezeichnet als Ausnahme nur 3 königliche Bannforste im Sachsenlande. Dagegen bemerkt der Schwabensp. Art. 236 spöttisch: allen lieren ist vride gesetzet, wann wollen unde beren — an den brichet nieman keinen vride.}

[14]) II. F. 54. Kaiserrecht Bd. II. Kap. 25.
[15]) Eichhorn a. a. O. II. §. 308.
[16]) §. 2. Note 25.
[17]) Stat. in favorem principum a. 1231.
[18]) Eichhorn, Staats- und Rechtsgeschichte Bd. II §. 300.

in der Reichsversammlung einnahmen. Auch ist der frühere Amtscharakter der fürstlichen Gewalt in der Bezeichnung der Territorien als Herzogthümer, Markgrafschaften, Landgrafschaften, Grafschaften u. s. w. bis zur Aufhebung des Reichs und zum Theil bis heute noch in Erinnerung geblieben.

Wie die landesherrliche Gewalt, namentlich die Gerichtsbarkeit, der königlichen Gewalt entsprang, so wurde der Grund zu den landesherrlichen Kammern vielfach gelegt durch die königlichen Einkünfte. Auch die landesherrlichen Domänen waren großentheils ursprünglich königliches Eigenthum. Hiemit vermischte sich allerdings manches alte Erbgut, was um so weniger Anstand erregte, als auch die Sustentation der regierenden Familie auf die Kammer übergieng. Indessen wurde doch dem ganzen Besitz durch seine Verbindung mit den landesherrlichen Rechten der öffentliche Charakter aufgedrückt. Auch Ersparnisse des Landesherrn und damit gemachte neue Erwerbungen wurden in der Regel von dem andern Besitze nicht getrennt, daher gleichfalls Bestandtheile der landesherrlichen Kammer, von derselben Behörde verwaltet, zur Tragung derselben Lasten bestimmt und wie der Kammerfiscus überhaupt Zubehörde der Landeshoheit. Man darf nämlich nicht einzelne Bestandtheile der Kammer, wie z. B. die öffentlichen Einkünfte aus Regalien, aus der Jurisdiction und dergl. willkürlich herausgreifen und trennen von dem Grundbesitz oder domanium und dafür verschiedene Eigenthumssubjecte aufstellen, jene zum Gegenstand einer Staats-, dieses einer Privatsuccession machen. Jene öffentlichen Einkünfte flossen von Anfang an mit in die landesherrliche Kammer und wurden da, wo das Theilungssystem einriß, mit dem Territorium getheilt. Andererseits wurden die Dominial- und Forst-Besitzungen nicht etwa den Privat-Erben überlassen, sondern mit den Regalien und fiscalischen Einkünften im engeren Sinne auf den Regierungsfolger übertragen. Sämmtliche Kammer-Einkünfte sind daher nur Theile eines und desselben Kammerfiscus oder Kammerguts, welchem auch die jura fisci, soweit sie in Deutschland rezipirt sind, zugeschrieben werden.[19])

*) Ueber die Frage, von welcher Zeit an die deutschen Fürsten sich des jus fisci bedient s. Gerden, vermischte Abhandlungen Th. I. S. 219 f.

Das Kammergut oder der Kammerfiskus ist nämlich nichts anderes als der Inbegriff des **landesherrlichen Vermögens**, worunter sowohl bewegliche als unbewegliche Sachen, sowohl öffentliche als Privat-Gefälle und Einkünfte enthalten sind.

Dafür, daß das Kammergut **Zubehörde der Landeshoheit** war, sprechen insbesondere folgende Gründe:

1) mit dem **Lande**, d. h. mit dem Herzogthum, Fürstenthum, Grafschaft oder Herrschaft, werden in den kaiserlichen Lehenbriefen und Confirmations-Urkunden die dazu gehörigen Nutzungen, Güter und Rechte zugleich verliehen und bestätigt. [20])

2) Gleichfalls wurden in Successionsfällen die Einkünfte der Kammer, als Zubehörde des Landes, dem Nachfolger in der Regierung überlassen und den Nachgeborenen nur einzelne Kammer-Intraden oder Aemter mit Zubehörden, später gewisse Bezüge aus der Kammer vorbehalten. [21]) Andererseits folgten bei Landestheilungen und Landesveräußerungen, wo solche vorkamen, die landesherrlichen Güter und Gefälle je den Erwerbern der ausgeschiedenen Landestheile, Städte oder Aemter, womit sie verbunden waren.

3) spricht für jene Pertinenz-Eigenschaft und damit für die öffentliche Natur des Kammerguts insbesondere die althergebrachte **öffentliche Bestimmung der Kammereinkünfte**. Wie die kaiserlichen Kammer-Einkünfte zur **Unterhaltung des Reichs und des Kaisers** bestimmt waren, [22]) so dienten die

---

Wenn v. Savigny, System des heutigen römischen Rechts Bd. II, S. 245 das Wort fiscus gleichbedeutend mit Staat nimmt, oder Staats-Vermögen, so setzt er freilich die Entscheidung unserer Frage als in einem bestimmten Sinne beantwortet voraus.

[20]) Z. B. in der constitutio ducatus Brunsvicensis a. 1235 (Pertz Legum II. p. 319.) in dem würtembergischen Herzogsbrief von 1495 (Sammlung der württ. Gesetze Bd. II. S. 2) Vergl. v. Seckendorf, Fürstenstaat Th. II. Kap. 1. §. 4.

[21]) s. z. B. Weimarsche Primogeniturordnung nebst kaiserl. Konfirmation v. 1724 bei Heusseld, Beiträge zum sächsischen Staatsrecht S. 246.

[22]) Wahlkapit. von 1792. Art. XII. §. 11. Vergl. Lehmann, Speyrer Chronik II., 44. S. 187. „Solche des Reichs Land-Städt und Güter hat man loca fiscalia genennt, oder fiscalische Oerter und Güter oder königliche Cammer-Güter, dieweil die König nicht allein zu Erhaltung ihres Standes, sondern auch zu Schutz und Schirm des Reichs alle Gewalt, Nutzbarkeit und

landesherrlichen Kammer-Intraden gleichmäßig für den **Landes-** und **Hof-Unterhalt**. Bei den Gütern und Gefällen, die um des Reichsamtes willen verliehen waren, oder später erworben wurden, um die landesherrliche Würde und Stellung eher zu behaupten, ergab sich die Verwendung für öffentliche Zwecke von selbst. Namentlich lagen die Anstalten für die Landesvertheidigung, Erbauung von Burgen oder Städten, dem Landesherrn ob.²²) Ebenso waren mit einzelnen Hoheitsrechten und nutzbaren Regalien z. B. dem Zoll gewisse Ausgaben verknüpft.²⁴) Daß die Landesausgaben principaliter der Kammer obliegen und die Stände nur hilfsweise zu einzelnen bestimmten Zwecken einen Beitrag zu leisten haben, ward auch durch die Reichsgesetze anerkannt.²⁵) Andererseits würden die Stände nicht zu freiwilligen Beiträgen an die Kammer und zur Uebernahme von Kammerschulden sich herbeigelassen haben, wenn das Kammergut lediglich ein Privatgut gewesen wäre. Der Zweck dieser Beihülfen war, daß das Kammergut wieder zu Kräften komme und in den Stand gesetzt werde, seiner Bestimmung zu entsprechen. Diese Bestimmung ward aber nur erreicht, wenn

4) die **Kammer-Bestandtheile in ihrer Verbindung mit dem Lande erhalten wurden**. Daher das Verbot der Veräußerung der Grafschaftsgüter und Rechte, welche der jeweilige

---

Einkommen daraus erhoben und ihrer Schutz-Kammer das ist dem Fisco zugezogen."

²²) Landfrieden von 1281. a. 8. (Pertz l. c. p. 438.) Swer burge oder stete oder dekeinen (irgend einen) bu wil machen, der sol ez mit *sinem gute dun, oder mit siner lute gute und nit mit der landlute gute.* Unter „seiner Leute Gut" ist das Vermögen der eigenen Leute und Hinterlassen auf den Gütern der Herrschaft verstanden, im Gegensatz zu den Landsassen oder der Landschaft, den nachher sogenannten Landständen. Erst später wurde es Grundsatz, daß auch die eigenen Leute, die auf den Landtagen keine Stimme hatten, nur besteuert werden dürfen, wenn von den Landständen eine gemeine Umlage bewilligt wurde.

²⁴) Landfrieden von 1281. c. 8: Alle die sollen nimet offe wazer oder offe lande, die sulen den wegen und den brucken ihr recht halten mit machene und mit bezerunge, und den sie den tol nement, di sulen si beuriden und gelaiten. Vergl. Landfrieden v. 1287. c. 21.

²⁵) Reichsabschied von 1654. §. 180. Wahlkapit. von 1792. Art. XV. §. 3.

Graf seinem erblichen Nachfolger nicht schmälern durfte; selbst
Verjährung sollte den Erwerber gegen den Widerruf des Nachfolgers nicht schützen.²⁶) Auch andere Reichslehen, insbesondere
Herzogthümer, Grafschaften, Gerichte, Vogteien konnten von dem
Belehnten ohne Zustimmung des Kaisers nicht veräußert, noch
vertheilt werden.²⁷) Ebenso war von Reichswegen, wie nach
kirchlichen Gesetzen, untersagt die Veräußerung bischöflicher Tafelgüter, welche nur bei Zustimmung des Kapitels und der bischöflichen Ministerialen giltig sein sollte.²⁸) Andererseits verpflichtete sich der Kaiser, kein Reichsland dem Reiche zu ent-
fremden oder wider Willen des Landesherrn und ohne
Zustimmung der Ministerialen des Landes einem andern
Herrn zu übertragen, vielmehr alle Fürstenthümer des Reichs in
ihrem Rechte und Ansehen ungeschwächt zu erhalten.²⁹) Seit
dem 14. Jahrhundert wurde vielfach durch Haus- und Landes-
Grund-Gesetze, bei den Kurfürsten durch die goldene Bulle von
1356 ³⁰), die Untheilbarkeit und Unveräußerlichkeit der Territorien und ihrer Zugehörungen festgesetzt; insbesondere wurden
Veräußerungen von Landes- oder Kammerguts-Bestandtheilen von
ständischer Zustimmung abhängig gemacht.³¹)

5) Endlich bildete die Kammer stets einen Zweig der öffent-

---

²⁶) Sent. a. 1174. (Pertz Legum II. p. 145.) si quid de comitatus jurisdictione et dignitate ab aliquo supradictorum modorum fuisset alienatum, vel diminutum, nulla — defensione, subscriptione, praescriptione temporis huic restitutioni seu privilegio opponenda. Vergl. Sachsenspiegel III. 64. §. 5.

²⁷) Const. pacis a. 1158 l. f. bei Pertz Legg. II. p. 113. Const. de jure feudorum a. 1158. Pertz II. p. 113. 114. Sent. de comitatibus non dividendis (nec alienandis) a. 1283. bei Pertz I. c. p. 442 Sent. a. 1290. bei Pertz Legum II. p. 456. II. F. 54. 55. Sachsensp. III., 64. §. 5.

²⁸) Sent. a. 1153 u. 1222. bei Pertz. Legg. II. p. 94. 296. Als Grund des Veräußerungs-Verbots wird in der ersten Urkunde angegeben: quod regno et ecclesiae debeantur.

²⁹) Sent. de non alienandis principatibus a. 1216. bei Pertz Legg. II. p. 227. Vergl. über die Stellung der Ministerialen oben Note 6.

³⁰) Cap. 20. u. 25.

³¹) J. J. Moser von der Reichsstände Landen S. 286 ff. Zachariä, Staatsrecht II. §. 211, Note 9.

lichen Verwaltung und des Staatsorganismus. Nicht blos
wirkten die Gerichte und andere obrigkeitlichen Stellen durch die
von ihnen angesetzten Taxen und Strafen mit zur Bereicherung
der Kammer, sondern die Kammer selbst wurde verwaltet durch
eine öffentliche Stelle, welche der höchsten Landesbehörde untergeordnet war. Die Administration der landesherrlichen Güter
und Domanial-Rechte in den Amtsbezirken bildete früher und
zum Theil noch bis in dieses Jahrhundert (Hannover) einen
Theil der Amtsthätigkeit derselben Beamten, welche für die
landesherrliche Polizei und Jurisdiction jenen Aemtern vorge-
setzt waren. Der gesammte fürstliche oder Landes-Haushalt vereinigte sich ursprünglich in der Kammer (zuweilen auch Landschreiberei oder Rentkammer genannt). Erst später bildete sich
der Gegensatz einerseits zur ständischen Kasse (Landschafts-
oder Steuerkasse), welche die von den Ständen außerordentlicher
Weise verwilligten Beihilfen einzuheben und abzutragen hatte,
andererseits zu dem Privat- oder Chatoulle-Gut (res privata principis), welches lediglich zur besonderen Verfügung des
Landesherrn stand. In dem Begriff und der öffentlichen Natur
des Kammerguts wurde durch die Bildung dieser neuen Kassen
nichts geändert. Ebensowenig durch die neuen Bestandtheile,
welche seit Entstehung der Landeshoheit dem Kammergute beigefügt worden.

Ich habe oben nur die **ursprünglichen** Rechtstitel des
Territorial-Besitzes und der Kammergüter genannt. Seit Entstehung
der Landeshoheit sind nun aber manche Veränderungen im Terri-
torial-Bestande und in der Zusammensetzung des landesherrlichen
Vermögens eingetreten. Namentlich wurde durch Eroberung
und nachgefolgte Friedensschlüsse das Landesgebiet und damit
zugleich das Kammer-Einkommen hier erweitert, dort vermindert.
Ebenso wurde durch **Säkularisation** geistlichen Guts das
Kammergut fast in allen deutschen Staaten wesentlich vermehrt.
Die Eroberung ist bekanntlich ein **völkerrechtlicher**, die
Säkularisation ein **staatsrechtlicher** Erwerbsgrund; folglich
kann in beiden Fällen nicht wohl ein Zweifel sein, daß der
Landesherr als solcher die Erwerbung gemacht, daß diese somit
dem Lande, beziehungsweise der Kammer zuwächst, wenn nicht

5*

ein besonderes öffentliches Gebiet (ein Nebenland), beziehentlich ein besonderes öffentliches Vermögen daraus gebildet wird. Letzteres ist bei dem säkularisirten Kirchen- und Klostergut zuweilen geschehen, indem daraus ein sogenannter Schul- und Religionsfonds, ein allgemeines Kirchengut oder geistliches Kammergut geschaffen worden. Auch ein Erwerb durch privatrechtliche Titel, wie Kauf, Tausch, Schenkung kommt ohne Zweifel der Kammer zu gut, wenn der Vertrag von dem Landesherrn als solchem oder an seiner Statt von der landesherrlichen Behörde auf Rechnung der Kammer abgeschlossen ist. Im Zweifel entscheidet die Thatsache der Incameration: denn der einverleibte Gegenstand nimmt von selbst die Natur der Hauptsache an, womit er verbunden wird. Endlich ist noch zu erwähnen der Erwerb von Todes wegen durch Erbfolge, Erbverbrüderung, Todttheilung. Auf diesem Wege sind bei dem Aussterben einer Linie oder eines Hauses nicht selten und noch in neuerer Zeit, namentlich innerhalb des sachsengothaischen Gesammthauses Veränderungen vor sich gegangen. Von selbst versteht es sich, daß das Land und die Kammer keinen Anspruch auf das Privat-Erbe des Landesherrn zu machen haben. Dagegen ist der Landesherr nicht befugt, das dem ererbten Lande abhärirende Kammergut, als einen Gegenstand der Staatssuccession, seinem Privat-Vermögen einzuverleiben oder sonst zu veräußern; es wäre dieß eine Verletzung der Zweckbestimmung jenes Guts und eine Verletzung der Rechte des Landes wie der jeweiligen Regierung.

Damit daß das Kammergut als Zubehörde der Landeshoheit oder der Staatsgewalt, somit als öffentliches Gut, Krongut, oder mittelbares Staatsgut behauptet wird, ist nicht gesagt, daß dasselbe Eigenthum der ständischen Körperschaft, der sogenannten Landschaft, im Gegensatz zur Regierung sei, sondern nur, daß es dem Landesherrn oder Staatsoberhaupt als solchem zukomme, daß es also nicht Privatgut des Landesherrn oder seiner Familie sei. Dasselbe hört darum nicht auf, in einer rechtlichen Verbindung mit dem regierenden Hause zu stehen; ist ja doch das erbliche Regierungsrecht selbst ein Recht des jeweiligen Nachfolgers aus der Familie. Also in derselben Weise und aus demselben Rechtsgrunde, wie die Staatsregierung dem Landesherrn und eventuell den Nachfolgern als ein eigenes Recht zusteht, ist das Kammergut Eigenthum des Landesherrn; nur darf dasselbe niemals von dem Lande getrennt oder der Privatsuccession überlassen werden. Ich füge hinzu (weil Zachariä von einer privatrechtlichen Absonderung zwischen Regierung und Ständen spricht): auch das landschaftliche Aerar, der landschaftliche Fiskus[82]) ist nicht Privat-Eigenthum der Stände, sondern Eigenthum des Landes, ebendarum aber zugleich — weil Land und Regierung in dem höheren Begriffe des Staats geeinigt sind — Staatseigenthum; die Regierung ist daher in der Regel zur Mitaufsicht berechtigt.[83]) Der Unterschied zwischen Kammerfiskus und landschaftlichem Aerar möchte hiernach kurz dahin zu fassen sein, daß dieses Landes-Kasse, jener Regierungs-Kasse ist.

Die Domänen der geistlichen Fürsten (erzbischöfliche und bischöfliche Domänen oder Tafelgüter) interessiren uns zunächst nicht weiter. In die Augen fällt indessen der Unterschied, daß diese geistlichen Wahlfürsten nicht wie die Erbfürsten der Geburt, sondern der Wahl, resp. der hinzukommenden kaiserlichen Belehnung ihre hohe Stellung verdankten. Dasselbe war aber auch der Fall mit der Landeshoheit, den Regalien und andern Temporalien, womit jene Fürsten nach der Wahl von dem Kaiser belehnt wurden.[84])

---

[82]) So benannt in dem Großherzogthum Sachsen-Weimar, wo am 6. Apr. 1818 „der eigenthümliche Uebergang des ganzen bisherigen Kammer-Vermögens von dem Kammerfiscus auf den landschaftlichen Fiskus" unter Feststellung einer Civilliste vereinbart wurde. Offenbar war hier nur die Vereinigung des Kammer-Vermögens mit dem landschaftlichen Vermögen zu Einem Staats-Vermögen beabsichtigt. Von einem Staatsfiskus spricht auch noch die Weimar'sche Verordnung v. 4. Mai 1854 bei Zachariä, die deutschen Verfassungsgesetze S. 502. 533.

[83]) Daran erinnert auch die Wahlkapitulation Art. XV. §. 3.

[84]) Concordatum Wormatiense a. 1222. Schwabensp., Lehenrecht (Laßb.) Art. 41. Eichhorn, Staats- und Rechtsgeschichte II. §. 300.

§. 6.

Die Rechtstitel der einzelnen Besitzthümer. Einheit des Kammerguts.

Ich komme nun zu Herrn Zachariä zurück. Derselbe bemerkt S. 5 richtig: die Rechtstitel der einzelnen Besitzthümer (f. oben S. 61 u. f.) seien auch in Betreff desselben fürstlichen Hauses verschieden.[1]) Es ist jedoch nicht zu vergessen, daß durch die Verbindung zu einem und demselben Territorium und durch dessen gemeinsame Regierung und Vertretung gegenüber von Kaiser und Reich, endlich durch die Vereinigung der Stände zu gemeinsamen Landtagen und Ausschüssen und die daran sich knüpfende Verfassung und Gesetzgebung die staatsrechtliche Einheit des Landes begründet wurde. Diese Einheit theilte sich auch dem landesherrlichen Vermögen und Einkommen mit, welches zu Einer Verwaltung, zu Einer Kammer verbunden und damit denselben Erbfolgesetzen wie das Land selbst unterworfen wurde. Auch Zachariä gibt dies später zu (S. 24). Dagegen sieht er (S. 5) überall nur Privaterwerb und privatrechtliche Verhältnisse und so gestaltet sich ihm die landesherrliche Regierung als ein reines privatrechtliches Institut.

„Alter angestammter dynastischer Besitz, kaiserliche oder von einem andern Reichsstand empfangene Belehnung, Erwerbung durch Schenkung, Kauf, Tausch, Vermächtniß, als Heirathsgut u. s. w. sind die gewöhnlichen friedlichen und durchaus privatrechtlichen Titel des Erwerbs, so-

---

[1]) In der Regel war dieß allerdings der Fall, wiewohl bei einzelnen Häusern z. B. den kurfürstlichen, einzelnen herzoglichen Häusern, der ganze Territorial-Besitz nebst Zubehör in Einer kaiserlichen Belehnung begriffen wurde, f. z. B. Kaiser Friedrichs III. Diplom, v. 14. Febr. 1474, worin Holstein und Stormar zu Einem Herzogthum Holstein erhoben, diesem Dithmarsen incorporirt und König Christian von Dänemark damit belehnen wurde, bei Lünig, Reichsarchiv P. spec. cont. II. Fortf. 2. S. 24. Titulos comitatuum Holsatiae et Stormariae eximimus, caeterorumque comitatuum terras et dominia universa, eique districtum Ditmarsiae incorporavimus, hujusmodi terras, districtus et dominia incorporata in ducatum ereximus.

wohl in Betreff der eigenen Grundbesitzungen und Real-
rechte, als der über Land und Leute sich erstreckenden ho-
heitlichen Rechte des früheren Grafen- oder Herzogamts."

Hierauf ist zu erwiedern, daß die Natur des Rechtsobjekts
durch den translativen Rechtstitel, unter dem es auf den
Nachfolger übergeht, nicht verändert wird. Ein Landesgebiet bleibt
Territorium, obschon es durch Kauf, Tausch, Erbfolge an einen
andern Landesherrn übertragen wird. Die Investitur war die
Form für die Uebertragung von Reichs-Aemtern,[2]) wie von Lehengütern[3]) und Niemand, auch nicht Herr Zachariä, kann bestreiten,
daß jene Aemter eine öffentliche Gewalt nebenbei auch Vermögensrechte für die Beamteten in sich schloßen. Dasselbe war
der Fall bei der Landeshoheit, welche nicht aufhörte ein
öffentliches Recht zu sein, obwohl sie in weltlichen Territorien dem Erbgang unterworfen war, wie noch heutzutage die
monarchische Regierungsgewalt. Auch durch Verträge unter
Staaten sind noch in diesem Jahrhundert Territorial-Ausglei-
chungen und Länder-Abtretungen zu Stande gekommen; Niemand
wird aber deßhalb behaupten, daß die Staatsgewalt und die ihr
anhängigen Befugnisse ihre Natur als öffentlicher Rechte verloren, daß sie Privatrechte geworden seien.

Herr Zachariä will zwar (S. 6) nicht in Abrede stellen,
daß in früherer Zeit, so lange die Grafschaft noch den Charakter
eines persönlichen Reichsamtes hatte, bestimmte Güter zur
Grafschaft als solcher gehörten, die mit dem Amte als Dotation
verbunden waren und dasselbe besonders werthvoll gemacht hätten;
allein durch die Erblichkeit seien sie dem Reiche, zu dessen Domanium sie eigentlich gehört, entzogen worden. Wenn dieß so
viel heißt: durch die Erblichkeit hätten sie aufgehört, Pertinenzien der Grafschaft oder des Landes zu sein, so ist diese Ansicht
unrichtig. Die feste Verbindung einzelner Güter oder Rechte
mit gewissen Aemtern ist durch die Erblichkeit der letzteren nicht
ausgeschloßen; wir sehen dies an den Erbhofämtern, mit welchen

---

[2]) I. F. 13. l. c. 14. pr.
[3]) Die Reichslehen gehörten zu den öffentlichen Lehen, ebenso die landesherrlichen Afterlehen. G. L. Boehmer, princ. Juris feudalis §. 8. 398. 399.

der Genuß gewisser Lehen verknüpft war. Jene Verbindung tritt überhaupt erst seit der Mitte des 9. Jahrhunderts mit Bestimmtheit hervor; es wurden nun die mit den Grafschaften verbundenen Güter und Einkünfte comitatus pertinentia genannt.[1]) Daran änderte auch nichts die spätere Erblichkeit der Lehen und Aemter; vielmehr war nun erst die Dotation für den Kaiser unwiderruflich. Auch der Amtscharakter der Landeshoheit und die vorzugsweise auf gewissen Aemtern und den damit verbundenen Territorien ruhende Reichsstandschaft waren durch die Erblichkeit nicht ausgeschlossen.[2])

Wenn Herr Zachariä einwendet (S. 7.), daß die Eigenschaft eines Reichsguts keine an dem Gegenstand haftende unzertrennbare Eigenschaft sei, daß dasselbe vielmehr durch seinen Uebergang in den privatrechtlich eigenthümlichen Besitz der Landesherren die Eigenschaft eines Reichsguts verloren habe, so ist zunächst daran zu erinnern, daß durch Belehnung eines Landesherrn mit einem Reichsgute das Eigenthum des Reichs nicht aufgehoben wurde; nach teutschem Lehenrecht blieb vielmehr das Eigenthum bei dem Herrn (dominus) und nur Nuß und Gewere kamen an den Vasallen. Ebensowig hörte die Eigenschaft eines Reichslehens dadurch auf, daß dasselbe durch Erbgang oder lehensherrlich konsentirte Veräußerung in die Hände eines andern qualifizirten Besitzers überging. Aber auch wenn das Reichs-Eigenthum nicht gewahrt, sondern durch kaiserliche Schenkung oder sonstige Veräußerung, resp. durch Verjährung dem Reiche entfremdet wurde, so folgte daraus noch immer nicht, daß dasselbe den Charakter eines Privatguts angenommen habe. Dasselbe wurde landesherrliches Gut; es blieb aber zugleich reichsunmittelbares Gut, d. h. es war dem Reiche ohne Vermittlung durch einen Dritten unterworfen. Wie der Besitz einer zur Aufrechterhaltung der reichsständischen Würde zureichenden unmittelbaren Realität (neben persönlicher Unmittelbarkeit) nothwendig war, um Sitz und Stimme auf den Reichs- und Kreistagen zu führen,[3]) so war jener Besitz hinwieder mit öffentlichen Pflich-

---

[1]) P. Roth, Geschichte des Beneficialwesens S. 235. 236.
[2]) Sent. a. 1174. Pertz, Legg. II. p. 145.
[3]) Reichsabschied v. 1654. §. 197. Wahlcap. v. 1792. Art. I. §. 5. XX. §. 1.

ten gegen das Reich (Reichsmatrikular-Anlagen in Mannschaft und Geld) und gegen die Insaßen verbunden: die vormaligen Reichsgüter und Einkünfte nahmen also in den Territorialstaaten eine ähnliche Stelle ein, wie das vormalige kaiserliche Kammergut zum Reiche.

Doch Herr Zachariä bleibt nun einmal dabei, daß die in den Besitz der Landesherrn gekommenen Reichsgüter durch die Erblichkeit aufgehört hätten, dem Reiche anzugehören. Wem anders — fragt er — wurden sie dadurch entzogen, als dem Reich, zu dessen Domanium sie eigentlich gehört hatten und wer kann sich über eine dadurch erlittene Verletzung beklagen, da das Reich dies nicht blos nicht hinderte, sondern großentheils in der Form der Belehnung (also doch!) ausdrücklich sanctionirte. Ein Gleiches — fährt er fort — gelte von den großen und kleinen, über ganz Deutschland zerstreuten Reichsdomänen, die allmälig in den Besitz von Fürsten, Grafen, Rittern u. s. w. gekommen. Man könne diese Veräußerungen der Reichsgüter mißbilligen oder beklagen; allein zur **rechtlichen Anfechtung** fehle es an jedem Grund und außerdem an einem dazu legitimirten Subjekte.

Alle diese Einwürfe sind Streiche in die Luft, nur dazu dienlich, die Aufmerksamkeit von dem Gesichtspunkt, worauf es ankommt, abzulenken. Niemand spricht von einer Anfechtung längst erfolgter Veräußerungen von Reichsgütern, wie Zachariä S. 6 glauben läßt, Niemand von einer Klage wegen Verletzung durch eine Handlung des Reichsoberhaupts. Auch bezüglich der **landesfürstlichen** Veräußerungen ist die Meiningensche Landschaft nicht gewillt, dieselben rückwärts anzugreifen; sagt ja doch ihr Referent, Herr Luther S. 22. seiner Schrift:

„Gegen Nothstände war ja selbst der beste Fürst nicht geschützt, er mußte sich mit den Domänen behelfen, wie er konnte, besonders wenn ihn das Land mit seiner Hilfe im Stiche ließ oder nicht helfen konnte."

Gleichgiltig ist es aber doch nicht, woher die fürstlichen Kammergüter gekommen sind, wenn es sich davon handelt, die Frage von dem Eigenthum und der Natur derselben zu beantworten.

Ich möchte es auch nicht mit Herrn Zachariä (S. 8) ganz und gar ablehnen, daß irgend einmal einem deutschen Fürsten zu seinem Unterhalt von dem Lande selbst Güter angewiesen worden.[1]) Die alten Volksherzoge, wie die später noch in einigen Ländern von den Ständen gewählten Landesherrn trafen doch gewiß ein zu ihrem Aufwand bestimmtes Fürstengut an, wenn gleich seit dem Aufkommen des Lehenssystems die Belehnung mit dem Fahnlehen und den Regalien hinzukommen mußte.[2]) Aber auch die Ausstattung der Fürstenthümer und Grafschaften durch das Reich — sei es mit altem Nationalgute oder mit Reichslehen — war eine Dotation und bekanntlich erlischt eine Dotation nicht dadurch, daß der Dotirende später stirbt oder in Vermögenszerfall geräth. Auch daß trotz der entgegenstehenden Reichs- und Landes-Gesetze alte und neue, lehenbare und allodiale Fürstenthümer und Grafschaften mit den zubehörigen Gütern und Rechten, vielfach getheilt und veräußert worden, schließt nicht aus, daß dieselben öffentliche Besitzungen waren, und beziehungsweise es noch sind. Auch öffentliche Güter, Staats- und Kirchen-Güter, können unter gewissen Voraussetzungen in den Verkehr kommen. Die kaiserlichen Domänen waren Reichs- oder Staatsgut und doch fanden Veräußerungen statt bis zu ihrer Erschöpfung. Auch die landesherrlichen Kammergüter, ohne Unterschied ob Lehen oder nicht, galten für öffentliche Güter, theils weil sie der Landesherrschaft als solcher zukamen, theils um ihrer öffentlichen Bestimmung willen.[3]) Besonders trug zur Vermehrung des Kammerguts bei der weitere Begriff von Regalien, wie er sich allmälig in den Händen des Landesherrn gestaltet hatte.

---

[1]) In der Vertheidigung des Staatsgrundgesetzes für Hannover, herausgegeben von Dahlmann, wird S. 202 bemerkt: urkundlich sind in manchen Landestheilen Domanialpertinenzien vom Lande geschenkt, Gefälle bewilligt oder die Folge uralter Staatslast." Auch auswärts finden sich unter den Kammergefällen viele alte Herden und Steuern, welche vom Lande bewilligt wurden und nun einen Theil des Kammervermögens bilden.

[2]) So wurde es auch in Kärnthen gehalten: und wen derselb vorgenant Herzog gen hof kumpt zu dem Roemschen Kayser als (ober) zu dem Roemschen Kunig, so sol er in denselben klaydern für in komen, es sye Kayser oder Kunig, der denn gewaltig ist, und sol dem also ainen hirtzen mitt im bringen und also mit dem sin lehen empfahen. v. Laßberg, Schwabensp. S. 134. Note.

[3]) G. L. Boehmer, principia juris feud. §. 59. 60.

Es ist eine bekannte Sache, daß nicht blos Gegenstände welche im römischen Recht als res publicae in sensu stricto galten, wie Flüsse, Land- und Heerstraßen, bei uns zum Staats-Eigenthum gerechnet werden,¹⁰) sondern daß auch große Strecken ungebauten Landes, namentlich ausgedehnte Wald- und Waidegründe, welche ursprünglich dem gemeinen Gebrauche vorbehalten waren, unter dem Titel des Forst- und Wildbanns in königliches und landesfürstliches Eigenthum übergegangen sind. Auch Zachariä gibt dieß, wiewohl ungerne, zu indem er S. 5 und 6 sagt:

„Möglich ist es und, wir wollen es zugeben, selbst wahrscheinlich mag es sein, daß von dem alten Gemeingut der Volksstämme und Gaugenossenschaften Manches, vielleicht Vieles, in den ausschließlichen Eigenthumsbesitz der dynastischen, später landesherrlichen und reichsständischen Geschlechter übergangen ist. Wer möchte sich aber unterfangen, noch jetzt die Rechtswidrigkeit der stattgehabten Occupation nachzuweisen?"

Die letzteren Worte sind gegen die landschaftliche Schutzschrift von Luther gerichtet, welcher jedoch (S. 18), weit entfernt, in den neuen forstlichen Ordnungen und Verfügungen eine Beraubung zu sehen, vielmehr die entgegengesetzte Ansicht ausspricht, indem er annimmt, daß die Erträgnisse der Forsten in Gemeinschaft mit den übrigen Dominial-Revenüen zur Unterhaltung des Staats und seines Oberhaupts, folglich zu öffentlichen Zwecken verwendet worden seien. Also abermals ein verfehlter persönlicher Angriff! Wenn Herr Luther (S. 16) von einem in ungetheilter Gemeinschaft befindlichen Besitzthum der ehemaligen, unter dem Namen der Gaugemeinden bestandenen Volksgemeinden und Markgenossenschaften sprach, „welches Vermögen nach Auflösung der Gauverfassung bei den Aemtern ¹¹) verblieb ¹²) und mit

---

¹⁰) Glück, Erläuterungen der Pandecten Bd. II. S. 496.

¹¹) Hierunter versteht Luther nicht Aemter oder Stellen im subjectiven Sinn (beneficia, officia) sondern Amtsbezirke (gleichfalls officia genannt) oder vielmehr die Bezirks-Verwaltung, den Amtsfiskus. Ueber die Eintheilung des Landes in Gaugrien oder Aemter und deren Verbindung mit der Domanial-Verwaltung f. Eichhorn, deutsche Staats- und Rechtsgeschichte Bd. II. §. 307.

¹²) Nicht wie Zachariä S. 2 seiner Schrift die Stelle unter Anführungs-

der Vermehrung mehrerer Aemter zu einem geschlossenen Staat in das allgemeine Staatsgut überging," so hat er damit nicht, wie Zachariä ihn beschuldigt, etwas Ungereimtes gesagt, sondern im Wesentlichen nur ausgesprochen, was auch andere Schriftsteller, namentlich Eichhorn und Maurer (auf die Luther ausdrücklich Bezug nimmt) bezeugen. K. F. Eichhorn, welcher in seiner Staats- und Rechtsgeschichte Bd. I. §. 84. (5. Ausgabe) von der uralten Genossenschaft der Insaßen an der gemeinen Mark spricht, bemerkt:

> In gleicher Markgenossenschaft standen ganze Hunderten, ja wohl die Gemeinden ganzer Gauen, wo dann aber der König, die Kirche und der Adel als Eigenthümer ganzer Feldmarken ebenfalls in der Markgenossenschaft waren. Die großen Waldungen gehörten ohne Zweifel durchgängig zu solchen größeren Marken und wurden erst späterhin bei steigendem Ansehen des Königs in Bannforsten (§. 199) verwandelt.

Maurer in der Einleitung zur Geschichte der Mark-, Hof- und Stadt-Verfassung und der öffentlichen Gewalt S. 97.

---

zeichen wiedergibt: „auf die späteren Aemtern vererbte." An dieses supponirte Wort: „vererben" und an die Worte: „Staat" und „Staatsgut", welche Luther anderwärts gebraucht, knüpft Zachariä die härtesten Beschuldigungen, wie „wunderlichste und auffallendste historische Sprünge", „völlig bodenlose und widersprechende Voraussetzungen", „ganz bodenlose, willkührliche Fictionen" u. s. w. — S. 7 kommt Zachariä auf die mißverstandene Stelle zurück, indem er sich zu dem Ausbruche steigert: „Wir hoffen, daß sich zu einer solchen Behauptung (von einem character indelebilis der Reichsgüter) selbst Solche nicht versteigen, die in demjenigen, was sie ihrem Staat oder was ihnen ganz dasselbe ist, ihrem „Volke", unter Geltendmachung aller möglichen Erb- und Rechtsansprüche, vindicirten, Unglaubliches geleistet haben und in ihren Prätensionen auch dadurch gar nicht irre werden, daß sie dabei die einfachsten und klarsten Principien des Erb- und sonstigen Erwerbrechts verletzen; die kein Bedenken tragen, mit ihren Revindicationen in unvordenkliche Zeiten zurückzugreifen, einen dazwischen liegenden, unbestrittenen und an sich unbestreitbaren Rechtszustand einer ganzen Reihe von Jahrhunderten zu ignoriren oder kurzweg zu annulliren." Es thut mir leid, mit diesen persönlichen Streitereien, welche nicht zur Aufklärung der Sache beitragen, dem Leser aufzuhalten; aber ganz durfte doch der gegnerische modus procedendi nicht verschwiegen werden.

(S. 43 a. E.) sagt: daß die meisten landesherrlichen Domänen, die Privatdomänen natürlich ausgenommen, aus ehemaligen Reichs-, Gau- oder Centalmanden hervorgegangen, daß es demnach ein großer Irrthum sei, wenn man glaube, die Domänen seien reines Privatvermögen der Landesherrn gewesen; „ihrem Ursprung und ihrer Bestimmung nach waren sie vielmehr öffentliches Gut, bestimmt zur Bestreitung des öffentlichen Dienstes und der öffentlichen Ausgaben des Landes."

Ich will hier nicht wiederholen, was Herr Reichsrath v. Maurer des Näheren S. 94. f. 259. 334. von dem alten deutschen Gemeinland in Vergleich mit dem englischen Folcland [13]), dem nordischen Almenning und von dem Uebergang eines großen Theils desselben in die Hände des Königs und der Fürsten sagt, sondern nur Bezug nehmen auf zwei Urkunden von 1468 und 1469 [14]), worin Pfalzgraf Friedrich I. ein Recht der Landesalmende an einzelnen Grundstücken geltend macht, die zum gemeinen Gebrauche dienten. Daß man die Staatsdomänen Landesalmanden genannt habe, möchte ich deßhalb nicht mit v. Maurer [15]) annehmen; wohl aber sind manche Domänen und Landesforsten aus vormaligen Reichs-, Landes- und Centalmanden [16]) hervorgegangen und selbst die Almanden der Gemeinden mußten hier und dort dazu dienen, die landesherrliche Kammer zu bereichern. [17])

---

[13]) Die herrschende Meinung, daß darunter altes Volks- oder Reichsland begriffen sei, wird zwar bestritten von Gundermann in der Zeitschrift für deutsches Recht Bd. XVII. S. 174. Doch sagt er auch wieder: sie lasse sich urkundlich nicht widerlegen. Noch später kommt sog. bundredes land b. h. in Privatbesitz gelangte Centalmand in Urkunden vor. W. Maurer, über angelsächsische Markverfassung das. Bd. XVI. S. 204.

[14]) Mone, Zeitschrift für die Geschichte des Oberrheins Bd. 1. S. 404. 425. vgl. S. 393.

[15]) Geschichte der Markverfassung S. 740.

[16]) Centalmand-Waldungen werden genannt in einer Almandordnung von 1483 bei Mone Zeitschrift I S. 434.

[17]) In Württemberg wurden seit dem Jahr 1663 die Zinsen aus überbauten Almendplätzen, welche früher in die Gemeindekasse fielen, für die Rentkammer in Anspruch genommen s. Kommun-Ordnung v. 1758 Kap. III.

Was Freigedank[18]) im 13. Jahrhundert klagend singt:

> die fürsten twingent mit gewalt
> velt, stein, wazzer und walt,
> darzuo beide wilt und zam;
> si taeten luft gerne alsam,
> der muoz uns doch gemeine sin.
> möhten si uns den sunnen schin
> verbieten, ouch wint und regen,
> man müest in zins mit golde wegen.

drückt eine Bitterkeit aus, die, wie J. Grimm bemerkt, etwas Unverjährbares hat. Dieselbe Klage wider die Kammern (in camera non est Christus!) wiederholt sich in dem Bauern-Aufstand des 16. Jahrhunderts: „dann unsere Herrschaften haben ihnen die Hölzer allein geeignet und wann der arm Mann etwas bedarf, muß er's um zwei Geld kaufen."[19]) Der alte Forst- oder Wildbann, welcher nur vom Kaiser verliehen werden konnte, wurde allerdings vielfach benützt, nicht bloß um ein landesherrliches Regal der hohen oder auch der niedern Jagd zu begründen, sondern auch um das Eigenthum an den gemeinen Waldungen den Kammern anzueignen und die Waldbewohner und Umwohner in ihren hergebrachten Nutzungsrechten möglichst zu beschränken. Dagegen ist die mehrfach behauptete Regalität des Gemeindelandes in Deutschland nicht durchgedrungen; vielmehr sind hier die Gemeinden der Regel nach die Grundherrn ihrer Markungen geblieben.[20]) Auch hat sich in der Volksansicht und selbst in der Gesetzgebung (Unterschied zwischen Holzexceß und Forstdiebstahl) Manches erhalten, was an die alte Ausdehnung des gemeinen Nutzens in Feld, Wasser und Wald erinnert und mit der Exclusivität eines Sonder-Eigenthums gewissermaßen im Widerspruche steht.

Abschn. 4. §. 1. Ebenso wurde das Recht zur Winterschafweide durch das ganze Land (Landgefährt) eingeführt und mit einzelnen Domänen, sog. Schafhöfen, verbunden. Dieses Landgefährt wurde erst durch das Schäfereigesetz von 1828. Art. 11 wieder aufgehoben.

[18]) Freigedank c. 17. J. Grimm, deutsche Rechtsalterthümer S. 248
[19]) Oechsle, Geschichte des Bauernkrieges S. 251.
[20]) Vergl. Maurer a. a. O. S. 107.

§. 7.

Insbesondere die säkularisirten Kirchengüter und die Zutheilungen durch den Reichsdeputations-Hauptschluß v. J. 1803. — Eroberungen.

Hinsichtlich der **säkularisirten Güter** gibt Herr Zachariä S. 14. (vergl. dagegen S. 2) nunmehr zu, „daß der Erwerb auf keinem der gewöhnlichen privatrechtlichen Titel beruhte, sondern insofern völker- und staatsrechtlicher Natur war, als Friedensschlüsse und Reichsgesetze die als Säkularisation bezeichnete Occupation der geistlichen Güter veranlaßten, herbeiführten oder bestätigten." Gleichwohl — meint er — lasse sich weder aus der rechtlichen Natur der Objecte der Säkularisation, noch aus dem anerkannten Rechtsverhältniß der acquirirenden Landesherrn zu ihren Ständen und Unterthanen, noch aus den Bestimmungen der hier maßgebenden völker- und staatsrechtlichen Acte irgend ein Grund für die Verwandlung des bisherigen Kirchenguts in Staatsgut entnehmen. Auch damit ist meines Erachtens die Frage rücksichtlich der Natur und Bestimmung der säkularisirten Güter nicht erledigt. Man muß im Hinblick auf den Rechtsgrund der Säkularisation unterscheiden:

1) die zur Zeit der Reformation von den evangelischen Landesherrn eingezogenen Kirchengüter. Vermöge des aus der Landeshoheit abgeleiteten jus reformandi[1] hielten sich die zu der neuen Lehre übergegangenen Reichsstände berechtigt, nicht blos diese Lehre selbst in ihren Landen einzuführen, sondern auch die Verhältnisse der neuen Kirche zu ordnen und dem vorhandenen Kirchengute, namentlich dem Vermögen der aufgehobenen Klöster und Stifter seine Bestimmung anzuweisen. Der Augsburger Religionsfriede vom Jahr 1555 §. 10. 19. 21. und der westphälische Friede vom Jahr 1648 Art. V. §. 45. gaben

---

[1] Instr. pacis Osnabr. art. V. §. 30. — cum statibus immediatis cum jure territorii et superioritatis ex communi per totum imperium hactenus usitata praxi, etiam jus reformandi exercitium religionis competat. Eichhorn, Grundsätze des Kirchenrechts Bd. 1. S. 234.

nachträglich hiezu eine Berechtigung; doch ward die Erhaltung der nöthigen Ministerien der Kirchen, Pfarren und Schulen aus den Kirchengütern vorbehalten. Der Weg, welchen die Landesherrn einschlugen, war verschieden. In einzelnen Staaten wurde das eingezogene Kirchengut auch fernerhin als **kirchliches Vermögen** betrachtet, bestimmt zur Unterhaltung der Kirchen und Schulen und zur Unterstützung der Armen, und nur der Ueberschuß für andere Landesbedürfnisse in Anspruch genommen. Dieß entsprach auch der Absicht der Reformatoren, welche sich zwar gegen die stiftungswidrige Verwendung der Kirchengüter zu profanen Zwecken erklärten, aber zugaben, daß die „Obrigkeiten" dieselben wie andere bona publica bestellen und in Rücksicht des von ihnen ertheilten Schutzes und ihrer sonstigen Auslagen für öffentliche Zwecke des Ueberschusses sich bedienen.²)

In andern Staaten wurde das geistliche Gut incamerirt: hier konnte, wie auch Zachariä S. 15 sagt, seine Natur von nun an keine andere sein, als die des **fürstlichen Kammerguts selbst**; es giengen aber die entsprechenden Ausgaben für Kirche, Schule und für die Armen mit auf die Kammer über. Keinenfalls war es den Landesherrn gestattet, die Kirchengüter als ihre **Patrimonialgüter** zu betrachten oder deren Einkünfte zu **Privatzwecken** zu verwenden.³) Auch wo die abgesonderte Verwaltung des Kirchenguts erst später aufgehoben und dieses mit dem Kammergute vereinigt wurde, ward die Verpflichtung anerkannt, die fundationsmäßigen Ausgaben für kirchliche, Schul- und andere gemeinnützige Zwecke nach wie vor zu bestreiten.⁴)

---

²) Eichhorn, Staats- und Rechtsgeschichte Bd. IV. §. 558. Richter, Lehrbuch des katholischen und evangelischen Kirchenrechts §. 311.

³) Cons. Uellensis tom. II. lib. I. cons. 47. resp. 36. p. 178. Württ. Erbvergleich vom Jahr 1770 Cl. 11. §. 16. (Württ. Gesetzsammlung Bd. II. S. 571.) „Auch sollen die Einkünfte desselben nicht anders als nach der großen Kirchenordnung, denen Landtags-Abschieden und Herzoglichen Reversalien, verwendet, mithin davon nichts zu Sr. Herzoglichen Durchlaucht Eigenem oder Privat-Nutzen, unter einigerley Vorwand gezogen werden." Auf gleiche Weise sorgte in Sachsen Albertinischer Linie schon 1539 die Landschaft für Erhaltung des Kirchenguts zu kirchlichen und öffentlichen Zwecken. Weiße, sächsische Geschichte Th. 3. S. 271 f.

⁴) Württembergisches Manifest vom 2. Jan. 1806. (Gesetz-Sammlung Bd. III S. 213.)

2) Die Gebietszuscheidungen in dem Hauptschluß der außerordentlichen Reichsdeputation von 1803 hatten zum Zweck, den deutschen Fürsten für ihre Territorial-Verluste jenseits des Rheins eine Entschädigung zu geben. Der Reichsdeputationsschluß hatte in dieser Beziehung mehr den Charakter eines völkerrechtlichen Vertrags als den eines Reichsgesetzes, wie denn auch die Entschädigungen unter dem Einflusse Frankreichs und Rußlands bestimmt wurden. Es handelte sich zunächst davon, diese Entschädigungen und damit die neue Gebietsabtheilung diesseits des Rheins zu bestimmen, auf Kosten hauptsächlich der bisherigen geistlichen Staaten. Dabei wurden die bisherigen Familiensuccessionsrechte von den überrheinischen Territorien auf die Entschädigungs-Lande übertragen (§. 45), welche großentheils zuvor geistlichen Wahlfürsten gehorchten; andererseits sollte eine Garantie gegeben werden für die politische Verfassung der zu säcularisirenden Lande, soweit solche auf giltigen Verträgen zwischen dem Regenten und dem Lande beruhten. Diese Verträge sollten aufrecht erhalten, jedoch in Betreff der Civil- und Militär-Administration dem neuen Landesherrn freie Hand gelassen werden. (§. 60.)

Die politische Verfassung in den geistlichen Wahlstaaten war freilich sehr verschieden von der in den weltlichen Reichslanden; dennoch waren auch die Bischöfe und die Reichsprälaten nicht unbeschränkt; sie hatten in manchen Fällen den Rath oder den Consens des Kapitels resp. Konvents einzuholen. Die bischöflichen und Stiftsgüter dienten wie die weltlichen Kammergüter nicht blos zur Unterhaltung der Tafel des Bischofs resp. der geistlichen Dignitäre, sondern auch zu den Kosten der geistlichen und weltlichen Regierung. Die bischöflichen Domänen waren Eigenthum der Bischöfe in ihrer doppelten Eigenschaft als Landesherrn und als Bischöfe und sie waren unveräußerlich nach den Reichs- wie nach den Kirchengesetzen.[9]
Wenn nun §. 34. des Hauptschlusses bestimmt:

„alle Güter der Domkapitel und ihrer Dignitarien werden den Domänen der Bischöfe einverleibt und

---

[9] S. oben §. 5. Note 26.
Heffter, die Rechte des Staats an den Domänen.

gehen mit den Bisthümern auf die Fürsten über, denen
diese angewiesen sind" —

so ist damit nicht gesagt, daß die bischöflichen Mensalgüter und
die Stiftsgüter sofort Privatgüter der Fürsten werden, sondern: dieselben gehen mit dem Lande über an den neuen Landesherrn. Sie hörten auf geistliche Güter zu sein und wurden weltliches Gut, Kammergut.

Dasselbe gilt von den geistlichen Gütern anderer, nicht
eigens in dem Hauptschlusse genannten geistlichen Korporationen
(Stifter, Abteien und Klöster) innerhalb der Entschädigungslande.
Auch diese Güter wurden (§. 35) „der freien und vollen Disposition der respectiven Landesherrn, sowohl zum Behuf des Aufwandes für Gottesdienst, Unterrichts- und andere gemeinnützige Anstalten, als zur Erleichterung ihrer Finanzen"
überlassen, unter dem Vorbehalte der festen und bleibenden Ausstattung der Domkirchen und der Pensionen für die aufgehobene
Geistlichkeit u. s. w. Es ist also, ähnlich wie bei den Säkularisationen des 16. und 17. Jahrhunderts, die Bestimmung für
fromme und milde Zwecke, nach Maßgabe des Bedürfnisses, gewahrt, im Uebrigen aber die Verwendung für staatsrechtliche
Zwecke gestattet.

Die Pertinenz-Eigenschaft der säkularisirten Güter ist noch
besonders ausgesprochen §. 36:

„Die namentlich und förmlich zur Entschädigung angewiesenen Stifter, Abteien und Klöster, sowie die der
Disposition der Landesherren überlassenen, gehen überhaupt
an ihre neuen Besitzer mit allen Gütern, Rechten,
Kapitalien und Einkünften, wo sie auch immer gelegen sind, über, sofern oben nicht ausdrückliche Trennungen
festgesetzt worden sind."

Endlich ist noch von Bedeutung §. 61:

„Die Regalien, bischöflichen Domainen, domkapitlische
Besitzungen*) und Einkünfte fallen dem neuen Landesherrn zu."

Auch hieraus geht hervor, daß nur der Landesherr qua talis

---

*) Es gab bekanntlich auch Territorien, welche von dem Stift oder Ka-
pitel erworben waren.

als neuer Erwerber gemeint ist; denn dem Landesherrn als Privatperson würden die Regalien, deren Ertrag auch nach Zacharid S. 3 und dem dort angeführten Meinungen'schen Grundgesetze von 1829 zu den öffentlichen Einkünften gehört, nicht überwiesen sein.

Ich stimme mit Zacharid[7]) darin überein, wenn derselbe sagt: es könne keinem Zweifel unterliegen, daß die durch den Reichsdeputations-Hauptschluß von 1803 §. 61 den deutschen Landesherrn (auch für die verlorenen Kammergüter auf dem linken Rheinufer) zugewiesenen „Regalien, bischöflichen Domänen, domkapitlischen Besitzungen und Einkünfte" nebst den in §. 95. „zur Erleichterung ihrer Finanzen" ihnen überlassenen Gütern der säcularisirten Stifter, Abteien und Klöster" ganz und gar in das Rechtsverhältniß der Kammergüter der „respectiven Landesherrn" eingetreten seien. Eine Ausnahme wäre meines Erachtens nur dann begründet, wenn die Landesherrn das neue Territorium dem alten Lande nicht einverleibt, sondern blos in eine Personal-Union aufgenommen hätten: in diesem Falle wären aber die Einkünfte des neuen Landes zunächst zur Erhaltung der dortigen Regierung zu verwenden gewesen. Dagegen muß ich mich entschieden gegen die Ansicht Zacharid's S. 20 (Note 22) und S. 21 erklären: daß die neuen Besitzer in keiner Weise behindert gewesen seien, die neuen Güter zu verkaufen, zu verschenken oder in reines Privatgut zu verwandeln. Diese Ansicht setzt voraus, daß die erworbenen Güter in der Eigenschaft von Privatgütern an den Landesherrn gekommen seien: denn sonst konnte dem Landesherrn eine solche Disposition nicht zustehen. Kamen sie aber als Zubehörde der Landesregierung oder als Ersatz für entzogenes Kammergut an den Landesherrn, so waren sie kein Privatgut, sondern mit dem betreffenden Lande, beziehungsweise dem Staate, welchem die neuen Lande einverleibt wurden, ebenso verbunden, wie anderes Kammergut. Daß einseitige Dispositionen und Veränderungen mit dem Kammergute vorgekommen sind, namentlich in der verfassungslosen Zeit, wer wird dieß läugnen? Folgt aber daraus, daß sie rechtmäßig waren oder daß auf Grund

---

[7]) Staatsrecht Bd. II. S. 417. Neueste Schrift S. 20. Note 22.

eines solchen Vorgangs eine rechtliche Thesis für die Zukunft gebildet werden dürfe?

Ich habe bei der bisherigen Ausführung ganz unberücksichtigt gelassen, daß viele, ja die meisten neuen Erwerbungen mit Hülfe der militärischen Streitkräfte und mit ansehnlichen Geldopfern des Landes gemacht worden, ohne die äußerste Anstrengung des Landes durch Rekrutirung und Steuern gar nicht möglich gewesen wären, ja daß ohne solche Opfer der Staat selbst aufgehört hätte. Auch einzelne Erwerbungen älterer Zeiten durch Ankauf sind nur dadurch möglich geworden oder dem Lande erhalten geblieben, daß die Landstände in den Kaufpreis eintraten oder die Kammer später von ihren Schulden und den auf denselben ruhenden Pfandrechten befreiten. Ebenso ist bei den Fehden und Kriegen früherer Jahrhunderte in der Regel das Land nicht unbetheiligt geblieben (durch Landfolge und Beisteuer). Ich mache auch jetzt diesen Gesichtspunkt nicht geltend, um ein unmittelbares Eigenthum oder Miteigenthum der sogenannten Landschaft, im Gegensatze zu dem landesherrlichen Eigenthum am Kammergute zu begründen. Aber eine Voraussetzung bei jener Mitwirkung war doch gewiß, daß dem Lande d. h. dem Territorialstaate und dessen jeweiliger Regierung die neue Erwerbung erhalten bleibe und daß sie auch den Landes-Unterthanen und dem ständischen Corpus insoferne zu gut komme, als überhaupt jeder Landeszuwachs eine Vermehrung des Einkommens und der Kräfte des Landes mit sich bringt. Dieser Voraussetzung wäre aber entgegen gehandelt, wenn der Landesherr die neuen Lande oder die zugehörigen Domänen als Privat-Erwerb hätte zurückbehalten oder als Schatullgut hätte behandeln wollen. Besonders benachtheiligt würde das alte und folgeweise auch das neue Land, wenn dieses zwar in eine Realunion mit jenem eingesetzt, die Domänen aber von dem Lande getrennt, in Privatbesitz verwandelt oder veräußert werden wollten: denn nunmehr würden die früheren Kammer-Einkünfte zu Bestreitung der Ausgaben für den vergrößerten Staat um so weniger zureichen; es müßten also erhöhte Steuern an die Stelle der entbehrten Kammer-Einkünfte treten.

§. 8.
Verbindung des Kammerguts mit der Landeshoheit. Staatssuccession.

Schon oben §. 5 ist die rechtliche Verbindung des Kammerguts mit der Regierung und dem Lande nachgewiesen worden. Auch Zachariä hat in seinem Lehrbuche des deutschen Staatsrechts §. 207 sich für die rechtliche Verbindung des landesfürstlichen Kammerguts mit der Landeshoheit erklärt; er hat anerkannt, „daß die Kosten der Landesregierung auf dem sogenannten fürstlichen Kammergut lasteten", und beigefügt:

„Diese Rechtsansicht von der Bestimmung des Kammerguts, wodurch dieses selbst zum Annexum der Landeshoheit wurde, und als solches aus dem rein privatrechtlichen Boden auf das Gebiet des öffentlichen Rechts übertrat, ist theils durch alle Landes-Verfassungen direct oder indirect anerkannt, theils liegt sie auch verschiedenen Bestimmungen älterer Reichsgesetze zu Grunde. In Verbindung hiemit und wegen des großen Interesses der Landstände an der Erhaltung des vorhandenen Kammerguts wurde zugleich, besonders seit dem 16. und 17. Jahrhundert, das Verbot der willkührlichen Veräußerung des Kammerguts auf historischem Wege zu einem Princip des deutschen Staatsrechts, dessen Geltung auch da, wo es Hausgesetze und Landesverträge nicht ausdrücklich ausgesprochen, anerkannt wurde."

Noch bestimmter spricht sich Zachariä §. 208 des Lehrbuchs über das heutige Recht der Kammergüter aus. Er meint zwar im Eingange: die Frage, ob die Kammergüter Staatsgut oder Privat-Eigenthum des Landesherrn oder, wie Andere sagen, der landesherrlichen Familie seien, könne abgesehen von besondern Verfassungs-Bestimmungen in beiden Richtungen (warum nicht in allen dreien?) bejaht oder auch verneint werden; es komme nur darauf an, welchen Sinn man mit der Frage ver-

binde. Schließlich aber ist er der Ansicht, daß das Eigenthum
der Kammergüter nicht dem Lande, sondern dem Landesherrn
zugehöre; gleichwohl seien dieselben insofern **Staatsgüter**,
als die Einkünfte zur Bestreitung von **Staatsbedürfnissen**
verwendet werden müssen.

"Daher gehen die Kammergüter stets in Verbindung
mit der Landeshoheit, als **Annexum** derselben und als
Objekt der **Staatssuccession**, auf den **Regierungs-
Nachfolger** über und die Privat-Erben des letzten Besitzers, welche auch auf die vorhandenen **Kammer-Intraden** keinen Rechtsanspruch haben, können selbst wegen
Vermehrung des Kammerguts und geschehener Verwendungen in dasselbe nur kraft besonderer Vorbehalte Ersatz
verlangen." (S. 416.)

Es wäre wohl gegen die Begründung dieser Lehrsätze, wie
gegen einige Modificationen des aufgestellten Prinzips bei dessen
Durchführung im Zachariä'schen Staatsrechte Mehreres einzuwenden; doch stimmen die Grundgedanken mit dem Resultate
meiner eigenen Untersuchungen überein, wie ich sie seiner Zeit
in dem von Zachariä Staatsrecht §. 209 Note 4 citirten Gutachten über die hannover'sche Verfassungsfrage und nun auch
in der bisherigen Ausführung niedergelegt habe. Um so weniger
befinde ich mich aber in Uebereinstimmung mit der Richtung der
gegenwärtigen Schrift Zachariä's. Zwar bekennt er sich auch
jetzt noch zu der Ansicht, daß das Eigenthum der Kammergüter
dem Landesherrn zustehe; er spricht §. 3 und 4 wiederholt
und mit Nachdruck von einem **landesherrlichen oder fürstlichen Eigenthum**, wie es scheint, ebensowohl im Gegensatz zu
einem Privateigenthum des Landesherrn als zu einem Eigenthum der moralischen Person des Staats; er unterscheidet
S. 33 ausdrücklich zwischen dem **Kammergut** und
dem bloßen **Chatoulle- oder Privatvermögen** des
zeitweiligen Landesherrn und gibt die Möglichkeit und die rechtliche Bedeutung dieser Unterscheidung schon im älteren Rechte
zu. Aber trotz aller Wendungen, Schwankungen und Drehungen
kann doch seine Schrift gleich von vornherein nicht anders aufgefaßt werden, als daß das Absehen auf ein Privat-Eigen-

thum des Landesherrn oder vielmehr der landesherrlichen Familie gerichtet sei, so S. 5, wo er von durchweg privatrechtlichen Erwerbtiteln spricht, S. 6 und 7, wo von dem Kammergut der fürstlichen und gräflichen Häuser, von dem Eigenthum des Landesherrn oder des von ihm repräsentirten fürstlichen Hauses die Rede ist. Er bemerkt zwar S. 8, daß sich gegen die juristische Korrectheit des Ausdrucks: „Eigenthum der regierenden Familie" Bedenken erheben lassen (im Staatsrecht §. 208 Note 1 hatte er diese Benennung für „durchaus falsch" erklärt); dennoch gebraucht er denselben incorrecten Ausdruck gleich wieder im nächsten Satze und ähnlich an späteren Stellen z. B. S. 24, 28, 36, 37, 49.

Zwar gibt Zachariä S. 9 zu: das „Dominium des regierenden Hauses" sei durch seine Verbindung mit dem Besitz der Landeshoheit in eine gewisse (?) mittelbare staatsrechtliche Beziehung zum Lande getreten, durch welche, abgesehen von der durch Landesverträge häufig beschränkten willkührlichen partiellen (?) Veräußerung, auch eine willkürliche Lösung seines Besitzes von dem Besitze der Landeshoheit, sowie die Uebertragung des Eigenthums am gesammten Dominium auf ein beliebiges anderes Rechtssubject hätte ausgeschlossen werden müssen. Klar ist jedoch diese Fassung nicht, und ich will versuchen, sie mir klar zu machen.

1) soll nur die partielle Veräußerung des Kammerguts durch Landesverträge „beschränkt" sein, während im Staatsrecht §. 207. (S. 413) das Verbot der willkürlichen Veräußerung des Kammerguts mit gutem Grunde als allgemeines Prinzip des deutschen Staatsrechts hingestellt wird. Allerdings ist an einer späteren Stelle des Staatsrechts §. 208. S. 419 auch wieder gesagt: aus dem unbestreitbaren Interesse, welches die Stände an der Erhaltung des Kammerguts haben, folge noch kein Miteinwilligungsrecht derselben. Schwerlich wollte aber der Verf. damit aufheben, was er zuvor von der Geltung seines „historischen" Princips gesagt hat, auch in Staaten, wo eine ausdrückliche Sanction nicht bestehe. Wenn eine partielle Veräußerung des Kammerguts ohne ständische Zustimmung nicht gestattet ist, so muß natürlich noch mehr

die Uebertragung des Eigenthums am gesammten Domanium, und zwar nicht blos auf einen beliebigen Dritten, sondern überhaupt auf jedes andere Subject, als die Person des Regierungsfolgers, von ständischer Zustimmung abhängen. Dieß scheint denn auch schließlich die Ansicht Zachariäs zu sein, indem er vermöge der staatsrechtlichen Beziehung des Kammerguts zum Lande nicht blos eine willkürliche partielle Veräußerung desselben sondern überhaupt eine Lösung seines Besitzes von dem Besitze der Landeshoheit und die Uebertragung des gesammten Domanium auf ein beliebiges anderes (drittes) Subjekt für **ausgeschlossen** ansieht. Practisch wurde die Frage bei der holstein-lauenburgischen Domänen-Angelegenheit, wovon nachher die Rede sein wird.

2) Nur eine „**willkürliche**" Trennung des Kammerguts von der Landeshoheit schließt Zachariä aus, nicht eine Trennung überhaupt; denn — so äußert er sich Note 9 — wenn dem regierenden Hause seine Landeshoheit durch **höhere Gewalt** genommen wird[1]), so verliert es nur diese, **nicht aber sein Eigenthumsrecht am Kammergute**. Läßt sich aber für den Fall einer vis major zum Voraus bestimmen, wo die höhere Gewalt aufhört? Versetzen wir uns mit einem solchen theoretischen Satze nicht von dem Gebiete der Rechtsfragen auf den Boden einer Thatfrage, worüber allein die Ereignisse entscheiden? Auch bei einer nothwendigen **Gebietsabtretung** durch Friedensschluß gehen in der Regel die zugehörigen Domänen und Einkünfte mit über und selbst die bei Veräußerungen sonst nothwendige ständische Einwilligung wird in diesem Falle meist nichts zu bedeuten haben.

3) spricht Zachariä jetzt nur noch von einer **gewissen mittelbaren** Beziehung zum Lande, nur von einer Verbindung des Besitzes des Kammerguts mit dem Besitze der Landeshoheit, während er in seinem Lehrbuche sich dahin ausdrückt: die Kammergüter „gehen stets mit der Landeshoheit auf den

---

[1]) Noch allgemeiner sagt er im Staatsrecht II. S. 419: „sobald die herrschende Familie die Landeshoheit verliert" u. s. w. was in dieser Ausdehnung noch weniger richtig ist.

Regierungs-Nachfolger über", sie seien „ein Annex um der Landeshoheit", ein Objekt der „Staatssuccession"; die Privaterben seien davon ausgeschlossen. Wenn freilich die Verbindung mit der Landeshoheit, welche Zachariä auch jetzt nicht bestreiten kann, bloß auf der zufälligen Einheit des Besitzes eines und desselben Subjects beruhte, nicht auf dem inneren Wesen und Zwecke des Kammerguts, kurz wenn die Verbindung blos eine persönliche, keine sachliche und nothwendige wäre, so böte das Kammergut für die Finanzen des Staats keinen sicheren Halt dar, und wo wäre dann das Bindeglied zwischen der landesherrlichen Kammer und Regierung? Ich meine: damit, daß die Succession im Kammergute ebenso wie die Regierungsfolge als eine Staatssuccession anerkannt und als eine „nothwendige" erklärt wird (S. 24.), sei von selbst auch die Identität des Besitzes beider und der staatsrechtliche Character des Kammerguts wie der Regierung ausgesprochen; die Verbindung des Besitzes kann also nicht blos eine zufällige oder eine persönliche sein.

Zachariä selbst erinnert S. 10 an die holstein-lauenburgische Domänen-Angelegenheit, indem er den Versuch, die Domänen in beiden Herzogthümern dem dänischen Gesammtstaate zu überweisen, als ein „offenbares Unrecht" bezeichnet und beifügt: derselbe könnte und müßte so bezeichnet werden, „selbst wenn das vom König vollzogene Gesetz die Zustimmung aller berechtigten Agnaten erhalten hätte." Ganz richtig! Ich bin sehr erfreut über dieses Zugeständniß und darf mir wohl erlauben, das angeführte Beispiel mit einigen Worten zu beleuchten. Es handelte sich in den Herzogthümern, welche nach einer Uebereinkunft der Großmächte (der Bund hat das Londoner Protokoll noch nicht formell anerkannt) der Krone Dänemark auch für den Fall verbleiben sollen, daß der dänische Mannsstamm ausstirbt*), unter Anderem auch um die Frage, ob die

---

*) Nach deutschem Recht wären in solchem Falle zur Erbfolge in den Herzogthümern Schleswig-Holstein und Lauenburg, worauf die dänische lex regia nicht anwendbar ist, zunächst die Herzoge von Schleswig-Holstein-Augustenburg zu berufen.

dänische Regierung die Domänen der deutschen Herzogthümer und damit ihre wichtigste staatlichen Hülfsquellen dem Gesammtstaate zuwenden oder veräußern dürfe. Dänemark benützte bekanntlich seinen Sieg über die Herzogthümer nicht blos, um dieselben durch eine Realunion womöglich für immer an das Dänenland zu fesseln, sondern auch um einen größeren Theil der Staatslast, als dieselben bisher getragen, auf die Herzogthümer zu wälzen. Während in Dänemark außer den Forsten fast alles Domanial-Eigenthum veräußert ist, sollen jetzt die Domänen der Herzogthümer an die Reihe kommen. Das dem Reichsrath vorgelegte Budget von 1856—58 berechnete die Ueberschüsse der Domänen (einschließlich der Forsten) aus dem Königreich auf 1,617,600 Thaler., aus Schleswig und Holstein 3,428,400 Thlr. Lauenburg auf reichlich 500,000 Thlr., zusammen über 5½ Millionen oder nach Abzug der Verwaltungskosten nahezu 5 Millionen. Die Substanz der schleswigholsteinischen Domänen wurde 1850 zu 11,600,000 Thlr. veranschlagt; die lauenburgischen werden zu 4½ Millionen geschätzt; folglich handelt es sich um ein Object von reichlich 16 Millionen Thaler.⁵) Die Frage, welche im dänischen Reichsrath selbst auf das heftigste besprochen wurde, war nicht die, ob die Domänen Privatgut, Krongut oder Staatsgut seien — niemand zweifelte, daß sie Staatsgut seien —, sondern darum handelte es sich, ob die Verwaltung der Domänen zu den besonderen Angelegenheiten der Herzogthümer oder zu den Gesammtangelegenheiten gehöre, und ob die Reichsregierung in Verbindung mit dem Reichsrath befugt sei, den Verkauf derselben zu beschließen. Die Gesammtverfassung vom 2. Okt. 1855 hatte die Domänen der Monarchie als Reichssache behandelt (§. 50) und, obgleich die schleswig'schen Stände darüber nicht gehört waren, so wurde dennoch durch dänische Resolution vom 19. Dez. 1855 das Domänenwesen im Herzogthum Schleswig von dem Ministerium für Schleswig getrennt und dem gemeinsamen Ministerium für innere Angelegenheiten zugewiesen. Die holsteinischen

---

⁵) S. die Schrift: die Herzogthümer Schleswig, Holstein und Lauenburg in dem dänischen Gesammtstaat, Weimar 1856. 2. Aufl. S. 65.

Provinzialstände hatten sich gegen jene Neuerung ausgesprochen. In dem Herzogthum Lauenburg hatte die Regierung in dem Verfassungspatente vom Jahr 1853 die hergebrachten Rechte des Landes ausdrücklich gewährleistet und es ward wirklich dort die abgesonderte Verwaltung nicht aufgehoben. Dennoch wurde durch ein mit dem Reichsrathe in Kopenhagen verabschiedetes Edict vom 21. Juni 1856 vorläufig der Verkauf einzelner Domanialgrundstücke in Holstein und Lauenburg angeordnet und erst auf Verwendung von Oesterreich und Preußen ward der fernere Verkauf sistirt.

Geht man davon aus, daß die Domänen Privat-Gut der Fürsten seien, so war der König von Dänemark als Herzog von Holstein, Schleswig und Lauenburg ohne Zweifel zum Verkaufe berechtigt; höchstens hatte er sich mit den Agnaten deßhalb auseinanderzusetzen. (Die oktroirten Provinzial-Verfassungen geben den Provinzialständen keine Einsprache.) Ebenso stand unter jener Voraussetzung nichts entgegen, die Landesdomänen dem Gesammtstaate oder der Krone Dänemark einzuverleiben. Ich meine jedoch, gerade dieser Vorgang beweise auf das schlagendste, wie sehr es in der Natur der Sache liegt, daß die Domänen oder Kammergüter als Zubehörden des Landesgebiets geachtet und in ihrer Verbindung mit dem Lande erhalten werden. Der Vorgang beweist aber noch weiter die Grundlosigkeit und Gemeinschädlichkeit aller derjenigen Versuche, welche darauf gerichtet sind, die Kammergüter als Privat-Eigenthum der Landesherren oder der regierenden Familien darzustellen; denn für ein bloßes Privateigenthum würden die Großmächte keinen Grund gefunden haben zu interveniren. Wie wenig die Privat-Interessen der jeweiligen Landesherrn und ihrer Familien immer identisch sind mit jenen des Landes, hat sich gerade in der schleswig-holsteinischen Sache gezeigt, wo der König-Herzog und ein Theil der Familie sich mit dem spezifisch-dänischen Gesammtstaat identifizirte, während ein anderer Theil der Familie zu schwach war, um den dänischen Uebergriffen nachhaltig sich entgegenzustellen.[*]

---

[*] Der gesetzliche nächste Anwärter in den Herzogthümern, Herzog von Schleswig-Holstein-Augustenburg, ließ sich sogar durch die dänischen Bedroh-

§. 9.
Die Pertinenz-Qualität und öffentliche Natur des Kammerguts.

Folgen wir Herrn Zachariä weiter zu §. 8, wo erst die „wahre Bedeutung des noch heutiges Tages geltenden Satzes über die nothwendige Verbindung des Kammerguts mit der Staatssuccession" an das Licht treten soll. Dafür wird angeführt:

„daß von jeher Landeshoheit und Stammgutsbesitz der herrschenden Geschlechter, einschließlich des Abwurfs der nutzbaren Regalien und der aus der Ausübung der landesherrlichen Gewalt selbst entspringenden Einkünfte, miteinander verbunden auf den zeitigen Inhaber (der Landeshoheit) übergehen und, nach der patrimonialen Grundlage des ganzen Territorialrechts, nur als Theile eines Vermögens-Complexes behandelt werden."

Daß die landesfürstliche Kammer von jeher Ein *Corpus* war, ist hier eingeräumt. Daraus folgt aber, daß auch nur Ein Eigenthums-Subjekt bei derselben angenommen werden darf: entweder der Landesherr als solcher oder der Landesherr als Privatperson. Geht man von der „patrimonialen Grundlage des ganzen Territorialrechts" aus, nimmt man an, daß die Landeshoheit selbst nichts mehr und nichts weniger als ein Patrimonial- oder Vermögensrecht gewesen, lediglich bestimmt zum Unterhalte und zur Bereicherung der Familie, so muß man konsequenter Weise zu der letzteren Anschauung kommen: dann wäre aber die Landeshoheit Zubehörde des Kammerguts, nicht umgekehrt. Geht man dagegen davon aus, daß die Landeshoheit nebst Zubehör dem Wesen nach aus Amts- und Immunitäts-Befugnissen, königlichen Rechten und Einkünften hervorgegangen, oder gibt man mit Zachariä auch nur zu, daß das Kammergut um seiner öffentlichen Bestimmung willen „Annexum der Landeshoheit" wurde, und als solches „aus dem rein privat-

---

ungen bestimmen, seine eigenen Besitzungen im Lande an Dänemark zu verwerthen.

rechtlichen Boden auf das Gebiet des öffentlichen Rechts übertrat" (f. oben §. 8) kann tritt der ursprüngliche privatrechtliche Charakter einzelner, dem Kammergut einverleibter Besitzungen und Gefälle zurück gegen die öffentliche Natur der Landeshoheit selbst und gegen den dominirenden Charakter des Kammerguts, als eines öffentlichen zur Bestreitung der Regierungskosten bestimmten Gutes. Nur unter dieser Voraussetzung konnte auch und kann noch jetzt Herr Zacharia von einer Pertinenzqualität des Kammergutes sprechen.

Dieser steht nicht entgegen, wenn die Kammergüter in den Reichsgesetzen des 16. Jahrhunderts der Reichsstände oder Obrigkeiten „eigene Güter" genannt werden,[1] da ja auch die Reichsstandschaft, wie die Landeshoheit, ein den Fürsten, Grafen und Herren selbst zuständiges, wenn schon auf das reichsunmittelbare, mit Landeshoheit besessene Territorium radicirtes Recht war. Die Worte: „eigene Güter", „eigene Kammergüter und Einkommen" wollen nicht ausdrücken, daß die Kammergüter Privatgüter oder Familiengüter seien; denn es haftete ja darauf, wie auch in jenen und in späteren Reichsgesetzen (Reichsabschied von 1654. §. 80. Wahlkap. Art. XV. §. 3.) ausgesprochen ist, zunächst die Verpflichtung zur Bestreitung der Reichsanlagen. Wenn daher Zacharia S. 12. Note 14 bemerkt, daß in den Reichsgesetzen „die herrschende Rechtsansicht" vom Eigenthum der Landesherrn an ihren Kammergütern einen positivrechtlichen Ausdruck gefunden habe, so ist dieser Auslegung nur in der Voraussetzung beizupflichten, daß er dabei ein landesherrliches Eigenthum, d. h. ein Annexum der Landeshoheit im Auge hatte.[2]

Daß eine Landeshoheit ohne den Vermögensbe-

---

[1] Reichsabschied von 1543 §. 14. „Und bieweil solche Hülff (gegen die Türken) von der Stände eigen Cammer-Gütern — zu leisten beschwerlich und unmöglich ꝛc." Vergl. §. 25. Reichsabschied von 1557. §. 48. a. E. „aus ihren eigen Cammer-Gütern und Gefällen zu erschwingen," 1576. §. 11. „auß ihren eigen Cammer-Gütern und Einkommen."

[2] In seinem Staatsrecht §. 207. Note 17 wird gerade auch in diesen Reichsgesetzen die Natur des Kammerguts als eines Annexum der Landeshoheit begründet gefunden.

siz des „Hauses" blos noch der Schatten einer Territorialgewalt oder der wesentlichsten Bedingungen ihrer Wirksamkeit und ihres Fortbestandes beraubt wäre, kann man wieder Herrn Zachariä vollständig zugeben (so schwer es auch ist, damit die von ihm behauptete „selbstverständliche" Trennung des Kammerguts von der Territorialhoheit bei dem Verluste der letzteren zu vereinigen s. oben S. 88. nr. 2), nicht aber wenn er den Fundamentalzweck aller Hausgesetze blos in die Erhaltung der Macht und des Glanzes der Familie setzt. Schon in den Erbeinigungen der meißen-thüringischen, nachher sächsischen Fürsten v. 1387, 1403, 1410, 1437 ff. wird als Beweggrund — nicht das Privatinteresse, sondern das öffentliche Interesse, die Einträchtigkeit, der Frieden und das Beste der Lande hervorgehoben. Ebenso war ausgesprochener Zweck des unter Mitwirkung der württembergischen Stände errichteten Münsinger Vertrags vom Jahr 1482:³) daß die beiderseitigen Lande und Leute in „ein Regiment und Wesen" geeinigt werden, damit die kontrahirenden Grafen und ihre Erben und die löbliche Herrschaft Württemberg zu ewigen Zeiten ungetheilt als „Ein Wesen ehrlich, löblich und wehrlich bei einander bleiben und dem heiligen Reich, auch gemeinen Nutzen desto stattlicher erschießen möchten." Auf ähnliche Weise wird in den von Zachariä selbst später (Note 32) aufgeführten hessischen Hausgesetzen des 16. Jahrhunderts theils auf das Wohl des Landes theils auf das ungetrennte Wohl des Hauses und Landes als zu erstrebendes Ziel hingewiesen. Ward auch dieses Ziel nicht immer erreicht, sondern häufig persönlichen oder Familien-Rücksichten nachgesetzt, namentlich durch Landestheilungen und Veräußerungen, so kann ich es doch weder mit der Geschichte noch auch mit dem Interesse der heutigen Fürsten selbst vereinigen, wenn diese oder ihre Vorfahren stets nur als

---

³) Württ. Gesetze-Sammlung von Reyscher Bd. I. S. 490. Schon durch den Nürnberger Vertrag v. 1361 wurde die Untheilbarkeit festgesetzt (das. S. 467.) nachher aber doch wieder getheilt. Seit 1482 blieb es bei der Einheit des Landes, die auch durch den Herzogsbrief von 1495 (das. Bd. II. S. 1.) bestätigt wurde. Die Grafschaft Mömpelgard, die durch Heirath mit einer Erbtochter zum Hause kam, ward nie dem Lande Württemberg einverleibt.

erfüllt von ihrem eigenen und Familien-Interesse und nicht auch als im Bewußtsein ihrer Regentenpflichten handelnd dargestellt werden. Die Unveräußerlichkeit und Untheilbarkeit der Fürstenthümer und Grafschaften waren überhaupt nicht bloßes Hausgesetz, sondern altes Reichsrecht[4]) und wenn durch Familien-Verträge häufig davon abgewichen und damit die Macht des Hauses und das Wohl des Landes gefährdet wurden, so war es hauptsächlich die bald vermittelnde, bald entscheidende Einwirkung der Stände, welche wieder darauf zurückführte.

Daß „bei allen Theilungen der Territorien mit der darauf ruhenden Landeshoheit" auch die Kammergüter und Kammer-Einkünfte mitgetheilt und nur ausnahmsweise einem Successionsberechtigten einzelne Schlösser oder Güter im Landestheile des anderen angewiesen wurden (wie wir solche Ausnahmen auch schon bei fränkischen Reichs-Theilungen bemerkten s. §. 4. Note 16), beweist nichts gegen den Zusammenhang zwischen dem Kammergute und der Landesherrschaft, vielmehr für denselben. Die Ausnahme bestätigt eben die Regel, daß die Zubehörde der Hauptsache nachfolgt. Bei Kammer-Gütern, welche in dem zugetheilten Territorium belegen waren, verstand sich ohne besondere Bezeichnung von selbst, daß sie auf den Territorialherrn übergingen; jedenfalls mußte die übliche Klausel: mit Schlössern, Gütern, Aemtern u. s. w. genügen. Anders wenn von dieser Regel abgegangen wurde, wenn ein Theil zur Ausgleichung oder auch zur Bevorzugung[5]) bei Theilungen einzelne Kammerbestandtheile angewiesen erhielt, die nicht im Territorial-Nexus des

---

[4]) Wenn Zachariä Staatsrecht §. 239. Note 3. bemerkt: die Bestimmung der goldnen Bulle cap. VII. de successione principum beziehe sich blos auf die Kurwürde, so dürfen doch auch cap. XX. (de unione principatuum) und XXV. (de integritate principatuum electorum) nicht übersehen werden.

[5]) In der Erbtheilung der Fürsten von Thüringen und Meißen von 1403 wurde Wilhelm dem Aelteren gestattet, zwei Schlösser auszuziehen, d. h. vor aller Theilung hinwegzunehmen. Die Theilung von 1410 enthält nichts mehr von einer solchen Auswahl, wohl aber die Bestimmung, daß wenn Klöster des einen Theils im anderen Landestheil Güter hätten, diese Güter zu dem Landestheile gerechnet werden sollen, wo sie gelegen. Hier entschied also die Territorialität.

Besitzers standen; hier bedurfte es einer besonderen Ausscheidung: dadurch wurden solche Güter **auswärtiges** Kammergut; aber Kammergut blieben sie dennoch.⁶)

So lange freilich die Landesherrn, ohne Rücksicht auf die alten Schranken, sich die Disposition über Land und Leute aneigneten, selbst unter ihren Söhnen theilten oder mehrere Erben sich die Theilung gestatteten, war die Integrität des Kammerguts, wie des Territoriums nicht gesichert. Auch nachdem bereits die Untheilbarkeit dem Grundsatze nach anerkannt war, wurden doch noch Theile des Kammerguts in der Form eines paragium mit mehr oder weniger obrigkeitlichen Rechten an Nachgeborne überlassen,⁷) bis die gesetzliche Einführung des Apanagen-Systems auch diesen Entäußerungen ein Ziel setzte. Dennoch kann man nicht mit Zachariä sagen: die Pertinenz-Qualität des Kammerguts hätte zunächst auf dem **Familienrecht** beruht. Dieselbe lag vielmehr in der Natur der Sache, d. h. in dem **historischen Begriffe und Zwecke des Kammerguts als solchen**. Es ist also nicht nothwendig, auf die Rechtstitel der einzelnen Bestandtheile oder auf die Frage einzugehen, wie diese und jene Objekte dazu oder davon gekommen seien, um die heutige Pertinenzqualität und damit das Eigenthum des Kammerguts im Ganzen zu bestimmen. **Es genügt, daß sie Theile des Kammervermögens sind.** Will man aber zurückgehen auf die Entstehung der Pertinenz-Eigenschaft, so wird nach der früher (§. 5—7) gegebenen historischen und kritischen Auseinandersetzung das Resultat folgendes sein: Ursprünglich beruhte die Pertinenzqualität auf der **Ausstattung des Fürsten- und Grafenamts**, welche diesen Aemtern, auch als sie erblich wurden, folgte. Wie die Fürstenthümer und Grafschaften mit Gütern und Rechten, so wurden auch andere Lehen mit ihren Zubehörden verliehen. Bei den nutzbaren Rechten, welche aus der Vogtei und Gerichtsbarkeit flossen, ergab sich von selbst ihre Eigenschaft als Kammergefälle aus der Ver-

---

⁶) Schmelzer, das Verhältniß auswärtiger Kammergüter deutscher Staaten, Halle 1819. Zachariä Staatsrecht B. II. §. 209. (S. 420.)

⁷) Eine gewisse Verbindung mit dem Lande dauerte gleichwohl fort; auch blieb ihr Heimfall bei Abgang des Mannsstamms vorbehalten.

binbung der Vogteien und Aemter mit dem Territorium. Ebenso traten bei dem Landeszuwachs durch Eroberung im Kriege oder durch völkerrechtliche Beschlüsse die Kammergefälle der erworbenen Gebiete in gleicher Eigenschaft über in die Kammer des neuen Gebieters, wenn nicht bei der Erwerbung selbst eine Ausnahme gemacht wurde (wie in der Rheinbundesakte Art. 27). Bei den säkularisirten Gütern, desgleichen bei Erwerbung einzelner Güter und Rechte entschied die Thatsache der Einverleibung in das Kammergut, welche aber wieder nicht von der Familie sondern von dem Landesherrn als solchem ausgieng. Die Agnaten wirkten überhaupt nur in seltenen Fällen bei Erwerbungen wie bei Veräußerungen mit und wo in Hausverträgen und Theilungsfällen die Rechte der Familie den Ausschlag gaben, hatte dies, wie schon bemerkt, häufig mehr eine die Integrität des Landes und des Kammerguts afficirende als eine conservirende Wirkung. Auf eine privatrechtliche Natur des Kammerguts läßt sich aber daraus nicht schließen: denn ganz dasselbe war auch der Fall bei der Landeshoheit und doch war diese ein öffentliches Recht.

Bei Erbverbrüderungen verstand sich, wie Zachariä S. 26 richtig bemerkt, von selbst, daß solche auch das Stammgut und das Kammer-Vermögen mit umfaßten. Der Vorbehalt, welcher in diesen Erbverbrüderungen zu Gunsten der Töchter des Hauses zuweilen gemacht wurde, bezog sich meist nur auf die Ausstattung jener Töchter. Dagegen wurden auch die künftigen Erwerbungen in den Vertrag eingeschlossen. Gleiche Vorbehalte kamen vor, wenn ein ganzes Land dem Kaiser oder (was auch zuweilen vorkam) einem andern Reichsstand zu Lehen aufgetragen wurde.

Auch daß bei Veräußerung der Landeshoheit durch Verkauf, Schenkung, Belehnung u. s. w. die Kammer-Intraten mit auf den neuen Landesherrn übergiengen, nimmt Zachariä als natürliche Regel an, welche aber freilich eine specielle Ausnahme nicht ausschloß; doch kann ich den von ihm S. 26. Note 25 als „nachweisbar" angeführten Fall im Hause der Reichsgrafen v. Gleich nicht zutreffend finden. Es handelte sich hier nicht um eine eigentliche Veräußerung sondern um Beilegung hundertjähriger Irrungen und Streitigkeiten mit dem benachbarten Hause Brandenburg-Culmbach über die Ausübung einzelner hoheitlicher Rechte auf den gräflichen Besitzungen zu Thurnau und Peffens, insbesondere des Blutbanns, der auch sonst Gegenstand besonderer Verleihung war. Durch Vergleich vom 26. Mai 1699 ward dieser Streit beigelegt, indem die „hohe und fraischliche Obrigkeit, Cent- und Blutbann cum omnimoda jurisdictione et jure territoriali von Seite Brandenburgs anerkannt und als Reichsafterlehen verliehen wurde.¹) Selbst wenn bei Landesveräußerungen gewiffe Grundbesitzungen oder Renten vom Veräußernden vorbehalten wurden (Zachariä meint, daß auf diese Weise einzelne Subsistenzmittel von der Landeshoheit auch ohne Einsprache der Stände getrennt werden können!) was beweist dieß gegen die öffentliche Natur des Kammerguts? Der Landesherr verfügte über die Pertinenz, wie er über die Hauptsache, die Landeshoheit, verfügte. War er bei Landesveräußerungen an den Konsens der Stände gebunden, so konnte er auch die Kammergüter nicht einseitig veräußern. Vorbehalten dagegen konnte er sie, auch wenn die Stände seines Landes in die Landesveräußerung konsentirt hatten; denn dadurch wurden ja die diesseitigen Landes-Interessen nicht geschädet; es kam nur darauf an, ob jenseits eine solche Erwerbung preiswürdig gefunden wurde.

Zachariä gibt übrigens S. 27 scheinbar alles Nötige zu, indem er es als ein staatsrechtliches Prinzip anerkennt, „daß das gesammte Kammergut mit der Nachfolge in der Regierung unzertrennlich verbunden sei.“ Indessen meint er: die Landesverfassungen bestätigen eben dabei nur das hausgesetzlich bereits Begründete und thun es offenbar — wenn auch im Interesse des Landes — nur für die Fälle der hausgesetzlichen Thronfolge in der regierenden Linie resp. der eventuell berufenen Seitenlinien und Erbverbrüderten, nicht auch bei dem Uebergang der Regierung an einen Dritten.

¹) Lünig, Reichsarchiv: Spicilegium secalare tom. I. p. 213. Daselbst auch die kaiserliche Konfirmation vom 21. Januar 1700. Vergl. Hausgesetz der Grafen und Herren v. Giech mit Vorwort von Gerber, Tübingen 1848. S. 6.

Zachariä unterstellt also, daß zuerst durch die Hausgesetze und dann erst durch staatsrechtliche Bestimmungen die Unveräußerlichkeit und Untheilbarkeit der Territorien festgesetzt worden sei, daß also (?) diese nicht über jene hinausgehen können. Er übersieht jedoch, daß beide Prinzipien lange vor den hausgesetzlichen Dispositionen schon im alten Reichsstaatsrechte und Lehenrechte — ganz abgesehen von bestimmten Familien und von erblichen oder Wahlfürstenthümern — begründet waren. Aber selbst wenn dem nicht so wäre, wenn wirklich zuerst auf dem Wege der Autonomie und dann erst durch Staatsgesetze die Landes-Einheit und die Zugehörigkeit des Kammerguts geschaffen worden wären, so würde daraus doch nicht folgen, daß die Staatsgesetze in ihrer Gültigkeit ebenso beschränkt seien, wie die Hausgesetze oder daß der Staat und die Staatsgesetze in demselben Augenblicke vernichtet werden, wo das Haus erlöschen oder aufhören würde zu regieren. Der Grundsatz: cessante ratione legis cessat lex ipsa ist bekanntlich nicht richtig.

Noch zieht Zachariä (S. 27) in Betracht den Fall, daß größere politische Veränderungen des jetzigen öffentlichen Rechtszustandes von Deutschland in der Zukunft neue Mediatisirungen im Gefolge hätten; hier würde, meint er, die in Haus- und Landes-Grundgesetzen ausgesprochene Verbindung des Kammerguts mit der Regierungsfolge in keiner Weise dazu benützt werden können, um die ihrer Souveränität beraubten Häuser zugleich ihres Eigenthums am Domanium für verlustig zu erklären; man würde sonst in jene Bestimmung etwas hineinlegen, was vernünftiger Weise dabei gar nicht habe beabsichtigt werden können, nämlich eine eventuelle Aufhebung des Eigenthums des regierenden Hauses am gesammten Domanium. Der Art. 27 der Rheinbundsakte, welchen Zachariä im Auge hat, wird später (§ 17.) besprochen werden. Ich bemerke vorläufig nur, daß politische Eventualitäten unser juristisches Urtheil über eine Rechtsfrage nicht bestimmen dürfen. Politische und Billigkeits-Gründe müssen allerdings dahin führen, den des Regierungsrechts ohne seine Schuld verlustig gewordenen Regenten und seine Familie für den entbehrten Revenüen-Antheil, mit Berücksichtigung der darauf ruhenden Lasten zu entschädigen.

Aber eine Umwandlung des Kammerguts in Privat- oder Familiengut oder eine Befreiung desselben von den darauf ruhenden staatlichen Ausgaben würde sich darum nicht von selbst ergeben. Manche Kammer-Einkünfte z. B. aus Regalien, Sporteln, Taxen, Strafen lassen sich gar nicht trennen von der Ausübung der Staatsgewalt. Andere sind nicht zu entbehren, wenn noch ferner die Kosten der Regierung, wäre es auch nur einer Provinzial-Regierung, davon bestritten werden sollen. Oder sollen deßhalb die Unterthanen mehr angelegt werden, weil es einer dritten Macht gefallen hat, den Landesherrn und seine Familie zu unterwerfen? Jedenfalls könnte der Entschädigungs-Anspruch nicht weiter gehen, als der pekuniäre Verlust reicht.

Welche Rücksichten übrigens entscheiden mögen bei einem Akte unfreiwilliger Unterwerfung, wofern er sich wiederholen sollte, läßt sich nicht zuvor bemessen. Dringender scheint es mir, das Eigenthum am Kammergute festzustellen für den Zweck einer Finanz-Ausgleichung mit dem Lande bei fortdauernder Regierung und hiefür soll nun eben auch diese Erörterung dienen. Ein „Eigenthum des regierenden Hauses am Domanium" hat Herr Zachariä anderwärts verworfen. Gleichwohl kommt er hier wieder darauf zurück; sogar ein Eigenthum am gesammten Domanium wird von ihm dem Hause zugeschrieben und damit Alles verläugnet, was er sonst über die Pertinenz-Eigenschaft des Kammerguts, dessen öffentliche Bestimmung und den Zusammenhang mit der Staatssuccession ausgesprochen hat. So weit zu gehen, ist doch selbst auf dem Standpunkte der Patrimonialitäts-Theorie kaum möglich. Gesetzt daß ein Familien-Eigenthum an den alten Erbgütern früher bestanden hätte und nicht aufgegangen wäre in dem „landesherrlichen" Eigenthum, so müßten doch — im Falle eine Auflösung rückwärts beliebt würde — die Erwerbungen kraft öffentlichen Rechtstitels von den privatrechtlichen unterschieden werden. Ebenso müßte auf die Bestimmung und Verwendung der Kammer-Einnahmen gesehen werden: denn auf Bereicherung des einen oder andern Theils kann es doch nicht abgesehen sein, sondern nur auf Auseinandersetzung beider.

§. 10.

Der auf dem Kammergut lastende Regierungsaufwand. Kammerbeiträge und Steuern.

Wie die Pertinenzqualität des Kammerguts (§. 8 und 9), so wird auch die auf demselben haftende „Verpflichtung zur Bestreitung der Regierungskosten" von Zachariä §. 7. seiner Schrift möglichst einzuschränken und abzuschwächen gesucht. Dabei zeigen sich wieder Unklarheiten, Unbestimmtheiten und Widersprüche aller Orten, so daß es schwer ist, einen festen Punkt in der gegnerischen Beweisführung aufzugreifen.

„Mit der Entwicklung der Landeshoheit zu einem eigenen erblichen Recht[1]) mußte sich als ganz natürliche und selbstverständliche Folge der Satz verbinden, daß es Sache der berechtigten Landeshoheits-Inhaber sei, die Kosten der Ausübung ihres Rechts selbst aus ihrem Vermögen zu bestreiten. Nur so viel läßt sich aus den zusammentreffenden historischen Belegen entnehmen, daß man es als eine gewisse (?) Schuldigkeit betrachtete, dem Landesherrn in gewissen Nothfällen beizustehen z. B. Loskaufung aus der Kriegsgefangenschaft und Anderes als eine Art von Ehrenschuld betrachtete, z. B. zur Aussteuer der fürstlichen Töchter zu konkurriren. Etwas Allgemeines ließ sich aber schwer aufstellen, weil es an einem allgemeinen staatsrechtlichen Prinzip (?) als Grundlage des ganzen Verhältnisses zwischen Landesherrn und Unterthanen fehlte."

Wie aus subjectiven Willensmeinungen und Entschlüssen ohne einen leitenden Grundgedanken, ohne ein staatsrechtliches Prinzip, das dem Landesverbande zur Grundlage gedient hätte, ein gemeinsames Recht, sei es auch nur der oben angegebene „Satz", hätte entstehen können, ist nicht einzusehen. Der Begriff eines eigenen erblichen Rechts — nur anwendbar auf

---

[1]) Das war sie bei den weltlichen Reichsständen von ihrer Entstehung an, bei den geistlichen auch nachher nicht.

weltliche Reichsstände — war nicht hinreichend, die Lücke auszufüllen; daraus konnte weder eine Pflicht des Landesherrn zur Bestreitung der Regierungskosten noch weniger eine Beitragspflicht der Unterthanen, wenn auch beschränkt auf einzelne Fälle, abgeleitet werden. Und doch wird von Z. jene landesherrliche Pflicht allgemein statuirt und andererseits eine „gewisse Schuldigkeit", beziehungsweise eine „Art von Ehrenschuld" der Unterthanen in einzelnen Fällen angenommen.

In der That waren nicht blos dem Könige und den Großen des Reichs, sondern auch kleineren Fürsten und Herrn gegenüber schon frühe Geschenke und Abgaben des Landes in gewissen Fällen hergebracht, so bei der Theilnahme des Herrn an dem kaiserlichen Römerzug, bei der Verheirathung einer fürstlichen Tochter, bei dem Ritterschlage des Sohns.*) Durfte darum die Landesobrigkeit den Unterthanen nach Gutdünken Lasten auferlegen, ohne deren Zustimmung und ohne Rücksicht auf die Zureichenheit der ordentlichen Einkünfte der Kammer? War die Landeshoheit ein bloßes Vermögensrecht, zu beliebiger Ausbeute bestimmt, Land und Volk nur ein wirthschaftliches Material zur Bereicherung des Landesherrn? Auch in diesem Falle hätte es sich freilich von selbst verstanden, daß die Landesherrn die Landes=Ausgaben „aus ihrem Vermögen" bestritten, und zwar so viel oder so wenig sie immer wollten: denn von einem „eigenen Rechte" kann man Gebrauch machen oder nicht. Der Landesherr war aber von jeher nicht blos berechtigt, von seinen Hoheitsrechten Gebrauch zu machen, er war auch verpflichtet dazu; sowohl gegenüber dem Reiche als dem Lande. Das Verhältniß zwischen Landesherrn und Unterthanen war wie der Lehensnexus (getreuer Herr, getreuer Knecht!) ein gegenseitiges, welches eben sowohl Rechte als Pflichten in sich schloß. Dasselbe war auch niemals ein gegenseitiges im Sinne des Privatrechts, wie Zachariä §. 4. im Eingang an-

---

*) J. Grimm, deutsche Rechtsalterthümer S. 297 fügt hinzu: „Nach der ältesten Sitte wurde freiwillig dargeboten, allmälich bittweise verlangt, endlich herrisch befohlen." Daß auch die Hörigen nicht verschont wurden, versteht sich von selbst. Sogar der „Königszins" wurde ihnen von dem Grundherrn auferlegt. Ilse, Geschichte des deutschen Steuerwesens S. 24.

nimmt: die Landeshoheit war, wie die Reichsstandschaft, ein öffentliches Recht und schon darum nicht merae facultatis.

Die Quelle des Rechtsverhältnisses war, wie früher §. 3 gezeigt worden, nicht blos Vertrag und besonderes Herkommen, sondern auch das gemeine Reichsrecht, insbesondere das alte öffentliche Recht des Herzogs- und Grafen-Amts [3]), wie es noch in den Rechtsbüchern hervortritt, und die spätere Reichs-gesetzgebung. Ich erinnere an den kaiserlichen Rechtsspruch vom Jahr 1231 (§. 2. Note 29), welcher die Einführung neuer Dienste und Abgaben, wie neuer Gesetze von ständischer Bewilligung abhängig macht. Damit war nicht blos eine formale Schranke für das landesherrliche Besteuerungsrecht gegeben, sondern indirekt zugleich die Verpflichtung der Landesherrn zu Deckung der Regierungs-Ausgaben als Regel vorausgesetzt. Auch der Sachsenspiegel in seinen spätern Zusätzen (III. 91 §. 3 nach Homeyer) stellt die Einführung neuer Landeslasten, wie neuer Landes-Gesetze in die willekore d. h. in das freie Belieben des Landes; der Landesherr, welcher hier noch Landrichter genant wird, kann wohl darauf antragen, aber der Beschluß kommt der Landesgemeinde zu. Das Subsidiarprinzip der Besteuerung d. h. der Grundsatz, daß zu einer Steuer nur zu schreiten sei bei Unzureichenheit der ordentlichen Einkünfte lag schon in dem Begriff der Steuer oder Beihülfe (subsidium, auxilium. [4])

Worauf beruhte nun die regelmäßige Verpflichtung der Landesherrn zur Bestreitung der Regierungs-Ausgaben? Ich glaube nach dem, was früher und noch §. 9. über die Verbindung des Kammerguts mit der Landeshoheit ausgeführt worden, nicht nöthig zu haben, den innern Grund erst noch zu suchen. Derselbe bestand ursprünglich in der Ausstattung der Reichs-ämter mit Gütern und Rechten [5]), woraus sich von selbst die

---

[3]) Auch Zachariä S. 29 seiner Schrift verweist hierauf als Grundlage des Herkommens z. B. in Betreff der Land- und Gerichtsfolge.

[4]) Hallaus glossar. v. Steuer J. Grimm, Rechtsalterthümer S. 298.

[5]) Schwabenspiegel, Landr. bei Senkenberg, cap. 65. (Laßb. 10): Die fürstenampt seind mit fürsten und mit andern dingen gestiftet.

Pflicht der Reichsbeamten ergab, die Kosten der Provinzial-Verwaltung aus den ihnen angewiesenen Einkünften zu bestreiten. Nicht minder waren die Besitzer von Reichslehen gehalten, aus den Einkünften der letztern sowohl den schuldigen Reichsdienst zu leisten als auch für die Regierung und Vertheidigung der ihnen anvertrauten Reichslande zu sorgen. Auch lag es in der Natur der Sache, daß die freien Herren (liberi domini im alten Sinne des Worts) und die Korporationen, welche für sich und ihre Besitzungen die Exemtion von der Jurisdiction und dem Heerbann der Reichsbeamten erlangt hatten, die Kosten ihrer reichsunmittelbaren Stellung und der erlangten Landeshoheit zu tragen hatten. Nur durch freie Uebereinkunft mit den einzelnen Ständen oder mit dem gesammten Lande konnte eine Beisteuer für bestimmte Zwecke, wie für die Vogtei (jus advocaticum), Gerichtshaltung, für die Vertretung im Kriegsdienste, auf die landsäßigen Korporationen und Güter gelegt werden. Diese alten paktirten Steuern und steuerartigen Abgaben flossen unmittelbar in die landesherrliche Kammer und dienten, wofern sie nicht in der Folge unentgeltlich aufgehoben wurden, zur Bereicherung der Kammer [a]).

Auch in späteren Reichsgesetzen wurden den Unterthanen, abgesehen von besonderem rechtmäßigen Herkommen, nur ausnahmsweise hülfliche Beiträge für gewisse Zwecke zur Pflicht gemacht, nämlich

1) zu den dem Landesherrn auferlegten Reichs- und Kreis-Steuern,

2) zu den Kosten der Erhaltung und Besatzung der nöthigen Landesfestungen, Plätze und Garnisonen;

3) zu den Gesandtschaftskosten bei Reichs- und Kreistagen. [b])

---

[a]) Dahin fielen auch die Entschädigungsgelder für die abgelösten Beden, Kammersteuern, Kammercanones u. s. w. was bei einer etwaigen Ausscheidung der Einkünfte öffentlichen Ursprungs zu beachten ist.

[b]) Reichsabschied von 1543 §. 24 u. 25. 1555 §. 82. 1654 §. 180. 181. Kaiserliche Resolution von 1671 bei Gerstlacher, Handbuch der Reichsgesetze Th. VII. S. 993. Ein von einem Theil der Reichsstände gestellter Antrag, wonach auch zu den für Erfüllung erlaubter Bündnisse u. s. w. erforderlichen Mitteln von den Unterthanen gehorsam beigetragen werden sollte,

Wenn also Zacharia (S. 29) in Uebereinstimmung mit dem Kammergerichts-Assessor v. Ludolf[a] sagt:

> Ein Besteurungsrecht in dem später entwickelten Sinn und Umfang galt bis in das 16. Jahrhundert hinein gar nicht als selbstverständlicher Bestandtheil der Landeshoheit und wollten also die Landesherrn, besonders bei den in früherer Zeit so häufigen Fehden oder bei andern, zunächst in ihrem Interesse liegenden Unternehmungen eine Beisteuer von den Unterthanen gewinnen, so konnte dieß nur in der Form einer „Bitte" oder „Bede" und kraft der ausgesprochenen freien Bewilligung geschehen u. s. w.

so ist dieß in so fern allerdings richtig, als die Landesherrn nicht für sich d. h. ohne ständische Bewilligung neue Steuern zu erheben befugt waren und als auch die Stände auf Erfordern nicht die Verpflichtung hatten, andere als die kaum genannten nothwendigen Steuern (1—3) zu verwilligen, und selbst hier konnte der Landesherr nicht ohne Weiteres die Steuer ausschreiben, sondern er hatte die Stände um ihre Beihülfe anzugehen und sich mit ihnen über die Herbeischaffung zu vereinbaren.

Auch später noch, nach dem dreißigjährigen Krieg, wo so viele neue Ausgaben, namentlich für das Militär, nothwendig wurden, blieb es Grundsatz, daß dem Landesherrn nur ein Ersuchen um die Steuer zukomme, daß er aber den Unterthanen nicht vorschreiben könne, was sie jedesmal auf solch' Begehren zur Steuer erlegen müssen, sondern, obwohl auf vernünftiges Begehren treue Landstände ihrem Herrn nicht aus den Händen gehen noch denselben in Landes- und seinen eigenen Nöthen hülflos lassen, es doch zu ihrer Berathschlagung und Einwilligung gestellet sei, wie viel, auf welche Zeit und Weise sie ihrem Landesherrn nach Beschaffenheit des Falls, den vorgebrachten Gründen und ihrem Vermögen beisteuern wollen.[b]

---

wurde vom Kaiser verworfen. Eichhorn, Staats- u. Rechtsgeschichte Bd. IV. §. 547, 595. Zacharia, Staatsrecht II. §. 219.

[a] Observationes forenses (ed. 2.) P. 1. obs. 102. p. 265. Note 1.

[b] v. Seckendorf, deutscher Fürstenstaat S. 450.

Zwar haben die Stände vielfach auch in andern Fällen das Kammergut durch wiederkehrende Beiträge (Kammerbeiträge) oder durch Uebernahme von Kammerschulden direct unterstützt. Sie haben das gethan, wie Zachariä S. 13 bemerkt, „im Interesse der Erhaltung des Kammerguts oder in der weisen Berechnung, daß es besser sei, ein vorübergehendes Opfer zu bringen, als eine dauernde Last zu übernehmen." Niemals aber hat sich die Steuerpflicht der Unterthanen auf den gesammten, zur Landesregierung erforderlichen Aufwand erstreckt; im Gegentheil giengen, wie Zachariä an einem andern Orte [10]) bemerkt, die Reichsgesetze davon aus, daß selbst die Tragung der Reichslasten zunächst eine auf dem landesherrlichen Kammergut lastende Verpflichtung, die Verpflichtung der Unterthanen aber nur eine subsidiäre sei. Auch im Falle eines Landeskriegs hatten die Unterthanen zwar Landfolge zu leisten d. h. sie hatten persönlich mit ihren Leibern und mit Fuhren zu dienen; für den Unterhalt der Truppen hatte aber der Landesherr zu sorgen. [11])

Wie verhalten sich zu diesem geschichtlichen Stande der Sache die Konklusionen und Nutzanwendungen Zachariäs im weitern Verlaufe seiner Schrift? Noch S. 30 nimmt er als „richtig" und „unwiderleglich" an, daß die Verpflichtung zur Bestreitung der Kosten der Ausübung der landeshoheitlichen Rechte, „die in gewissem Sinne schon Regierung und resp. Landesverwaltung war", auf dem Landesherrn selbst oder „wie man gewöhnlich sagt, auf ihrem Kammergut lastete, und ein Gleiches — bemerkt er — gelte auch von der

---

[10]) Staatsrecht II. §. 219. S. 484.

[11]) Der bekannte Tübinger Vertrag von 1514 (die magna charta von Württemberg) macht nur den Unterschied: 1) wenn der Krieg ein nothwendiger, sei es zur Rettung von Land und Leuten oder der Verwandten des Herzogs, zu Handhabung seiner Oberherrlichkeit und Gerechtigkeit oder zu Aufrechterhaltung der Bündnisse: hier soll der Krieg nur begonnen werden mit Rath und Wissen der Landschaft; dagegen 2) bei andern Kriegen (um aus Freundschaft oder sonst einer Ursache wegen einem Andern Beistand zu thun) soll der Krieg nur beschlossen werden mit Rath, Wissen und Willen der Landschaft. Württemb. Gesetzsammlung Bd. II. S. 41.

Erfüllung der Pflichten gegen das Reich und den Kosten, die durch Ausübung der reichsstandschaftlichen Rechte verursacht worden, da auch die Reichsstandschaft ein den Fürsten, Grafen und Herren selbst zuständiges, wenn auch nach der spätern Feststellung auf das reichsunmittelbare, mit Landeshoheit besessene Territorium (nicht Patrimonium!) radicirtes Recht gewesen sei.¹²) Nachher beschränkt er aber die Verpflichtung blos auf die zur Ausübung der **Rechtspflege** nach den Reichsgesetzen erforderlichen Anstalten und dasjenige, was die Reichsgesetze unter „Handhabung guter Polizei" verstanden. „Darüber hinaus" — sagt er — „**existirte rechtlich keine Verpflichtung.**" ¹³) So sei es gekommen, „daß wo es sich wirklich um Gründung neuer Anstalten oder Einrichtungen zur Förderung der **Sicherheit** (also doch „Polizei"?) und **Wohlfahrt** des Landes handelte, die Stände sich zur Uebernahme der Kosten oder eines Theils derselben verstehen mußten, wenn sie „**in ihrem eigenen Interesse**" (doch des Landes? und dieses wäre nicht auch das des Landesherrn gewesen?) für nöthig erachteten, daß die Sache zur Ausführung komme."

Eine hübsche Unterscheidung zwischen den Interessen des Landesherrn und denen des Landes! Was würde der vormalige Göttinger Professor Joh. Stephan **Pütter** dazu sagen, welcher der Meinung war: die Landeshoheit eines deutschen Reichsstandes fasse unstreitig eben einen solchen Inbegriff aller zur gemeinsamen **Wohlfahrt** eines jeden Landes abzielenden Gerechtsame in sich, wie jede andere höchste Gewalt. ¹⁴) Gewiß haben auch nicht wenig Landesherrn in diesem Sinne gehandelt, und wenn andere es unterließen, so darf daraus doch nicht das Princip abgeleitet werden, als ob das Kammergut nur ausnahmsweise einzelne bestimmte Ausgaben im öffentlichen Interesse zu bestreiten habe. (Umgekehrt aus der ständischen Kasse war nur

---

¹²) Aber doch gewiß kein Privat- sondern ein öffentliches Recht.

¹³) Auch nicht zu den Kosten des Reichsdienstes, der doch von Anfang an auf den Reichslehen lag, noch zu dem Aufwand für Kirche und Schule, der mit den sekularisirten Gütern überging?

¹⁴) Beiträge zum Staats- und Fürstenrecht Bd. I. S. 319. 323. Vergl. oben §. 2. Note 30.

ausnahmsweise für bestimmte Regierungszwecke zu kontribuiren!) Nicht minder unbrauchbar, nur noch schwankender ist der von Zachariä S. 31 „bei genauerer Bestimmung der Sache" aufgestellte, angeblich „allgemein und präsumtiv geltende Rechtssatz": daß alle von Alters her oder nach der besonderen Feststellung der Landesrezesse dem Landesherrn zur Last fallenden Bedürfnisse, sowie die übrigen, welche aus von ihnen und zunächst im eigenen Interesse geschaffenen Einrichtungen entsprangen, z. B. durch das stehende Militär, aus den Kammer-Einkünften zu bestreiten gewesen seien, keineswegs aber in Beziehung auf alle neuen, im Interesse des Landes zu gründenden Anstalten u. s. w. eine für die Verpflichtung des Kammer-Vermögens streitende Vermuthung existirt hätte.

Ich frage einfach: wenn die Vermuthung (Gegenbeweis natürlich vorbehalten) nicht für die principale Verpflichtung des Kammerguts war, wofür war sie dann? Mehr als die „Pflicht" dem Landesherrn auferlegte, konnten allerdings auch die Stände von ihm nicht fordern. Wie aber die Landeshoheit sämmtliche Theile der Regierungsthätigkeit in sich schloß, so hatte auch zunächst und hauptsächlich die landesherrliche Kammer für den Unterhalt aller Organe und aller Einrichtungen der Landesverwaltung zu sorgen, überhaupt sämmtliche Regierungs-Ausgaben zu bestreiten, so weit solche nicht auf eine eigene Landeskasse oder Steuerkasse mit ständischer Zuwilligung bleibend übernommen worden waren.

Wie wenig die Unterscheidungen Zachariä's zwischen alten und neuen Attributen des landesherrlichen Berufs in Bezug auf die ständische Konkurrenz bei Regierungsausgaben gegründet ist, geht unter Anderem daraus hervor, daß auch zu Einrichtungen für die Rechtspflege (welche Zachariä dem Regenten allein zuweist) die Stände zuweilen kraft besonderer Vereinbarung Beiträge leisteten,[15]) obgleich die Einkünfte aus der Jurisdiktion für den

---

*) z. B. zu dem hannoverschen Appellationsgericht in Celle; daher auch das Präsentationsrecht der Stände bei Besetzung einzelner Stellen wie überhaupt ihre Einwirkung auf manche Zweige der inneren Landesregierung, wozu sie das Geld herbeischaffen sollen.

Gerichtherrn oder die Kammer erhoben wurden. Das stehende Militär (den sog. miles perpetuus), dessen Unterhalt im vorigen Jahrhundert den häufigen Zankapfel zwischen Regierung und Ständen bildete, zählt Zachariä S. 31 zu den von dem Landesherrn und zwar zunächst im eigenen Interesse geschaffenen Einrichtungen,[16]) und doch ist der Militär-Aufwand vorzugsweise auf die Steuerkasse gewälzt worden!

Auch darin kann ich Herrn Zachariä nicht Recht geben, wenn derselbe S. 32—33 sagt: die Verpflichtung zur Bestreitung der Kosten der Landesverwaltung sei ihrer ganzen Grundlage nach nur eine persönliche, mit dem Besitz der Landeshoheit verbundene Obligation gewesen und stets geblieben. Die Verpflichtung liegt allerdings, wofern sie nicht in neuerer Zeit mit den Domänen auf den Staat übergegangen ist, dem Landesherrn als solchem ob, aber nicht blos vermöge des Besitzes der Landeshoheit (sonst hätte der Bedarf jederzeit durch Steuern gedeckt werden müssen); sie ruhte vielmehr, wie auch Zachariä wiederholt zugibt (S. 30. 33.) zunächst auf dem Besitze des der Landeshoheit anhängigen Kammerguts, welches noch jetzt da, wo das Kammergut in den Händen des Staatsoberhaupts geblieben ist, den Grund (causa debendi) und das Maß der von ihm zu bestreitenden öffentlichen Ausgaben abgibt. Nur durch die Verbindung des Kammerguts mit der Landeshoheit in demselben Subjekte (der persona publica des Landesherrn) war der Landesherr in den Stand gesetzt, die Regierungs-Ausgaben zu bestreiten. Ohne jene Verbindung bliebe es nicht nur unerklärt, (da eine Liberalität nicht vorauszusetzen ist) wie das Kammergut allenthalben für die Regierungsausgaben vor den Gütern der Unterthanen in Anspruch genommen werden konnte, sondern es wäre auch kein Grund vorhanden gewesen, dasselbe von den Chatoulle- und andern Privatgütern im Besitz des Landesherrn zu unterscheiden. Uebrigens gibt Zachariä zuletzt selbst wieder

---

*) Konnte denn eine Landeseinrichtung auch ohne den Landesherrn geschaffen werden, und läßt sich von dem Militär, wenn es auch häufig zu einem eitlen Paradedienst unterhalten wurde, allgemein sagen, daß es zunächst im eigenen Interesse des Landesherrn geschaffen worden?

alles Nöthige zu, wenn er S. 33 das Kammergut als dasjenige Vermögen bezeichnet, „aus welchem der Landesherr seine Verpflichtung dem Reiche und dem Lande gegenüber zu erfüllen hatte." Auch ist er nicht der Meinung, als ob diese Pflicht nur auf dem Ertrage der Hoheitsrechte und nutzbaren Regalien und nicht auch auf den Kammergütern im engeren Sinne geruht habe. Eine solche rationelle Distinktion — bemerkt Zachariä ganz mit Recht — ist dem historischen Rechte völlig fremd und wird weder durch die hier in Betracht kommenden Reichsgesetze, noch durch den Inhalt der Landesverfassungen in irgend einer Weise unterstützt."

Die Frage, was der Landesherr mit den Erübrigungen aus dem Kammergute anzufangen habe (Zachariä S. 92) kann kaum mehr für praktisch gelten: denn eigentliche Ueberschüsse der Kammer, nach Abzug der gesammten Hof- und Regierungs-Ausgaben werden nirgends mehr vorhanden sein, wohl aber relative Ueberschüsse, mit Rücksicht auf die Kammerhilfen, welche die Stände übernommen haben oder die Intervention der Stände bei einzelnen Arten von Regierungs-Ausgaben, welche nun durch Steuern gedeckt wurden. Ursprünglich wurden die Ersparnisse der Kammer, da wo es haushälterisch zuging, entweder zu weiteren Territorial-Erwerbungen oder zur Ansammlung eines Schatzes für künftige Zeiten benützt. Zwar war der Landesherr faktisch nicht gehindert, denselben eine andere Bestimmung zu geben, sie zu verschleudern oder zum Ankauf von Privat- oder Chatoulle-Gütern zu verwenden. Von selbst verstand sich aber diese Entfremdung nicht. Wenn Kammerschulden vorhanden, so mußten diese zunächst abgetragen und das Kammergut von den darauf ruhenden Pfandrechten freigemacht werden. Aber auch eigentliche Ersparnisse der Kammer fielen nicht von selbst zur Chatoullekasse. Da der Hof- und Regierungs-Aufwand nicht blos auf den laufenden Einkünften der Kammer, sondern auf dem Kammergute selbst lastete, und da es nicht die Aufgabe einer guten Finanzverwaltung sein kann, die gesammten Einnahmen jedes Jahr zu verbrauchen, sondern womöglich für spätern Bedarf etwas zurückzulegen, so wird man vielmehr sagen müssen: die Ersparnisse der Kammer wuchsen von selbst dem Kammer-Vermögen zu, als einem eigenen Vermögenscomplexe, woraus sie hervorgegangen sind.

Wenn der Landesherr häufig auf Kosten der Kammer sein Privat-Vermögen vergrößerte und dagegen Schulden der Kammer unbezahlt ließ, wofür sodann der Regierungs-Nachfolger einstehen mußten, so war dieß, wie Struben[17]) sagt, eine Ungerechtigkeit, wegen welcher die Allodial-Erben in Anspruch genommen werden konnten. Auch die Stände konnten sich über die Mißverwaltung des Kammerguts nöthigenfalls bei den Reichsgerichten beschweren und neue Verwilligungen oder die Fortreichung einer bereits verwilligten Unterstützung der Kammer davon abhängig machen, daß zuvörderst der Haushalt der Kammer auf eine sicherere Weise geordnet werde. Verbesserten sich in der Folge die Einnahmen der Kammer, während dagegen die Steuerkasse durch die wachsenden Ausgaben überbürdet erschien, so konnten die Stände auf eine entsprechendere Vertheilung der Staatslasten unter die beiden Kassen antragen.[18])

---

§. 11.

Die „fideikommissarische Eigenschaft" des fürstlichen Kammerguts. Das sog. Privatfürstenrecht.

Nochmals kommt Zachariä §. 8 zurück auf den „großen Grundbesitz" der fürstlichen und gräflichen Häuser, worauf (?) wie ein Realrecht" (!) die Landeshoheit und Reichsstandschaft

---

[17]) Rechtliche Bedenken Bd. II. Nr. 1. §. 7.

[18]) In diesem Falle befanden sich die hannoverschen Stände im vorigen Jahrhundert, die weimarischen im Jahr 1847. In beiden Fällen wurde der Ausweg ergriffen, daß die Regierung sich verpflichtete, aus den Domänen die Grundsteuer zu entrichten, was freilich der Natur der Domänen nicht entsprach. Anderwärts kam es vor z. B. in dem hohenzollernhechingischen Grundvertrage v. 1796, daß der Landeskasse einzelne, ihr zuvor überwiesenen Ausgaben wieder abgenommen wurden.

gehaftet¹) und dessen Erhaltung zu den wichtigsten Interessen der regierenden hochadeligen Geschlechter gehört hatte. Nichts desto weniger — nimmt er an — finden sich bis in das 15. und 16. Jahrhundert hinein keine besondern, die Unveräußerlichkeit sichernden hausgesetzlichen Bestimmungen, indem man die geltenden Grundgesetze des deutschen Rechts vom Stammgut und dem Rechte des nächsten Erben zur Anfechtung willkürlicher Veräußerungen, in Verbindung mit den Grundsätzen der deutschrechtlichen Erbfolge und den Satzungen des Lehensrechts, als genügend betrachtet hätte. Erst seit der Einführung des römischen Rechts, wodurch die Geltung des bisherigen einheimischen Rechts auch bei den reichsständischen Familien bedroht worden, hätten sich diese ihres Autonomierechts bedient, theils um die Erhaltung des Familien-Besitzthums in oder bei (?) der Familie zu begründen, theils um die aus dem römischen Recht abzuleitenden gleichen Rechte der Töchter und Agnaten auszuschließen, theils auch, was aber abgesehen von den Kurfürstenthümern meist erst später geschehen, durch Adoption des Primogenitur-Gesetzes ferneren Theilungen und Zersplitterungen des Hausbesitzes in der Familie zu begegnen.

Hiernach scheint die Ansicht Zachariä dahin zu gehen, daß bis zur Aufnahme des römischen Rechts am Ende des 15. und im Laufe des 16. Jahrhunderts die Grundsätze vom „Stammgute" als gemeines Recht in Deutschland gegolten hätten, daß dieselben bis dahin auch bei der Erbfolge in den regierenden Häusern angewendet worden seien, und daß nun erst, und zwar mittelst der dem römischen Rechte entlehnten Testaments-Formen, das Gesetz der Unveräußerlichkeit und weiterhin die Individual-Succession und die Ausschließung der Töchter durch die Söhne und Agnaten von den regierenden Familien eingeführt worden

---

¹) Doch nicht auf dem Gutsbesitze, sondern auf dem Territorium! Es gab übrigens, wie Herrn Zachariä wohl bekannt ist, auch kleine reichsständische Territorien; es gab ferner Territorien ohne Reichsstandschaft, welche dennoch mit Landeshoheit besessen wurden. Daß die Grafschaften und Herrschaften, sogar auch Herzogthümer, häufig nach einer einzelnen Burg oder Stadt genannt wurden, machte sie noch nicht zu deren Pertinenz, wie Eichhorn Staats- und Rechtsgeschichte Bd. II. §. 234a. (S. 112) annimmt.

selen — alles nur um den „splendor cujusque familiae" aufrecht zu halten. Gegen diese Darlegung, an welche der Verfasser sehr erhebliche Folgerungen für ein privatrechtliches Familien-Eigenthum knüpft, sehe ich mich genöthigt, einige Einwendungen zu machen, auf die Gefahr hin, was bei der Darstellungsweise des Verfassers unvermeidlich, früher Gesagtes zu wiederholen.

Bekanntlich hatte im germanischen Recht der Besitz von echtem, freiem Eigen, als die Bedingung der Theilnahme an der Volksgemeinde, eine große politische Bedeutung und schon deßhalb waren auch die Familienglieder bei dessen Erhaltung betheiligt. Der Sachsenspiegel anerkennt diese Bedeutung, indem er die Veräußerung von Eigen nur gestattet im echten Dinge (Landgericht) und mit Einwilligung des nächsten Erben. Veräußerungen, welche nicht durch Noth gerechtfertigt waren (hier hatte der Erbe nur ein Vorkaufsrecht), konnte der Erbe binnen Jahr und Tag von dem öffentlichen Acte an widersprechen, indem er das verkaufte oder verschenkte Eigen vor Gericht an sich zog.*) Von Stammgut konnte hier nicht die Rede sein: denn das Widerspruchsrecht des Erben erstreckte sich auf das Grundeigenthum überhaupt, ohne Rücksicht darauf, ob dasselbe von dem Veräußernden ererbt oder selbst gewonnen war. In einzelnen Städten ward dasselbe allerdings schon frühe, gleichzeitig mit dem Sachsenspiegel, beschränkt auf ererbtes Eigen, und in dieser Beschränkung besteht es zum Theil noch jetzt bei den Erbgütern (ohne Unterschied des Geschlechts) in einzelnen Stadt- und Landrechten. Als gemeines Recht hat aber jenes Widerspruchsrecht schon im 14. Jahrhundert, also vor Aufnahme des römischen Rechts, in Folge der veränderten öffentlichen Verhältnisse und der Umgestaltung, welche das bürgerliche Recht schon im Mittelalter erfuhr, aufgehört und nur die Erblosung (der retractus gentilitius) erinnerte später noch daran.

Ebenso war es mit dem Vorzug des Mannsstamms. Dieser war mit Ausnahme des salischen Volksrechts und der

---

*) Sächs. Lbr. L 52. §. 1.

ihm verwandten Gesetze der rheinischen Franken und der Thüringer, nach welchen die Töchter in der terra salica nicht blos gegen die Söhne sondern auch gegen die Stammvettern zurückstanden, auf die Söhne beschränkt.³) Der Sachsenspiegel I, 17. gibt den Vorzug nicht blos für väterliches und mütterliches, sondern auch für brüderliches und schwesterliches Landeigenthum (bei der Fahrhabe, mit Ausnahme des Heergeräths und andererseits des Frauengeräths fand kein Unterschied des Geschlechts statt); es bezog sich aber der Vorzug auch hier blos auf die Familie im engeren Sinn, nicht auf die sogenannte Magschaft oder die Agnaten. Der Schwabenspiegel (Laßb. Art. 148. Senkenberg 285) gibt auch dem Sohne nur den Vorzug bei dem väterlichen Landsitz (ansidel da der valer vlle saz). So erklärt es sich, daß im 12. und 13. Jahrhundert viele von den großen Erbgütern des zäringen'schen, hohenstaufischen und welfischen Hauses an Töchter und durch diese in die Hände anderer Familien kamen, obgleich noch Verwandte vom Mannsstamm vorhanden waren.⁴) Aber selbst die Gleichheit der Söhne und Töchter findet sich schon in einzelnen Stadtrechten des 13. Jahrhunderts ausgesprochen und auch als Landrecht ward dieselbe in den Rechtsbüchern des 14. Jahrhunderts anerkannt.⁵)

Es ist unmöglich, diese Umbildung im gemeinen Rechte des Mittelalters einer frühen Einwirkung des römischen Rechts zuzuschreiben. Wenn man bedenkt, wie es wiederholter Reichsgesetze (1498. 1521.) bedurfte, um auch nur das aus dem römischen Recht entlehnte Repräsentationsrecht der Geschwister-Enkel durchzusetzen, so muß vielmehr angenommen werden, daß verschiedene Umstände: der bewegliche Reichthum in den Städten,

---

³) Näheres hierüber in meinem Aufsatze über das Erbrecht der adeligen Töchter in der Zeitschrift für deutsches Recht Bd. VI. S. 266 f.

⁴) Daselbst S. 273 f. Auch Veräußerungen fanden statt ohne Einwilligung der Stammvettern. So trat 1168 Welf VI. sein schwäbisches Besitzthum (hereditas Welfonis) an Kaiser Friedrich I. ab, ohne daß Heinrich der Löwe die Veräußerung als unrechtmäßig anfocht. Eichhorn, Staats- und Rechtsgeschichte II. §. 238.

⁵) Zeitschrift a. a. O. S. 277.

die Umgestaltung des bürgerlichen Lebens und der Standes-Verhältnisse überhaupt, zu der Aenderung hingetrieben haben und es liefert diese Aenderung nur wieder einen Beweis für die innere Lebenskraft und Bildungsfähigkeit, welche das deutsche Recht noch im 14. Jahrhundert besaß. Dieser neuen gemeinen oder, wie wir jetzt sagen, bürgerlichen Erbfolge gegenüber bildete sich nun ein besonderes Recht der adeligen Stamm- und Lehensfolge. Schon die vom Landrecht verschiedene Lehensfolge trieb dazu, eigenthümliche Grundsätze festzustellen, wenn nicht Lehen und Allod getrennt werden sollten. Aber auch die politische Stellung und Bedeutung des landsäßigen, wie des reichsritterschaftlichen Adels war ein Motiv, durch autonomische Verordnungen, unterstützt durch Standes-Gewohnheit, namentlich durch die Verzichte der Töchter, eine von der gemeinen Erbfolge verschiedene Succession einzuführen. Noch weniger konnte die Succession in Land und Leuten oder in dem Fürstenamt auf gleichen Fuß mit der bürgerlichen Erbfolge behandelt werden: hier waren außer den Interessen der Familie auch die des Reichs und des Landes zu berücksichtigen.

Manches freilich hatte das sogenannte Privatfürstenrecht mit dem Familien- und Erbrecht des begüterten Adels gemein. Wie hier, so wurde auch dort die Gleichstellung der Söhne und Töchter abgewiesen und es erweiterte sich der Vorzug der Söhne allmälig zu einem Vorzuge des Mannsstammes überhaupt. Ebenso wurde meist die alte deutsche Linealgradualordnung beibehalten und ausgesprochen, daß der ererbte Besitz den Nachkommen des Stammes ungefährdet erhalten werden müsse. Von diesen Grundsätzen ausgegangen, welche zunächst bei den kurfürstlichen Familien gesetzlich anerkannt [*]), dann aber auch bei den andern regierenden Familien allmälig festgestellt und nicht minder von dem ritterschaftlichen Adel nachgeahmt worden [1]), kann die Regierungsfolge wohl als eine Stamm-

---
[*]) Gold. Bulle cap. VII. XXV. Daselbst cap. VII. §. 5 ist dem Kaiser vorbehalten, in Ermangelung eines regierungsfähigen Nachkommen das Kurfürstenthum mit Pertinenzien von Neuem zu vergeben, mit Ausnahme Böhmens, wo das Wahlrecht des Landes (der regnicolae) vorbehalten wurde.

[1]) Ueber die autonomischen Bestrebungen des ritterschaftlichen Adels, welche

folge oder Geschlechtsfolge bezeichnet werden; das Objekt derselben war aber nicht ein Stammgut, sondern die Landeshoheit mit ihren Pertinenzen. Der Grund, warum auf die Landessuccession überhaupt Prinzipien des Privatrechts angewandt wurden*), lag nicht etwa darin, daß die Landeshoheit als ein Privatrecht angesehen worden wäre (auch königliche Reiche und Länder wurden ja häufig getheilt), sondern einfach darin, daß dieselbe als erbliches Recht anerkannt wurde. Es fragte sich nur, ob die Grundsätze der Allodial- oder der Lehensfolge auf die Regierungssuccession (in welche immer auch die Kammergüter eingeschlossen waren) angewendet und ob nicht die Theilung jedenfalls ausgeschlossen werden sollte. Bei der verschiedenartigen Zusammensetzung der Territorien aus eigenem und lehenbarem Besitz, früheren Amtsrechten und Regalien war es schon als ein Sieg des politischen Prinzips zu betrachten, daß die Nachfolge nicht etwa theilweise nach diesem oder jenem Recht bestimmt und so das Territorium in seine verschiedenen Bestandtheile aufgelöst wurde, sondern daß meist die Lehensfolge entschied.

So wenig als das gemeine Erbrecht des Mittelalters (Landrecht), so wenig genügte aber auch das Lehenrecht dem Zwecke der Erhaltung des Territorialbesitzes bei einer und derselben Familie und wo möglich in Einer Hand. Das Lehen erbte

---

gleichfalls auf ein imperium d. h. die Jurisdiktion gestützt wurden, s. Zeitschrift für deutsches Recht Bd. XV. S. 4.

*) Doch war das seit dem vorigen Jahrhundert von einzelnen Schriftstellern eigens behandelte jus privatum principum oder die jurisprudentia heroica nicht blos privatrechtlichen Inhalts oder aus privatrechtlichen Quellen geschöpft, vielmehr sollen darin die von dem Civilrecht abweichenden Grundsätze des Familien- und Erbrechts der landesherrlichen Häuser dargestellt werden. Diese Grundsätze, welche in dem Herkommen, den Hausgesetzen, Reichs- und Landesgesetzen hervortreten, haben ihren Grund in der staatsrechtlichen Stellung dieser Häuser und wurden deßhalb auch von Anderen z. B. J. J. Moser schon zur Zeit des deutschen Reichs unter dem Titel: persönliches oder Privat-Staatsrecht, Familien-Staatsrecht vorgetragen oder als unmittelbarer Bestandtheil des Territorial-Staatsrechts behandelt. Kein Zweifel ist darüber, daß die Staatssuccession und das Kameralrecht dem öffentlichen Recht angehören.

nach deutschem Lehenrecht nur vom Vater auf den Sohn⁹), nicht auf Seitenverwandte. Theilung unter mehrere Söhne, die nicht in Gemeinschaft blieben oder Einem (etwa dem Aeltesten) freiwillig das ganze Lehen überlassen wollten, war so wenig ausgeschlossen, wie bei dem sogenannten Erbe. Durch die Theilung ward aber nach deutschem Lehenrecht die Folge im Lehen gebrochen;¹⁰) die Abgetheilten behielten also keine gegenseitige Lehensfolge, wie nach lombardischem Lehenrecht, welches die Rechte der Blutsverwandten aus dem Landrechte hinübernahm. Nur wer in dem Lehensvertrag unmittelbar begriffen und dadurch im Alleinbesitze oder Mitbesitze geblieben war, besaß ein Lehenrecht und konnte dieses wieder auf seine ebenbürtigen Leibeserben übertragen.¹¹) Indessen bot sich in dem Institute der „gesamten Hand" ein Mittel dar, auch ohne Naturalbesitz des Lehens sich die Lehensfolge zu erhalten, indem die Seitenerben zur Sicherung ihrer eventuellen Succession mitbelehnt und in den Lehenbriefen nachgeführt wurden. Keineswegs ward aber mit dieser Samtbelehnung ein Miteigenthum der eventuell Investirten, sondern nur ein eventuelles Successionsrecht am Lehen für den möglichen späteren Eintritt der Seiten-Verwandten in das Lehen bezweckt. Auch bei den Reichslehen, namentlich in dem sächsischen Hause, kam die Samtbelehnung vor.¹²)

Fürstenlehen sollten nur ganz und ungetheilt verliehen

---

⁹) Sächs. Lehenrecht (Homeyer) Art. 6. 21. §. 2. Schwabensp. Lehenrecht nach Senkenb. 18. §. 2. Laßb. 42 a.

¹⁰) Sächs. Lehenrecht Art. 32. §. 1. Schwabensp. Lehenr. nach Senkenb. 37. §. 3 Laßb. 61 a.

¹¹) B. W. Pfeiffer, Regierungs-Nachfolge I. §. 44. 45. Eichhorn, deutsches Privatrecht §. 359.

¹²) Ueber die Samtbelehnung bei Reichslehen s. Mertens, Grundsätze des gem. Lehenrechts S. 187. Ueber den Gebrauch derselben bei vorderösterreichischen, bischöflich konstanzischen, altbairischen und badischen Lehen mein gemeines und württ. Privatrecht Bd. II. §. 369. s. jedoch Beschwerde der Reichsritterschaft in Schwaben, Franken und am Rhein wider die Attentate des tyrolischen Lehenhofes wegen Anmaßung der gesamten Hand, sonderlich gegen die freie Reichsritterschaft in Schwaben bei Lünig, corp. jur. feud tom. I. p. 1209. 1211.

werden.¹³) Allein auch hier kamen Theilungen vor, schon im 13. und 14. Jahrhundert, und erst allmälig wurde wegen des Nachtheils, der aus diesen Theilungen für das Reich, die Familien und die Länder entsprang, auf verschiedenen Wege — durch Reichsgesetze, Reichserkenntnisse, kaiserliche Privilegien, Lehenbriefe, fürstliche Testamente, Haus- und Landes-Verträge — die Untheilbarkeit der Territorien festgesetzt und auf Wiedervereinigung der getrennten Theile, wo sich Gelegenheit dazu bot, hingearbeitet. So wurde also in diesem Punkte, vorherrschend aus politischen Gründen, das alte, niemals aufgehobene und vom Kaiser wiederholt in Erinnerung gebrachte Reichsrecht wieder hergestellt und zugleich der ebenfalls alte, in der goldenen Bulle cap. VII. für die weltlichen Kurfürstenthümer gesetzlich festgestellte Vorzug der Erstgeburt auch bei den andern Erbfürstenthümern und Grafschaften allmälig eingeführt.¹⁴)

Wenn seit dem Ende des 15. Jahrhunderts die Testamentsform häufig benutzt wurde, um neben persönlichen Anordnungen über die Privat-Verlassenschaft auch Bestimmungen über die Regierungsfolge und namentlich über die Unveräußerlichkeit des Landes und der zugehörigen Besitzungen zu treffen, so läßt sich nicht läugnen, daß solche letztwillige Verordnungen auf die Gesetzgebung und selbst auf das Schicksal der Staaten vielfach bestimmend eingewirkt haben; folgt aber daraus, daß Land und Leute, Regierung und Kammer Objekte des Privat-

---

¹³) Sächs. Lehnr. Art. 20. §. 5. Schwabenspiegel, Lehnr. Art. 41. nach Laßb. (21. §. 3. Senkenberg). Taf. Landrecht 121. Wen mag debein fürsten ampt mit rehte zwein mannen nivt gelihen, geschiht aber ez, ir deweder mag mit rehte nivt da von ein fürste gesin noch ein fürste geheizen, also mag man mer-gravesehaft noch phallenlz gravesehaft noch gravesehaft swer div teilent, so hant si ir namen verlurn. Vergl. zwei Schiedsurtheile die Theilung von Landgrafschaften betreffend, bei B. W. Pfeiffer, Regierungsnachfolge Bd. 1. S. 67 ff.

¹⁴) Frühe Spuren von dem Rechte des Erstgebornen s. im Schwabenspiegel Lehnrecht (Laßb) Art. 54 b. 57. *Hofacker de successione ex jure primogeniturae* §. 45. sq. p. 27. sq. J. Grimm, deutsche Rechtsalterthümer S. 473. Weitere Zeugnisse und spätere Primogenitur-Ordnungen bei B. W. Pfeiffer, Regierungs-Nachfolge Bd. 1. S. 67—71. Taf. S. 94. f. 103 f.

Eigenthums gewesen, daß zwischen Staats- und Privat-Sachen kein Unterschied gewesen, oder auch nur, daß das Kammergut in die Privat-Verlassenschaft eingeschlossen war? Das Kammergut war nicht mehr noch weniger Gegenstand der landesherrlichen Disposition, wie die Landeshoheit selbst. Wolle man also aus dem Vorkommen testamentarischer Dispositionen über einzelne Kammerguts-Objekte einen Schluß ziehen auf die privatrechtliche Natur des Kammerguts überhaupt, so würde damit wieder zu viel bewiesen: denn auch über die Theilung resp. die Untheilbarkeit des Landes verbreiteten sich die landesherrlichen Testamente in den letzten Jahrhunderten. Uebrigens war die Gesetzeskraft dieser Testamente in Betreff öffentlich-rechtlicher Verhältnisse immer noch abhängig von der Anerkennung des eröffneten Willens durch den Nachfolger resp. durch die Landstände, in deren Schoß der letzte Wille zuweilen vom Landesherrn niedergelegt wurde.¹⁵) Auch durften Rechte der Reichsgewalt oder Rechte Dritter; es durften ferner die dem fürstlichen Stande und Wesen schuldigen Rücksichten nicht verletzt werden.¹⁶)

Die Formeln, deren sich die Verfasser der Testamente bedient und das Wort: Fideikommiß oder fideikommißarische Substitution liefern, wie Zachariä selbst zugibt, noch keinen Beweis, daß man die unpassende römische Theorie vom Fideikommiß und vom Familien-Fideikommiß insbesondere auf das fürstliche Gut und die Succession in dasselbe zu übertragen gemeint gewesen sei.¹⁷) Dagegen soll nach Zachariä S. 35 das

---

¹⁵) Herzog Christoph in Württemberg testirte 1566 geradezu in Gegenwart der Stände, welche versprachen, der in die Form eines Landtags-Abschieds gebrachten väterlichen Verordnung nachzukommen. Württ. Gesetzsammlung II. S. 137.

¹⁶) Durch Reichshofrathsbeschluß v. 25. Febr. 1763 wurde auf der 1744 ausgesprochenen Successions-Unfähigkeit der Kinder erster Ehe des Herzogs Anton Ulrich von Sachsen-Meiningen, als aus einer Mißheirath entsprungen, beharrt trotz des herzoglichen Testaments v. 1763 und der ergriffenen Possession, und dieser Spruch auch der Landschaft mitgetheilt.

¹⁷) Nicht stark ist freilich der Grund Zachariäs: daß sonst auch die Erlöschung des Familien-Fideikommisses nach der vierten Restitution (Generation) hätte zur Geltung kommen müssen: denn bekanntlich hat die Justinianische Nov. 159 c. 2 u. 3 bei den adeligen Fideikommissen keine Anwendung

was man später als das fideicommissum familiarum illustrium zu bezeichnen pflegte, weiter nichts gewesen sein als die ausdrückliche Uebertragung der Grundsätze des longobardischen Lehenrechts von der sog. successio ex pacto et providentia majorum auf deutsches Stamm- und resp. Lehengut, insofern nun bei dem Stammgut das dem nächsten Erben zustehende Vindikationsrecht eventuell auf alle zur Succession berechtigte Nachfolger ausgedehnt und zugleich das nach deutschem Lehenrecht auf Descendenten des besitzenden Vasallen beschränkte Lehenfolgerecht auf alle rechte Leibes- und Lehenserben des ersten Erwerbers oder Disponenten ausgedehnt worden sei. — Also nicht das römische Recht, sondern das longobardische Lehenrecht wäre die Grundlage des deutschrechtlichen Familienfideikommisses des hohen Adels geworden; da aber das longobardische Recht nach der gewöhnlichen, auch von Zachariä getheilten Auslegung nur den Agnaten, nicht auch dem Sohne ein Widerrufsrecht gibt, so sollen die hausgesetzlichen Bestimmungen „besonders noch" den Zweck gehabt haben, das longobardische Recht hierin abzuändern und den Sohn den Seitenerben gleichzustellen.

Ich will mich bei diesen künstlichen Deutungsversuchen nicht aufhalten, sondern nur Weniges bemerken: Das deutsche Stamm- oder Geschlechts-Fideikommiß hatte nicht den Zweck, Erbrechte zu ertheilen, sondern das Erbrecht der Verwandten, zunächst derjenigen vom Mannsstamm zu sichern, insbesondere durch das Verbot der Veräußerung. Daß die Lehensfolge gemeinrechtlich nicht mehr, wie nach dem alten deutschen Lehenrecht und insbesondere nach dem sächsischen Lehenrecht, auf die männlichen Nachkommen des letzten Besitzers beschränkt, sondern auf die Seitenverwandten vom Mannsstamm, wofern sie nur in der ersten Belehnung ausdrücklich oder stillschweigend begriffen waren, erstreckt wurde, hatte seinen Grund theils in der Einführung der Individual-Succession, indem den Nachgebornen die Succession für den Fall des Aussterbens der ältern Linie vor-

---

gefunden. *Knipschildt de fideicommissis familiarum nobilium cap. IX. nr. 98 sq.*

behalten wurde, theils in dem Bedürfnisse, die Allodialnachfolge mit der Lehensfolge zu verschmelzen, [18]) ohne daß man deßhalb genöthigt wäre, auf die Grundsätze des longobardischen Lehenrechts (d. h. die Auslegungen der Schriftsteller) über die sogen. successio ex pacto et providentia majorum zurückzugreifen. [19]) Nicht blos der longobardische liber feudorum, auch das teutsche Lehenrecht unterschied bekanntlich zwischen den Söhnen und Seitenverwandten des Vasallen; aber nicht in der Weise, daß diese ein Widerrufsrecht hatten, jene nicht: der Sohn allein hieß Erbe [20]), wie er auch heute noch vorzugsweise Erbe genannt wird. Wollte man dem Sohne die Revocation nicht konsentirter Lehensveräußerungen nehmen, so gab es überhaupt keine Revocation; gerade aber der Sohn hatte nach deutschem Recht ein Revocationsrecht. Als später die Brüder und die Stammvettern auch ein Erbrecht im Lehen erhielten, war es natürlich, daß Conseus- und das Revocationsrecht gleichfalls auf sie auszudehnen, ohne aber deshalb den Agnaten ein stärkeres Recht zu geben, als die Söhne hatten, oder letzteren zuzumuthen, sich die Veräußerung gefallen zu lassen, auch wenn sie nicht aus einem besondern Grund (wegen ertheilten Consenses oder als Allodialerben des Veräußerers) verpflichtet waren, die Veräußerung anzuerkennen.

Ist es aber überhaupt zulässig, von einem Familien-Fideikommiß, mit Bezug auf das Regierungsrecht und das inbegriffene Kammergut zu reden? Hat man bei der Benennung Fideikommiß im Auge das Wesen des Fideikommisses, das Veräußerungs-Verbot, so ist daran zu erinnern, daß lange vor dem 15. und 16. Jahrhundert, wo Zachariä die hausgesetz-

---

[18]) Zuletzt versprach auch noch der Kaiser in der Wahlkapitulation Art. XI. §. 1, die Vasallen mit begehrter Vorzeigung der alten Familien-Verträge nicht zu beschweren, vielweniger die Belehnungen deßhalb aufzuhalten.

[19]) Ursprünglich wollte damit nichts weiter bezeichnet werden, als daß die Lehensfolge eine successio singularis sei und der Lehensfolger nicht wie der gewöhnliche Erbe oder Universal-Successor (als welcher der Sohn vorausgesetzt wird) die Veräußerungen und Schulden des Vorfahren anzuerkennen habe.

[20]) Noch eine kaiserliche Entscheidung v. J. 1372 bei Pfeiffer, Regierungsfolge Bd. I. S. 90 ging hiervon aus.

lichen Fideikommiſſe beginnen läßt, die Veräußerung und Trennung der Herzogthümer, Grafſchaften und deren Zubehörden von
Reichs und Landes wegen verboten war.²¹) Dieſes Verbot
wurde nicht nur in den Rechtsbüchern des Land- und Lehenrechts wiederholt, ſondern es gieng auch davon aus die goldene
Bulle von 1356, wenn ſie gleich daſſelbe zunächſt blos auf die
Kurfürſtenthümer anwandte. ²²) Das hier ausgeſprochene Verbot der Theilung und Veräußerung der Kurlande nebſt zugehörigen Dominien beruhte auf demſelben Grundſaße, welcher im
Eingange der Stelle (Note 22) auch für die übrigen Reichslande als geeignet befunden wird: daß die Fürſtenthümer, Grafſchaften u. ſ. w. in ihrer Integrität ſollten erhalten werden,
um die Pflichten gegen das Reich und gegen die Unterthanen
deſto eher erfüllen zu können.

Dieſes alte Reichsrecht war es, welches durch die ſog. fidei-
kommiſſariſchen Anordnungen wieder hergeſtellt oder aufrecht erhalten wurde. Es ſtand nichts entgegen, die reichsgeſetzlichen
Verbote in der Form von Familien-Verträgen, landesherrlichen
Teſtamenten oder auch von Landtagsrezeſſen, Reverſalien und
Landesgeſetzen zu erneuern; aber ein Beweis für die von Zachariä
behauptete privatrechtliche Natur der Kammergüter kann
darum aus jenen hausgeſetzlichen Anordnungen nicht hergeleitet
werden; vielmehr würde damit zu viel bewieſen, nämlich die
privatrechtliche Natur der Landeshoheit ſelbſt, da in der
Regel die Veräußerungsverbote Land und Leute, Regierung und
Pertinenzien zugleich begreifen. Will man an dem Worte Fideikommiß keinen Anſtoß nehmen, ſo müßte von einem Staats-
fideikommiß hier geſprochen werden, nicht von einem Privatfideikommiß oder Familienfideikommiß: ſofern das Territorium
ſelbſt und der zugehörige Domänen-Beſitz Gegenſtand der Ver-

---

²¹) ſ. oben §. 5. Note 6. 26—30.

²²) Aurea bulla c. 25. *Si ceteros principatus congruit in sua integritate servari ut corroboretur justitia et subjecti fideles pace gaudeant et quiete,
multo magis magnifici principatus dominia, honores et jura electorum principum debent illaesa servari.* Ueber die Auslegung dieſer Stelle ſ. Pfeiffer
a. a. O. S. 73 und die kaiſerliche Deklaration daſ. S. 91.

ordnung war.²⁶) Daraus ergeben sich aber sehr wesentliche Verschiedenheiten. Namentlich ersetzt der Konsens der Stände regelmäßig den der Agnaten. Auch wo der agnatische Konsens gefordert wird, ist die Stellung der Agnaten bei Landes- oder Kammerguts-Veräußerungen eine andere als bei gewöhnlichen Stammguts- oder Lehens-Veräußerungen. Jene sind unter dem Gesichtspunkte von Regierungs-Handlungen zu betrachten. Daher steht es auch nur nur dem jeweiligen Landesherrn zu, sie zu widerrufen, und zwar aus Gründen, wegen welcher überhaupt die Gültigkeit von Regentenhandlungen angefochten werden kann. Dahin gehört im Zweifel nicht fehlender agnatischer Konsens: denn die Agnaten sind, außer in der Eigenschaft von Regierungs-Vormündern oder als Mitglieder der Herrenkammer, nicht zur Theilnahme an der Regierung berufen. Nur wenn jener Konsens in Landesgesetzen oder ihnen gleichgeachteten, derzeit noch gültigen, Hausgesetzen zur Gültigkeit der Veräußerung ausdrücklich erfordert würde, könnte aus dem Mangel derselben ein formeller Einwand hergeleitet werden.

---

²⁶) C. v. Salza und Lichtenau, die Lehre von Familien-, Stamm- und Geschlechts-Fideikommissen, Leipzig 1838 §. 11 und 12 nimmt als Objekt der Staatsfideikommisse nur an das Land oder Territorium, als Gegenstand der Haus- oder Kron-Fideikommisse dagegen die Domänen, Schlösser, Hofgebäude, Lustgärten und das Hof-Inventar. Von beiden unterscheidet er die Privatfideikommisse, welche sich auf das Privat-Eigenthum der regierenden Familie beziehen. In Bezug auf die Staatsfamilienfideikommisse bemerkt er ganz richtig, daß ihnen die irrige Vorstellungsweise zu Grunde liege, als ob Land und Leute, das Staatsgebiet mit allen Regierungsrechten Patrimonialgüter der Regentenfamilie seien. Allein dasselbe gilt auch von den Domänen und Kammer-Einkünften, welche Zubehören des Landes sind und in der Regel früher nur als Pertinenzien in die Fideikommiß-Bestimmung eingeschlossen wurden. Uebrigens spricht v. Salza das Eigenthum an den Domänen ebenso dem Staate zu, wie an dem Staatsgebiete, weil sie von dem Lande ungertrennbar seien und selbst ihr Besitz nur so lange der Regentenfamilie bleibe, als diese zur Thronfolge berufen sei. Auch B. W. Pfeiffer, Regierungs-Nachfolge I. §. 3 geht zum Theil von unsichern oder irrigen Prämissen aus, schließt aber doch zuletzt damit, daß er die Domänen „und insbesondere die Patrimonial-Besitzungen des regierenden Hauses" mit zu den Gegenständen der Staatssuccession rechnet.

Ich muß hier noch eine Bemerkung beifügen. Wäre von dem Begriffe eines Stammguts oder eines Fideikommisses auszugehen, so hätten allerdings die Agnaten ein Revokationsrecht, aber, wie auch Zachariä S. 35 annimmt, nur dann wenn sie von dem ersten Erwerber des ohne ihren Konsens veräußerten Besißthums abstammen, weil sie nur diesem das Nachfolgerecht in demselben verdanken. Es wäre überhaupt nicht blos in Bezug auf das Konsens- und Revokationsrecht, sondern auch in Bezug auf das Nachfolgerecht selbst zwischen Descendenten und Kollateralen ein Unterschied zu machen. Auf **Neuerwerbungen** von Landestheilen und Domänen hätten die **Seitenverwandten** des Erwerbers **keinen Anspruch**. Dennoch wurde das Kammergut wie das Land auch hier in der Regel als ein Ganzes behandelt und mit Recht. Waren die Neuerwerbungen mit dem Lande und mit der Kammer einmal in Verbindung gebracht, so gebot die Natur der Staatssuccession und die höhere Rücksicht auf die Einheit und Wohlfahrt des Landes, die Integrität des Besitzes auch für den Fall aufrecht zu erhalten, daß die Succession auf eine andere Linie oder gar aus dem Hause heraus auf ein anderes Haus übergienge. Ich erinnere hier an die Erbeinigung zwischen **Baiern** und der **Pfalz** vom 22. Sept. 1766 und 26. Febr. 1771. In dem leßtern bestätigten beide Kurfürsten die verabredete gegenseitige Erbfolge mit Ausdehnung auf alle bis auf die neueste Zeit erworbenen Lehen und Lande — „**weil keinem Staate angemuthet werden möge, wegen des Verlusts seines angebornen Landesfürsten sich von dem in mehrhundert Jahren gemeiniglich durch dessen Mittel und Kräfte erworbenen Wachsthum entsetzt zu sehen.**"

§. 12.

Das sogenannte Familieneigenthum. Die Erbverbrüderungen.

Mit der behaupteten Fideikommiß-Eigenschaft hängt zusammen die Ansicht von einem Eigenthume der Familie am Kammergute. Auch Zachariä wendet sich dieser Ansicht abwechselnd zu; ja er behauptet S. 35 seiner Schrift:

> daß fast in allen hausgesetzlichen Dispositionen, sowie in den fürstlichen Erbverbrüderungen sich auf die deutlichste und unläugbarste Weise die herrschende Rechtsüberzeugung von einem Eigenthum der Familie an dem landesherrlichen Kammergute ausspreche.

Es ist wahr: einige Publicisten des vorigen und dieses Jahrhunderts (s. oben §. 9.) nahmen ein Eigenthum des fürstlichen Hauses an dem Kammergute an und ihnen folgten einzelne Hausgesetze und Landesgrundgesetze. Doch ist diese Ansicht ursprünglich vermittelt durch eine gleiche Anschauung von dem Territorialrecht der Fürsten, das ebenfalls hin und wieder auf ein Eigenthum der Familien zurückgeführt wurde. Beiden Anschauungen liegt zunächst eine Verwechselung des Erbrechts mit dem Eigenthum zu Grund. Weder der Name: Fideikommiß, Familien-Fideikommiß noch auch der Begriff der Stammgutsfolge, wovon Herr Zachariä ausgeht, berechtigen zu der Unterstellung eines Eigenthums der Familie d. h. aller Verwandten oder auch nur derjenigen vom Mannsstamm. Bekanntlich ist nach gemeinem Recht der Fiduziar d. h. derjenige, dem die Restitution einer Erbschaft auferlegt ist, einstweilen Eigenthümer und nicht derjenige, dem sie in der Folge herauszugeben ist (Fideikommissar).

Einige neuere Partikulargesetze z. B. preußisches Landrecht II. 4, §. 72 und 73, österreichisches Gesetzbuch §. 629 geben zwar bei Familienfideikommissen der Familie das Obereigenthum, dem Fideikommißbesitzer das nutzbare Eigenthum; allein die Analogie des lehenrechtlichen Obereigenthums (bekanntlich ist der Begriff eines dominium utile des Vasallen erst durch die Doktrin aufgekommen) paßt nicht auf das Rechtsverhältniß der Fideikommiß-Anwärter, welches auf ganz andern Gründen beruht. Auch bei den adeligen Stammgütern ist nicht der Stamm oder ein einzelner Zweig Eigenthümer, sondern der jeweilige Stammgutsbesitzer hat zugleich das Eigenthums- und das Nutzungsrecht, wenn schon jenes beschränkt durch das Nachfolgerecht der Verwandten.

Was sollen ferner die fürstlichen Erbverbrüderungen beweisen? Allerdings setzt die Uebertragung des Nachfolgerechts an ein anderes Geschlecht ein eigenes Recht auf die Landesregierung voraus. Bei Reichslehen war kaiserliche, oberlehensherrliche Bestätigung und nach dem Herkommen einzelner Lehen wiederkehrende Mitbelehnung nothwendig. Mit den Rechten des Landes fand man sich ab durch eine eventuelle Erbhuldigung der Diener und Unterthanen. In der von Zachariä S. 30 citirten Erbverbrüderung des sächsischen (meißnischen) und hessischen Hauses v. J. 1373[1]) wird das Rechtsverhältniß der regierenden Herren zu ihren Familien und zu ihren Kammergütern gar nicht berührt, sondern nur die Absicht ausgesprochen, daß für den Fall des Abgangs eines der kontrahirenden Theile, ohne rechte Leibes-Lebens-Erben, dessen Fürstenthum mit Zubehör dem andern Theil erbweise zufalle. Es sollte, laut der erneuerten Erbverbrüderung v. 1457, an welcher auch Brandenburg theilnahm, gerade so angesehen werden, als ob diese Lande von natürlicher angeborner Sippschaft, nach Kaiserrecht, gesetzten Rechten und löblicher Landes-Gewohnheit ererbt und angestorben wären.[2])

---

[1]) J. J. Moser, Familien-Staatsrecht I. S. 974. Die kaiserliche Samtbelehnung v. 13. Dez. 1373 s. bei Lünig, Reichsarchiv partis spec. cont. VI. S. 3. Der Vertrag wurde nicht geschlossen von dem damaligen sächsischen Hause, sondern von dem meißen-thüringischen Hause. Als 1425 das Herzogthum Sachsen an den Markgrafen von Meißen vom Kaiser verliehen war, wurde zwar die Erbverbrüderung erneuert, jedoch bestimmt, daß das Land Sachsen davon ausgenommen sein soll, bis die kaiserliche Zustimmung zu der Aufnahme dieses Reichslehens in die Erbverbrüderung erfolge. Die kaiserliche Bestätigung wurde abermals mit Ausnahme des Herzogthums Sachsen ertheilt. (31. Juli 1431.)

[2]) Lünig, Reichsarchiv, part. spec. cont. II. S. 763.

Nach damaligem Gebrauche³) wurde die Form einer Uebergabe unter Lebenden benützt und fingirt, als ob die kontrahirenden Fürsten sich sofort gegenseitig ihre Länder vermacht und übergeben oder ein Theil den andern als rechten Mit- oder Gauerben (Gemeiner) seines Fürstenthums nebst Städten, Festen, Gütern und andern Zubehörungen auf- und angenommen hätte. Noch in der Erneuerung von 1555 ist die Rede von einer gegenseitigen Auf- und Uebergabe in der allerbeständigsten Form, wie solche jure publico militari und sonst zu Recht geschehen könne und möge. Im Jahr 1587 wurde der Vertrag mit Brandenburg dahin erneuert, daß dieses schon nach dem Aussterben eines der beiden andern Häuser erbberechtigt sein solle. Die kaiserliche Bestätigung wurde jedoch dieser brandenburgischen Erbverbrüderung nicht ertheilt.

Auch in der Erbverbrüderung der Herzoge von Ober- und Niedersachsen v. 1373⁴) ward weder ein wirkliches Mitregierungsrecht noch auch ein Eigenthum der beiderseitigen Familien am Kammergute beabsichtigt. In Erinnerung an ihre gemeinsame Abstammung und die 1260 unter den Söhnen Albrechts I. vorgenommene Theilung in eine sachsen-wittenbergische und in eine sachsen-lauenburgische Linie kamen Kurfürst Wenzel (er wird im Vertrag nur Erzmarschall genannt) und sein Vetter Albrecht, Herzog von Sachsen und Lauenburg eines, und Erich, Herzog in Niedersachsen anderntheils überein, sich in gesammten fürstlichen Lehen, Erbschaften und Eigenschaften zusammenzusetzen, zu dem Zweck, daß wenn ein Theil unter ihnen nicht eigene Lehenserben hinterließe, dessen Lande mit Zugehörden an den andern Theil und dessen Nachkommen, Lehenserben fallen sollen, als ob sie beiderseits in ihren fürstlichen Lehen, Grafschaften u. s. w. ungetheilt wären. Auch hier blieb es vorerst bei der bisherigen Theilung und, obgleich die wittenbergische Linie 1422 mit Albrecht III. im Mannsstamme erlosch, so wurde doch Sachsen-

---

³) Beseler, Erbverträge Th. I. S. 23 führt das Geschäft zurück auf die alte Form der Vergabungen von Todeswegen, angewandt auf publizistische Verhältnisse.

⁴) s. die kaiserliche Bestätigung v. J. 1373 bei Lünig a. a. O. S. 762.

Lauenburg nicht zur Nachfolge in dem sog. Kurkreise zugelassen, sondern es wurde nach mehrjährigem Streite mit Lanenburg und unter gleichzeitiger Zurückweisung der von Braudenburg beanspruchten weiblichen Erbfolge Friedrich der Streitbare, Markgraf von Meißen mit dem Kursachsenthum und Herzogthum Sachsen nebst dem Burggrafthum Magdeburg und der sächsischen Pfalz für seine dem Reiche geleisteten und noch zu leistenden Dienste vom Kaiser belehnt. Auch der Mannsstamm der lauenburgischen Linie erlosch 1689, worauf das Herzogthum Lauenburg in Folge einer alten Erbverbrüderung v. 1369 von Braunschweig-Celle in Besitz genommen wurde. Die kaiserliche Belehnung erfolgte erst 1716, obgleich schon Kurfürst Ernst August von Hannover sich mit Kursachsen wegen der diesem 1507 von Kaiser Maximilian ertheilten Anwartschaft und einer Erbverbrüderung v. 1671 abgefunden hatte.

Mehr scheint für ein Miteigenthum der Familie zu sprechen der erneuerte Erbvereins-Vertrag des fürstlichen Gesammthauses Nassau vom Jahr 1783, welcher im Jahr 1861 aus Anlaß der gesetzlichen Regelung der Domanial-Verhältnisse im Herzogthum Nassau von Neuem anerkannt und im Verordnungsblatte bekannt gemacht wurde.*) In diesem, von Kaiser Joseph II. bestätigten, gegenseitigen Erbvertrag der nassau'schen Linien ward verabredet, daß die bei der Brüdertheilung im Jahr 1255 beibehaltene Gemeinschaft des Grundeigenthums aller alten nassauischen Stammlande beibehalten und auf die seitdem neu erworbenen Reichslande ausgedehnt und daß auch die innerhalb der Landesgrenzen oder denselben zunächst liegenden oder künftig zu erwerbenden Güter, Zehnten, Zinsen, Renten, Rechte und Gerechtigkeiten als wahre und unzertreunliche Bestandtheile und Zubehörungen der Lande geachtet werden sollen, nicht so aber die aus fürstlichen Ersparnissen außerhalb der Landesgrenzen erworbenen Güter: über diese sollte der Erwerber frei disponiren dürfen; wenn sie aber einmal an Einen von der Familie in Erbgang gekommen, sollten sie gleichfalls in dem Erbverband eingeschlossen sein. Es folgt sodann ein Ver-

---

*) Nassau'sches Verordnungsblatt v. 1861 Nr. 2.

bei der Veräußerung und Schulden-Belastung sowohl der Lande selbst als auch der einverleibten Güter, vorbehältlich des unverjährbaren Rechts des nächsten oder (bei dessen Saumseligkeit) entfernteren Nachfolgers „sich solchem Beginnen mit eigener That zu widersetzen, daran dann ihrer keiner gefrevelt, sondern seines vorbehaltenen Rechts sich soll gebraucht haben." Ferner enthält der Vertrag Bestimmungen hinsichtlich eines gemeinsamen Hausdirektoriums, der agnatischen Succession, des Rechts der Erstgeburt, der Versorgung der Nachgebornen, sowie für den Fall der Erlöschung des Mannsstamms einer der drei Linien (Weilburg, Saarbrücken, Oranien-Nassau), wo dann die Succession bezüglich der in Deutschland belegenen Lande, Leute, Güter und Rechte unvermindert stattfinden, eine Verfügung des letzten Besitzers aber zum Nachtheil des Landes-Nachfolgers oder der Lande selbst nicht zugelassen werden solle, „allermaßen dieser Erbverein nicht nur die eventuale Succession, nicht bloß die Vermehrung des Lustre Unseres Hauses, sondern auch die Wohlfahrt Unserer erbvereinten gesammten Lande, Leute und getreuer Unterthanen zum Zweck hat." — Kaum bedarf es der Bemerkung, daß die vorbehaltene „Gemeinschaft des Grundeigenthums" und selbst des Civilbesitzes und Genusses der Stammlande nur fingirt war, um das Successionsrecht desto sicherer zu wahren; einer wirklichen Gemeinschaft der Regierung oder wirklichem Mitbesitz der Lande sollte vielmehr, als zu Streit und Mißvergnügen, auch zum größten Schaden der Unterthanen gereichend, auf keine Weise stattgegeben werden. (Art. 30.) Das Wort Eigenthum, Grundeigenthum, angewendet auf das Land und seine Regierung, kann überhaupt nur das wohlerworbene, resp. zu hoffende eigene Recht auf die Regierung des Landes ausdrücken, nicht ein Privat-Eigenthum an dem Grund und Boden des Staatsgebiets. Die agnatische Zustimmung bei Veräußerung von alten oder neuen Landesstücken sollte nur zur Sicherung der ungefährdeten Landes-Nachfolge dienen. Auch die gemeinsame Erbhuldigung, welche übrigens in das jedesmalige Ermessen des Gesammtdirectoriums gestellt ist, desgleichen die eventuelle Verpflichtung der fürstlichen Räthe sind nur zur Bekräftigung des Anrechts der andern Linien, nicht einer wirklichen Mitregierung eingeführt.

Das Meiste in Anerkennung agnatischer Rechte leistete wohl die Erbeinigung zwischen dem kurfürstlichen Hause Brandenburg und dem fürstlichen und gräflichen Hause Hohenzollern vom 20. November 1695.*) Auch diese geht von der Verwandtschaft beider Familien aus; da aber die Verwandschaft damals noch nicht urkundlich feststand, und überhaupt auch nach dem mittelalterlichen Rechte nicht in infinitum beachtet wurde, so mochte das Kur-Haus Brandenburg Gründe finden, sich von den Stammvettern (der älteren Linie) zu Hohenzollern versprechen zu lassen, daß sie für den Fall des Abgangs sämmtlicher Linien der Fürsten und Grafen zu Hohenzollern „keinen näheren successor" zu ihren Landen als das Haus Brandenburg erkennen.⁷) Zugleich wurde von hohenzollernscher Seite eine eventuelle Mithuldigung der hohenzollernschen Unterthanen zugestanden und ausgesprochen, daß ohne Zustimmung des brandenburgischen Hauses und der andern Agnaten nichts von den derzeitigen oder zukünftigen hohenzollernschen Landen und allen dazu gehörigen liegenden Gütern, dinglichen Rechten und Gerechtigkeiten erblich veräußert werden solle. Auch hier also traten die Angehörigen des verbündeten

---

*) Lünig, Reichsarchiv Spicil. sec. I. p. 349. Bestätigt wurde das Successionsrecht der Krone Preußen in dem Successions-Rezesse vom 29. April 1707. Auch ward dasselbe anerkannt in dem hohenzollernschen Haus- und Familien-Statute vom 24. Jan. 1821. Tit. III. §. 2. und in den Verfassungsurkunden für Sigmaringen vom 11. Juli 1833. §. 5, für Hechingen vom 16. Mai 1848. §. 5.

⁷) Das umgekehrte Successionsrecht der Fürsten und Grafen zu Hohenzollern-Hechingen und Sigmaringen, im Fall der Erlöschung des königlichen Mannsstamms in Preußen, ist nicht ertheilt, und wird auch, wie aus der Denkschrift des preußischen Staatsministeriums zu dem Einverleibungs-Vertrage v. J. 1849 (zu Art. 15) hervorgeht, nicht anerkannt, weil die preußischen Gebiete erst nach der Trennung jener beiden Linien von dem königlich preußischen Hause (richtiger nach der Trennung der Burggrafen von Nürnberg Zollernschen Stammes von dem Zollerschen Lande) erworben worden sein. Die Fürsten von Hohenzollern gehören daher auch jetzt nicht zu den successionsberechtigten Agnaten des preußisch-hohenzollernschen Hauses.

Hauses nur in das Verhältniß von Agnaten ein; die Erbhuldigung ward auf sie angewendet, wie auf andere Nachfolger; ihre Zustimmung zur Veräußerung wurde in gleicher Weise nöthig befunden, wie bei Agnaten des eigenen Hauses, und selbst ein Admonitionsrecht bei Regierungsfehlern des regierenden Herrn, sowie die Befugniß, bei ausbleibender Besserung die in den Rechten erlaubten Mittel anzuwenden, wurde dem erbverbündeten Hause wie den Agnaten der ältern hohenzollernschen Linie in dem Vertrage eingeräumt. Wenn man aber auch alle diese und andere agnatische Rechte zusammennimmt, so kommt immer noch kein Eigenthum des verbündeten Hauses oder der „landesherrlichen Familie" heraus. Zachariä selbst hat in seinem Staatsrecht §. 208 Note 1 sich gegen ein Familien-Eigenthum erklärt; er hat diese „oft gewählte und mit Rücksicht auf die so häufig mißbrauchte Idee einer successio ex pacto et providentia majorum beliebte Bezeichnung des berechtigten Subjekts" für durchaus falsch erklärt, weil aus dem beschränkten Eigenthum des zeitigen Besitzers kein Familien-Eigenthum folge.

„So wenig (bemerkt er) die Landesherrn im Verhältniß zum Lande nach rechtlicher Ansicht blos Nutznießer und Verwalter der Kammergüter sind, ebensowenig darf man sie mit Kräßer a. a. O. S. 87 und 161 u. m. A. im Verhältniß der Familie dazu machen, wodurch wieder ein ganz unrichtiger Gesichtspunkt für die Grenzen des Dispositionsrechts gewonnen wird."

Er hätte noch beifügen können, daß ein Eigenthum der Familie schon aus dem Grunde nicht angenommen werden könne, weil die Familie keine juristische Person vorstellt, also auch nicht zu erwerben oder zu besitzen fähig ist. Nur von einem Successionsrecht der Familie d. h. der Agnaten, eventuell der Erbverbrüderten (resp. der Kognaten, wo diese subsidiär zugelassen sind) kann als Grund und Gegenstand der Hausgesetze die Rede sein, nicht von einem Eigenthums- oder Dispositionsrecht der Familie bezüglich des Kammerguts oder gar des Regierungsrechts selbst, dessen Zubehör jenes ist. Wenn daher Zachariä S. 37 wiederholt gegen ein „Eigenthums- oder Mitbesitzrecht des Landes oder der Landschaft an dem fürstlichen

9*

Besitzthum" sich ausspricht, so mußte er nicht minder ein „Eigenthum" oder „Besitzthum der landesherrlichen Familie" verwerfen und er durfte dasselbe nicht wieder durch eine Hinterthüre hereinbringen, nachdem er sich früher und noch S. 9 seiner Schutzschrift gegen diese Auffassung erklärt hat.

---

§. 13.
Verhältniß der Hausgesetze zu den Landesgesetzen. Widerruf unerlaubter Veräußerungen.

Unverkennbar haben bei den hausgesetzlichen Bestimmungen häusliche Einflüsse und politische Rücksichten sich vielfach durchkreuzt und bald zu Gunsten der Theilung der Territorien bald zu Gunsten der Individual-Succession entschieden. Ebenso war es mit dem Grundsatze der Unveräußerlichkeit: auch hier kämpften individuelle Interessen und Neigungen mit der allgemeinen Rücksicht auf die dauernde Wohlfahrt des Landes und der Familie, und häufig wurde ein Veräußerungsverbot in der Familie erst aufgestellt, nachdem ein großer Schaden bereits geschehen war. Auch das von Zachariä S. 36 Note 32 angeführte Testament Philipps des Großmüthigen von Hessen vom Jahr 1562 beweist, wie das Bewußtsein dessen, was man dem „Lande" schuldig war, nicht unterdrückt werden konnte, wie aber doch schwächliche Rücksichten häufig für die Theilung den Ausschlag gaben und zu einem Veräußerungsverbot nur gegriffen wurde, um noch größerem Unheil für die Zukunft vorzubeugen. Landgraf Philipp verstieß nicht blos gegen die Landes-Interessen, sondern er verkümmerte auch den splendor familiae, indem er die Theilung des Fürstenthums Hessen unter seinen vier Söhnen anordnete. Er gab aber gleichzeitig die Verordnung und treuen Rath, daß sie keine Städte, Schlösser und Dörfer erblich wollen vergeben noch verkaufen; denn wo sie das thäten, würde das Land dadurch geschmälert: „Dann wann man aus einem Garten Aepfel, Birn vergibt, das wächset wieder, so man aber die Bäume vergibt, so hat man dann nichts weiter, das man nutzen und vergeben kann." Demgemäß verpflichteten sich die vier Erben des Hessenlandes in dem brüderlichen Vergleich vom Jahr 1568 für sich und ihre Leibes-Lehens-Erben, nichts von den angeerbten Schlössern, Städten, Aemtern, Dörfern, Klöstern und ihren Zugehörungen ohne allerseitige Zuwilligung der Fürsten und ihrer Erben zu veräußern, sondern dieselben sämmtlich sich und ihrem Stamm, auch der allerseitigen Landschaft zum Besten unzerrissen und unveräußert zu erhalten.

In dem von dem Testirer hervorgehobenen Motiv liegt nicht blos eine persönliche Rücksicht auf das Land, eine Aeußerung des Wohlwollens gegen die „Landschaft"; es liegt darin zugleich die Anerkennung der **Bestimmung** des fürstlichen Einkommens für die öffentlichen Ausgaben, für den Hofhalt nicht blos, sondern auch für die Regierung. Aus derselben Rücksicht wurde auch vielfach, nur hier früher dort später, das Prinzip der Unveräußerlichkeit nicht blos durch Hausgesetze, sondern auch durch Landesverträge, Landtags-Abschiede und fürstliche Reversalien ausdrücklich unter die Controlle und Garantie der Landstände gestellt. Je mehr das staatliche Leben erstarkte, desto mehr gewann die staatliche Rücksicht die Oberhand. Wir bemerken bleß schon an den Factoren der Hausgesetze. Ursprünglich wurde gewöhnlich die Form von Verträgen unter den zunächst betheiligten fürstlichen Brüdern oder von landesherrlichen Testamenten gewählt, um über die Landessuccession und über die Rechte der fürstlichen Nachkommen zu bestimmen. Allmälig bemächtigte sich aber die Landes-Gesetzgebung auch der inneren Verhältnisse des fürstlichen Hauses und so finden wir theils in den Landesgrundverträgen, theils in besonderen, von dem Landesherrn allein erlassenen oder mit den Ständen verabschiedeten Gesetzen nicht blos Normen für die Regierungsfolge sondern auch für die gegenseitigen Rechte und Pflichten des Oberhaupts und der Mitglieder des regierenden Hauses aufgestellt.

Wie verhalten sich nun die **autonomischen Satzungen** gegenüber den Landessatzungen? Was ist namentlich die Folge des in den Landesgesetzen ausgesprochenen Veräußerungs-

Verbots? Keinem Zweifel kann es unterliegen, daß durch ein solches Verbot die Landstände das Recht erlangten, einer ohne ihren Konsens erfolgten nachtheiligen Veräußerung entgegenzutreten d. h. von der Regierung zu verlangen, daß dieselbe von ihr als gesetzwidrig widerrufen und die veräußerten Stücke zu dem Kammergute zurückgebracht werden. Ebendieß gilt, wenn in einem anerkannten Hausgesetze die Veräußerung verboten ist; auch ohne daß die Stände ausdrücklich zu Wächtern des Gesetzes bestellt worden, darf man wohl annehmen, daß das Verbot, wie in dem kaum genannten hessischen Testamente, nicht blos im Interesse des Hauses, sondern auch zum Besten des Landes aufgestellt worden. Der Widerspruch der Agnaten käme jedenfalls zu spät, wenn er erst, wie Herr Zachariä nach dem longobardischen Recht annimmt, sich geltend machen dürfte, nachdem dieselben zur Regierung gelangt sind. Kann aber überhaupt von einem agnatischen Widerspruchsrecht, sei es auf Grund des gemeinen Lehen- und Stammgutsrechts oder eines einfachen Veräußerungs-Verbots, bei landesherrlichen Gütern die Rede sein? Zachariä bemerkt S. 39 Note 36, daß die Regel des älteren deutschen Rechts vom Rechte des nächsten Erben sich dem Rechte und der Stellung des regierenden Landesherrn gegenüber nicht habe behaupten können;[1] dennoch soll sich aus dieser öffentlichen Rücksicht nicht mehr ergeben haben, als daß der (bekanntlich bestrittene) Grundsatz des longobardischen Rechts, wonach der Agnat erst, wenn er zur Succession gelangte, die gesetzwidrige Veräußerung revoziren könne, auch auf das Kammergut angewendet worden sei. Zachariä nähert sich also wieder der privatrechtlichen Auffassung und verlangt nur Aufschub der Revokation bis zum Regierungsantritt. Dennoch will er auch wieder, daß blos die Gesetzlichkeit der Handlung entscheide und er beruft sich deßhalb auf die, wie er sagt, allgemeine Rechtsregel, daß eine gesetzwidrige Handlung nichtig sei.[2] Diese Regel sei mit Recht

---

[1] Im Staatsrecht §. 211. Note 7 läugnet er überhaupt mit Anderen die Fortdauer des alten Stammgutsystems und die Unveräußerlichkeit der Stammgüter als gemeinrechtlicher Regel.

[2] So allgemein gilt dieser Grundsatz nicht. Allerdings findet gegen ver-

auch auf die aus der Autonomie der Reichsstände oder des hohen Adels hervorgegangenen hausgesetzlichen Verbote bezogen und demgemäß eine den Hausgesetzen oder der Landes-Verfassung widersprechende Veräußerung als ipso jure nichtig betrachtet worden. (Also wäre der Verzicht auf den Widerruf durch Konsens oder Nichtgebrauch ausgeschlossen?) Ja Zachariä dehnt die Rechte des Landesherrn, im Widerspruch mit dem longobardischen Recht und dem Recht der Stamm- und Fideikommißgüter, soweit aus, daß auch wenn der Landesherr früher als Agnat konsentirt oder wenn er als Landesherr selbst veräußert hätte, die Veräußerung von ihm angefochten werden könnte.

Das ist nun Alles sehr wenig klar und unter sich übereinstimmend. Entweder muß man das Recht der Leheus- und Stammgutsfolge resp. Fideikommißfolge zur Grundlage nehmen oder man muß vom Standpunkte des öffentlichen Rechts ausgehen. Im erstern Fall kann eine nicht konsentirte Veräußerung, welche nicht aus Noth geschehen, schon darum von den Agnaten widerrufen werden, weil das agnatische Recht dadurch verletzt ist: die Widerrufsklage steht aber nicht zu dem Veräußerer selbst, noch dem konsentirenden Agnaten oder seinen Erben. Anders, wenn man von dem öffentlichen Rechte oder davon ausgeht, daß das Kammergut im Interesse des Landes und seiner Regierung zu erhalten sei. Hier kommt man allerdings dahin, daß die Zustimmung der Agnaten, wofern diese Zustimmung nicht ausdrücklich, in noch heute gültigen Gesetzen, zur Form der Veräußerung gefordert wird, bedeutungslos ist, und daß ebendeshalb die Revokation nicht durch ausdrücklichen oder stillschweigenden Verzicht der Agnaten ausgeschlossen werden kann. Auch der Landesherr kann dem Rechte des Throns durch einen Privat-Verzicht nichts vergeben; denn er hat nicht blos das Recht, sondern auch die Pflicht zur Erhaltung des Kammerguts. Die Veräußerung oder Verpfändung von Kam-

---

birende Gesetze in der Regel keine Entsagung statt (s. S. O. de pactis). Allein bei leges secundum quid prohibitivae, d. h. bei Gesetzen, welche nur zum Besten gewisser Personen (nicht im öffentlichen Interesse) oder nur unter gewissen Voraussetzungen (wie bei dem Mangel eines Consenses Dritter) eine Handlung verbieten, findet diese Regel keine Anwendung.

merguts-Bestandtheilen ist daher wie eine andere Regierungshandlung zu beurtheilen und für den Veräußernden selbst
wie für seine Nachfolger nur verbindlich, wenn sie formell und
materiell den Gesetzen des Landes entspricht. Die Hausgesetze
kommen hiernach nur in Betracht, sofern sie zugleich Landesgesetze sind. Unter diesen geht aber bekanntlich das neue Gesetz,
wofern es verfassungsmäßig ist, dem älteren vor. Ein Widerstreit zwischen Haus- und Landes-Gesetzen wäre, wenn er nicht
schon durch die Priorität oder vielmehr Posteriorität der Zeit
(d. h. der neuern Zeit) entschieden ist, zu Gunsten der Landes-
gesetze zu lösen.³)

Ich halte diesen publizistischen Standpunkt für den
richtigen; er allein entspricht der Natur des Kammerguts, als
eines zu öffentlichen Zwecken bestimmten Vermögens, und
dem Begriff der Staatssuccession. Von diesem Standpunkte aus kann ich nun aber auch nicht annehmen, daß von
dem Moment der deferirten Succession für jeden Agnaten das
Recht zur Revocation gleichsam neu erwachse, wie dieß nach
longobardischem Recht von Zachariä angenommen wird.⁴) Nach

---

³) Nach dem Grundsatze: jus publicum pactis privatorum mutari non
potest. fr. 38. D. de pactis.
⁴) Diese Ansicht steht auch nach dem Lehenrecht nicht so fest, wie Zachariä S. 36 annimmt. Nach deutschem Recht mußte der Lehenserbe binnen
Jahr und Tag von erlangter Wissenschaft an widersprechen und, wenn er
gegenwärtig war, sogleich. Darauf weist auch hin II. F. 26. §. 13. ebenso
II. O. §. 1, wonach an die Stelle jener kurzen Frist auch die gemeinrechtliche
Präscription von 30 Jahren treten kann, wobei auf die Wissenschaft des Erben nicht gesehen wird. Die von Zachariä weiter citirten I. F. 8. §. 1.
t. F. 14. beweisen nichts. Erheblicher wären II. F. 52. §. 2. und II. 63; hier
wird allerdings gesagt, daß die Revocationsklage erst von der Lehensfolge an
gehe und so usque in infinitum (!) angestellt werden könne; allein die letztere
Stelle ist nicht glossirt und bei der ersteren zweifelt Accursius selbst: utrum
lex vel non. Gloss. ad. II. F. 53. §. 2. Mein gemeines und württ.
Privatrecht II. §. 386. Note 12. Wäre obige Auslegung richtig, so brauchte
ein Lehens- oder Fideikommißbesitzer nur das ganze Gut zu veräußern, um
der Revocations-Klage eines etwa nach 100 Jahren an die Reihe kommenden
Agnaten zu begegnen: denn damit wäre auch die Succession ausgeschlossen,
man würde denn annehmen, daß die Succession sich blos auf jene Klage be-
schränke und dadurch alle in der Zwischenzeit eingetretenen Veränderungen
rückgängig zu machen seien.

dieser Ansicht stände eine Veräußerung von Kammergut-Bestandtheilen niemals fest: jeder Regierungsfolger, welcher nicht konsentirte, (nach Zachariä auch der konsentirende) könnte dieselbe in Frage stellen; und so würde die Revokation, je bis zur eingetretenen Succession unverjährbar, noch in den spätesten Generationen ausgeübt werden können. Wie wenig eine solche Ansicht der Oekonomie des Staates und dem nothwendigen Vertrauen zu den Regierungshandlungen förderlich wäre, liegt zu Tage. Sie ist aber auch unvereinbar mit dem Grundsatze, daß der Landesherr als solcher es ist, welchem die Revokation wie die Veräußerung zukommt:⁵) denn wenn das Subjekt dasselbe ist (die persona publica des Landesherrn) so kann kein Zweifel sein, daß die Klage, wenn sie überall statthaft, begründet ist, und daher die Verjährung läuft vom Augenblick der Veräußerung an.⁶)

 Wenn endlich von Zachariä §. 8. a. Ende behauptet wird: „daß, wenn ein Landesherr, auch mit Einwilligung oder auf Verlangen der Stände, eine das hausgesetzliche Recht der Familie (?) verletzende Disposition über das Kammergut vollzogen hätte, dieselbe als eine hausgesetzlich nichtige betrachtet werden müsse",
so kann ich auch diesem nicht beitreten. Die Einwilligung aller Agnaten ist auch da, wo einzelne Hausgesetze und Erbverbrüderungen agnatischen Consens ausdrücklich fordern, niemals in Gebrauch gekommen. Nur die Einwilligung des präsumtiven Nachfolgers ward zur Sicherstellung des Erwerbers gegen spätere Anfechtung zuweilen als nützlich eingeholt. Wenn aber der Landesherr selbst durch eine von ihm ausgegangene, weil ungesetzliche Veräußerung nicht gebunden war, so war es auch der konsentirende Nachfolger nicht; folglich ward mit der beabsichtigten Kautel nichts erreicht. Ebensowenig konnte der Nachfol-

---

 ⁵) So auch das preußische Edikt vom 13. August 1713, wonach der jedesmalige König befugt sein soll, unerlaubte Veräußerungen des Kammerguts zu revoziren.

 ⁶) Die vierzigjährige Verjährung von Fiskussachen ist immer auf den landesherrlichen Gutsbesitz angewandt worden. Leyser, Meditatt. sp. 458. nr. 2.

ger oder irgend ein Agnat eine von dem Landesherrn ausgegangene Veräußerung oder eine das Kammergut betreffende Disposition aus dem Grunde anfechten, weil die Einwilligung der Familie nicht eingeholt worden. Vielmehr konnte über deren Giltigkeit nur das öffentliche Recht des Landes entscheiden, nach dem Grundsatze, welchen schon die angesehensten Staatsrechtslehrer des vorigen Jahrhunderts aufstellten, daß der Regierungsfolger zur Aufrechthaltung aller derjenigen Handlungen seines Vorfahren verbunden sei, welche dieser als Landesfürst rechtmäßig d. h. nach Maßgabe der Gesetze vorgenommen m. a. W. wozu der Vorfahre selbst verbunden war.[1])

Als ein wirksamer Schutz für das regierende Haus, wie für das Land, ist die Vorschrift ständischer Einwilligung zu Veräußerungen von jeher erkannt worden.[2]) Zwar stand eine unmittelbare Kontrolle der Kammer-Einnahmen und Ausgaben (durch Vorlegung von Kammerplanen und öffentliche Rechnungsablage) den Ständen in der Regel nicht zu; sie ward ausnahmsweise nur geübt, wenn die Kammer-Einnahmen unzureichend gefunden und die Stände deßhalb um ihre Beihilfe durch Steuern, periodische Kammer-Beiträge, Uebernahme von Kammerschulden oder Einlösung verpfändeter Kammergüter angegangen wurden. Daraus folgte aber nicht, daß der Landesherr unbeschränkt zum Nachtheil des Landes über die Kammer, wie über ein Privat-Eigenthum verfügen, sie immer wieder von Neuem mit Schulden oder unnöthigen Ausgaben beschweren dürfe.[3]) Es war

---

[1]) s. reichskammergerichtliche Präjudizien gegen die Einrede der Regierungssuccessoren ex pacto et providentia majorum bei Klock Cons. tom. III. ce. 155. nr. 114. Vergl. Eichhorn, deutsche Staats- und Rechtsgeschichte IV. §. 540. Weitere Literatur s. in dem Gutachten der Juristenfakultäten in der hannoverschen Sache herausgeg. von Dahlmann, S. 169 f. Auch die Fakultät zu Jena nahm an, daß der Konsens der Agnaten zu Landesveränderungen im Allgemeinen nicht für nöthig gehalten worden, wenn er auch zu Abscheidung von Weiterungen in mehreren Fällen gefordert worden, daß aber in souveränen Staaten, auch in den deutschen Ländern, seit Auflösung des Reichs die Agnaten und andere Successionsberechtigte bei Einführung neuer Verfassungen oder Abänderungen der älteren, so viel bekannt, niemals zugezogen worden seien.

[2]) Vergl. oben §. 5. Note 28. 29. 31.

[3]) Wenn Runde (Oberappellationsgerichtspräsident in Oldenburg) pa-

nur schwer, eine formelle Schranke gegen Ausschreitungen aufzustellen, die erst später in der Anerkennung der Domänen als Staatseigenthum und in der Aussetzung einer Civilliste gefunden wurde.[10]) Auch von Zachariä wird das Verbot der willkürlichen Veräußerung als staatsrechtliches Princip anerkannt,[11]) das schon zur Zeit des deutschen Reichs sich gebildet habe; wer war aber der natürliche Wächter darüber anders als die Stände? Wenn nun die Stände eine Veränderung geprüft und als nothwendig oder unnachtheilig gefunden haben, m. a. W. wenn die Veräußerung von der Regierung und dem Lande anerkannt ist, dürfte gleichwohl mit Berufung auf autonomische Dispositionen der „Familie" widersprochen, könnte sie von einem Agnaten nachgehends angefochten werden? Alles, was bisher über die öffentlich rechtliche Natur des Kammerguts und gegen das vermeintliche Familien-Eigenthum gesagt worden, spricht gegen eine solche Behauptung.

---

trietische Phantasien, Oldenburg 1836 S. 113 bemerkt: „die mit landschaftlichen Mitteln eingelösten Domänen sah man nunmehr als Eigenthum des Landes an, wovon der Landesherr nur den Nießbrauch habe und welches er ohne Einwilligung der Landstände nicht von neuem mit Schulden beschweren dürfe," so wird sich zwar ein Akt der Veräußerung des Kammerguts an das Land, eine Ueberlassung desselben an das landschaftliche corpus als Landeseigenthum vor diesem Jahrhundert kaum nachweisen lassen, obgleich in manchen Staaten mehr, als der Werth des Kammerguts ausmachte, allmälig durch Uebernahme von Kammerschulden und Kammerbeiträgen von den Ständen geleistet worden. Aber dem Princip, daß das also gerettete Gut eine Staatssache oder Landessache im weiteren Sinne sei, konnte man sich freilich nicht verschließen: denn für die Erhaltung eines bloßen Privat- oder Familienguts wären die Opfer zu groß gewesen.

[a]) Theilweise doch auch schon vor dem 19. Jahrhundert; nicht bloß in auswärtigen Reichen, wie England, wo die sog. Civilliste ihren Ursprung hat (eine völlige Ausscheidung des civil government ward erst 1831 herbeigeführt), sondern auch in Preußen, wo schon der große Kurfürst aus den Einkünften von Domänen und Regalien sich eine feste Summe für die Chatoulle aussetzte; die Erklärung der Domänen zu Staatseigenthum erfolgte in Preußen durch das allgemeine Landrecht v. 1794, wovon später § 20.

[b]) Staatsrecht II. S. 413. Vergl. oben §. 8. 9 und 10. J. J. Moser von der Reichsstände Landen S. 312 bemerkt am Schlusse einer langen Liste von Landesgesetzen, worin die ständische Einwilligung vorgeschrieben worden: eine allgemeine Regel lasse sich nicht aufstellen, außer daß da, wo Landstände

§. 14.
Ergebniß des Bisherigen.

Als gemeines Recht vor Auflösung des deutschen Reichs sind nach dem Bisherigen anzunehmen folgende Sätze:

1) die unter dem Namen Kammergut oder domanium begriffenen Güter, Forsten, Gebäude, Grundstücke, Kapitalien, Gefälle und Regalien bildeten ein Ganzes, Ein Vermögen, welches dem Landesherrn als solchem zukam.

2) Aus den Einkünften desselben waren sowohl die Regierungs-Ausgaben als die Bedürfnisse des Hofhalts der fürstlichen Familie zu bestreiten. Nur hilfsweise wurde von den Ständen für einzelne Zwecke beigesteuert.

3) Das Kammergut war von dem Lande unzertrennlich und wurde mit dem erblichen Regierungsrecht auf jeden Regierungsfolger übertragen.

4) Dasselbe genoß die Rechte eines Staatsguts, namentlich hinsichtlich des Gerichtsstandes, der Verjährung und der Besteurung.

5) Die Verwaltung der Kammer-Einkünfte wurde Namens des Landesherrn durch öffentliche Beamte ausgeübt. Dagegen waren die Landstände befugt, gegen Beschädigung des Kammerguts Vorstellungen und Beschwerde zu erheben und bei verbotenen Veräußerungen darauf anzutragen, die gesetzwidrig veräußerten Stücke wieder herbeizuschaffen.

6) Verschieden von dem Kammergute waren die Privatgüter und Privatfideikommißgüter, sog. Chatoullegüter, über deren Einkünfte der Landesherr beliebig verfügen konnte.

---

seien, meistens deren Einwilligung erfordert werde, wenn etwas „Merkliches" vom Lande veräußert oder verpfändet werden wolle. Doch meint er, daß die Reichsgerichte auch sonst, wenn eine Veräußerung dem Lande nachtheilig, auf erhobene Beschwerde ihren Schutz nicht würden versagen können.

II.
Heutiges Recht der Domänen und Kammergüter.

§. 15.

Folgen der Auflösung des deutschen Reichs für die Domanial-Verhältnisse: a. unmittelbare Folgen.

Nachdem durch Auflösung des deutschen Reichs (1806) die bisherige unvollständige Staatsgewalt, genannt Landeshoheit, in eine vollkommene Staatsgewalt (Souveränität oder königliche Gewalt) verwandelt worden, stand nichts mehr im Wege, nun auch alle Konsequenzen des Staatsbegriffs auf die noch übrig gebliebenen deutschen Fürsten und Staaten zur Anwendung zu bringen. Auch Zachariä, welcher bis dahin nur das Reich als Staat gelten lassen will, gibt dieß zu (S. 39); er spricht sogar in seinem Staatsrecht §. 18 die Souveränität dem Staate selbst, nicht dem Fürsten zu, den er nur noch als Inhaber der Staatsgewalt betrachtet, „um damit den Gedanken auszudrücken, daß nur das organische Gemeinwesen selbst (die Anstalt des Staates) die Quelle aller öffentlichen Macht sei, und daß niemals ein Einzelner durch die Berufung auf sein privatives Recht, kein Theil des Ganzen wegen seines Sonder-Interesses die Gesammtheit an der nothwendigen Entwicklung und Umbildung der Verfassung in rechtlicher Form zu hindern oder von seiner Einwilligung vielleicht gar die fortdauernde Existenz des Staates abhängig zu machen berechtigt sei." Gleichwohl kommt er auch jetzt wieder (S. 40 und 41.) auf die „fideikommissarische Natur" des Kammerguts und das angebliche „Eigenthum des regierenden Hauses" an demselben zurück; nichts hätte sich an dem positivrechtlichen Rechtsverhältniß des fürstlichen Kammerguts, wie er dies zuvor auffaßte, geändert. Zwar seien die Agnaten Unterthanen des regierenden Herrn geworden; keineswegs sei aber damit gegeben, daß nun auch ihr hausgesetzliches

Recht in Betreff der Succession und des „Eigenthums des regierenden Hauses" ein Gegenstand willkürlicher Disposition des souveränen Familienhaupts, sei es mit oder ohne ständische Zustimmung, geworden sei. So sei denn auch die hausgesetzlich begründete Eigenschaft des Dominiums, Kammerguts oder wie es nun auch wohl genannt werde, des „Kronguts" (sic!) völlig intact geblieben. Wieder sagt er (S. 42): die Vollendung des Staatsbegriffs in der Gestaltung der öffentlichen Verhältnisse der selbständig gewordenen Bestandtheile des deutschen Reichs hätte nothwendig dazu führen müssen, daß die bisherige privatrechtliche (?) Abgrenzung der zur organischen Gliederung des Gemeinwesens (der res publica) gehörigen Rechtssphären zu beseitigen und das staatsrechtliche Prinzip an deren Stelle zu setzen, auch die bisher herrschend (?) gewesene Patrimonialitätstheorie da auszuschließen sei, wo sie der wesentlichen Natur des Objekts widerspreche;[1]) es hätte demgemäß anerkannt werden müssen, daß die in eine wirkliche Staatsgewalt verwandelte Landeshoheit nicht Gegenstand eines privatrechtlichen Eigenthums sei, sofhin nicht als ein auf privatlichen Titeln beruhendes Recht betrachtet werden könne, es hätte anerkannt werden müssen, daß alles zu den wesentlichen Bestandtheilen der Staatsgewalt Gehörende auch der Staatsgewalt der deutschen Fürsten gebühre — „keineswegs konnte und durfte aber für den Staat etwas in Anspruch genommen werden, was seiner Natur nach gar nicht staatsrechtlich (also das annexum der Landeshoheit nicht staatsrechtlich?!) sondern Objekt einer privatlichen Berechtigung ist;" denn aus der Verwirklichung des staatsrechtlichen Princips lasse sich nicht der mindeste Rechtsgrund dafür entnehmen, um

---

[1]) Hier wird also doch der Widerspruch zwischen der Patrimonialitätstheorie und der Staatstheorie eingeräumt! Aber trotz dieses Widerspruchs wäre das Patrimonial-Princip bis 1806 herrschend gewesen? und auch die nun plötzlich, wie ein deus ex machina, eingetretene staatliche Entwicklung hätte dieses nicht ganz zu überwinden gewußt? Auch jetzt noch wäre dasselbe nur beseitigt in Bezug auf die Landeshoheit, die Staats-Gewalt geworden sei, nicht aber in Bezug auf das annexum derselben, das Kammergut, welches noch immer (nach Zachariä) Privateigenthum wäre. Welch' klägliche Verwirrung der Begriffe!

das bisher dem Landesherrn als *Prodominus* (Lehenträger?) des fürstlichen Hauses unbestritten (??) zukommende Eigenthumsrecht am Domanium abzuerkennen und auf den Staat zu übertragen. So steht also Zachariä nach einer neuen Kreisbewegung wieder auf demselben Flecke; nur qualificirt er die Stellung des Landesherrn näher als die eines prodominus des fürstlichen Hauses — ein publizistisches Unding, welches er selbst in seinem Staatsrecht §. 208 Note 1 ausdrücklich verwirft.

Zur entgegengesetzten Konklusion kommt ein neuerer Staatsrechtslehrer, Held,[*]) welcher wie Zachariä davon ausgeht, daß bis zur Auflösung des deutschen Reichs von einem Staatsgut nur insofern gesprochen werden könne, als das deutsche Reich (Kaiser und Reich) für das Subjekt desselben genommen werde, welcher aber unter dem Titel „Reichsstaatsgut" nicht blos das sogenannte kaiserliche Kammergut begreift, sondern auch die Amtssprengel der deutschen Fürsten nebst den dazu gehörigen fiskalischen Gütern und nutzbaren Hoheitsrechten. Held bleibt auch nicht bei diesen ursprünglichen Reichsgebietstheilen und Reichsgütern stehen, indem er bemerkt: jedes Gebiet, welches den Namen eines Amtssprengels getragen, habe ebendadurch schon den Charakter eines politischen, wenn schon vom Reichsstaate abhängigen Gemeinwesens an sich getragen, und auch das eigene, zur Aufrechthaltung der Reichswürde bestimmte Vermögen der Fürsten hätte keinen rein privatrechtlichen Charakter behauptet; die Stände hätten dem fürstlichen Hause Opfer gebracht, immer enger hätte sich der Knoten geschürzt, der Land, Volk und fürstliche Familie verbunden; immer entschiedener habe sich das Bedürfniß der organischen Einheit des dem wahren Staate zuellenden monarchischen Gemeinwesens geltend gemacht und so erkläre es sich, daß man vor Auflösung des Reichs in den deutschen Territorien zwar nicht von einem besondern Staatsgut gesprochen, wohl aber das sogenannte landesherrliche Kammer- oder Domanial-Gut, die Kammer-Domänen, als den vorzüglich politischen Bestandtheil des

---

[*]) System des Verfassungsrechts der monarchischen Staaten Deutschlands Th. II. Würzburg 1857. S. 294 u. f.

Vermögen des regierenden Hauses, von dem übrigen, vorherrschend privatrechtlichen und minder umfangreichen Bestande desselben unterschieden habe. Held konstatirt nun so: offenbar hätten die Kammerdomänen ihren politischen Charakter nur durch ihre Verbindung mit dem Reichsamte erlangt, daher auch diese Güter bei dem Wechsel der Dynastie unter allen Umständen unzertrennlich bei der Krone erhalten werden müssen; durch die Souveränwerdung der deutschen Staaten sei der reichsamtliche Charakter der landesherrlichen Kammerdomänen zwar aufgehoben worden, aber nicht in der Art, daß der politische Charakter der Landesherrlichkeit und der landesherrlichen Familie (der landesherrlichen Domänen?) in einen privaten umgestaltet worden wäre, sondern so, daß er ein politisch viel gesteigerter geworden sei. Diese Güter müßten trotz des Wechsels der Dynastie unter allen Umständen unzertrennlich bei der Krone erhalten werden; sie seien (wie die württembergische Verfassung sich ausdrückt) ein von der Krone unzertrennliches Staatsgut (S. 183. Note 2).

Der Zusammenhang zwischen dem Vordersatze: daß nur das deutsche Reich (Kaiser und Reich) Subject des Staatsguts bis 1800 gewesen sei und zwischen dem Schlußsatze, welcher die Kammergüter als Eigenthum der Landeskrone oder als ein von der Krone unzertrennliches Staatseigenthum erscheinen läßt, ist nicht klar.*) Auch jener Vordersatz selbst ist keineswegs bewiesen (In Preußen galt das Kammergut als Staatsgut schon vor Auflösung des Reichs) und was der Verfasser von den Territorien als politischen Gemeinwesen sagt, spricht mehr für ein besonderes Staats-Eigenthum als für den Versuch, dem landesherrlichen Eigenthum ein Reichs-Eigenthum an den Landes-Domänen zu substituiren. Dagegen muß man Herrn Professor Held zugeben, daß der politische Charakter der Kammerguts in Folge der Auflösung des Reichs nur noch ent-

---

*) Wie sollte, was früher Reichsgut war, nun plötzlich Landesstaatsgut geworden sein? Bei unmittelbaren Reichslehen fand allerdings eine Vereinigung des Reichs-Obereigenthums mit dem nutzbaren Eigenthum statt; wie aber bei nicht lehenbaren Territorien?

schiebener hervorgetreten sei, daß andererseits der Charakter eines sog. Familienfideikommisses, wo dieser in Haus- oder Landesverfassungen dem Kammergut beigelegt ist, nichts zum Verständniß des inneren (politischen) Wesens der Domänen beitrage, daß die rechtlichen Verhältnisse des Domaniums einen wesentlichen Bestandtheil jeden Verfassungsrechts bilden, und daß endlich hausgesetzliche Bestimmungen, welche mit der Staatsverfassung, namentlich mit dem Prinzipe der Einheit und Untheilbarkeit des Staats und seiner Zubehörden im Widerspruch stehen, keine Anwendung finden können.

Soll ich mich bestimmter über die rechtlichen Wirkungen der Reichsauflösung v. J. 1806 in Bezug auf unsere Frage aussprechen, so glaube ich, muß man zwischen unmittelbarer und mittelbarer Einwirkung unterscheiden. Eine unmittelbare Wirkung war die Souveränität der noch übrigen (d. h. nicht mediatisirten, noch an Frankreich abgetretenen) deutschen Staaten. Allein ebenso gewiß ist, daß die Souveränität oder Staatsunabhängigkeit sich nicht hätte bilden können, wenn nicht ein staatlicher Verein mit seinen materiellen Lebensbedingungen schon vorhanden gewesen wäre; kurz die Staatsveränderung des Jahres 1806 hat die Finanzen der jetzt souveränen Staaten nicht geschaffen, sondern sie hat dieselben vorgefunden, es wurden nur neue Bestandtheile denselben beigefügt. Eine andere, von selbst eingetretene Wirkung war die Auflösung der früheren Reichsämter; nur als eine historische Reminiscenz hat der Landgraf von Hessenkassel nach seinem Wiedereintritt in den Besitz des Landes den 1803—1806 geführten kurfürstlichen Titel wieder angenommen. Auch der Lehensnexus mit dem Reiche existirt nicht mehr: unmittelbare Reichslehen sind, soferne deren Besitzer die Souveränität erlangten, von selbst in das Eigenthum der Souveräne übergegangen, *) welche demgemäß nicht ge-

---

*) Nicht so war es bei Reichsvorderlehen, deren Besitzer mit dem lehenbaren Besitz der Staatshoheit eines der neuen Souveräne unterworfen wurden: hier trat dieser als Lehensherr an die Stelle des Reichs. Klüber, öffentl. Recht §. 538. Dies wurde auch in den von Zachariä, Staatsrecht §. 37 angeführten Staaten angenommen. Nicht so allerdings in Preußen, worauf allein die von Zachariä für das Gegentheil citirte Stelle bei Klüber

hindert waren, die bis dahin auf den Mannsstamm beschränkte Succession mittelst eines Staatsgesetzes (dieses erfordert der Begriff einer Staatssuccession) eventuell auf die Cognaten zu erstrecken. Nur wohlerworbene Rechte Dritter durften auf diesem Wege nicht beeinträchtigt werden. Zwar verzichteten die Mitglieder des Rheinbundes in der rheinischen Bundesakte Art. 34. gegenseitig auf alle Staatsberechtigungen, die ein Bundesfürst bis dahin auf Staatsbesitzungen eines anderen Bundesgenossen hatte; ausgenommen ward jedoch das eventuelle Recht der Nachfolge in ein fremdes Territorium nebst Domänen, welches für den Fall der Erlöschung eines gegenwärtig regierenden Hauses oder einer Linie ausdrücklich vorbehalten wurde. Dieser Vorbehalt hat namentlich Bedeutung für die sächsischen Häuser, welche unter sich in gegenseitiger Erbeinigung stehen.*)

Dagegen hat die erlangte politische Unabhängigkeit der Fürsten und Staaten in dem Rechtsverhältniß der Kammergüter keine unmittelbare Veränderung bewirkt. Subjekt des Eigenthums blieb nach wie vor, wenn nicht eine Aenderung erfolgte, der Landesherr als solcher oder, wie man sich jetzt häufiger ausdrückt, das Staatsoberhaupt, der Souverän. Ebenso hafteten auf den landesherrlichen Einkünften, insbesondere den Domänen, noch immer nicht bloß die Bedürfnisse des fürstlichen Hauses, sondern auch die Landesausgaben, wofern nicht eine Ausscheidung von Landes- und Hof-Domänen zu diesen verschiedenen Zwecken stattgefunden hat.

Abhandlungen und Beobachtungen Bd. 1. S. 143 zu beziehen sein dürfte, wenn man nicht annehmen will, daß Klüber seine im Staatsrecht ausgesprochene Ansicht in der Folge geändert habe.

*) Die Peitritts-Erklärungen zur rheinischen Bundesakte Seitens des Königs von Sachsen und der Herzoge von Sachsen-Weimar, Gotha, Meiningen-Hildburghausen und Koburg s. bei Winkopp, rheinische Bundesakte S. 84. 92.

§. 18.

**b. Mittelbare Folgen. — Kassen-Vereinigung.
Staatsgut.**

Mittelbar war die Auflösung des Reichs nicht ohne erheblichen Einfluß, wie auf die Gestalt der öffentlichen Verhältnisse überhaupt, so auch auf die Stellung der Kammergüter. Der **rechtliche Schutz, den die Landstände zuweilen in der Reichsgewalt gefunden hatten, fiel hinweg.** Damit waren allerdings die bisherigen Landesverfassungen dem Rechte nach nicht beseitigt; allein faktisch war dies doch vielfach die Folge.

Die Souveränität, welche die Rheinbundesgenossen, wie zuvor schon die Monarchen Oesterreichs und Preußens (diese vermöge ihres außerordentlichen Besitzes mit Recht) sich zuerkannten, wurde von Manchen so verstanden, als ob darunter eine völlige Unabhängigkeit, auch und hauptsächlich nach innen, begriffen sei. Die ständischen Einrichtungen wurden daher meist aufgelöst und in deffen Folge die ständischen Kassen mit den landesherrlichen Kassen (Kammerkasse, Kriegskasse, Klosterkasse u. f. w.) zu einer allgemeinen S t a a t s k a s s e vereinigt. Zunächst ward damit eine anerkennenswerthe Vereinfachung bewirkt und die Finanzwirthschaft gefördert. Der Hauptgewinn, welchen die souveränen Regierungen bezweckten, lag aber in der unabhängigen Verfügung über die gesammten Staatsmittel, namentlich über die Steuerkraft des Landes, und hierzu mußte die Vorstellung von dem **souveränen Staate** mitwirken. Da der Grundsatz zwischen dem Reichsstaat und den Partikularstaaten, den sogenannten Reichslanden, aufgehört hatte, so hießen diese nun Staaten u. s. (zuweilen las man auch wieder von den einzelnen Provinzen als Souveränitätsstaaten, im Gegensatz zur Gesammtheit, dem Königreich) und man beeilte sich, diese Bezeichnung nach allen Richtungen zu gebrauchen. Man sprach jetzt allgemein von Staatsgewalt, Staatsregierung, Staatsdienerschaft, Staats-Unterthanen u. f. f. Warum sollte man nicht auch von einem S t a a t s g u t, statt von einem Kammergut, von S t a a t s d o m ä n e n, wie früher von landesherrlichen Domänen reden? Die sogenannten öffentlichen Sachen im Sinne des römischen Rechts (res publicae, res communes omnium) wie Flüsse, Landstraßen, desgleichen die fiskalischen Gefälle, wie Strafen, Taxen, vakante Erbschaften, gefundene Schätze, wurden schon bisher, auch von solchen Publizisten, welche zwischen Kammergut und Staatsvermögen unterschieden, dem letzteren beigezählt.[1]) Jetzt da auch die Steuern sämmtlich von den Landesregierungen erhoben wurden, stand nichts entgegen, den gesammten Einkünften und den Domänen selbst, als einer und derselben Staats-Administration untergeordnet, die Eigenschaft eines Staatsguts beizulegen.[2]) Ob dabei an eine Veränderung des Eigenthums-Subjekts allenthalben gedacht wurde, wer will darüber entscheiden?

Im Munde des Volks, dem das Wort „Staat" weniger geläufig und faßlich ist, begegnet man noch heute, auch in Staaten, wo das Kammergut ausdrücklich als Staatsgut erklärt ist, und mit Bezug auf Bestandtheile dieses Kammerguts den Worten: „dieser Wald gehört dem König", oder: „dieses Gut gehört dem Herzog" — „der fürstlichen Herrschaft." Sollte damit etwa ausgedrückt werden wollen, daß jene Besitzungen im Privat-Eigenthum des Landesherrn seien, oder nicht vielmehr, daß der König, Herzog oder Fürst, wie der höchste Gebieter im Staate, so auch Eigenthümer der Staatsbesitzungen sei? Ebensogut wie von Staatsdomänen, Staatsforsten, kann von königlichen Domänen, königlichen Forsten, königlichem Eigenthum gesprochen werden, gleichwie ja auch von einem königlichen Oberamt, königlichen Militär, von fürstlichen oder herzoglichen Beamten die Rede ist, in keinem anderen Sinn, als indem unter dem König der personifizirte Staat verstanden und daher Alles was von Staatswegen ist oder geschieht (ja häufig Alles was Gutes oder Schlim-

---

[1]) Leist, deutsches Staatsrecht §. 201. 224. Gönner, deutsches Staatsrecht §. 449.
[2]) Nicht blos bei den Publizisten des Rheinbundes (z. B. Klüber, Staatsrecht des Rheinbundes, Tübingen 1808. §. 236), auch in den offiziellen Erlassen jener Zeit begegnet man der neuen Terminologie: Staat, Staats-Domänen, Krondomänen.

mes im Staate geschieht) von der höchsten Person des Monarchen abgeleitet wird.

Geht man freilich von der Ansicht Zachariä's aus, daß dem Landesherrn nicht als Staatsoberhaupt, sondern als Vertreter des fürstlichen Hauses das Eigenthum des fürstlichen Domaniums bisher zugekommen, so war mit der neuen Bezeichnung als Staatsgut eine sehr wesentliche Veränderung ausgesprochen: das Eigenthum wäre hienach von dem fürstlichen Hause auf die moralische Person des Staats übergegangen, aus Privat-Eigenthum wäre Staatseigenthum geworden. Eine solche Umwandlung, welche einer Total-Veräußerung gleichkäme, hätte nicht ohne Zustimmung der Familie vor sich gehen können; *) dennoch begegnen wir keinem förmlichen Akte, wie er sonst bei Veräußerung von Immobilien, insbesondere von Stamm- oder sog. Familien-Gütern, nach den Gesetzen nothwendig ist. Die Bezeichnung als Staatsgut erfolgte theils ohne alle Form, wie wenn sie sich von selbst verstände, theils in Verbindung mit einer legislativen Arbeit, einem System von bürgerlichen oder von Verfassungsgesetzen. Die Absicht eines Verzichts oder einer Novation ist aber bekanntlich nicht zu vermuthen, und doch muß auch wieder jedem Gesetze, wo möglich, eine Bedeutung beigelegt, dasselbe darf nicht als inhaltlos vermuthet werden.

Mir scheint die eingetretene Veränderung weniger in dem Worte „Staatsgut" zu liegen — öffentliches Gut war das Kammervermögen vermöge seiner Bestimmung und als Zubehör der Landeshoheit schon bisher — als darin, daß die Regierungskasse (Kammerkasse) und die ständische Kasse zu Einer Staatshauptkasse vereinigt wurden. Hieraus ergab sich von selbst die Nothwendigkeit, das beiderseitige Vermögen in Einem Staatsfiskus oder Staatsärar zu begreifen, worauf nunmehr sämmtliche Staatsausgaben, auch diejenigen für das Staatsoberhaupt und die sog. regierende Familie ruhten. In Staaten, wo

---

*) In dieser Beziehung muß man Redner, Ursprung und Eigenthum der Domänen S. 141 Recht geben. Er irrt nur darin, daß die Domänen, namentlich in Bayern, zuvor Privatgut der Familie gewesen seien. Mit dieser Idee fällt aber die Nothwendigkeit der Zustimmung von selbst hinweg.

eine eigene landschaftliche Verwaltung der Steuern, eine sog. Landeskasse, nicht bestand oder doch nur in den einzelnen Provinzen (wie in Oesterreich und Preußen), drang die Gewohnheit, die Kammer-Einkünfte, verbunden mit den allgemeinen Steuern als Staatseinnahmen, die Domänen als Staatsgut, Staats- oder Kron-Domänen zu bezeichnen, schon früher durch. Auch sonst hatte sich der Gedanke, daß Fürst und Volk in ihrer Verbindung die moralische Person des Staats darstellen, und daß dem Staatsoberhaupte, als ständigem Repräsentanten des Staats, die im Staate ruhende Gewalt, also auch die Vertretung der Vermögensrechte des Staats zukomme, im öffentlichen Bewußtsein längst vorbereitet;⁴) er lag schon dem früheren Reichsstaatsrechte (in dem Begriffe von „Kaiser und Reich" und Reichsgut) zu Grunde; er war auch dem Landesstaatsrechte nicht fremd. Schon bisher hatte der Landesherr als solcher (allerdings kraft erblichen Rechts, das auch jetzt nicht bestritten ist) das Eigenthum an dem Kammergut. Ein Nachkomme, welcher wegen Regierungs-Unfähigkeit⁵) von der Succession ausgeschlossen wurde, gelangte auch nicht zum Kammergut, wenn schon er nach Landrecht (nicht auch nach Lehenrecht) zu erben befugt war⁶). Dagegen ging das Kammergut über auf den Regierungs-Nachfolger, wenn auch aus einer anderen Linie oder von einem anderen Hause. Eine Trennung des gesammten Kammerguts von der Regierung ist, den Fall der Mediatisirung ausgenommen (worüber nachher §. 17. 18), wohl niemals vorgekommen. Alle Rechte der Stände am Kammergute, wie sie auch Zachariä heute noch als positivrechtlich anerkennt (bezüglich des Herzogthums Meiningen S. 4 seiner Schrift), namentlich der Konsens bei Veräußerung des Kammerguts, welcher jetzt noch allgemeiner wie früher eingeräumt ist, ferner die Ver-

---

⁴) Vergl. die Ansichten der Schriftsteller über das Kammergut aus dem 17. und 18. Jahrhundert oben §. 3.

⁵) z. B. als mente captus, fatuus, oder wegen eines andern famosi et notabilis defectus, propter quem non deberet seu posset hominibus principari. Gold. Bulle cap. 7.

⁶) Sächsisches Landrecht I 4. Wird ok ein kint geboren stum oder handrlos oder votelos (fußlos) oder blint, dat is wol erve to landrechte unde nicht len erve.

wendung der Kammmer-Einkünfte zu öffentlichen Ausgaben,¹) die jetzt fast überall zugestandene Kontrolle der Verwaltung, sind nur denkbar bei fortdauernder Verbindung des Landes mit dem Kammergute. Dagegen ist die Vorstellung eines privatrechtlichen Eigenthums am Kammergute, eines „patrimonialen Besitzthums" des Landesherrn oder der landesherrlichen Familie, worauf Zachariä in allen Rebewendungen immer wieder zurückkommt, oder gar die Würde eines prodominus des fürstlichen Hauses (warum nicht gar eines major domus!), womit derselbe das Staatsoberhaupt bekleidet,²) mit der Vorstellung vom Staate unvereinbar.

Zwar gibt auch Zachariä S. 44 und 45 vom staatsrechtlichen Standpunkte die Forderung als eine rationell begründete zu, daß eine Ausscheidung derjenigen Kammer-Bestandtheile erfolge, welche nur „vermöge der patrimonialen Auffassung der landeshoheitlichen Gewalt" mit der Verwaltung der Domänen in Verbindung gebracht seien, wie der Steuern, Zölle und der nutzbaren Regalien; allein diese und jede andere Aenderung bedürfe erst einer ausdrücklichen verfassungsmäßigen Festsetzung (einstweilen beati possidentes!); nicht so bei der auf dem Kammergute haftenden Verpflichtung zur Bestreitung der Regierungskosten: hier sei von selbst „mit der Vollendung des Staatsbegriffs" die Aenderung eingetreten, daß die Stände die Deckung aller anerkannten Staatsbedürfnisse zu übernehmen und durch Steuern zu beschaffen rechtlich verpflichtet seien, „insoweit sie nicht aus den vorhandenen, dazu rechtlich

---

¹) Zachariä freilich S. 43 und 44 hätte vom „rein rationellen oder rechtsphilosophischen Standpunkte" nichts dagegen einzuwenden, wenn diese Ausgaben dem Kammergut abgenommen würden und dasselbe, wie anderes Privatgut, nur in Verhältniß des gesetzlichen Steuersatzes zu den öffentlichen oder Staats-Ausgaben beizutragen hätte. Ich glaube, diese Bemerkung bedarf keiner Würdigung, zumal Zachariä damit nichts weiter bezweckt, als die freundliche Erwartung, daß die Stände es bei dem „patrimonialen" Besitzthum bewenden lassen werden.

²) Wenn in Bezug auf das Kammergut, warum nicht auch in Bezug auf die übrige Regierung, da ja Zachariä noch S. 44 seiner Schrift anerkennt, daß auch nach den Hausgesetzen die Kammergüter als ein Annexum zur Landeshoheit auf den regierenden Herrn übergehen?

beſtimmten Mitteln — Staatsgüter und Domänen — beſtritten werden könnten." Zachariä beruft ſich hiefür auf ſein Staatsrecht II. S. 505, wo dieſelbe Verpflichtung mit derſelben Einſchränkung als Grundſatz aller (?) neueren Verfaſſungsurkunden (alſo doch nicht als ſich von ſelbſt ergebend!) vorgetragen iſt. Auch dort nimmt ſich der Grundſatz unſchuldig aus; denn auf den erſten Anblick wird man darin nichts weiter ſehen, als das alte Subſidiarprinzip der Beſteurung, angewandt auf die neuen Verhältniſſe; und läge in der beigefügten Einſchränkung die Anerkennung der Domänen als Staatsgut oder auch nur ihrer bleibenden, althiſtoriſchen Verpflichtung zur Tragung der Staatsbedürfniſſe, ſo wäre damit dem ſtaatsrechtlichen Standpunkt vollſtändig Recht gegeben. Allein ſo iſt es von Zachariä nicht gemeint; denn wozu die von ihm vorbehaltene Ausſcheidung der Steuern, Zölle u. ſ. w. von dem Kammergute, wenn dieſes ſelbſt auch dem Staate gewidmet iſt? Die durch die neuere Staats-Entwicklung faſt überall hervorgebrachte Einheit der Finanzen erkennt Zachariä an; aber nur ſoweit ſie dem vertretenen fürſtlichen Intereſſe günſtig, nicht auch ſoweit ſie dem Staate förderlich iſt. Die Laſt, welche auf dem Kammergute haftet, nimmt er ihm ab und überträgt ſie auf den Staat, der nach ihm keine oder nur vorübergehende (auf die Regierungszeit des Hauſes oder gar nur der regierenden Linie beſchränkte) Nutzungsrechte auf daſſelbe hat. Auch gegen die Vereinigung der ſtändiſchen Kaſſe und des landſchaftlichen Vermögens mit der Staatskaſſe hat er nichts einzuwenden; aber die Anerkennung der Domänen oder Kammergüter als Staatsgut deutet er theils ſo, daß dieſelbe keine Bedeutung hätte, indem das „fideikommiſſariſche Eigenthum der fürſtlichen Familie" dadurch nicht ausgeſchloſſen wäre *) theils verwirft er ſie geradezu als

---

*) S. 47 ſeiner Schrift ſagt Zachariä: man habe wohl ſelbſt in Geſetzen die Domänen oder Kammergüter unter dem allgemeinen Ausdruck der Staatsgüter mit begriffen, oder ſie als Staatsgüter bezeichnet; „allein aus dieſem Ausdruck allein konnte und durfte doch keine Aufhebung ihrer Eigenſchaft als fideikommiſſariſches Eigenthum der fürſtlichen Familie entnommen werden, wenn nicht zugleich in ausdrücklichen oder keiner anderen Deutung fähigen Dispoſitionen der Uebergang oder die

rechtswidrig (S. 49). Was bliebe dann für den Grundstock des Staats noch übrig, außer den — erst künftig auszuscheidenden — Steuern und Regalien?

Allerdings enthalten die meisten neueren Verfassungen, nachdem sie die Kassen-Vereinigung vollzogen oder bestätigt haben, die Verpflichtung der Stände zur Deckung des Staatsdefizits. Es ergab sich diese Verpflichtung von selbst aus der Vermischung der Kammer-Einkünfte mit dem landschaftlichen oder Steuer-Vermögen: denn mit dem Kammer-Vermögen ist auch die darauf ruhende Last des Regierungs-Aufwands auf die Staatskasse resp. die Steuerpflichtigen übergegangen. Aber erschlichen ist der Schluß, daß dieser Uebergang auf die Staatskasse auch dann stattgefunden, wenn die Kassen-Vereinigung nicht erfolgt, wenn also das Kammergut in besonderer landesherrlicher Verwaltung zurückgeblieben ist. Erschlichen noch mehr ist die Folgerung, daß das Kammergut von der Verpflichtung zur Tragung der Staatslast freigeworden, weil es nicht Staatsgut sei. Auch die kaum erwähnte ständische Verpflichtung zur Defizitdeckung ist nicht bloß begrenzt durch das Maß des nachgewiesenen nothwendigen Staatsaufwands sondern auch bedingt durch die Unzureichenheit der Einkünfte aus Domänen, Regalien u. s. w. Die Steuerpflicht ist also noch immer nur eine subsidiäre. Auch der bekannte Bundesbeschluß vom 28. Juni 1832 Art. 2, welchen Zachariä zur Verstärkung seiner Argumente benützt, spricht nur aus, daß die zur Führung einer der Landesverfassung entsprechenden Regierung erforderlichen Mittel nicht verweigert werden dürfen. Uebrigens gehört dieser Beschluß, welcher allerdings später noch gegen die kurhessischen Stände in ganz ungerechter Weise geltend gemacht wurde, zu den Ausnahmsbeschlüssen, welche am 2. April 1848 von dem Bunde zurückgenommen worden sind. [10])

Abtretung des Eigenthums an die moralische Person des Staats ausgesprochen war." Ich möchte eher annehmen, daß durch die Bezeichnung „Fideikommiß" die staatliche Bedeutung d. h. das landesherrliche Eigenthum des Kammerguts nicht ausgeschlossen sei (s. oben S. 11); aber Staats- und Familiengut kann das Kammervermögen nicht zugleich sein.

[10]) Auch Zachariä, Staatsrecht §. 49. Note 9 war dieser Ansicht, ebenso

§. 17.
Art. 27 der Rheinbundesakte. Mediatisirungen.

Ich habe noch einen Einwurf gegen die staatsrechtliche Eigenschaft des Kammerguts zu prüfen, welcher aus dem Pariser Vertrag vom 12. Juli 1806, der sogenannten Rheinbundesakte hergeleitet worden, die bekanntlich nicht blos dem deutschen Reiche, sondern auch einer größeren Anzahl landesherrlicher Regierungen ein Ende gemacht hat. Der Art. 27 der Rheinbundesakte bestimmt über das Rechtsverhältniß der sogenannten Mediatisirten Folgendes:

> Les Princes ou comtes actuellement régnans *conserveront* chacun, comme proprieté *patrimoniale* et privée, *tous les domaines sans exception* qu'ils possèdent maintenant ainsi que tous les droits seigneriaux et féodaux non essentiellement inhérens à la souveraineté et notamment les droits de basse et moyenne juridiction en matière civile et criminelle, de juridiction et de police forestière, de chasse, de pêche, de mines, d'usine, de dimes et prestations féodales, de patronage et autres semblables et les revenus provenans des dits domaines et droits.

Obgleich Zachariä S. 23 selbst zugibt, daß aus einem Gewaltakt, wie die Mediatisirung, sich keine rechtlichen Folgerungen ableiten lassen, so liegt für ihn doch gerade darin, daß damals nur das Recht des Stärkeren obgewaltet und daß man trotzdem in das Eigenthumsrecht der Fürsten und Grafen nicht anzutasten gewagt hätte, der stärkste und unwiderleglichste Beweis dafür, daß man die privatrechtliche Zuständigkeit ihrer Domänen gar nicht in Zweifel gezogen habe, ja nicht habe in Zweifel ziehen können.[1]) Insbesondere soll dafür sprechen der Ausdruck:

---

die Meiningen'sche Regierung laut der von demselben §. 222. Note 11 citirten Verordnung vom 13. April 1848.

[1]) Auch „eines der schlagendsten Zeugnisse für die herrschende Rechtsansicht" soll der Vorgang an die Hand geben (S. 22). Welche Ansicht

daß die gegenwärtig regierenden (und nun der Souveräni-
tät eines Andern unterworfenen) Fürsten und Grafen alle ihre
Domänen behalten werden (conserveront) und zwar *comme
propriété patrimoniale et privée*. In diesen Worten findet
Zachariä nicht blos die Anerkennung eines künftigen Privat-
Eigenthums, sondern auch, daß die Domänen bisher schon
Privat-Eigenthum gewesen seien. Damit beweist er aber zu
viel: denn seine Ansicht ist es nicht, daß die standesherrlichen
Domänen noch ferner Kammergut bleiben und die Staatslasten
tragen sollten. Aber auch der Wortlaut spricht nicht für jene
Auslegung. Das Wort: „conserveront" sagt nur, daß die Mediatisirten ihre Domänen behalten werden, aber nicht, daß sie
ihnen in der Eigenschaft belassen werden, wie sie dieselben bisher besaßen, d. h. als Staatsgut im weiteren Sinne; es ist
vielmehr ausdrücklich beigefügt: sie sollten sie behalten comme
propriété patrimoniale et privée. Wie das Wort: conserveront
das futurum anzeigt, so geht auch das Wort comme nicht auf
die Vergangenheit, sondern blos auf die Zukunft: die Fürsten
und Grafen werden ihre Domänen behalten als d. h. in der
Eigenschaft eines Patrimonial- und Privat-Eigenthums.[2])

Zachariä entwickelt zwar für seine Auslegung auch noch
innere Gründe, wie den, daß ohne (die Rücksicht auf) den
nach deutschen Begriffen unverletzbaren Charakter des privatrechtlichen Eigenthums sich die Rheinbundesfürsten und ihr
Protektor gewiß nicht hätten abhalten lassen, mit der Landes-

---

Zachariä hier im Auge hat, ob die von dem fürstlichen Eigenthum
oder Eigenthum des Landesherrn, welche er S. 12. Note 14. als
die herrschende bezeichnet, oder die von der nothwendigen Verbindung des
Kammerguts mit der Staatssuccession und von der „darauf ruhenden
Verpflichtung zur Bestreitung der Regierungskosten" oder „der Kosten
der Landesverwaltung", welche er §. 6 im Eingange als „noch heutiges Tages geltenden Satz" anerkennt, sagt er nicht. Gewiß ist nur, daß seine
obige Auslegung der Rheinbundesakte jeder dieser Ansichten widerspricht.

[2]) Ueber den Sinn von propriété patrimoniale et privée war viel Streit
zur Zeit des Rheinbundes f. die Zeitschrift Germanien von Crome und Jaup
Bd. III. S. 157 ff. Kein Streit war aber darüber, daß durch jene Erklärung die standesherrlichen Domänen der Beziehung enthoben werden sollen,
in der sie bisher zum Staate gestanden f. daf. B. IV. S 42.

hohelt auch die Domänen der Mediatisirten einzuziehen und diese Fürsten und Grafen mit irgend einer billigen Entschädigung abzufinden. Ich glaube nicht, daß man auf der Grundlage der vorausgesetzten guten Absichten einen Schluß ziehen darf, weder a majori ad minus, noch a minori ad majus. Ein sonderlicher Respect für die Rechte der Fürsten wie der Völker war eben nicht der Leitstern jener Zeit. Auch das landesherrliche Eigenthum war nicht besonders geheiligt. Wie ist Napoleon mit den Domänen in Kurhessen, Braunschweig, Hannover, Oldenburg u. s. w. nach der Occupation dieser Länder umgegangen, oder, wenn Zachariä diese Beispiele nicht gelten lassen will, wie haben die Rheinbundesfürsten zum Theil selbst die Mediatisirten behandelt? Wurden nicht z. B. in Württemberg die Fideikommisse und Majorate der Mediatisirten und damit die eventuellen Successionsrechte der standesherrlichen Familien bezüglich der ihnen belassenen Domänen bald darauf mit den noch übrigen Regierungsrechten der Mediatisirten gleichfalls aufgehoben? Eine Autorität rückwärts für die alten Rechte der Fürsten an ihren Domänen möchte jedenfalls aus dem Verhalten der Factoren des Rheinbundes nicht herzuleiten sein. Wohl aber liegt darin, daß die Zwischenherrscher Napoleonscher Zeit, wie der König von Westphalen, die Domänen der occupirten Länder mit den Territorien zugleich sich aneigneten und daß eine richtige Doctrin, der auch Zachariä sich anschließt, die Verfügungen der Zwischenherrscher in Bezug auf die Domänen ebenso, wie andere Regentenhandlungen beurtheilt, sie gutheißt oder verwirft, je nachdem die Acte an sich gültig waren oder nicht,*) ein neues Zeugniß für die Zusammengehörigkeit der Domänen und der Regierung.

Die Bestimmung des Art. XXVII. an sich kann überhaupt nur als ein sehr exzeptioneller Vorgang betrachtet werden,

---

*) Heffter, das europäische Völkerrecht der Gegenwart, Berlin 1844. §. 188. nr. IV. H. A. Zachariä, Staatsrecht Bd. I. §. 78. Derselbe in der Zeitschrift für die gesammte Staatswissenschaft, Tübingen 1853. S. 103. So auch die Tübinger Juristenfakultät in den Gutachten der Juristenfakultäten, die hannoversche Verfassungsfrage betr. Jena, 1839. S. 166. (2. Aufl. S. 129 f.)

wie gegenüber den betheiligten früheren Landesherrn (nun Standesherrn) und ihren Familien, so auch gegenüber ihren früheren Territorien und andererseits denjenigen Staaten, in welche sie eingetreten sind. Die verbündeten Fürsten hatten im Grunde nicht mehr Recht, die Territorien anderer Reichsstände mitten im Frieden sich anzueignen, als Napoleon und nachher der König von Westphalen hatten, Kurhessen und andere Staaten nebst den dortigen Domänen in Besitz zu nehmen. Der Grund, warum der Kaiser der Franzosen den Rheinbundsfürsten nur gestattete, einzelne Territorien ihrer neuen Souverainität unterzuordnen, nicht aber mit den dortigen Domänen sich zu bereichern, war doch wohl nur der, daß er zwischen sich und seinen Mitverbündeten einen Unterschied machte, daß er jenen nicht gönnte, was er unter andern Umständen sich selbst oder seinen Brüdern zuzuwenden keinen Anstand getragen hätte.

Es gibt aber noch einen andern Grund für jenen Unterschied: der Kurfürst von Hessen, der Kurfürst von Hannover, der Herzog von Oldenburg wurden ihrer ganzen Regierung beraubt, die sog. Mediatisirten aber blieben im Besitze der Civil- und Criminalgerichtsbarkeit erster und zweiter Instanz, der Forstpolizei, ferner ihrer Lehenshöfe und der grundherrlichen Jurisdiction, kurz einer subalternen Regierung und Patrimonial-Gewalt *), welche ihnen Kosten verursachte und mit deren Ausübung hinwieder manche Einkünfte zusammenhingen, welche bisher zu der landesherrlichen Kammer flossen. Diese Einkünfte hätten jedenfalls insolange noch den Mediatisirten belassen werden müssen, als sie noch jene öffentlichen Rechte ausübten. Ebenso waren, wenn es einmal zu einer Ausscheidung kommen sollte, für den Unterhalt der mediatisirten Familien, soweit sie bisher damit auf die Domänen angewiesen waren, die entsprechenden Einkünfte oder Domanial-Besitzungen anzuweisen. Wenn nun statt dessen ihnen die gesammten Domänen, in praxi selbst vielfach alte Kammersteuern, Beden, Umgeld und dergl. belassen wurden, so mochte wohl darin eine gewisse Ausgleichung für

---

*) Daher auch die Bezeichnung des Eigenthums an den Domänen als Patrimonial- und Privat-Eigenthums.

den Verluft der Landeshoheit gefunden werden, aber mehr als
dieses, namentlich die Anerkennung einer **privatrechtlichen
Natur der den Souveränen zukommenden Domänen** oder
Kammergüter, welche von nun an, im Gegenſaz zu den landesherrlichen Domänen, **Staatsdomänen** oder **Staatsgüter** genannt wurden, war ſicher nicht daraus zu erſchließen.

Wir wollen den im Jahr 1806 und ſeitdem „mittelbar gewordenen Reichsſtänden" (ſ. Art. 14 der deutſchen Bundesakte)
ihre ökonomiſch geſicherte, ja gegen früher verbeſſerte Stellung
nicht mißgönnen. Allein auf der andern Seite iſt nicht zu verkennen, daß in demſelben Maße, in welchem die Zurücklaſſung
der Domänen und anderer öffentlichen Gefälle in den Händen
der bisherigen Landesherrn für dieſe vortheilhaft war, die Finanzen des Staats, deſſen Unterthanen die Mediatiſirten
wurden, eine Beſchädigung erlitten: denn, während ein großer
Theil der öffentlichen Einkünfte in den einverleibten Gebieten
zu **Privat-Einkünften** wurde, giengen die **Regierungs-Ausgaben**, welche bisher aus dieſen Einkünften beſtritten wurden,
größtentheils — **ſpäter**, als die Jurisdiction und die andern
obrigkeitlichen Rechte der Mediatiſirten aufgehoben wurden, **ganz
auf die Staatskaſſe** über. Zachariä freilich, indem er nur
die Privat-Intereſſen der fürſtlichen Familien, nicht auch die
verwandten Rechte und Intereſſen der betreffenden Territorien
und Staaten in's Auge faßt, findet es nicht blos in der Ordnung, daß den Mediatiſirten ihre **geſammten Domänen** belaſſen und in **Privat-Eigenthum** verwandelt, ſondern
auch, daß ihre Domänen zugleich von den Laſten und Ausgaben
befreit wurden, welche die Ausübung der Landeshoheit in ihren
Fürſtenthümern, Graf- und Herrſchaften bisher ihnen verurſacht
hatte, verſtand ſich nach ihm „in Wahrheit ganz von ſelbſt."
(S. 23.)

„Denn ſo wie der Grund ihrer (der Mediatiſirten) Ver-
pflichtung zur Beſtreitung der ihnen bisher obliegenden
Koſten der Landes-Regierung lediglich in dem Beſitz der
Landeshoheit, als **eines eigenen**, allerdings mit
Pflichten gegen das Reich und ihre Unterthanen verbun-
denen **Rechts** gelegen hatte, ſo mußte natürlich mit dem

Verluste der Landeshoheit als des Hauptrechts auch die accessorische Verpflichtung zu fernerer Bestreitung der Kosten ihrer Ausübung cessiren und auf diejenigen übergeben, welche sich die Landeshoheit aneigneten." (S. 24.)

Also obwohl man „bisher gewohnt war", die Regierungs-Ausgaben als eine auf dem Kammergut haftende Verpflichtung zu betrachten, so brauchte hierauf doch — meint Zachariä — keine Rücksicht genommen zu werden: denn der Grund der bisherigen Verpflichtung zur Bestreitung der Regierungs-Ausgaben lag ja lediglich in dem Besitze der Landeshoheit; mit dem Verluste der Landeshoheit, als des **Hauptrechts**, war auch jene accessorische Verpflichtung von selbst gefallen! Wollte man diesen Satz konsequent durchführen, so würde allenfalls auch ein Landesherr, sei es für sich oder unter Zustimmung der **Agnaten**, freiwillig dem erblichen Regierungsrecht entsagen und gleichwohl den nutzbaren Theil desselben, das Kammergut, zurückbehalten können; ja es würden hier die Domänen von der bisher mit ihrem Besitz verbundenen Verpflichtung zur Bestreitung des Regierungs-Aufwands von selbst frei werden: denn diese Verpflichtung ist ja — nach Zachariäs neuer Erklärung — ein Accessorium, nicht des Kammerguts, sondern der Landeshoheit!

Ich muß sehr bezweifeln, daß obige Ansicht, welche zunächst gegen den Grundsatz verstößt, daß man wohl auf **Rechte** verzichten könne, nicht aber auf obhabende **Pflichten**, die richtige sei. Wenn die Landeshoheit das Hauptrecht ist, so folgt aus dem Grundsatze: accessorium sequitur jus principale vielmehr, daß das **Kammergut**, als „annexum der Landeshoheit", wie Zachariä sich ausdrückt, mit der Landeshoheit auf den neuen Landesherrn übergeht. Dieser neue Landesherr wäre allerdings, im Falle einer Abdikation des bisherigen Oberhaupts und aller Erbfolgeberechtigten, erst wieder neu zu bestimmen; die Domänen aber sind deßhalb nicht von dem Lande und seiner künftigen Regierung zu trennen. Der Verzicht auf die Regierung unter Vorbehalt des nutzbaren Theils derselben wäre überhaupt keine reine Abdikation, sondern zugleich eine Veräußerung, weil eine Trennung des Kammerguts von dem

Staate, der nicht stirbt (principes mortales, respublica aeterna!), oder eine Uebertragung von der persona publica des Regenten auf die persona privata desselben, welche wie jede andere Veräußerung ständische Zustimmung erforderte.

Ich bemerke dieß Alles nicht gegenüber dem Art. 27 der Rheinbundesakte, der, wie auch ich annehme, durch Art. 14. der deutschen Bundesakte implicite bestätigt worden, sondern blos den Gründen Zachariäs gegenüber, welche mit meiner bisherigen Rechtsauffassung und zum Theil mit seinen eigenen Prinzipien im Widerspruch stehen. Das von Zachariä angeführte Beispiel der Patrimonialgerichtsherrn, welche bei Aufhebung ihrer Gerichtsbarkeit resp. bei dem Verzicht auf dieselbe von selbst der Jurisdictionskosten entbunden wurden, beweiset nichts hieher: denn die Landeshoheit ist, wie Zachariä wohl weiß und wie oben §. 3 zur Genüge ausgeführt worden, kein Patrimonialrecht. Um von den vielen Verschiedenheiten zwischen Landeshoheit und Patrimonial-Gerichtsbarkeit nur Eine anzuführen: die Patrimonialgerichtsbarkeit ist Pertinenz des Grundbesitzes, also wirkliches Patrimonialrecht, und geht mit dem herrschaftlichen Gute (Rittergute u. s. w.) auf den nachfolgenden Besitzer über, während umgekehrt der landesherrliche Grundbesitz, das Kammergut, Zubehör der Landeshoheit ist und mit dieser dem neuen Landesherrn folgt. Uebrigens sind mit der Patrimonial-Gerichtsbarkeit, wo diese aufgehoben oder durch Verzicht beseitigt ist, auch die damit verbundenen Einkünfte, die sog. fructus jurisdictionis, von selbst gefallen, oder vielmehr zu dem Staate, als der Quelle der Gerichtsbarkeit, zurückgekehrt.

---

§. 18.

Selbstmediatisirungen. Hohenzollernsche Domänen.

Es ist hier noch an einen andern Vorgang zu erinnern, welcher der privatrechtlichen Auffassung der Kammergüter auf den ersten Anblick näher steht, als die Mediatisirungen der

Rheinbundesperiode. Ich meine die Selbstmediatisirung der Fürsten von Hohenzollern-Hechingen und Sigmaringen in dem Vertrage mit Preußen vom 7. Dezember 1849, bestätigt durch das preußische Gesetz vom 12. März 1850.[1]) Nachdem schon in den Erbeinigungen von 1695 und 1707 (s. oben §. 12 Note 6) die hohenzollern-preußische Linie ihre Anrechte auf die alten Stammlande gesichert hatte, übertrugen jetzt die fürstlichen Häupter der älteren Linien in Hechingen und Sigmaringen an die Krone Preußen die beiden Fürstenthümer, einschließlich der durch den Reichsdeputationsschluß von 1803 und später erworbenen Landestheile. Insbesondere gingen mit den Fürstenthümern auf die Krone Preußen über „alle aus den Souveränitäts- und Regierungsrechten über dieselben entspringende besondere Rechte und Einkünfte, als Zölle, direkte und indirekte Steuern, Einregistrirungs-, Sportel- und Stempel-Gebühren, Staatsarchivalien und Akten und Staats-Gebäude, so wie die unentgeltliche Benützung der für die Landesverwaltung bestimmten Gebäude und Lokalitäten aller Art." Dagegen übernahm die preußische Krone:

1) alle Staatslasten und Staatsschulden, insbesondere die Besoldungen der Hof-, Civil- und Militär-Dienerschaft, Pensionen und jährlichen Gratiale;

2) eine Entschädigung der Fürsten für die Abtretung der Regalien und des Zolls (nach Abzug einzelner Staatsausgaben), bestehend in einer Jahresrente aus der preußischen Staatskasse, und zwar für den Fürsten von Hechingen von 10,000 Thlr., für den Fürsten von Sigmaringen von 25,000 Thlr., erstere Summe zur Hälfte erblich auf die etwaige successionsfähige Nachkommenschaft des Fürsten, letztere ganz übergehend auf den jedesmaligen Chef des Sigmaringischen Hauses.[2])

Sodann wurden den Fürsten, außer ihrem Allodial- und

---

[1]) Preußische Gesetzsammlung v. J. 1850. nr. 21.

[2]) Nach der den preußischen Kammern übergebenen Denkschrift des preußischen Staatsministeriums ertrugen in den Jahren 1845 bis 48 die Einnahmen der fürstlichen Hofkammer zu Hechingen aus den Regalien incl. der Zoll- und Salzzölle nach Abzug der Erhebungskosten 58,278 fl., davon die Ausgaben an Besoldungen der höheren Hofbeamten und Staatsdiener, so

Chatoulle-Vermögen, überlassen sämmtliche, in den Fürstenthümern Hohenzollern gelegenen **fürstlich-hohenzollern'schen Güter und Liegenschaften**, nebst den dazu gehörigen Forsten, Bergwerken, Fabriken, nutzbaren Gebäuden[3]), Zehnten, Renten und Gefällen, wie solche von den Hofkammern bisher verwaltet worden: diese Kammergüter wurden als „wahres fürstlich hohenzollern'sches Stamm- und Fideikommiß-Vermögen" anerkannt, und es sollen dieselben mit ihren Einkünften, Inventarien und sonstigen Pertinenzien, sowie mit den darauf ruhenden Lasten, namentlich den Apanagen, im Besitze der „regierenden Fürsten" verbleiben. Die fürstlich hohenzollern'sche Hausverfassung wurde, namentlich in Betreff der Succession und des nothwendigen Konsenses zur Kontrahirung von Schulden, welcher auch bezüglich der Entschädigungsrenten und jeden Aequivalents für veräußertes Hausfideikommiß-Vermögen nothwendig sein soll[4]), bestätigt. Weiter wurde den hohenzollern'schen Fürstenhäusern ihr bisheriger Rang mit den damit verbundenen Vorzügen innerhalb des preußischen Staats, sowie im Falle der Niederlassung im (bisherigen?) preußischen Staat eine den verwandtschaftlichen Verhältnissen zum preußischen Hause ent-

---

wie an Pensionen, Gratlasien, Bureaukosten für die Landesbehörden und sonstige Leistungen 50,323 fl., bleiben als Ueberschuß 7,955 fl., nicht ganz die Hälfte der dem Fürsten gewährten Entschädigungsrente.

Bei Sigmaringen wurde ein Ueberschuß von 40,015 fl. berechnet, also 3,735 fl. weniger als die gewährte Jahresrente. Da die Ausgaben für Pensionen allmählig eingehen, und an Besoldungen durch Verminderung der Beamtenzahl Ersparungen eintreten würden (?), so glaubte das Ministerium, werde die Entschädigungssumme keiner Rechtfertigung bedürfen! An Landesschulden übernahm Preußen mit der Landeskasse in Hechingen 175,400 fl. (Activa nur 3500 fl.) in Sigmaringen 274,000 fl. (Activa 89,528 fl.)

[3]) Art. 8. nimmt zwar hier aus die im Art. 4 für die Landesverwaltung vorbehaltenen Gebäude; allein im Art. 4. ist nur die Servitut der unentgeltlichen Benützung der für die Landesverwaltung bestimmten Gebäude und Lokalitäten an Preußen überlassen, das Eigenthum also fürstlicher Seits vorbehalten.

[4]) Der Fürst von Hohenzollern-Hechingen, welcher ohne ebenbürtige Nachkommen ist, hat in den Familien-Vertrag v. J. 1819 die Domänen seines früheren Fürstenthums unter gewissen Bedingungen an den Fürsten von Sigmaringen abgetreten.

sprechende bevorzugte Stellung zugesichert. Dagegen nahm der König von Preußen laut des Besitz-Ergreifungs-Patents vom 12. März 1850 zu dem bisher schon geführten Titel eines Grafen von Hohenzollern auch noch die Titel eines Grafen zu Sigmaringen und Veringen und Herrn zu Haigerloch und Wehrstein in die königlichen Titel auf.

Von formeller Seite scheinen diese Bedingungen, welche günstiger für die Fürsten und ungünstiger für den preußischen Staat kaum gestellt werden konnten, keiner Einwendung ausgesetzt zu sein. Der Vertrag beruhte auf freier Zustimmung einerseits der abgetretenen Fürsten, andererseits der preußischen Regierung und nachträglich auch der preußischen Kammern. Die Fürsten hatten im Hinblick auf die politische Lage der deutschen Kleinstaaten in den Jahren 1848 und 1849 „wiederholt und mit Bestimmtheit erklärt, daß sie sich außer Stande sähen, die Regierung zum Besten des Landes fortzuführen", und nachdem von der preußischen Regierung mehrmals der Antrag auf Einverleibung der Fürstenthümer abgelehnt worden war, der provisorischen deutschen Reichsgewalt zu Frankfurt denselben Antrag gestellt, als nun doch Preußen sich entschloß, dem Reichsministerium (Schmerling) zuvorzukommen und Alles, selbst die Entschädigung für die „Souveränitätsrechte", welche in Frankfurt nicht gefordert worden war, zu verwilligen. Nach der gesetzlichen Ansicht, welche in Preußen über die Natur der Domänen (als Staatsgüter) seit lange feststeht[5]), kann ein Irrthum der preußischen Regierung in dieser Beziehung nicht angenommen werden, so einseitig auch die Motive sind, womit die Bestimmungen des Vertrags in der Denkschrift des Staatsministeriums vor den Kammern gerechtfertigt wurden. Es bleibt daher nichts übrig, als anzunehmen, daß besondere politische (theilweise wohl auch persönliche) Rücksichten und insbesondere der Wunsch, den Stammvettern, welche keinen Anspruch auf Apanagen noch

---

[5]) s. nachher §. 20. Auch Zachariä, Staatsrecht §. 201. Note 1. findet es unzweifelhaft, daß in Preußen das sog. Domanium „dem Gebiete des Privatrechts ganz entnommen" und die rein staatsrechtliche Natur desselben ausgesprochen sei.

auf das sog. prinzliche Fideikommiß in Preußen haben,*) eine ihrem Range entsprechende Stellung im Königreiche zu geben, die Krone zu den großen Opfern vermocht haben, welche mit dem Besitze und der Verwaltung der entfernten Provinzen verknüpft sind.

Sind aber nicht Rechte Dritter, sind nicht Rechte der hohenzollern'schen Lande verletzt? Rechte der hohenzollern'schen Agnaten allerdings nicht: zu allem Ueberflusse sollen auch künftige Agnaten, sobald sie volljährig, zum Beitritt veranlaßt werden. Aber die Stände beider hohenzollern'schen Lande wurden nicht gehört. Zachariä, Staatsrecht Bd. II. S. 602, ist zwar der Ansicht, daß in vorliegendem Falle der sonst bei Landesveränderungen nothwendige ständische Konsens habe umgangen werden können, weil der Verzicht der regierenden Herrn und ihrer Familien zu Gunsten eines eventuell Berechtigten nicht zu hindern gewesen sei. Allein der Verzicht auf die landesherrlichen Rechte, unter Vorbehalt des landesherrlichen Einkommens, ist keine reine Renunciation, eher einem Löwenvertrag zu vergleichen, wobei ein Pacifcent alle pecuniären Vortheile erhält, der andere alle Lasten übernimmt. Allerdings hat die preußische Regierung und es haben die preußischen Kammern in der Einverleibung der Fürstenthümer keinen neuen Erwerb, sondern eine anticipirte Erbfolge erblickt.⁷) Allein der Erbvertrag von 1695, worauf man sich beruft, trennt die Do-

---

*) Auch nicht eventuelle Erbrechte auf die Succession im Königreich Preußen, wohl aber nach dem Erbvertrag vom Jahr 1707 auf die Grafschaft Geyer und auf die lehenbaren Theile der Grafschaft Limburg; beide in Franken gelegen, aber nicht mehr im Besitze der Krone von Preußen (s. Denkschrift zu Art. 15.) Der jetzige Vertrag läßt es sogar unentschieden, ob auch nur der Rückfall der hohenzollern'schen Lande bei Erlöschung des preußischen Mannesstamms vorbehalten werden wollte. Die Erbverträge von 1695 und 1707, welche Art. 3 aufrecht erhält, können nicht dafür geltend gemacht werden: denn diese lassen Preußen ja erst eintreten, wenn der Mannesstamm beider fürstlichen und gräflichen Linien erloschen ist. Durch die unbedingte Einverleibung in das Königreich Preußen sind also wohl auch die Regredienterbrechte auf einen Theil des Königreichs erloschen.

⁷) s. Denkschrift im Eingange und stenograph. Bericht der II. Kammer 1849–50. S. 2067, der I. Kammer 1849–50. S. 2449.

mänen nicht von der Regierungsfolge, sondern erstreckt sich auf die damaligen und späteren hohenzollern'schen Lande und die dazu gehörigen Güter und Rechte. Die Domänen und Regalien werden also hier, wie anderwärts, als untrennbare und unveränderliche Bestandtheile der Staatssuccession angesehen. Zwar wurden wegen des erhöhten Aufwands, namentlich in den Kriegszeiten, mehr und mehr Steuern auf die Lande gelegt und es wurde in beiden Fürstenthümern, getrennt von der Kammer, eine Landeskasse (Steuerkasse) unter Verwaltung der Landesregierungen gebildet, welche aus den ihr zufließenden Steuern einen Theil der Staatslasten bestreiten sollte. Doch spricht auch die fürstlich sigmaringische Verfassungsurkunde vom 11. Juli 1833 nur aus, daß die zum Fürstenthum gehörigen Domänen des regierenden Hauses dessen „wahres Stamm- und Fideikommiß-Vermögen" seien und ihr Ertrag vorzugsweise für die Bedürfnisse des fürstlichen Hauses und Hofs verwendet werden solle. Die vorbehaltene Uebereinkunft mit den Ständen in Betreff der Festsetzung der Bestandtheile des Domanial-Vermögens und der daraus zu bestreitenden Ausgaben, sowie andererseits der auf die Landeskasse zu überweisenden Leistungen ist aber nicht zu Stande gekommen. Einstweilen blieb zwar die sogenannte Hofkammerkasse im Besitze der gesammten Domänen und von drei Viertheilen der Zoll- und Salzgefälle; sie bestritt aber auch davon wie bisher die Kosten der „Staatsverwaltung." Das Letztere war auch der Fall in dem kleinen Fürstenthum Hechingen, das noch am 16. Mai 1848 eine Verfassung erhielt,*) welche ebenso wie die sigmaringische mit der Besitznahme des Landes durch Preußen außer Wirksamkeit gesetzt wurde. Bis 1848 galt in Hechingen der Erbvergleich

---

*) Dieselbe ist sehr kurz (hat nur 53 §§.) und geht noch immer aus von dem Systeme der Kassentrennung. Landeskasse und Hofkammer (früher Rentelkasse) stehen unter der Aufsicht der Landesregierung. §. 44 lautet: „Obgleich die Beaufsichtigung der fürstlichen Domänen und Hoheitsrechte der fürstlichen Landesregierung selbständig zusteht, so kann jedoch, da deren Ertrag wie bisher zur Deckung der Bedürfnisse des fürstlichen Hauses und des Staates, sofern sie aus der Hofkammerkasse bestritten wurden, dient, ohne Zustimmung der Landesdeputation keine Veräußerung oder Belastung derselben stattfinden.

vom 20. Juni 1798, wonach Steuern nur mit Bewilligung der Landesrepräsentation aufgeschrieben werden konnten und eine Steuerverbindlichkeit der Unterthanen überhaupt nur in bestimmten Beziehungen, nach Maßgabe der Reichsgesetze und der „Verfassung der mehrsten Länder Teutschlands", anerkannt wurde. Der vollständige Eintritt in den preußischen Staat, welcher nun mit seinen reicheren Mitteln (aber auch größeren Ausgaben) die Lücke ausfüllen sollte, lag nicht in den Wünschen und Interessen der entlegenen Provinz; jedenfalls hätte auch die Bestimmung des Vertrags, welche die Aufhebung der besonderen Landesverfassungen und die Einziehung des bisherigen landschaftlichen Vermögens (allerdings mit den nicht unbedeutenden Landesschulden) in sich schloß, nicht vollzogen werden sollen, ohne die Landesvertretungen der Fürstenthümer zu vernehmen. Ob von Seite der hohenzollern'schen Lande Vorstellungen in dieser Beziehung gemacht worden, ist mir unbekannt; aber ich hielt es für Pflicht, die staatsrechtlichen Momente des Vertrags nicht unberührt zu lassen, um Folgerungen, welche aus dem Vertrage in Bezug auf die Domänenfrage überhaupt gezogen werden könnten, zu begegnen. Solche Folgerungen wären um so weniger am Platze, als die ministerielle Denkschrift die staatsrechtliche Natur der hohenzollern'schen Domänen anerkennt, indem sie bei Erlöschung des fürstlichen Mannsstamms das Eigenthum des hohenzollern'schen Stammvermögens nicht wie ein Privatgut oder prinzliches Vermögen an die preußischen Agnaten, sondern an den preußischen Staat und an den König, als Oberhaupt des Staats und des hohenzollern'schen Gesammthauses, zurückfallen läßt.*)

Ich zweifle nicht, daß dem Patriotismus der beiden Fürsten von Hohenzollern auch wirkliche Opfer nicht schwer geworden wären, wenn sie zum Wohle und zur Einigung des Gesammtvaterlandes beigetragen hätten; allein so wie der Vertrag vor-

---

*) In dem Vertrag Art. 14 ist nur der Rückfall der Entschädigungsrenten an die „preußische Regierung" vorbehalten. S. jedoch die Denkschrift des Staatsministeriums zu Art. 13 und 14, wo diese Bestimmung aus obigem allgemeinen Grundsatz abgeleitet wird.

liegt, nützt er weder ihren früheren Landen noch dem Staate Preußen, noch Deutschland.

---

§. 19.
Die Gesetzgebung in den einzelnen Staaten (mit Ausnahme der sächsischen Lande): a. Oesterreich.

Das österreichische allgemeine Gesetzbuch vom Jahr 1811 §. 286 unterscheidet lediglich zwischen Staats- und Privatgut. Das letztere gehört einzelnen oder moralischen Personen, kleineren Gesellschaften oder ganzen Gemeinden. Auch dasjenige Vermögen des Landesfürsten, welches er nicht als Oberhaupt des Staates besitzt, wird als ein Privatgut betrachtet (§. 289). Sodann bestimmt §. 287:

Sachen, welche allen Mitgliedern des Staates zur Zueignung überlassen sind, heißen freistehende Sachen.[1] Jene, die ihnen nur zum Gebrauche verstattet worden, als: Landstraßen, Ströme, Flüsse, Seehäfen und Meeresufer, heißen ein allgemeines oder öffentliches Gut. Was zur Bedeckung der Staatsbedürfnisse bestimmt ist, als: das Münz- oder Post- und andere Regalien, Kammergüter, Berg- und Salzwerke, Steuern und Zölle, wird das Staatsvermögen genannt.

Hieraus geht hervor, daß in Oesterreich die Kammergüter wie die Regalien zum „Staatsvermögen" gehören, welches der Landesherr nur als Oberhaupt des Staates besitzt.[2]

---

[1] Nach einem Hofdekret v. 7. Jan. 1839 sind in der Provinz Tyrol die oben, über und unterhalb der Vegetationsgrenze liegenden Gebirgsmassen und Lager von verwendungsfähigen erdigen Fossilien in der Regel und so lange als Aerarial-Eigenthum anzusehen, bis deren Uebergang in das Eigenthum eines Privaten oder einer Gemeinde durch gesetzlichen Titel und Erwerbungsart, und zwar mit Ausschluß der durch Occupation, auf gerichtsordnungsmäßige Weise bewiesen ist.

[2] Einen sprechenden Beweis für jene Staatsguts-Eigenschaft liefert, wie R. Luther S. 41 seiner Schrift bemerkt, die Maßregel vom 12. Okt. 1855,

Bestätigt wird dieses durch die politischen Einrichtungen, welche Oesterreich seitdem erhalten hat. Wie schon die österreichische Reichsverfassung vom Jahr 1849 §. 36 den Reichshaushalt, einschließlich der Krongüter und Reichsdomänen („unter welchen das bisher durch die Benennungen: Staats-, Cameral- oder Fiskalgüter bezeichnete Vermögen verstanden wird"), die Reichs-Bergwerke, dann die Reichs-Monopole, den Reichskredit und alle Steuern und Abgaben zu Reichszwecken zu den **Reichsangelegenheiten** zählt, so werden auch in der neuen, sog. Februar-Verfassung (Grundgesetz über die Reichsvertretung vom 26. Februar 1861. §. 10.) zu dem Wirkungskreis des Reichsraths u. A. gerechnet alle Angelegenheiten der **Reichsfinanzen**, insbesondere die Voranschläge des Staatshaushalts, die Veräußerung, Umwandlung, Belastung des unbeweglichen Staatsvermögens, Erhöhung bestehender und Einführung neuer Steuern, Abgaben und Gefälle. Zu den **Landesangelegenheiten** dagegen, wobei die Landtage der Provinzen durch ihre Zustimmung mitzuwirken haben, werden u. A. gezählt die Voranschläge der Landeseinnahmen aus der Verwaltung des dem Lande gehörigen Vermögens, desgleichen die Voranschläge der Landesausgaben und die Steuern für Landeszwecke. Die Landtage sorgen namentlich für die Erhaltung und Verwaltung des **landständischen** (Domestikal-) Vermögens und des sonstigen nach seiner Entstehung oder Widmung ein „Eigenthum" des Landes bildenden „**Landesvermögens**" und der aus ständischen oder Landesmitteln errichteten oder erhaltenen Fonde und Anstalten; doch bedürfen Landtagsbeschlüsse, welche eine Veräußerung, bleibende Belastung oder eine Verpfändung des Stammvermögens (des Landes) mit sich bringen, der kaiserlichen Genehmigung. ³)

Man sieht hieraus die Bedeutung der soeben in Vollzug gesetzten Landesstatute auch für unsere Frage. Wie die Kammer-

---

wodurch Domänengüter im Schätzungswerthe von 156 Millionen zur Deckung einer Staatsschuld an die Nationalbank abgetreten wurden.

³) s. z. B. Landesordnung für das Erzherzogthum Oesterreich unter der Ens. §. 18 ff. ob der Ens §. 18 ff. bei Rauch, parlamentarisches Taschenbuch 8. Lief. S. 186. f. 221.

güter als allgemeines Staatsgut (Reichsgut) wiederholt anerkannt wurden, so sind hier in Uebereinstimmung mit der österreichischen Reichsverfassung von 1498 §. 35 die landschaftlichen Fonds (bekanntlich gab es in Oesterreich vor 1848 keine Reichsstände) je als Vermögen des betreffenden Kronlandes erklärt. Die Uebergabe der Landesfonds und Landesanstalten an die Landesausschüsse in den Ländern diesseits der Leitha ist, öffentlichen Nachrichten zufolge, mit wenigen Ausnahmen bereits zum Abschlusse gebracht.

---

§. 20.

b. Preußen.

Das allgemeine preußische Landrecht (1794) Thl. II. Tit. 14 bestimmt:

§. 1. Alle Arten der Staatseinkünfte, welche aus dem Besteurungsrechte, aus dem besondern Staatseigenthume, den nutzbaren Regalien und andern Staatsabgaben fließen, werden unter der Benennung des Fiskus begriffen und haben besondere Vorzugsrechte.

§. 11. Einzelne Grundstücke, Gefälle und Rechte, deren besonderes Eigenthum dem Staate und die ausschließende Benutzung dem Oberhaupte desselben zukommt, werden Domänen- oder Kammergüter genannt.

§. 12. Auch diejenigen Güter, deren Einkünfte zum Unterhalte der Familie des Landesherrn gewidmet worden, sind als Domänengüter anzusehen.

§. 13. Was Personen aus der Familie des Landesherrn durch eigene Ersparniß, oder auf andere Art gültig erworben haben, wird, so lange von dem Erwerber oder seinen Erben keine ausdrückliche Einverleibung erfolgt, und soweit darüber durch Familien-Verträge und Hausverfassungen nicht ein Anderes bestimmt ist, als Privat-Eigenthum betrachtet.

§. 14. Eben das gilt von Gütern und Sachen, welche

der Landesherr selbst aus eigenen Ersparnissen oder durch irgend eine andere, auch bei Privatpersonen Statt findende Erwerbungsart an sich gebracht hat.

§. 15. Hat sich jedoch derjenige Landesherr, welcher ein solcher erster Erwerber war, über bewegliche von ihm auf dergleichen Art erworbene Sachen, weder unter Lebendigen noch von Todeswegen verfügt: so sind dieselben für einverleibt in die Domänen des Staats anzusehen.

Es werden also in Preußen die Domänen oder Kammergüter ebenso wie die öffentlichen Sachen (diese sind a. a. O. §. 21 — 23 gemeines Eigenthum des Staats genannt im Gegensatz zu dem besondern Eigenthum des Staats §. 11) zum Staatseigenthum gerechnet. Auch die Domänen in den während dieses Jahrhunderts wieder eroberten oder neu erworbenen Provinzen wurden als Staatsdomänen erklärt.[1] Ebenso sind die Güter der aufgehobenen Klöster und geistlichen Stiftungen dem Staats-Eigenthum einverleibt. Auch anerkennt die Kabinetsordre vom 17. Juni 1826, „daß sämmtliches Staats-Eigenthum", welches unter der Benennung der landesherrlichen Domänen durch das Finanz-Ministerium verwaltet werde, denselben gesetzlichen Beschränkungen in Betreff der Veräußerung unterworfen sei.[2] Eine Veräußerung des vollen Eigenthums, sowie eine Verpfändung der Domänen ist nach dem Hausgesetz vom 17. Dezember 1808 nur im Falle eines wahren Staatsbedürfnisses und zur Tilgung der zur Erhaltung des Staats gemachten Staatsschulden zuläßig; die darauf lautende Urkunde muß von dem Souverän, dem Thronfolger und dem ältesten Prinzen des von König Friedrich Wilhelm abstammenden königlichen Hauses vollzogen werden. Die Verfassung vom Jahr 1850 hat hierüber nichts bestimmt; jedoch ergibt sich ein Kognitionsrecht der Kammern schon aus der nothwendigen Zustimmung derselben zur Festsetzung der Einnahmen und Ausgaben und aus der nachherigen Rechnungs-Vorlage. Aufnahme von Staatsanlehen und die Uebernahme von Garan-

---

[1] Verordnung vom 19. März 1819. Edikt vom 17. Jan. 1820.
[2] Ostermann, preußisches Staatsrecht §. 202.

tien zu Lasten des Staats finden jetzt nur noch auf Grund eines Gesetzes statt.³)

Verschieden von den Staatsdomänen ist 1) das Kronfideikommiß, welches von dem König durch Gesetz vom 17. Jan. 1820 zu seinem und seiner Familie Unterhalt vorbehalten worden, bestehend in 2,500,000 Thlr. jährlicher Einkünfte.⁴) Diese fixe Rente ist auf die Einkünfte der Domänen und Forsten des Staats radizirt und wird im Etat von dem Gesammt-Ertrag dieser beiden Rubriken vorweg abgezogen. Der ganze übrige Rein-Ertrag wird zur Bestreitung der Staatsbedürfnisse (im engern Sinn) verwendet.⁵) Durch Gesetz vom 30. April 1859 wurde ein Zuschuß zur Rente des Kronfideikommiß-Fonds von 500,000 Thlr. jährlich bestimmt, „vorläufig aus andern Staatseinkünften;" die Anweisung dieses Zuschusses auf die Domänen und Forsten ward einem späteren Gesetze vorbehalten.

2) das aus den Chatoulle-Gütern bestehende sogenannte prinzliche Fideikommiß.

§. 21.

c. Baiern.

In Baiern war, wie in Preußen, schon vor Auflösung des deutschen Reichs die richtige Ansicht von der öffentlichen Natur der Domänen durchgedrungen.¹) Durch Verordnung

---

³) Verf. Urk. von 1850. Art. 103.
⁴) Bestätigt durch die Verf.-Urk. von 1850. Art. 59.
⁵) Die Brutto-Einnahmen aus Domänen und Forsten sind in dem neuesten Etat für das Jahr 1863 angeschlagen zu 12,949,230 Thlr. (1,371,070 Thlr. mehr als 1861); davon die Kronfideikommißrente (einschließlich 548,240 Thlr. Gold) 2,573,099 Thlr. bleiben 10,376,131 Thlr. nicht gerechnet die Ablösungen von Gefällen und Erlöse aus verkauften Grundstücken, geschätzt zu 1,000,000 Thlr. und die Einnahmen der Centralverwaltung von 1862 Thlr. Im Etat der Ausgaben stehen die Betriebs=, Verwaltungs= und Erhebungskosten und die Lasten der einzelnen Einnahmezweige mit zusammen 4,265,850 Thlr., welche also noch in Abzug kommen.

¹) Ich erinnere an die lebhafte Kontroverse über die Veräußerlichkeit

vom 18. März 1799 wurden die Kabinetsgüter mit dem Kammergute vereinigt. Die Pragmatik vom 20. Oktober 1804 unterwirft sämmtliche Staats- und Kammergüter einem und demselben Unveräußerlichkeits-Gesetz und behandelt sie,[2] „wie bei der consequenten Entwicklung des Staatsbegriffs durch den „von den hohen Regentenpflichten durchdrungenen und geleiteten"" Max Joseph nicht anders zu erwarten war, durchaus wie eigentliches Staatsgut."

Die bairische Verfassungs-Urkunde von 1818 Tit. III. „von dem Staatsgute" bestimmt §. 1:

„Der ganze Umfang des Königreichs Baiern bildet eine einzige unveräußerliche Gesammt-Masse aus sämmtlichen Bestandtheilen an Landen, Leuten, Herrschaften, Gütern, Regalien und Renten mit allem Zubehör. Auch alle neueren Erwerbungen aus Privattiteln, an unbeweglichen Gütern, sie mögen in der Haupt- oder Nebenlinie geschehen, wenn der erste Erwerber während seines Lebens nicht darüber verfügt hat, kommen in den Erbgang des Mannsstammes und werden als der Gesammtmasse einverleibt angesehen."

Zu dem Staatsgute gehören, außer den Domänen und dem Staatsinventar, den Kunst- und wissenschaftlichen Sammlungen, auch der Hausschatz und was von dem Erblasser damit vereinigt worden, ferner die Vorräthe in den Staatskassen und Alles, was aus Mitteln des Staats erworben worden.

Unter dem Veräußerungsverbot sind nicht begriffen alle Staatshandlungen des Monarchen, welche innerhalb der Grenzen des ihm zustehenden Regierungsrechts nach dem Zwecke und zur Wohlfahrt des Staats mit Auswärtigen oder mit Unterthanen über Stamm- und Staatsgüter vorgenommen werden; jedoch sollen die Staatseinkünfte nicht geschmälert, sondern der Kaufschilling zu neuen Erwerbungen, zur zeitlichen Aushilfe des Schuldentilgungsfonds oder zu andern das Wohl

---

des Kammerguts und die gewichtige Stimme v. Kreittmayr's oben §. 3. Note 12 u. 13.

[2] Ich citire hier die Worte Zachariä's Staatsrecht I. §. 210. Note 2 nr. 1.

des Landes beziehenden Zwecken verwendet werden. Eine Ausnahme machen heimgefallene Lehen; andere Staatsdomänen oder Renten können als Staatsbelohnung nur mit Zustimmung der Stände verliehen werden. — Hiernach bildet in Bayern das alte Kammergut, mit Inbegriff des Zuwachses seit 1803 ein unveräußerliches Staatsgut [3], im Gegensatz zum Privatvermögen des Königs oder der Familienglieder. Durch Gesetz vom 1. Juli 1834 wurde die Civilliste für jeden König von Bayern auf 2,350,000 Gulden bestimmt und auf die gesammten Staatsdomänen gegründet. Neue Erwerbungen, auch Immobiliar-Erwerbungen aus Privatmitteln, wenn der erste Erwerber nicht darüber verfügt hat, werden dem Staatsgut einverleibt.

§. 22.

d. Hannover.

In Hannover (Braunschweig-Lüneburg) war wiederholt und namentlich durch den Uelzner Landtagsabschied von 1592 [1] anerkannt, daß die Kosten der Landesregierung, Hof- und Haushaltung der Herzoge, in der Hauptstadt und bei den Aemtern, wie auch der Unterhalt der fürstlichen Brüder und Schwestern, aus dem landesherrlichen Einkommen, d. h. aus den Domänen

---

[3] Die Versuche einzelner Schriftsteller (v. Moy, Kräher), der regierenden Familie ein Eigenthum oder Miteigenthum zu vindiziren, werden auch von Zachariä, Staatsrecht a. a. O., ebenso wie von Pözl, bayrisches Staatsrecht §. 163 als grundlos verworfen, obgleich in der bairischen Verfassung, Tit. 3. §. 61 von Stamm- und Staatsgütern und im Familiengesetze v. J. 1819, Tit. 8. §. 1. von Staats- und Haus-Fideikommißvermögen die Rede ist. Wenn dagegen Zachariä a. a. O. (vergl. §. 206. S. 403) bemerkt: Eigenthümer des bairischen Staatsguts sei „natürlich der König als solcher", so verwechselt er Kammergut mit Staatsgut. Eigenthümer des Kammerguts ist das Staatsoberhaupt als solches. Eigenthümer des Staatsguts dagegen (vergl. preußisches Landrecht II., 14 §. 11) der Staat selbst; dem König kommt nur die Ausübung und als Surrogat des Genusses die Civilliste zu. Pözl a. a. O. spricht auch nur von einem Eigenthum des Königs im weiteren Sinn, was freilich eine unsichere Bezeichnung ist.

[1] Jacobi, Lüneburger Landtagsabschiede Th. 1. S. 334.

und Regalien, zu bestreiten seien. Dennoch wurde auch dort von den Ständen, theils um die Reichs- und Fräuleinsteuern aufzubringen (auch in diesen Beziehungen ohne Anerkennung einer Verpflichtung), theils um die überschuldete Kammer bei einzelnen Ausgaben zu unterstützen, zuerst eine temporäre Abgabe, sog. Schatz, später eine fortdauernde Abgabe bewilligt und mit deren Erhebung und Verwendung das ständische Schatzkollegium beauftragt. Eine ähnliche Einrichtung besaß die Provinz Ostfriesland in dem Administratorenkollegium. Indessen wurde die Trennung in königliches und ständisches Finanzwesen später vielfach als ein Mißstand empfunden.[1] Die Domänen, aus deren Erträge etwa 100,000 Thlr. jährlich als „Handgeld" an den König nach England gingen, das Doppelte aber und mehr für den Hofstaat, welcher in Hannover zurückblieb, jährlich verausgabt wurde,[2] waren meist an die Beamten verpachtet und standen, auch als die Verwaltung von den Aemtern getrennt und besondere Rentmeistern übergeben wurde (1823), immer noch unter der Leitung der Landdrosteien, welche in dieser Beziehung wieder der k. Domänenkammer untergeordnet waren.

Das Staatsgrundgesetz von 1833 hält zunächst die Einheit des königlichen Besitzes und dessen Verbindung mit der Krone aufrecht:

---

[1] Stüve, über die gegenwärtige Lage des Königreichs Hannover, Jena 1832. S. 86. 87. Ueber den Ursprung und die rechtliche Natur der hannoverschen Domänen s. die Gutachten der Juristenfakultäten, herausgegeben von Dahlmann S. 229—242.

[2] Stüve a. a. O. Das Uebrige und weitaus das Meiste wurde für das Land verwendet. Vor Abschluß der Verfassung wurde das jährliche Deficit der Kammer unter Zugrundlegung eines Etats von 618,000 Rthlr. auf 167,000 Rthlr. berechnet, s. Vertheidigung des Staatsgrundgesetzes, herausgegeben von Dahlmann, Jena 1833. S. 255. Die Ausgaben der k. Generalkasse und der Generalsalarienkasse für die verschiedenen Departements, ausschließlich des Militärs, waren in dem Etat von 1832 zu 2,817,943 Thlr. veranschlagt. Die Landeskasse trug dagegen zur Unterhaltung des Militärs (Kriegskasse) das Meiste bei (1,400,000 Thlr. die k. Kasse nur 381,111 Thlr.), für die Universität Göttingen, das Oberappellationsgericht, das Hofgericht und andere ihr ursprünglich fremdartigen Ausgaben 1815 nur 93,841 Thlr. 1833/34 284,222 Thlr. Uebrigens lieferten die Domänen wieder einen Beitrag von 70,000 Thlr. zu den von der Landeskasse übernommenen Ausgaben, indem sie gleich andern Gütern der Grundsteuer unterworfen wurden.

§. 122. Sämmtliche zu dem königlichen Domanium gehörenden Gegenstände, namentlich Schlösser, Gärten, Güter, Gefälle, Forsten, Bergwerke, Salinen und Activcapitale machen das seinem Gesammtbestande nach zu erhaltende Krongut aus.

Dabei wurden dem Könige im Allgemeinen „diejenigen Rechte, welche dem Landesherrn bis dahin zugestanden", vorbehalten; namentlich sollen die Einkünfte des Kronguts nach wie vor zum Unterhalte des Königs und der königlichen Familie und das Uebrige*) nebst den bisher mit dem Domanium vereinigten Einkünften aus den Regalien zur Bestreitung anderweiter Staatsausgaben verwendet werden. Dagegen wurden alle aus dem Krongute und den Regalien aufkommenden Einnahmen nebst den bisher von der ständischen Kasse verwalteten Landesabgaben, Chausseegeldern und Sporteln einer einzigen Generalkasse zugewiesen, woraus nunmehr unter Leitung des aus königlichen und ständischen Mitgliedern zusammengesetzten Schatzkollegiums sämmtliche Ausgaben bestritten werden sollen. Zur Deckung des für den Unterhalt des Königs, der Königin und der minderjährigen Söhne und Töchter erforderlichen Aufwandes wurde, außer den in unmittelbarer Verwaltung bleibenden königlichen Gebäuden, Gärten und Jagten, eine sog. Krondotation bestimmt, bestehend in dem Genusse eines aus Vergütungen für die gegen Mecklenburg vollstreckte Reichsexekution (1728—34) erwachsenen Kapitals von 600,000 L. Sterl. und dem Reinertrage von 500,000 Thlr. aus vom König zu diesem Zwecke zu bezeichnenden Domanialgütern, welche der eigenen Verwaltung des Königs vorbehalten bleiben sollten.

---

*) Das Gesetz vom 24. März 1857 hat die beiden letzten Worte entfernt. Auch das frühere Recht war nicht für eine Zurückstellung der Landesbedürfnisse gegen die des regierenden Hauses, vielmehr versicherte die Regierung in einem Erlasse an die Stände vom 28. Dez. 1819, daß der ganze Ertrag der Domänen und übrigen Einkünfte der Generalkasse im Lande verbleiben und zum Besten desselben verwandt werde. Auch sonst war es Grundsatz, daß die Ausgaben nach den Einnahmen zu bemessen seien, und daß, wenn die letzteren nicht hinreichen, man sich gegenseitig, bei Hof wie bei der Regierung einzuschränken habe.

Nachdem König Ernst August das Staatsgrundgesetz umgestoßen hatte, wurde mit neuen Ständen das Verfassungsgesetz vom Jahr 1840 vereinbart, welches (§. 137) die Vereinigung der königlichen Kassen und der Landeskasse wieder aufhob. Die revidirte Verfassung vom 5. Sept. 1848 §. 79—89 stellte aber im Wesentlichen die staatsgrundgesetzlichen Bestimmungen wieder her; nur wurde an die Stelle des bis dahin noch unausgeschiedenen Osterkomplexes eine Civilliste von 500,000 Rthlr. nebst den Zinsen aus dem früher angewiesenen (in englischen dreiprocentigen Stocks belegten) Kapital von 600,000 L. Sterl. gesetzt. Durch Verordnung vom 7. Sept. 1856 wurde von dem jetzigen König, ungeachtet des Widerspruchs der allgemeinen Ständeversammlung, das Finanzkapitel des Verfassungsgesetzes vom Jahr 1848, welchem er selbst früher als Kronprinz voraus schon seine Zustimmung ertheilt hatte (9. Sept. 1848), „durch allerhöchst eigene Bestimmung" beseitigt und, an dessen Stelle das Finanzkapitel von 1840 wiederhergestellt. Zugleich wurde eine neue Vertheilung der Ausgaben auf die königliche und Generalsteuerkasse provisorisch eingeführt und, ebenfalls einseitig, die königliche Bedarfsumme auf 600,000 Rthlr. (außer den Zinsen des englischen Kapitals) erhöht. Um die auch in den Augen der Regierung nicht wünschenswerthe [5]) neue Kassentrennung zu umgehen, traten die Stände dem Gesetze vom 24. März 1857 bei, dessen §. 1 also lautet:

Die Königlichen Domänen — — sowie die Regalien bilden ein seinem Gesammtbestand nach stets zu erhaltendes Fideikommiß, welches zugleich und unzertrennlich mit der Nachfolge in der Regierung (§. 12 des L. V. G.) dem Könige anfällt und aus dessen Aufkünften die Bedürfnisse des Kö-

---

[5]) Verordnung v. 1. Aug. 1858, §. 24: „Wiewohl wir — auf Grund des Bundesbeschlusses vom 19. April d. J. auch das ganze die Finanzen betreffende sechste Capitel des Landesverfassungs-Gesetzes vom 6. Aug. 1840 für wieder in Kraft getreten erklären könnten, so wünschen wir doch die damit auszusprechende Wiederherstellung der Kassentrennung zu vermeiden." s. die Verordnung und die andern theils octroirten, theils verabschiedeten neuen Publikationen bei Zachariä, Verfassungsgesetze 1. u. 2 Fortf.

nigs, des Königlichen Hauses und der Landesverwaltung zunächst bestritten werden.

Veräußerungen können, abgesehen von Austauschungen oder nützlichen Veränderungen einzelner Grundstücke, nur in Folge gesetzlicher Bestimmungen geschehen; den Ständen ist über die Veränderungen und Wiederanlage Nachweis zu geben. §. 5 enthält sodann sog. vertragsmäßige Bestimmungen über die neue Kassenvereinigung und die von den Ständen zugestandene Erhöhung und neue Dotirung der Civilliste. Hienach ist der König berechtigt, einen der Summe von 600,000 Thlr. jährlicher Einkünfte entsprechenden Komplex von Domänen ausscheiden zu lassen; die Ausscheidung soll durch eine aus 4 königlichen und 4 ständischen Mitgliedern bestehende Kommission endgültig, d. h. ohne daß es einer Ratifikation der Stände bedarf, erfolgen. Demgemäß wurden im Jahr 1858 fast sämmtliche Hauptpachtungen, der größte Theil der Streuländereien und ein erheblicher Theil der Forsten, Mühlen und Dorfmoore mit einem veranschlagten Reinertrage von 498,174 Thlr. ausgeschieden, so daß der König an baarem Gelde noch erhält 101,825 Thlr.*) Verschieden von dem Krongut ist das Chatoullegut, welches zur ausschließlichen Verfügung des Königs bleibt.

§. 23.
e. Württemberg.

Auch in Württemberg war die Bestimmung der zu dem Herzogthum gehörigen Güter zu den Hof- und Regierungs-Ausgaben stets anerkannt.[1] Soweit die historischen Nachrichten des

---

*) Die Ausscheidung, welche der Krone einen neuen Vortheil von 200,000 Thlr. gebracht haben soll, blieb nicht ohne Anfechtung, s. Miquel das neue hannoversche Finanzgesetz v. 24. März 1857. Leipzig 1861. 2. Aufl. 1863.

[1] Erbvergleich von 1770. Cl. IV (Cameralia betreffend) §. 1. 2. 5. Fürstbrüderlicher Vergleich von 1780. Art. 6. „In Ansehung der Ausgaben soll unabweichlich darauf gesehen werden, daß zuforderst die nothwen-

Landes hinaufreichen, findet sich, daß das Kammergut des Fürsten von einer Rentkammer, früher „Raitkammer" genannt, verwaltet wurde, welcher die Landschreiberei als die Hauptkasse für die Einkünfte des Landes (einschließlich des Zolls, Umgelds, der Taxen und Strafen) und die mit Prüfung des Kassenwesens beauftragte Rechenbank untergeordnet waren.[2]) Nach der österreichischen Besitznahme des Landes überließ Kaiser Karl V. im Jahr 1521 den Ständen die Verwaltung und das ganze Einkommen des Kammerguts, welches nach einer ungefähren Berechnung sich auf 100,000 fl. belief, wogegen die Landschaft sämmtliche auf dem Lande hafteten Schulden übernahm.[3]) Doch war diese Einrichtung nur vorübergehend. Um so häufiger kam vor die Unterstützung der herzoglichen Kammer durch Uebernahme einzelner Verbindlichkeiten, namentlich bei der Wiedereinlösung des Landes von Oesterreich (1552) und bei der Ablösung der österreichischen Lehenschaft (1599), wo die Stände jedesmal das ganze Lösegeld bestritten.[4]) Verschieden von der Landschreiberei oder der Rentkammer war die Landschafts-Einnehmerei mit ihrer Unterabtheilung, der „geheimen Truhe", ferner die geistliche Kammer oder der sogenannte allgemeine Kirchenkasten (evangelisches Kirchengut), endlich die Kammerschreiberei, welche die seit Eberhard III. († 1674) angesammelten neuen, der Landschaft nicht einverleibten Territorialbesitzungen mit zuge-

---

digen Staatsausgaben zur rechten Zeit ihre unfehlbare Berichtigung erhalten — — — und sonst zum Flor des Herzoglichen Hauses und zum Besten des Landes immerhin ein baarer Geldvorrath vorhanden sein möge."

[2]) Württ. Gesetz=Sammlung (von Reyscher) Bd. 18. Einl. §. 1. „Zu Aufrechterhaltung des gesammten fürstlichen Hauses, Staats und Landes" wurden „ohngeachtet des so sehr verarmten Landes und auf sich habenden eigenen Schuldenlast" noch im Jahr 1739 zwei Millionen für Bezahlung von Cameral=Schulden verwilligt (Gesetzsammlung a. a. O. Bd. II. S. 519), jedoch abermals unter Anerkennung, daß die Stände hiezu keine Obliegenheit haben, und unter Zusage besserer Wirthschaft, damit endlich die fürstliche Kammer nebst Land und Leuten von den vielen Schulden befreit werden.

[3]) Das. Bd. 1. §. 227. 228. Auch anderwärts (z. B. bei der Göttingischen Linie des Hauses Braunschweig=Lüneburg 1435) kam es vor, daß die Landstände Schulden halber die Landesadministration übernahmen, um einem völligen Ruin zu steuern.

[4]) Das. Bd. 1. §. 245. 263.

hörigen Gütern und Rechten verwaltete. Auch die Unveräußerlichkeit dieses sog. Kammerschreiberei-Guts, wie des eigentlichen Kammerguts war durch Landes- und Hausverträge gesichert.[5]
— Die Verfassung von 1819 §. 102 unterscheidet:

1) das **königliche Kammergut**, bestehend aus sämmtlichen, zu dem „vormaligen herzoglich württembergischen **Familien-Fideikommisse**" gehörigen, sowie den von dem König erworbenen Grundstücken, Gefällen und nutzbaren Rechten mit Ausnahme des Hofkammerguts. Auf diesem Staats-Kammergut haftet die Verpflichtung, „neben den persönlichen Bedürfnissen des Königs als Staatsoberhauptes und der Mitglieder des königlichen Hauses auch den mit der **Staatsverwaltung** verbundenen Aufwand, soweit es möglich ist, zu bestreiten; es kommt **ihm daher** (so konkludirt die Verfassung §. 103) die Eigenschaft eines von dem Königreich unzertrennlichen **Staatsguts** zu." Für den Aufwand, welchen die Bedürfnisse des Königs und der Hofstaat erfordern, wird auf die Regierungszeit eines jeden Königs eine theils in Geld, theils in Naturalien bestehende „**Civilliste**" verabschiedet. Das Kammergut kann ohne Einwilligung der **Stände** weder durch Veräußerung vermindert, noch mit Schulden oder einer bleibenden Last beschwert werden. Ausgenommen ist der Fall, wenn zu einer entschieden vortheilhaften Erwerbung ein Geldanlehen aufgenommen oder zum Vortheil des Ganzen eine Veräußerung einzelner, minder bedeutender Bestandtheile vorgenommen wird; es ist aber den Ständen jährlich die Wiederverwendung zum Grundstock nachzuweisen. Soweit der Ertrag des Kammerguts nicht reicht, wird der Staatsbedarf durch Steuern bestritten.

2) Das **Hof-Domänen-Kammergut**. Dieses aus früheren Bestandtheilen des Kammerschreibereiguts und beigefügten späteren Erwerbungen gebildete Vermögen ist in der Ver-

---

[5] Erbvergleich a. a. O. §. 5. „Nicht minder werden S. H. D. von nun an aller nach denen Herzogl. Haus- und Landes-Verträgen ohnehin nichtigen Veränderungen und Verpfändungen derer zu dem Herzogthum, wie auch zu der Herzoglichen Kammerschreiberey gehörigen Güter, Gefälle und Gerechtsame sich enthalten." Fürstlbrüd. Vergleich von 1780. Art. 9. 20.

faſſungsurkunde anerkannt als „Privat-Eigenthum der königlichen Familie, deſſen Verwaltung und Benutzung dem Könige zuſteht." Daſſelbe kontribuirt zu der Staatsſteuer, ſeit 1849 auch zu den Kommunal-Laſten, wie anderer Grundbeſitz. Der Grundſtock darf nicht vermindert noch mit Schulden (außer zu einer vortheilhaften Erwerbung) oder ſonſt mit einer bleibenden Laſt vermehrt werden.

3) In Erinnerung an die 1806 faktiſch aufgehobene erbländiſche Verfaſſung wurde wieder eine eigene ſtändiſche Kaſſe, jedoch nur zur Beſtreitung des ſtändiſchen Aufwands (Suſtentationskaſſe) errichtet, auch die Staatsſchulden-Zahlungskaſſe unter ſtändiſche Aufſicht geſtellt. Beide Kaſſen ſind aber nicht mit eigenem Vermögen dotirt, ſondern beziehen ihre Bedürfniſſe aus der Staatshauptkaſſe.

Zu der verheißenen Wiederherſtellung des 1806 eingezogenen evangeliſchen Kirchenguts iſt es bis jetzt nicht gekommen. Die Civilliſte des gegenwärtigen Königs wurde durch ein mit den Ständen verabſchiedetes Geſetz beſtimmt auf 850,000 fl. neben dem Genuß (aber auch der Pflicht zur Unterhaltung) der zur Kronausſtattung gehörigen Hofgebäude und Gärten und des Inventars. Die Appanagen, Suſtentationen, Wittume, Heirathgüter der Familienglieder, welche wie die Civilliſte auf das Staatskammergut gegründet ſind, wurden normirt durch das mit den Ständen verabſchiedete kgl. Hausgeſetz vom 8. Juni 1828.

§. 24.

f. Baden und Naſſau.

Von einem andern Prinzip, als die bisher angeführten Grundgeſetze der größeren deutſchen Staaten, geht aus die badiſche Verfaſſung vom Jahr 1818. §. 59, indem ſie ſagt:

„Ohngeachtet die Domänen nach allgemein anerkannten Grundſätzen des Staats- und Fürſtenrechts unſtreitiges Patrimonialgut des Regenten und ſeiner Familie sind, und Wir sie auch in dieser Eigenschaft, vermöge obhabender Pflichten, als Haupt der Familie, hiemit ausdrücklich bestätigen, so wollen Wir dennoch den Ertrag derselben, außer der darauf radicirten Civilliste und außer andern darauf haftenden Lasten, so lange als Wir Uns nicht durch Herstellung der Finanzen in dem Stande befinden werden, Unsere Unterthanen nach Unserm innigsten Wunsche zu erleichtern — der Bestreitung der Staatslasten ferner belassen.

Mit Recht bemerkt hiergegen Held,[1] daß ein Eigenthum des Regenten und der Familie juristisch so wenig denkbar sei, als ein Eigenthum der Familie allein. Ohne Zweifel wollte auch mit jenem unbestimmten Ausdruck nichts anderes bezeichnet werden, als ein Eigenthum des jeweiligen Staatsoberhaupts, eingeschränkt durch die Nachfolgerechte der Familie. Die fernere Beiziehung der Domänen-Einkünfte zur Bestreitung der Staatslasten ist als eine Vergünstigung ausgedrückt, was dem Rechtsverhältniß der Domänen nicht entspricht. Auch die beigefügte Resolutivbedingung war kaum ernstlich gemeint; denn der Eintritt des Falls, daß die Staatsfinanzen den Grundstock jemals werden entbehren können (sonst wurden die Steuern als das Supplement angesehen), ist nicht zu erwarten. Im Uebrigen werden die Domänen wie Staatsgut behandelt: die Verwaltung der Domänen steht unter dem Finanz-Ministerium; die Gesetze über Finanzen werden mit den Ständen verabschiedet. Ohne Zustimmung der Stände darf in der Regel kein Domanium veräußert noch ein Anlehen gemacht werden; Ausnahmen bestimmt die Verfassung §. 57 und 58. Auch die Civilliste (durch Gesetz von 1854 auf 650,000 fl. bestimmt) kann ohne Zustimmung der Stände nicht erhöht, noch ohne Bewilligung des Großherzogs gemindert werden. Daß die heutigen badischen Domänen in die Staatssuccession eingeschlossen und untheilbar sind, wie das Großherzogthum selbst (§. 3), ward auch zweifellos bei verschiedenen Successionsfällen angenommen, zuletzt bei dem Uebergang der Regierung auf die Grafen v. Hochberg, Söhne zweiter Ehe des Markgrafen, nach-

---

[1] System des Verfassungsrechts Th. II. S. 182.

herigen Großherzogs, Karl Friedrich mit Fräulein v. Geyer, unter
Zurückweisung der Successions-Ansprüche Bayerns auf die Surro-
gate für die vormaligen sponheimschen Landestheile. ²) Diesem
Allem — und nicht der angenommenen Patrimonial-Natur —
entspricht auch die Geschichte der badischen Domänen. Der
weitaus größte Theil des heutigen badischen Landes ist erst in
diesem Jahrhundert auf völkerrechtlichem Wege von der Regierung erworben worden. Die ursprünglichen badischen Lande
(Baden, Durlach) waren zwar meist Allod; aber mit den einzelnen Bezirken und Aemtern und den ihnen anhängigen Gefällen
und Gütern war auch dort, wie anderwärts, die Pflicht zur Unterhaltung der Aemter und der Regierung, die Bestreitung der
Kosten der Heerfahrten, der gemeinen Gerichtstage u. s. w. auf
die Markgrafen übergegangen. In dem Hausstatut und Grundgesetz vom 1. Okt. 1806 und in dem Edikt vom 18. Nov. 1808
wurde die Unveräußerlichkeit und Untheilbarkeit der vereinigten
badischen Lande und der einzelnen Güter und Rechte, auch der
neuerworbenen Liegenschaften, anerkannt; die Domänen der alten
und neuen Lande, mit Ausnahme der Privatgüter des Hauses
wurden zu einer Masse vereinigt und der Verwaltung der großherzoglichen Domänenkammer unterstellt. Daß man darin nicht
bloßes Familieneigenthum sah, geht auch daraus hervor, daß im
Jahr 1807 ein Theil der minder bedeutenden Domänengüter im
Werth von einer Million und im Jahr 1808 andere Domänen
im Werth von vier Millionen zur Bezahlung von Staatsschulden veräußert wurden. ³)

---

¹) Der sponheimische Surrogat- und Successions-Streit zwischen Bayern
und Baden. Gießen 1828.
²) Pfister, geschichtliche Entwicklung des badischen Staatsrechts Bd. I.
S. 204 f. unterscheidet: 1) Hausdomänen: darunter versteht er den alten
Stammbesitz des Hauses; 2) Hofdomänen, welche als Ausstattung der
Fürstenwürde und sonstiger Prärogative der landesherrlichen Familie anzusehen
seien; hiervon soll das Eigenthum dem großherzoglichen Staat, das Nutzeigen-
thum aber dem Regentenhause als Stammrechen zustehen, wenngleich die Belehnung ruht; 3. wahre Staatsdomänen: dahin rechnet er die in den vormaligen Reichslehenlanden, sowie in den sonstigen neuen Landen erworbenen Domänen, diese seien vermöge ihrer Natur und Widmung Eigenthum
des Staates und können nur zu Staatszwecken verwendet werden. Unter den

Das nassauische Steueredikt vom 10.—14. Hornung 1809 bestimmt:

§. 1. Die Staatsbedürfnisse, soweit sie nicht durch Einkünfte aus Staatsgütern und Regalien gedeckt sind, sollen durch Besteuerung des reinen Einkommens Unserer Unterthanen aufgebracht werden.

§. 6. Die direkten Steuern sind bestimmt, jenen Ausgabenbetrag zu decken, der durch die übrigen Staatseinkünfte, namentlich von Domänen, Regalien und indirekten Auflagen nicht gedeckt ist.

Zugleich wurde befohlen, daß für jedes Jahr von dem Staatsministerium ein Etat der Einnahmen und Ausgaben angefertigt, dem Herzog vorgelegt und hiernach, mit steter Rücksicht auf die Kräfte der Kontribuenten, die Summe oder die Zahl der zu erhebenden Steuersimpeln festgesetzt werde. Im Widerstreit mit diesen Grundsätzen wurde von der nassauischen Regierung wenige Jahre nachher (1818) ein langer Prinzipienstreit hervorgerufen, indem sie die Einnahmen der General-Domänenkasse von den Staatseinnahmen trennte und über die ersteren dem herzoglichen Hause das alleinige Eigenthums- und Dispositionsrecht, ohne alle ständische Kontrolle, zuschrieb, gleichwohl aber die Stände verpflichtete, die direkten und indirekten Abgaben, jene für 1 Jahr diese für 6 Jahre, zum Voraus zu bewilligen. Zwar heißt es in dem Verfassungspatent vom 1. Sept. 1814: „Wir haben in bringenden Finanzangelegenheiten Domänen Unseres Hauses zum Vortheile der Staatskasse veräußert, indem es Uns nicht als eine Aufopferung erschien, was von unserm Familiengut zur Wohlfahrt des Landes verwendet wurde." Es zeigte sich aber schon auf dem ersten, 1818 einberufenen Landtage, daß nichts

---

in der Verfassungsurkunde als Patrimonialgüter bezeichneten Domänen versteht der badische Publizist die eigentlichen Kammergüter des Großherzogthums, welche keinem Privatbesitzer, sondern dem Staate gehören, dem Regenten aber in der Art eines Patrimoniums oder erblichen Nutzeigenthums zustehen, um daraus, so viel erforderlich, zur Bestreitung des Haus- und Hofaufwandes zu schöpfen, den Mehrertrag aber zu Staatszwecken zu verwenden, wie dies von jeher die Bestimmung der Kammergüter oder jetzigen Staatsdomänen gewesen sei.

Geringeres beabsichtigt werde, als das ehemalige Kammer-Vermögen, nach Ausscheidung einzelner Einkünfte, der alten Rechtspflicht zur Tragung der Regierungskosten zu entheben.*)

Der Streit war noch nicht beigelegt, als der Herzog durch die Ereignisse des Jahres 1848 sich bewogen fand, unter andern Zugeständnissen eine Erklärung der Domänen zu Staatseigenthum, unter Kontrolle der Verwaltung durch die Stände, von sich ausgehen zu lassen (Proklamation vom 5. März 1848) eine Erklärung, die auch in die mit den Ständen vereinbarte Zusammenstellung des anerkannten gesetzlichen Staatsrechts des Herzogthums überging, welche durch die herzogliche Verordnung vom 28. Dez. 1849 publizirt wurde.*) Am 25. Nov. 1851 wurde aber die Gesetzeskraft dieser Verordnung von der Regierung wieder einseitig aufgehoben, jedoch §. 2 die Zusicherung der früher ertheilten verfassungsmäßigen Rechte wiederholt und beigefügt:

Insbesondere erneuern Wir hinsichtlich Unserer Erklärung der Domänen zum Staatseigenthum

---

*) Auf dem ersten Landtage von 1818 wurde regierungsseitig behauptet, daß die General-Domänen-Direktion gar kein anderes als reines Privatvermögen des Regentenhauses zu verwalten habe. Auf einem späteren Landtag erklärte der Regierungskommissär, daß das Regierungsrecht selbst einen ergänzenden Theil des Fideikommisses der Regentenfamilie ausmache, ihr sonach jure domini angehöre. Gerade aus dieser Verbindung des Domänen-Besitzes mit der Staatsgewalt hätte folgerichtig geschlossen werden sollen, daß das Domanium oder Kammergut nicht die Eigenschaft eines Privatfideikommisses oder Familienguts haben könne. Eine eingehende Darstellung des Streits mit Rücksicht auf die verschiedenen Erbantheile des Domaniums enthält die anonyme Schrift: Der Domänen-Streit im Herzogthum Nassau, Frankfurt a. M. 1831. (Verf. soll der vormalige Kammerpräsident, Rechtsanwalt Dr. Herbert sein.)

*) §. 48. „Die Domänen sind Staatseigenthum; ihre Verwaltung geschieht durch die Staatsfinanzbehörde unter Controle des Landtags. Auf den Einkünften der Domänen haftet die Verbindlichkeit, die Kosten für den standesmäßigen Unterhalt des Herzogs und der herzoglichen Familie, sowie die Landesverwaltungs-Ausgaben, soweit dieß möglich ist, zu bestreiten. Der Betrag der für die herzogliche Chatoulle und Hofhaltung (Civilliste) zu verwendenden Summe ist Gegenstand einer Vereinbarung mit dem Landtag." Näheres bei Zachariä, Verfassungsgesetze S. 758.

die Bestätigung der Controle ihrer Verwaltung durch die Landstände, indem dadurch an deren in den Hausgesetzen gewährleisteten rechtlichen Natur und an den daraus für Uns und Unser Haus geschichtlich hervorgegangenen und Uns zur Bewahrung anvertrauten Rechten nichts geändert ist.

Am 1. Mai 1834 erklärte die Regierung, daß keine bestimmte Summe für die Hofdotation mehr (in den letzten Jahren waren 300,000 fl. für den Herzog provisorisch angenommen, ungerechnet 43,000 fl. für Wittum und Appanagen) in den Exigenzetat aufgenommen werde, und daß der Herzog zwar die den Ständen eingeräumte Kontrole über die Verwaltung der Domänen und über die Erhaltung ihrer Substanz fernerhin bestehen lasse, daß er sich aber in der Dispositions-Befugniß über die Revenüen nicht im Widerspruch mit den angestammten Rechten und den Bestimmungen der Hausgesetze beschränken lassen könne.*) Die Stände erwiderten, daß dieß mit den bereits anerkannten Rechten im Widerspruch stehe, und daß die ständische Kontrole auf diese Weise illusorisch würde. Die Regierung beharrte aber auf ihrem Standpunkte und übte die angesprochenen Rechte faktisch aus. Endlich wurde der lange und ermüdende Streit, wobei die Regierung alle Vortheile des Besitzes für sich ausnützte, während die beiden Kammern nicht immer die gleiche Richtung verfolgten, beigelegt durch ein Gesetz vom 23. Januar 1861, worin zwar die Eigenthumsfrage selbst nicht gelöst, aber anknüpfend an den früher (S. 128) erwähnten Erbvereinsvertrag des Gesammthauses Nassau vom Jahr 1783†) verordnet ist, daß die zu dem Kapitalstock des Domanial-Vermögens gehörigen Güter, Renten, Rechte und Gerechtsame weder veräus-

---

*) Mit Recht fügt Zachariä a. a. O. S. 758 hinzu: „Was die im § 2 der Verordnung von 1861 wiederholte Erklärung der Domänen zu Staatseigenthum noch für einen Inhalt haben soll, ist schwer zu sagen."

†) Daß aus diesem Vertrag ein Privateigenthum an den Domänen nicht abzuleiten ist, wurde bereits S. 129 bemerkt. In dem Großherzogthum Luxemburg, welches gleichfalls in den Erbverein eingeschlossen ist (Wiener Congreßakte von 1815. Art. 71), gelten die Domänen für Staatsgut s. unten §. 26.

fert*) noch verpfändet oder mit Schulden belastet werden können ohne Genehmigung der Stände und Agnaten. Die Verwaltung des Domanial-Vermögens, mit Ausnahme derjenigen Objekte, welche zur unmittelbaren Benützung des Hofs dienen (diese stehen unter dem Hofmarschallamt) ist einer unter der oberen Leitung des Finanzministeriums stehenden Finanzbehörde übertragen. Je auf 10 Jahre wird ein Normal-Etat mit den Ständen festgestellt. Die Rechnungen über Vollziehung der Etats werden den Ständen vorgelegt. Die Besoldungen und sonstigen, nicht an sich getheilten Ausgaben werden bei der **Centralverwaltung** zu ⅖ von der Landsteuerkasse und zu ⅗ von der Domänenkasse, bei der **Staatskassendirektion** und den **Recepturen** zu gleichen Theilen getragen; außerdem stellt die Domänenkasse die Gebäude zu den Recepturen. Während hienach das Domänenvermögen alle Vortheile der gemeinsamen öffentlichen Verwaltung und alle Staatsgarantien wie eigentliches Staatsgut genießt, bleibt dasselbe doch mit seinen Einkünften davon geschieden; der Staat wird es sogar noch zu danken haben, daß ihm die bisherigen öffentlichen Gebäude zur fortwährenden Benützung (wie in Sigmaringen und Hechingen) überlassen bleiben. Am wichtigsten und am meisten von dem früheren und neueren Rechte abweichend ist aber die Bestimmung des §. 5, wonach von der reinen Einnahme aus dem Domanial-Vermögen, nach Abzug der Verwaltungskosten, der Schuldentilgungsbeträge und der Wittume, Apanagen und Ausstattungen 10% und, wenn der Reinertrag der Domänenkasse 700,000 fl. oder darüber betragen sollte, 15% aus der Domänenkasse an die **Landessteuerkasse** eingezahlt werden. Als Steuer ist dies zu viel, als Abfindung für die auf den Domänen haftenden Regierungs-Ausgaben zu wenig!

---

*) Ausgenommen die Abtheilung von Gemeinschaften, Ablösung von Grundabgaben und Diensten und die im Wege der Verwaltung nothwendige oder zweckmäßige Veräußerung kleiner Domanial-Grundstücke und die Niederlegung oder Veräußerung überflüssiger Gebäude. Der jährliche Etat über die aus veräußertem Grundvermögen eingehenden Summen und deren Wiederanlage ist den Ständen vorzulegen. §. 1.

§. 25.

g. Die drei hessischen Lande.

Die kurhessische Verfassung von 1831 §. 139 ff. läßt keinen Zweifel darüber, daß die bisher bei den Finanz- und andern Staatsbehörden verwalteten oder nach erfolgter Ausscheidung zur Staatsverwaltung übergehenden Gebäude, Domanial- (Kammer-)Güter und Gefälle, Forsten, Jagden, Fischereien, Berg-, Hütten- und Salzwerke, auch Fabriken, nutzbare Regalien, Kapitalien und sonstigen Werthgegenstände, welche „ihrer Natur und Bestimmung nach als Staatsgut zu betrachten sind oder aus Mitteln des Staats erworben sein werden," zum „Staatsvermögen" gehören und in dieser Eigenschaft der ständischen Kontrole und Mitbestimmung, rücksichtlich der Verwendung der Einkünfte für die Staatsbedürfnisse, anheimfallen. Schon früher (auf den Landtagen von 1786 und 1816 und in Verordnungen von 1814 und 1818) wurden die Domänen als Staatseigenthum benannt.[1] Der Streit zwischen Regierung und Ständen bewegte sich damals hauptsächlich um die Wiederherstellung des alten Steuerverwilligungsrechts[2] und um ein früher bei der Kriegskasse verwahrtes, großentheils aus englischem Gelde für hessische Hülfstruppen im amerikanischen Kriege angesammeltes Kapital-Vermögen von etwa 22 Millionen Thaler, welches der Kurfürst bei seiner Flucht im Jahr 1806 mitgenommen hatte. Die Stände verlangten Sonderung des Staatsver-

---

[1] Geschichtliche Nachrichten über die Natur der kurhessischen Domänen aus älterer Zeit s. bei Pölitz, Annalen Bd. VIII. H. 3. S. 193 f. B. W. Pfeiffer, Fingerzeige für deutsche Ständeversammlungen, Cassel 1849. S. 56. f. Vergl. B. W. Pfeiffer, Geschichte der landständischen Verfassung in Kurhessen, Cassel 1834.

[2] Auch Gegner der Verfassung vom Jahr 1831 erkennen an, daß vormals die Regierungsausgaben auf dem Kammergute ruhten und nur aushülfsweise und zu bestimmten Zwecken Steuern verwilligt wurden, s. Bemerkungen über die ältere ständische Verfassung in Hessen, Berlin 1836. S. 9.

mögens von dem Hausvermögen; aber erst aus Anlaß der Verfassung von 1831 wurde der Streit (auch über den sog. Schatz durch dessen Theilung in zwei gleiche Hälften) beigelegt. Für den Bedarf des kurfürstlichen Hofs an Geld und Naturalien wurde ein Komplex von Domänen und Gefällen auf immer bestimmt, welcher aber wie das übrige Domanialvermögen durch die Staatsfinanz-Behörden verwaltet wird und ohne ständische Einwilligung nicht vermindert werden darf.³) Im Jahr 1848 gingen auch die Domanialen der Rotenburger Quart in Folge des Aussterbens der fürstlich rotenburgischen Linie an die Staatsverwaltung über.⁴)

Auch in dem Großherzogthum Hessen galt früher der Grundsatz, daß der Ertrag der Domänen nicht blos zu dem persönlichen Aufwande des Regenten, sondern auch zu den Landesbedürfnissen zu verwenden und nur das Fehlende durch Steuern zu decken sei. Die Schulden des Landes waren auf die Domänen radizirt; die Ausscheidung eines Theils der Domänen als Familiengut des herzoglichen Hauses fand nicht statt.⁵) Durch die Verfassung vom 17. Dez. 1820 §. 6 ff. wurde ein Drittheil der sämmtlichen Domänen an den Staat zur allmäligen Schuldentilgung abgegeben, mit der Bestimmung, daß die also abgetrennten Domänen auch dann noch zum Staatsvermögen gehören, wenn nach Abzahlung der Schulden der Erlös aus den Veräußerungen nicht mehr zur Staatsschuldenzahlungskasse abzuliefern sei.

„Die übrigen zwei Drittheile bilden das schuldenfreie unveräußerliche Familien-Eigenthum des großherzog-

---

³) Selbst die oktroirte Verfassung von 1852 hat die bezüglichen Vereinbarungen von 1831 nicht angetastet.

⁴) B. W. Pfeiffer a. a. O. S. 58.

⁵) Schon früher pflegte ausnahmsweise der Verkauf von Domänen zur Deckung eingetretener Staatsbedürfnisse verfügt zu werden. Weiß, System des öffentlichen Rechts des Großh. Hessen §. 54. Daraus und aus der auch jetzt noch anerkannten Verwendung zu Bestreitung der „Staatsausgaben" geht doch hervor, daß es nicht bloße Freigebigkeit war, wie Weiß §. 139 annimmt, wenn auch jetzt wieder ein Theil der Domänen zur Schuldentilgung verwendet und dadurch das Domanium freigemacht wurde.

lichen Hauses. Die Einkünfte dieses Guts, worüber eine besondere Rechnung geführt wird, sollen jedoch in dem Budget aufgeführt und zu den Staats-Ausgaben verwendet werden."

Ein Unterschied zwischen diesem sog. Familien-Eigenthum und dem in andern neuen Verfassungen so benannten Staats-eigenthum ist in der Sache nicht zu erkennen: die zu den Bedürfnissen des großherzoglichen Hauses erforderlichen Summen (Civilliste, Apanagen u. s. w.) sind auf das sogenannte Familiengut vorzugsweise radizirt und es soll ohne ständische Einwilligung nichts von demselben verpfändet (noch veräußert) werden. Unter dem Verbot sind nicht begriffen: der Verkauf entbehrlicher oder in andern Staaten gelegener Gegenstände, Vergleiche zur Beendigung von Rechtsstreitigkeiten, Austauschungen, Ablösungen von Lehen, Grundzinsen und Diensten, sowie die Wiederverleihung heimgefallener Lehen. Bei künftigen Erwerbungen soll nach den Rechtstiteln derselben festgesetzt werden, ob sie zu dem Staats- oder Familienvermögen gehören. Die Civilliste wird je auf die Regierungszeit festgesetzt und kann während derselben ohne Bewilligung des Großherzogs nicht vermindert, noch ohne ständische Zustimmung erhöht werden. — Das Privatvermögen des Großherzogs besteht aus den Ersparnissen der Civilliste und sämmtlichem, aus Privatrechtstiteln erworbenen Eigenthum.⁶)

Nach der sog. Verfassung des Landgrafthums Hessen-Homburg vom 20. April 1852 ⁷) hat zur Berathung des Staats-Budgets unter dem Vorsitz eines Regierungskommissärs ein Landes-Ausschuß zusammenzutreten, wozu jeder der beiden Amtsbezirksräthe vier seiner Mitglieder delegirt. Die Bezirksräthe bestehen je aus 5 von der Regierung ernannten und 12—15 von den Bezirken gewählten Mitgliedern. Einen bedeutenden Theil zum Einkommen des Landgrafen wirft der Spielpacht zu Homburg ab.

---

⁶) Weiß a. a. O. §. 60.
⁷) Die vereinbarte Verfassungsurkunde vom 8. Januar 1850 wurde schon im April 1850 durch einen landesherrlichen Erlaß für aufgehoben erklärt.

§. 26.

b. **Holſtein und Lauenburg, Luxemburg und Limburg.**

Die Domänen-Angelegenheit der Herzogthümer Holſtein und Lauenburg iſt bereits oben S. 89 u. f. erwähnt worden. Ich füge nur noch bei, daß die Herzogthümer Schleswig und Holſtein früher zu Einem Landtage vereinigt waren, und daß hier Prälaten, Ritterſchaft und die alten Städte dieſelben Rechte wie andere Landſtände ausübten, daß namentlich die Landesherrn auf die Einwohner jener Lande keine Schatzung oder Bede ohne Zuſtimmung der Stände legen durften (außer auf die Hinterſaſſen landesherrlichen Domänen). Später iſt aus der Bede eine ordentliche „Kontribution" geworden und ſeit dem Landtage von 1711—12 bis in dieſes Jahrhundert hat keine Konvokation der Stände mehr ſtattgefunden. Erſt im Jahr 1831 wurden Provinzialſtände für die beiden Herzogthümer errichtet; aber die alte Realunion zwiſchen denſelben, obwohl ſchon bei der Wahl Chriſtians I. (1460) urkundlich anerkannt, wurde nicht wiederhergeſtellt. Die Verſuche der Jahre 1848 und 1849, während des Kriegs mit Dänemark, die Vereinigung zu vollziehen, endigten damit, daß die Reſte des alten Bandes bis auf wenige, nicht politiſche gemeinſame, Einrichtungen von Dänemark gewaltſam zerriſſen wurden.¹) Noch bemerke ich, daß das däniſche Staatsgrundgeſetz vom Jahr 1849 §. 16 ebenſo wie das mit der proviſoriſchen Regierung verabſchiedete, nachher wieder außer Gebrauch geſetzte Staatsgrundgeſetz für die Herzogthümer Schleswig-Holſtein vom 15. September 1848 Art. 136 für das Staatsoberhaupt eine Civilliſte, in welche einzelne Schlöſſer und andere Theile des Staatsvermögens eingeſchloſſen werden ſollen, in Anſpruch nimmt.²) Die neue däniſche Geſammtver-

---

¹) Bekanntmachung vom 23. Juni 1856 f. die Literatur bei Klüber, Verfaſſungsarchiv II. S. 222 ff. Zachariä, Staatsrecht II. S. 623—29.

²) Als Motiv iſt der Art. 136 des ſchleswig-holſteiniſchen Grundgeſetzes noch jetzt von Bedeutung, wo es heißt: „Alles bisher als landesherrlich bezeichnete Eigenthum und Vermögen jeder Art in den Herzogthümern iſt, da

faſſung vom 2. Okt. 1855 §. 50 beſtimmt: „die Beräußerung einer Domäne der Monarchie oder der Erwerb einer neuen Domäne kann nur in Folge eines Geſetzes geſchehen." [3]) Nach der königl. Bekanntmachung vom 30. März 1863 ſollen (in Folge der Intervention des Bundes) die Finanzen des Herzogthums Holſtein wieder von den Finanzen des Königreichs getrennt und die Verwaltung der erſteren auf das Miniſterium für die Herzogthümer Holſtein und Lauenburg übertragen werden; die Ausgaben für die lokale Verwaltung der holſteiniſchen Domänen und Forſten, ſowie des Zoll-, Poſt- und Telegraphenweſens ſollen vorweg aus den entſprechenden Einnahmen geleiſtet und nur deren Ueberſchuß in die gemeinſchaftliche Einnahme gebracht werden. (Vollſtändig iſt auch jetzt noch die Trennung nicht; auch entbehrt die neue Einrichtung der Zuſtimmung der holſteiniſchen Stände.)

Die Verfaſſung des Großherzogthums Luxemburg vom 9. Juli 1848[4]), wonach (Art. 9) die verfaſſungsmäßigen Regierungsrechte des Königs-Großherzogs gemäß den Beſtimmungen des naſſauiſchen Erbvereinsvertrags von 1783 erblich ſind, kennt nur eine Civilliſte, welche bis 1848 150,000 Fr. betrug, dann auf 100,000 Fr. herabgeſetzt, endlich durch Geſetz vom 15. Januar 1858, einſchließlich der Dotation und Koſten der Statthalterſchaft, auf 200,000 Fr. feſtgeſtellt wurde. Eine aus Domänen beſtehende Krondotation iſt nicht vorhanden. Das Regierungsgebäude zu Luxemburg und das Schloß von Walferdingen ſind zur Wohnung des Königs-Großherzogs während ſeines Aufenthalts im Lande beſtimmt. Die gewöhnlichen Einnahmen des Staates Luxemburg betragen ungefähr 3 Millionen Fr., das 1856 eingeführte permanente Ausgabenbudget 2½ Millionen. [5]) Der Ueberſchuß wird verwendet zu Subſidien für das Medizinalweſen, Handel, Gewerbe und Unterricht. Die Periode 1848—1853 abſor-

ble regierende Linie hier kein Privat- oder Familienvermögen beſitzt, Staatseigenthum. Das däniſche Staatsgrundgeſetz iſt abgedruckt in Rauch's parlamentariſchem Taſchenbuch 5. Lief. S. 250. Das ſchleswigholſteiniſche daſ. 2. Lief. S. 1.

[3]) Zachariä, Verfaſſungsgeſetze 1. Forſ. S. 153.

[4]) Daſ. S. 456. Art. 43.

[5]) Zachariä in Bluntſchli's und Braters Staatswörterbuch Bd. VI. voce Luxemburg.

birte außer einem jährlichen Ueberschuß von etwa 400,000 Fr., noch 600,000 Fr. Erlös aus verkauften Staatsdomänen.

Das im Jahr 1839 an der Stelle des abgetretenen Theils von Luxemburg dem deutschen Bunde einverleibte Herzogthum Limburg nimmt Theil an dem Grundgesetz des Königreichs der Niederlande vom 14. Okt. 1848 (Art. 1 zählt dasselbe unter den Provinzen auf), wonach das Einkommen der „Krone" bei jeder neuen Thronbesteigung durch Gesetz geregelt wird. (Art. 27.)

§. 27.
i. Braunschweig und die beiden Mecklenburg.

Das Herzogthum Braunschweig erhielt schon in dem unter Zustimmung des Landtags erfolgten pactum Henrico-Wilhelmianum von 1535 eine Verfassung, worin neben der Untheilbarkeit des Landes und der Vererbung der Landesherrschaft nach dem Rechte der Erstgeburt die Verbindlichkeit der Regierungshandlungen für den Nachfolger anerkannt, jedoch festgesetzt wurde, daß Schulden, welche ohne Consens der Landschaft von dem regierenden Herrn gemacht worden, für das Land unverbindlich seien. Dieser Grundsatz wurde später wiederholt und es ward weiter ausgesprochen, daß keine Dörfer, Schlösser und andere Stücke des Großherzogthums veräußert, keine allgemeine Abgaben ausgeschrieben werden können, es geschehe denn mit Bewilligung der Stände. Von dem statu publico und vorfallenden Reichs- und Kreisaffairen, wie auch sonst Krieg und Frieden angehenden Sachen und bei allen dem Vaterlande zustehenden Nothfällen war den Ständen ihres Beirathes wegen Mittheilung zu machen. Die Landmiliz und die aus dem Lande der Kriegskasse zufließende Einnahme durften ohne ständische Zustimmung nicht vergrößert werden.[1] Die Verpflichtung des Kammerguts zur Bestreitung der Landesbedürfnisse wurde durch Edict vom 1. Mai 1794 entschieden anerkannt. Die wäh-

---

[1] s. den dem Landtagsabschied v. 1770 beigefügten Extract der ständischen Privilegien bei v. Liebhaber, Einleitung in das braunschweigsche Landrecht, Braunschweig 1791. Th. 1. S. 283 f.

rend der vormundschaftlichen Regierung mit den Ständen revidirte Landschaftsordnung vom 25. April 1820 bestätigte in zeitgemäßer Weise die alten Rechte der Landschaft; dabei wurde ausdrücklich hervorgehoben, daß die Stände die Gesammtheit des Landes ohne besondere Beziehung auf die verschiedenen Klassen, denen sie angehören, repräsentiren.²) Die neue Landschaftsordnung vom 12. Okt. 1832 §. 161 f. bestimmt, daß die Ausfünfte des gesammten, in seinem Bestande zu erhaltenden, Rammerguts wie bisher zur Bestreitung der Bedürfnisse des Fürsten und des Landes zu verwenden seien. Doch wurde jetzt der fürstliche Haushalt von dem Staatshaushalt getrennt, das gesammte zur Bestreitung der Staatsbedürfnisse bestimmte Einkommen aus den Ueberschüssen des Rammerguts und der Steuerverwaltung aber vereinigt und für den Bedarf des Landesfürsten eine Civilliste durch Uebereinkunft festgesetzt. Auch die Apanagen, Einrichtungs- und Ausstattungskosten der Familienglieder sind ihrem Betrage nach, soweit nicht bereits eine Observanz besteht, von einer Verabschiedung mit den Ständen abhängig gemacht. Das Rammergut wird unter der unmittelbaren Leitung des Staatsministeriums von der herzoglichen Rammer in drei Abtheilungen — Domänen, Forsten und Bergwerke — verwaltet. Veräußerungen ohne ständische Zustimmung sind nichtig; dergestalt, daß der Käufer wegen Rückzahlung des Kaufschillings weder an den Landesfürsten noch an eine öffentliche Behörde, sondern nur an die Personen sich wenden kann, mit welchen er kontrahirt hat (selbst die Klage de in rem verso ist ausgeschlossen). Die gewöhnlichen Ausnahmen von dem Veräußerungsverbot kommen auch hier vor. Die Ueberschüsse der Rammerkasse fließen in die Hauptfinanzkasse und werden nebst den bewilligten Steuern zur Bestreitung der Landesbedürfnisse verwendet.

In den mecklenburgschen Landen bestand die eigenthümliche Einrichtung, daß Regierung und Domänen zwischen

---

²) Die Bundesabstimmung über die Vorgänge v. J. 1830, wobei von der Mehrheit anerkannt wurde, daß die Landschaftsordnung v. 1820 nur auf verfassungsmäßigem Wege wieder geändert werden könne, s. in den Verhandlungen der Bundesversammlung von 1830 bis zu den Wiener Conferenzen. Heidelberg 1848. S. 51 f.

ben Herzogen zu Schwerin und Strelitz getheilt waren, die Landstände (Ritterschaft und Städte) aber zu einem Bündniß, der sogenannten Union, sich vereinigt hatten, welche nachher von den Fürsten anerkannt und durch den landesgrundgesetzlichen Erbvergleich von 1775 ausführlich festgestellt wurde.*) Während die Fürsten ihre Ausgaben für Hof und Regierung in den beiderseitigen Landen je aus ihren Kammer-Einkünften bestritten, und nur unter dem Titel von Reichs-, Kreis- und Prinzessin-Steuern, sowie zu Garnisons-, Fortifikations- und Legations-Kosten eine „Kontribution" nach dem mit den Ständen verabschiedeten Modus anzusprechen hatten, wurden die allgemeinen Landesausgaben, d. h. die ständischen Ausgaben für beide Lande, von der Ritter- und Landschaft gemeinsam getragen. Zu den ordentlichen Landesausgaben hatten die Domänen wie die Stände ihren festen Beitrag (12,000 Thlr. einschließlich der Landstädte) an den Landkasten abzuliefern. Was dagegen die sogenannten „außerordentlichen Nothwendigkeiten" und Verwendungen für das „Beste und Wohl des ganzen Landes" betrifft, so wurde der dritte Theil derselben von den Domänen an den Landkasten abgetragen, die übrigen zwei Drittheile aber von Ritter- und Landschaft durch besondere Anlagen aufgebracht. Diejenigen Ausgaben, wovon ein Stand allein Vortheil hatte, waren von demselben besonders zu tragen. Ebenso bestand eine besondere Verrechnung für die Klöster, welche nach der Reformation den Ständen zur Nutzung und Verwaltung überlassen wurden.*) Ueber die Verwendung der zu den gemeinen Ausgaben erhobenen Beiträge und Anlagen hatten die Stände dem Landesherrn keine Rechenschaft abzulegen. — Die Nothwendigkeit, diese veralteten Einrichtungen abzuändern, namentlich das Bedürfniß einer Reform der Landesvertretung, ward im Jahr 1848 von allen Seiten anerkannt und in diesem Sinne für das Großherzogthum Meklenburg-Schwerin mit einer außerordentlicher Weise berufenen Kammer ein Staatsgrundgesetz (10. Okt. 1849)

---

*) Gesetzesammlung für Meklenburg-Schwerin Bd. III. S. 8.
*) Noch jetzt ist Streit zwischen den adeligen und bürgerlichen Rittergutsbesitzern wegen Besetzung der Stellen in den Klöstern, die von den erstern allein in Anspruch genommen werden.

vereinbart, worin nunmehr das „Staats-Vermögen" von dem „Gute des großherzoglichen Hauses" und dieses wieder von dem Privat-Vermögen des regierenden Großherzogs unterschieden und die Feststellung einer Civilliste vorbehalten wurde. Dieses Grundgesetz trat zwar in Wirksamkeit, wurde jedoch auf Klage der mecklenburgschen Ritterschaft, welche sich dadurch in ihren Rechten gekränkt glaubte, durch die auf Erlaß der Bundescentralcommission vom 28. März 1850 niedergesetzte Kompromiß-Instanz am 14. September dess. Jahrs für nichtig erklärt und in dessen Folge für Mecklenburg-Schwerin ebenso wie für Mecklenburg-Strelitz, dessen Großherzog Anfangs gleichfalls nebst der Ritter- und Landschaft zu dem Reformwerk die Hand geboten hatte, die alte Verfassung, leider aber damit auch die alte Stagnation wieder hergestellt [*]).

§. 28.

k. Oldenburg und die anhaltschen Herzogthümer.

Obgleich in dem Herzogthum, jetzt Großherzogthum Oldenburg die landständische Verfassung früher nicht zur Ausbildung gelangt ist, weil die Kammer regelmäßig in dem glücklichen Falle war, die Hülfe der Stände entbehren zu können, so hat doch das konstitutionelle Leben seit dem Jahr 1848 dort rasche Wurzel gefaßt und wesentlich trug dazu bei die Art, wie unter wechselseitigem Entgegenkommen des Großherzogs und der Stände die Geld-Verhältnisse geordnet wurden. Nach einer Vereinbarung vom 5. Februar 1849, welche dem revidirten Grundgesetze von 1852, ebenso wie der Verfassung von 1849, beigeschlossen ist, wurde von dem gesammten, bisher schon von den Staatsbehörden verwalteten Domanialbestande zur Sustentation des großherzoglichen Hauses (Apanagen und Fräuleinsteuer inbe-

---

[*]) Näheres über diese Vorgänge s. bei Wiggers, das Verfassungsrecht im Großherzogthum Mecklenburg-Schwerin. Berlin 1860.

griffen) ein Krongut der jetzt regierenden fürstlichen Familie zum Pachtwerthe von 85,000 Thlr. ausgeschieden, in dessen Besitz der jedesmalige regierende Großherzog sich befindet.[1] Außerdem erhält der Großherzog zu demselben Zwecke aus dem Domanial-Vermögen eine jährliche Jahresrente von demselben Betrage (vorbehältlich neuer Vereinbarung mit dem Regierungsfolger), nebst den vorbehaltenen Schlössern und den bisher unter Hofverwaltung gestandenen Grundstücken und Naturalbezügen. Dagegen gab der Großherzog „die der regierenten fürstlichen Familie zustehenden Rechte an dem gesammten übrigen Domanial-Vermögen zum Besten des Landes auf" und erklärte dasselbe für „Staatsgut." Das Staatsgut bildet eine im Eigenthum des ungetheilten Großherzogthums stehende Gesammtmasse, zerfällt aber in Bezug auf die damit verbundenen Lasten und Beschwerden und den Genuß seiner Anfkünfte, in drei nach den verschiedenen Provinzen (Oldenburg, Fürstenthum Lübek und Birkenfeld) gesonderte Massen. Auch ist der durchschnittliche Ertrag des Krongnts jeder Provinz auf die sie treffende Beitragsquote an den Gesammtausgaben des Staats in Anrechnung zu bringen. (Grundgesetz von 1852. Art. 160.) Das Krongut wird, wie das Staatsgut, durch die Staatsbehörden verwaltet und kann ohne ständische Zustimmung nicht veräußert, noch mit Schulden belastet werden.

In dem Herzogthum Anhalt-Dessau wurde im Jahr 1848 mit einer konstituirenden Versammlung eine Verfassung vereinbart, welche für den Herzog und das herzogliche Haus eine Civilliste von 120,000 Thlr. festsetzte, zu deren Realisirung ein entsprechender Theil des Domanial-Vermögens, sowie der herzoglichen Privatgüter, Forsten und Häuser ausgemittelt werden sollte. Dieser dem Herzog, abgesehen von den ausländischen Gütern, überwiesene Domänen-Antheil sollte nebst den herzoglichen Schlössern, Parken, Gärten und dem Theater (dessen obere Leitung jedoch dem Staatsministerium vorbehalten wurde)

---

[1] Der Reinertrag des Kammervermögens wurde zu 425,000 Thlr. berechnet, s. die kleine Schrift, betitelt: Die Domänen und die Civilliste im Großherzogthum Oldenburg 1848. S. 10. Vgl. Beitrag zur Civillisten-Frage, Oldenburg 1849.

im Eigenthum des herzoglichen Hauses bleiben und zunächst als unveräußerliches Fideikommiß in der Staatserbfolge der herzoglichen Spezialliuie Anhalt-Dessau sich vererben. Alle übrigen im Inlande belegenen Domänen, herzoglichen Privatgüter, Forsten u. s. w. wurden ebenso, wie die im Generaletat aufgeführten Activa auf den Staat übertragen, welcher dagegen sämmtliche Passiva als Staatsschulden übernahm. Auch das vorerwähnte Fideikommiß sollte ohne Genehmigung des Landtags nicht veräußert und ebenso wie das im Ausland belegene herzogliche Eigenthum von den Finanzbehörden unentgeltlich verwaltet werden. Wenn ein zur Regierungsfolge berechtigtes Mitglied der dessauschen Linie nicht mehr vorhanden oder der Herzog der Souveränität verlustig würde, so sollen bezüglich des Vermögens des Staats und der herzoglichen Familie die bisherigen Rechte wieder in Kraft treten. (§. 69.) Dieses Grundgesetz *) wurde am 4. November 1851 von dem Herzog einseitig außer Wirksamkeit gesetzt.

Nach dem Verfassungs-Gesetz für Anhalt-Bernburg vom 28. Februar 1850, welches an die Stelle der Verfassung vom 14. Dezember 1848 getreten ist, bezieht der Herzog eine aus den Auskünften der Stamm- und Fideikommiß-Güter sowie seiner Allodialgüter zu entnehmende Civilliste, deren Betrag für die Lebensdauer festgestellt wird. Die Erträgnisse sämmtlicher Domänen, Regalien u. s. w., überhaupt alle bisherigen Kammer-Einkünfte fließen fortan in die Staatskasse. Auch dürfen die „herzoglichen Stamm- und Fideikommißgüter, sowie alle sonstigen Staatsgüter und Einkünfte" ohne Einwilligung des Landtags nicht veräußert werden. Das Staatsgut und die herzoglichen Stamm- und Fideikommißgüter, sowie das Allodialgrundvermögen des Herzogs, sollen mit Zuziehung des Landtags und der übrigen Betheiligten festgestellt werden. (§. 92—96).

Die gemeinsame Landschaftsordnung für die anhalt-

---

*) Dasselbe findet sich in Rauchs parlamentar. Taschenbuch, 2. Lief. S. 38. Die weiteren Gesetze bei Zachariä, Verfassungsgesetze Bd. 1. und Fortf. 1 und 2.

schen Herzogthümer Anhalt-Dessau-Köthen und Anhalt-Bernburg von 1859 zieht die Grenze zwischen dem Gesammt-Landtage und den Sonder-Landtagen in der Weise, daß u. A. zur Aufnahme von Landesschulden, Veräußerung von Domänen und Forsten, welche zum Stammgut gehören, die Zustimmung der Gesammt-Landschaft gefordert wird (§. 19), wogegen die Finanzgesetzgebung der einzelnen Herzogthümer, namentlich die Eingehung neuer Landesschulden für dieselben, die Verpfändung und Veräußerung von Landes-Eigenthum der Zuständigkeit der Sonder-Landtage vorbehalten ist (§. 31.)

---

§. 29.

1. **Die Fürstenthümer: Schwarzburg-Sondershausen und Rudolstadt, Lichtenstein, Waldeck, Reuß-Schleiz und Greiz, Lippe.**

Nach dem Verfassungsgesetz für das Fürstenthum Schwarzburg-Sondershausen, vom 12. Dezember 1849. §. 68, „bleibt das Kammergut ein immerwährendes und — soweit nicht rücksichtlich einzelner Bestandtheile eine in dem früheren Familienrechte begründete Ausnahme nachgewiesen werden kann — nach der Regierungsfolge forterbendes Fideikommiß des fürstlichen Hauses." Dasselbe muß unbeschadet nothwendiger oder nützlicher Veränderungen mit einzelnen Bestandtheilen seinem Werthe nach unvermindert erhalten werden. „Die Verwaltung und Nutzung des Kammerguts soll aber, mit Ausschluß der zu unmittelbarer Benutzung des fürstlichen Hauses bestimmten Bestandtheile, auf die Dauer der Selbstständigkeit des Fürstenthums nach Vereinbarung einer dem Fürsten zu gewährenden Civilliste, aus welcher alle Bedürfnisse des fürstlichen Hauses und Hofes zu bestreiten sind, unwiderruflich dem Staate überlassen werden." Durch das Gesetz über die Civilliste vom 18. März 1850 und das Gesetz vom 8. Jul. 1852 wurden diese Grundsätze ausgeführt. Gewisse näher bezeichnete Schlösser, Paläste und Gärten wurden mit Zubehörden aus Inventarien der Verwaltung und Benützung des Fürsten vorbehalten, das übrige Kammergut aber der Staatsverwaltung übergeben. Kontrahirung von Kammerschulden und in der Regel auch Veräußerung von Kammerbestandtheilen (selbst außerordentliche Holzschläge) können nur unter Mitwirkung des Landtags geschehen. Durch das Gesetz vom 2. August 1852, die Abänderung des Verfassungsgesetzes von 1849 betreffend, wurde an Vorstehendem nichts geändert, wohl aber wurde die 1850 festgesetzte fürstliche Domänenrente durch Gesetz vom 25. Dezbr. 1859 von 120,000 Thlr. auf 150,000 Thlr. erhöht.

Das Grundgesetz des Fürstenthums Schwarzburg-Rudolstadt vom 21. März 1854 §. 9 bestimmt unter der Aufschrift „von den Domänen" Folgendes.

§. 9. Das ganze Kammervermögen mit allen Rechten und Beschwerden verbleibt immerwährendes fideikommissarisches Eigenthum des fürstlichen Hauses und erbt in demselben nach den Grundsätzen der Staatserbfolge fort. Rücksichtlich der Verwaltung werden besondere Bestimmungen vorbehalten.

§. 10. Domänen können nur mit Zustimmung des Landtags veräußert werden. Zur Veräußerung minder bedeutender Bestandtheile des Domanial-Vermögens, namentlich auch zur Ablösung der Rechte und Verbindlichkeiten desselben bedarf es der Einwilligung des Landtags nicht. Alle aus solchen Veräußerungen und Ablösungen herrührenden Gelder sind dem Domanialstammvermögen zu erhalten.

§. 11. Die gesammten Einkünfte des Domanialvermögens werden nach Maßgabe der hierüber zu treffenden Bestimmungen zunächst zur Deckung der Kosten der Hofhaltung des regierenden Fürsten und zur Sustentation der fürstlichen Familie verwendet. Aus den Ueberschüssen werden die Kosten der gesammten Landesverwaltung mit bestritten.

Das Fürstenthum Lichtenstein (Einwohnerzahl 7,200) erfreute sich seit dem 9. November 1818 einer sog. Verfassungsurkunde, welche den Landständen (Geistlichkeit und Ortsvorsteher, auch andere Männer „von Vermögen und beiträglicher Gemüthsart" aus der Landsmannschaft) das Recht ertheilte, sich „über die Einbringlichkeit der postulirten Summen zu berathschlagen und dafür zu sorgen." Außerdem hatten sie noch das Recht, Vorschläge zu machen; doch durften solche nicht die eigentlichen Domanial-Gefälle oder fürstliche Privatrenten betreffen, weil sie, wenn schon den Namen von Landesregalien führend, gleichwohl fürstliches Privateigenthum seien. Ebensowenig waren Vorschläge oder Petitionen gestattet „im bürgerlichen, politischen und peinlichen Fache", noch in Betreff der äußern Staatsverhältnisse. Das neue Verfassungsgesetz vom 26. Sept. 1862[1]) gibt dem Landtage das Recht zu jährlicher Votirung der Einnahmen und Ausgaben. „Diese Ausgaben haben, da der Fürst von den Landes-Einnahmen nichts für sich behält, nur das in sich zu begreifen, was zur inneren Verwaltung und rücksichtlich der äußeren Verhältnisse erforderlich ist. Ohne Verwilligung des Landtags kann keine direkte oder indirekte Steuer noch irgend eine sonstige Landesabgabe oder allgemeine Leistung ausgeschrieben werden. Der Landtag hat das Recht, in Uebereinstimmung mit dem Fürsten über die Activen der Landeskasse zu verfügen und zur Deckung außerordentlicher Bedürfnisse Anlehen für das Land zu beschließen. Die Aufsicht über die Landeskasse kommt dem permanenten ständischen Ausschusse zu. Ferner kann ohne Verwilligung des Landtags weder der Staat im Ganzen oder ein Theil desselben, noch Staatseigenthum veräußert, auch kein Staatshoheitsrecht oder Staatsreg'al zu Gunsten eines auswärtigen Staats hinweggegeben oder darüber irgendwie verfügt, endlich auch keine neue Last auf das Fürstenthum oder dessen Angehörige übernommen und keinerlei Verpflichtung, welche den Rechten der Landesangehörigen Eintrag thun würde, eingegangen werden. Durch Verordnung vom 28. September 1862 wurde in der Ueberzeugung, daß es den Interessen des Landes und fürstlichen Hauses mehr entspreche, wenn die oberste Verwaltungsbehörde in dem Fürsten-

---

[1]) Zachariä, Verfassungsgesetze, 2. Forts. S. 227.

thum selbst ihren Sitz habe, eine Regierung in Vaduz eingesetzt, (bisher wurde von Wien aus regiert), von derselben aber „vorerst nur in objektiver Beziehung" die fürstliche Domänen-Verwaltung getrennt und angeordnet, daß für dieselbe die Rentenverwaltung zu Vaduz in unmittelbarer Unterordnung unter die Hofkanzlei zu Wien fortzubestehen habe.

Nach dem Staatsgrundgesetz für die Fürstenthümer Waldeck und Pyrmont vom 23. Mai 1849 §. 118 bildet das Domanial-Vermögen in beiden Fürstenthümern eine Gesammtmasse, worauf die Civilliste und sämmtliche Domanialschulden haften. Der Antheil eines jeden der beiden Fürstenthümer an Civilliste, Schulden und Zinsen solle einstweilen und bis zu der vorbehaltenen Finanzvereinigung nach dem durchschnittlichen Reinertrage des dortigen Domanial-Vermögens festgestellt und der verbleibende Ueberschuß der Staatskasse jenes Fürstenthums überwiesen werden. (Hiemit ist die Verbindung der Domänen mit dem betreffenden Lande ausgesprochen.) Die revidirte Verfassungs-Urkunde vom 17. August 1852 §. 84 bestimmt gleichfalls, daß bis zu der künftigen völligen Vereinigung der Finanz-Verwaltung beider Fürstenthümer die Einkünfte und Ausgaben des Fürstenthums Pyrmont besonders verrechnet und nur dessen Beiträge zu den gemeinsamen Kosten in die allgemeine Finanzverwaltung gezogen werden. Dagegen wurde die dem Grundgesetz von 1849 beigelegte Vereinbarung aufgehoben und eine neue Uebereinkunft an die Stelle gesetzt, worin das Einkommen aus Hoheitsrechten und Regalien dem Staate überlassen, auch die Verwaltung des eigentlichen Domanial-Vermögens (mit Ausnahme der durch den Vertrag von 1849 der Hofhaltung zugewiesenen Stücke) einer Abtheilung der Staatsregierung übertragen und unter die Kontrolle der Stände gestellt wurde. Aus den Einkünften des Domanial-Vermögens soll vorab der Unterhalt des Fürsten und des fürstlichen Hauses, welcher nach den Verhältnissen dieses Hauses und den Kräften des Landes bis zu einer gewissen mit den Ständen vereinbarten Grenze von dem Fürsten nach seinem Ermessen festzusetzen (vorläufig die 1849 vereinbarte Summe), bestritten werden, der Ueberschuß aber der Staatskasse resp. den Staatskassen der beiden Fürstenthümer verbleiben. Bei einer späteren Erhöhung der Domanial-Einkünfte soll der die Zahlungen an das fürstliche Haus übersteigende Ueberschuß des Reinertrags (nicht blos der höhere Mehrertrag?) zwischen dem Fürsten und der Staatskasse getheilt werden. Bei Ermittlung des Reinertrags soll alles dasjenige angerechnet, resp. der Domanialkasse zur Last gelegt werden, was derselben vor 1848, namentlich an Beiträgen zu Staatsausgaben und zur Besoldung von Behörden, Staats- und Gemeindedienern obgelegen. Die Einnahmen und Ausgaben der Domanial-Verwaltung bilden Positionen des ordentlichen Budgets. Veräußerungen und Verpfändungen von Domanialstücken, sowie Dispositionen, wodurch die Substanz des Domaniums verringert würde, bedürfen der Genehmigung der Stände, welche in Bezug auf Verwaltung des Domanial-Vermögens überhaupt dieselben Rechte auszuüben haben, die ihnen in Bezug auf die Finanzverwaltung des Staats verfassungsmäßig zustehen. Noch ist zu erwähnen, daß nach §. 83 dieses Gesetzes das „Domanial- und Fideikommiß-Vermögen des fürstlichen Hauses und dessen gräflicher Linie," soweit dasselbe bis zum Jahr 1849 die Steuerfreiheit genoß, auch jetzt der Besteuerung nicht unterliegt.

Nach dem Staatsgrundgesetz für das Fürstenthum Schleiz (Reuß jüngerer Linie) vom 14. April 1852, welches an die Stelle des Grundgesetzes vom 30. November 1849 getreten ist, hat die Volksvertretung, nächst der Ueberwachung des gesammten Staatsvermögens, dahin mitzuwirken, daß nicht nur die Beiträge der Staatsangehörigen zu dem, was die Verwaltung des Landes und das Gemeinwohl erheischen, mit Sparsamkeit gefordert und mit Gerechtigkeit vertheilt, sondern auch die Staatseinkünfte mit Genauigkeit und Gewissenhaftigkeit ihrer Bestimmung gemäß verwendet werden. Die Volksvertretung kann daher immer eine vollständige Uebersicht und Nachweisung der Staatsbedürfnisse und Staatseinnahmen fordern. Nicht verwilligte Steuern dürfen nicht über die nächste Finanzperiode hinaus erhoben werden. Eine von der Regierung einseitig erlassene Verordnung vom 24. Juli 1852 stellte die Verwaltung des gesammten Domanial-Vermögens wieder unter die fürstliche Kammer; die Veräuße-

rung oder Veränderung der Substanz soll lediglich von der
landesfürstlichen Entschließung abhängen.

In dem Fürstenthum Greiz (Reuß älterer Linie) wurde
1848 gleichfalls eine neue Verfassung, welche an die Stelle der
altständischen treten sollte, zum Abschluß gebracht; aber die Publikation blieb aus. Doch unterliegt vermöge des Civillisten-Vertrags von 1850 das Domanium ständischer Kontrolle ²).

Im Fürstenthum Schaumburg-Lippe ward durch Verordnung vom 15. Januar 1816 den neu berufenen Landständen
u. A. das Recht eingeräumt, die zur Staatsverwaltung
nothwendigen Ausgaben nach den ihnen vorzulegenden Rechnungen zu prüfen und die darnach erforderlichen Summen zu bewilligen (wobei der Erbvergleich von 1791 bestätigt wird), ferner
von der Verwendung der Landessteuern Kenntniß zu nehmen,
über die zu erlassenden Landesgesetze ihr Gutachten zu geben und
wenn sie auf die Landesverfassung einen wesentlichen Einfluß haben, ihre Einwilligung zu ertheilen. Hierbei blieb es.

Das Fürstenthum Lippe-Detmold (Lippe) erhielt am
6. Juli 1836 eine Verfassungsurkunde, wodurch den berufenen
Ständen (je 7 Abgeordnete aus Ritterschaft, Städten und der
Klasse der übrigen Grundbesitzer) im Allgemeinen diejenigen Rechte
zugesichert wurden, welche ihnen bis 1805 zukamen. Insbesondere darf nach §. 5 ohne vorhergegangene Berathung und ausdrückliche Verwilligung auf dem Landtage keine neue Anleihe auf
den Kredit der landschaftlichen Kasse gemacht werden. Wie
wenig aber die Absicht war, das ständische Recht der Steuerverwilligung im alten Umfange herzustellen, geht hervor aus der
Berufung auf die Bundesbeschlüsse vom 28. Juni 1832, welche
über die Fortdauer der bisherigen und die Bewilligung neuer
Steuern entscheiden sollten (§. 6). In Fällen, wo das Staatsbedürfniß unaufschiebliche Eile fordern würde, genügt schon, daß
der ständische Ausschuß zur Ueberlegung und Repartition beigezogen wird, vorbehältlich des jus monendi gesammter Stände
auf dem folgenden Landtage und des Nachweises der Verwendung.
Endlich wurde der Ritterschaft und den Städten das frühere

---

²) Ich entlehne diese Notiz Zacharia, Verfassungsgesetze S. 1073.

Recht wieder eingeräumt, je einen qualifizirten Deputirten zum General-Hofgericht sowie im eintretenden Fall zur Landes-Tutel zu ernennen. Zwei Gesetze vom 16. Januar 1849 über die Zusammensetzung des Landtags und die Ausübung der ständischen Rechte wurden am 13. März 1853 von der Regierung aufgehoben und die Verfassung vom Jahr 1836 wiederhergestellt. *)

---

*) s. über die fruchtlose Beschwerde der Ausschuß-Deputirten am Bundestage Zachariä, Verfassungsgesetze S. 1074.

III.
Die Kammergüter in den sächsischen Landen.

§. 30.

Vorbemerkung.

Es ist nicht ohne Interesse, an der Geschichte eines Landes oder mehrerer Lande zu zeigen, wie die Territorial- und Domanialrechte sich allmälig aus den älteren Amts- und Besitzverhältnissen hervorgearbeitet haben, und vor allem bietet die Geschichte der sächsischen Territorien Stoff für eine solche Untersuchung dar. Zwar könnte die Bemerkung Zachariäs S. 50: die Entstehung und weitere Entwicklung der Landeshoheit und des Familienbesitzthums des altfürstlichen Hauses Sachsen, wittinschen Stammes, biete keine bemerkenswerthen Abweichungen von der Begründung und Fortbildung des Rechtszustandes in den andern deutschen Territorien dar und es finde insbesondere auch in Betreff des fürstlichen Kammerguts oder Domaniums derselbe Entwicklungsprozeß statt, wie er als der allgemeine deutschrechtliche erscheine, jede weitere Entgegnung überflüssig machen, da ja bereits zur Genüge gezeigt worden, daß der gemeinrechtliche Entwicklungsgang ein ganz anderer gewesen, als ihn Herr Zachariä darstellt. Dennoch will ich versuchen, einen kurzen Blick in die Entstehung und Fortbildung der Territorial- und Domanialrechte der sächsischen Staaten zu werfen, ehe ich auf die heutigen Rechtsverhältnisse der Kammergüter jener Staaten und insbesondere des fürstlichen Hauses und Landes Sachsen-Meiningen übergehe. Ich werde aber nicht erst mit dem wittinschen Hause beginnen oder mit Zachariä (§. 11) mich begnügen dürfen, einige Erwerbungen dieses Hauses durch Kauf, Erbfolge, Belehnung u. s. w. zu nennen, sondern zurückgehen müssen auf die Geschichte des alten Herzogthums Sachsen, dessen Zerfall und die daraus hervorgegangenen Territorial-Bildungen. Ein erschöpfendes Eingehen kann freilich auf dem beschränkten Raume dieser Schrift nicht erwartet werden.

§. 31.

Das alte Herzogthum Sachsen, dessen Zerfall und Neubildung in dem askanischen, später wittinschen Hause.

Das herzogliche Amt in Sachsen findet sich erstmals in den Händen Ludolfs, welcher schon von Kaiser Ludwig dem Frommen zum Seubgrafen in Sachsen bestellt, um das Jahr 844 aber von Ludwig dem Deutschen als Herzog in Sachsen eingesetzt wurde¹) Im Jahr 859 folgte dem Herzoge Ludolf, welcher erst 864 starb, sein ältester Sohn Bruno und, als dieser im Kampf gegen die Normannen geblieben war (880), dessen jüngerer Bruder Otto der Erlauchte, welcher wieder in seinem Sohn Heinrich einen Nachfolger erhielt. Als Heinrich im Jahr 919 durch Wahl der Fürsten und des Volks zur Reichsregierung gelangte, ward damit das Herzogthum in Sachsen erledigt; der König behielt jedoch dasselbe in unmittelbarer Verwaltung.²) Auch Otto der Große, welcher im Jahr 936 seinem Vater Heinrich auf dem deutschen Thron folgte, entschloß sich erst 961, das Herzogthum Sachsen wieder zu besetzen, indem er dasselbe vor seinem Heerzuge nach Italien an den tapfern Heerführer Hermann Billing übertrug³), und auch dieß hätte er

---

¹) Roswithae carmen de primordiis coenobii Gundersheimensis bei Leibnitz, scriptores rerum brunsvic. tom. II. p. 319: Hegis dono Ludolfus suscepit dominatum. Daß schon eine Urkunde Ludwigs des Frommen von 833 von einem ducatus Saxoniae spricht, hebt die Ansicht, daß erst später das Herzogthum bleibend besetzt worden, nicht auf. In der Reichstheilung von 839 ist ein ducatus Alamanniae genannt, obgleich Alemannien damals von Kammerboten regiert wurde.

²) Primus libera potestate regnavit in Saxonia. Witichindi annales apud Meibom, rer. germ. tom. I. p 634. Dasselbe geschah mit dem Herzogthum Thüringen, welches Heinrich zuvor, wiewohl gegen den Willen Conrads I. inne hatte.

³) Nach Adamus Bremensis hist. eccl. Lib. 2. cap. 4. hätte Sachsen vor Hermann nie einen Herzog gehabt, sondern Otto hätte in ihm den ersten kaiserlichen Statthalter für Sachsen bestellt: Hermanno primum tutelae vicem in Saxonia commisit. Diese Stelle so zu deuten, wie Schaumann, Ge-

gewiß unterlassen, wenn Sachsen als ein Sondergut oder Hausgut angesehen worden wäre, das neben dem Krongute des Reichs und gesondert von diesem hätte vererbt werden können. ᵇ*)

Dem Herzoge Hermann folgte 973, mit Genehmigung des Kaisers, sein ältester Sohn Bernhard und nach dessen Tod abermals der Erstgeborne, Bernhard II. Die beiden Söhne des letztern theilten die väterliche Erbschaft (1061); das Herzogthum empfing aber auch jetzt wieder vom Kaiser der ältere Ordulf. Der Sohn Ordulfs, Magnus, welcher mit dem Herzog von Baiern es gegen Heinrich IV. gehalten hatte, war eben in kaiserlicher Gefangenschaft, als sein Vater starb (1072), und wurde nur freigelassen unter der Bedingung, daß er den Ansprüchen auf das Herzogthum und andern väterlichen Nachlaß entsage; doch erlangte er nachher wieder Alles. Mit ihm starb 1106 der billingsche Mannsstamm aus und nun wurde vom Kaiser Heinrich V. das Herzogthum Sachsen dem Grafen Lothar von Supplinburg verliehen, während der reiche billingsche Allodial-Nachlaß, worunter freilich auch vieles Reichsgut begriffen war, durch Heirath zweier Töchter des Herzogs Magnus theils an das askanische, theils an das welfische Haus gelangte.

Lothar, welcher 1125 den deutschen Thron bestieg, verlieh das Herzogthum Sachsen seinem Schwiegersohn, Heinrich dem Stolzen von Baiern, welchem durch seine Mutter zugleich die Hälfte der billingschen Erblande und durch seine Gemahlin die supplinburgschen, nordheimschen, und altbraunschweigschen Besitzungen zufielen. Kaiser Konrad III. erklärte jedoch den gleichzeitigen Besitz der beiden größten Herzogthümer für reichsverfassungswidrig und verlangte, daß entweder Sachsen oder Baiern dem Reiche zurückgestellt werde. Als der Herzog sich dessen weigerte,

---

schichte des niedersächsischen Volks S. 279: Hermann hätte das Land Sachsen (terra, nicht blos das Herzogsamt) zu Lehen erhalten, oder wie Eichhorn, Staats- und Rechtsgeschichte II. S. 221: es hätte zuvor gar kein Herzogthum Sachsen bestanden, sondern nur ein ducatus limitis, scheint mir gleich unmöglich.

ᵇ*) K. A. Menzel, Geschichte der Deutschen Bd. II. S. 869 ist der Meinung: die Ottonen hätten ihre [sächsischen] Erblande (?) darum weggegeben, um nicht Geringeren gleich zu werden und ihre kaiserliche Hoheit durch abhängige Habe (?) zu erniedrigen (!!).

ward er in die Reichsacht erklärt und Albrecht von Askanien mit dem Herzogthum Sachsen belehnt, der aber, um sein Erbland zu retten, sich bewogen fand, zu Gunsten des minderjährigen Herzogs Heinrich (des Löwen) zu verzichten. Auch dieser fiel 1180 in die Reichsacht. Baiern kam an den Pfalzgrafen Otto von Wittelsbach, die herzogliche Würde in Sachsen aber wurde nun definitiv an Bernhard von Askanien, Enkel des Herzogs Magnus, verliehen.

Man sieht aus diesen Vorgängen⁴), daß das herzogliche Amt von Anfang an regelmäßig dem erstgebornen Sohne vom Kaiser wieder verliehen wurde, entsprechend einer Gewohnheit, welche schon unter den letzten Karolingern sich gebildet hatte.⁵) Ein eigentliches Erbrecht, welches Schaumann⁶) schon bei den Billingern annimmt, wurde nur anerkannt bei freieigenem Landbesitz (heredites, Allod), der nicht blos auf die Söhne, sondern in Ermanglung von Söhnen sich auch auf die Töchter vererbte. Indessen wurde mehr und mehr altes Reichsland und Reichsgut in erblichen Besitz verwandelt, von dem Reichsamte getrennt und erst später theilweise in der Form von Reichslehen das Obereigenthum des Reichs wieder anerkannt.

Es war nicht mehr das alte Sachsen, vom Rhein bis zur Elbe, mit seinen Markgrafschaften und Gaugrafschaften⁷), welches an Bernhard von Askanien überging. Ich will nur einige der Veränderungen anführen. Eine Anzahl früherer Mediatstände, namentlich Bisthümer und Städte errangen für ihre Gebiete, die Reichsunmittelbarkeit. Ebenso die Land- und Markgrafschaften und einzelne andere Grafschaften. Aus dem Theil von Westphalen und Engern, welcher in der Kölner und Pader-

---

⁴) Näheres darüber s. bei Heinrich, sächsische Geschichte Th. 1. Weiße, Geschichte der Chursächsischen Staaten, Bd. 2 S. D. Pfeiffer, über die Ordnung der Regierungsnachfolge in teutschen Staaten überhaupt und in dem herzogl. Gesammthause Gotha insbesondere Th. 2.

⁵) s. oben S. 15. Note 9a.

⁶) Geschichte des niedersächsischen Volks S. 274.

⁷) Regnum Saxoniae cum marchis suis. Divisio Imperii a. 839, bei Pertz, Legum I. p. 373. Daselbst wird auch genannt ducatus Toringiae cum Marchis suis.

borner Diözese lag, wurde ein eigenes Herzogthum gebildet, das
der Bischof zu Cöln verliehen erhielt⁵). — Herzog Heinrich dem
Löwen gelang es, obgleich geächtet, den Kern der welfischen
Allodial-Besitzungen im Norden zu behaupten; doch wurde dieß
vom Reiche erst anerkannt, nachdem ein Theil derselben, welcher
sich auf Otto das Kind vererbt hatte, dem Reiche zu Lehen
aufgetragen war. Nun wurde ein anderer Theil, welcher einstweilen an die Cognaten gelangt war, vom Kaiser zurückgekauft
und aus dem Ganzen ein eigenes, lehnbares Herzogthum, unter
dem Namen Braunschweig-Lüneburg, zu Gunsten Otto's
gebildet⁶). — Schon früher ward von Sachsen die Nordmark
getrennt zu Gunsten Albrechts des Bären, woraus in Verbindung
mit seinem übrigen Besitz die Mark Brandenburg entstand. — Auch
die askanischen Erblande, welche Herzog Bernhard dem Herzogthum hinzugebracht hatte, wurden nach dessen Tode (1211)
großentheils von dem Herzogthum Sachsen getrennt: dieselben
erhielt der ältere Sohn Heinrich, Stammvater des jetzt noch
blühenden anhaltschen Fürstenhauses, während die herzogliche
Gewalt in den untern Gegenden der Elbe mit dem Sitze zu
Wittenberg an den jüngern Sohn Albrecht I. überging.

Unter den Söhnen Albrechts wurde das noch übrige Herzogthum Sachsen abermals getheilt. Johann wurde Stifter der
sachsen-lauenburgschen, Albrecht II. der sachsen-witten-
bergschen Linie, welche letztere nach langem Streite mit Lauenburg das Reichserzmarschallamt und das damit verbundene Kur-
recht behauptete. Zugleich mit Anerkennung dieses Rechts wurde
von Kaiser Karl IV. das Erstgeburtsrecht in dem Kurkreise eingeführt (1355) und kurz darauf, in der sog. sächsischen Bulle
vom 27. Dez. 1356, Rudolph II. mit dem Herzogthum und
der Pfalz Sachsen in der Weise belehnt, daß auf seinen

---

⁵) Constit. a. 1180. (Pertz, Legum II. p. 183) — cum omni jure et
jurisdictione, videlicet cum comitatibus, cum advocatiis, cum conductibus,
cum manuis, cum curtibus, cum beneficis, cum ministerialibus, cum man-
cipiis et cum omnibus ad eundem ducatum pertinentibus.

⁶) Const. ducatus a. 1235 (Pertz, Legum II. p. 318) — civitatem
Brunswich et castrum Luneburch cum omnibus castris, hominibus et pertinenciis suis solvimus et creavimus inde ducatum etc.

unbeerbten Tod sein jüngster Bruder Wenzel vor den Söhnen des verstorbenen ältern Bruders Otto nachfolgen solle. Wenzel succedirte auch wirklich 1376; mit dem kinderlosen Tode seines zweiten Sohnes Albrecht III. aber, im Jahr 1422, erlosch der wittenbergsche Mannsstamm, worauf unter Beiseitsetzung der lauenburgschen Linie, welche die Mitbelehnung nicht gewahrt hatte [10]), Friedrich der Streitbare, Markgraf von Meißen, vom Kaiser Sigismund mit dem Kurfürstenthum und Herzogthum Sachsen nebst dem Burggrafthum Magdeburg und der sächsischen Pfalz Altstadt in Thüringen dermaßen belehnt wurde [11]), daß der Belehnte, seine Erben und Erbeserben Mannesgeschlechts dieselben nebst Zugehörungen und Vorrechten der Kur vom Reiche zu Lehen haben, halten und genießen sollen, wie des Kurfürstenthums und Herzogthums Lehenrecht und Herkommen sei.

So vereinigte sich in den Händen des wittinschen oder meißnischen Geschlechts, des heute noch in den sächsischen Landen regierenden Gesammthauses Sachsen, ein sehr ansehnlicher Länderbesitz und es kam nur darauf an, denselben nebst den zur Erhaltung der reichsfürstlichen Würde dienenden Gütern und Einkünften ungetheilt und ungeschmälert zu erhalten.

---

[10]) Aus demselben Grunde und weil überhaupt im sächsischen Lehnrecht der alte Grundsatz galt: das Lehen erbt nur vom Vater auf den Sohn, konnte auch der anhaltische Fürstenstamm nach dem Absterben der brandenburgschen Linie kein Anrecht auf die Mark Brandenburg geltend machen.

[11]) Lehenbrief vom 1. August 1425 bei Lünig, Reichsarchiv, part. spec. Th. II. S. 6. Voraus ging der interimistische Lehenbrief von 1423 bei Lünig, corp. jur. feud. tom. I. p. 591. Noch 1426 wurde dem Landgrafen Friedrich die Kur und das Herzogthum wider die Ansprüche des Herzogs Erich von Lauenburg, welcher bereits einen kaiserlichen Lehenbrief erwirkt hatte, von Neuem bestätigt.

§. 82.

Ursprung der sächsischen Domänen.

Ich muß hier zunächst Bezug nehmen auf Das, was oben §. 4 und 5 über den Ursprung der Kammergüter gesagt ist. Insbesondere findet hier Anwendung, was S. 55 in Betreff des Ueberganges der alten Reichsgüter und Reichsrechte in die Hände der Landesherren bemerkt worden. Auch in Sachsen hatte ein großer Theil des königlichen Ansehens von Anfang an auf dem reichen Grundbesitze beruht, wozu schon in karolingischer Zeit der Grund gelegt worden; es läßt sich daher leicht ermessen, wie viel diejenigen, welche den Kaisern diesen Grundbesitz aus den Händen wanden, in ihrer Stellung gegen das Volk und gegen das Reich dadurch gewannen und wie eben dadurch die Entstehung der kleineren Territorien, namentlich in Sachsen gefördert wurde [1]).

Schon die ludolfinischen Herzoge waren so ansehnlich mit Reichsgütern versehen (namentlich in Folge der eroberten slavischen Provinzen), daß bei Verleihung des Herzogthums an Heinrich, den nachmaligen deutschen König, Einiges zurückbehalten wurde, um nicht die Macht des National-Herzogthums zu sehr anwachsen zu lassen [2]). Daß eben dieser Heinrich I. und lange Zeit auch Otto I. keinen Anstand nahmen, mit der Reichsregierung die Regierung ihres Heimathlandes Sachsen und namentlich den Besitz der bedeutenden Ländereien zu vereinigen, welche zuvor durch die Herzoge ihres Stammes für den Kaiser verwaltet worden waren, ist bereits (§. 31) bemerkt worden. Die herzoglichen Einkünfte wie die königlichen wurden nun, wie früher in Alemannien (S. 47. Note 4) zur königlichen Kammer

---

[1]) Schaumann, Geschichte des niedersächsischen Volks S. 250.
[2]) Ditmarus merseburgensis lib. l. apud Leibniz script. rerum brunsvic. tom. I. p. 325. — hereditatem jure et maximam beneficii partem gratuito regis suscepit ex munere.

gezogen. Durch Wiederherstellung des Herzogthums in der Person von Hermann Billing hörte zwar die Incamerirung der herzoglichen Einkünfte wieder auf; aber auch Hermann regierte nur als Beamter und Stellvertreter des Kaisers und es ist nicht anzunehmen, daß Otto der Große, indem er seinem alter ego im Norden die Verwaltung des Herzogthums anvertraute, zugleich auf die kaiserlichen Fiskusgüter in zu großem Umfange verzichtet habe³). Jedenfalls blieb noch genug übrig zu Vergabungen an die Kirche und zu Gewinnung weiteren Anhangs, namentlich zur Schaffung eines Gegengewichts wider die nach Unabhängigkeit strebenden Herzoge.

Ein Unterschied zwischen Reichsgut und eigenem Gut des Kaisers ward auch von Heinrich II. (sanctus) bei seinen reichen Stiftungen nicht gemacht⁴).

Mit ihm erlosch (1024) das sächsische Königshaus, nachdem es 105 Jahre dem Reiche vorgestanden und dieses, namentlich in der ersten Zeit, zu großem Ansehen und Wachsthum erhoben hatte. Seit dem Tode Ottos III. war die Energie von dem Hause gewichen und dem Unabhängigkeitsstreben und der Bereicherungssucht der Großen das Feld geöffnet.

Das Herzogthum blieb zwar ein Amt, auch später noch, als dessen Erblichkeit (wenn schon in beschränktem Maße) entschieden war. Seine Bedeutung hing aber wesentlich davon ab, daß der Herzog im Stande war, das Ansehen seines Amtes nicht blos durch einen weitverzweigten Lehenhof, sondern auch mittelst reicher Kammereinkünfte zu behaupten. Daher das Bestreben, eine erbliche Herrschaft, gestützt auf eigenen oder lehenbaren Besitz, neben dem Herzogthum zu gründen.

³) Nach Schaumann a. a. O. S. 272 u. 273 hätte der kaiserliche Fiskus sich seines Rechts am domanio in Sachsen zu Gunsten des Herzogs Hermann begeben, gegen die Verpflichtung, im Norden die Grenze zu sichern.

⁴) Die Worte in der Chronik des Klosters St. Michael zu Lüneburg: ble (episcopatum Babenbergensem) de praediis imperii suisque constituit (1002) beweisen nicht, wie Schaumann a. a. O. S. 250 annimmt, daß unter Heinrich II. obiger Unterschied aufgekommen sei; vielmehr entsprechen diese Worte dem alten Kanzleistyl, welcher die Bezeichnung: Reichsgut und kaiserliches Gut, camera imperii und camera imperialis lauteleglich neben einander gebraucht s. eben S. 50 und 51.

Wer wollte auch, wenn nach hundertjährigem und längerem Verbleiben in Einem Hause die herzogliche Würde in andere Hände überging, das Amts- und Lehengut von dem erblichen Gut genau unterscheiden? Häufig wurde das Reichsgut gerade benützt, um zweifelhafte Ansprüche auf die Nachfolge im Herzogthum abzufinden. Auch die Bischöfe und Grafen wußten mehr und mehr altes Reichsland und Reichsgut in bleibenden Besitz zu verwandeln. Die eroberten slavischen Provinzen hätten als Ersatz für das entfremdete Reichsgut dienen können; aber auch hier machte der eroberte Herzog oder Grenzgraf nicht selten eigene Rechte geltend, oder er prätendirte wenigstens, daß ihm und seinen Nachkommen das gewonnene Territorium mit zugehörigen Gütern als lehenbares Land verliehen wurde.

Vergeblich suchte Heinrich IV. die kaiserlichen Rechte an dem domanium in Sachsen wiederherzustellen. Auch der Kampf, in welchen nach Lothars Tode die Kaiser schwäbischen Stammes gegen die Welfen und Sachsen verwickelt wurden, betraf weniger das herzogliche Amt in Sachsen als den großen Zuwachs an Macht, welchen die Welfen als Erben der Billinger und Supplinburger hinzubrachten. Kaiser Konrad III. war bereit, sich mit Heinrich dem Stolzen zu vergleichen, wenn dieser nur einen Theil der von Lothar erhaltenen Besitzungen an das Reich zurückgegeben hätte *). Der Streit wiederholte sich mit Heinrich dem Löwen; aber wenn gleich dieser unterlag, die in erblichen Besitz verwandelten Städte und Lande blieben seinen Nachkommen; nur wurde das Obereigenthum des Reichs wieder zur Geltung gebracht. Mit den Städten und Landen selbst wurden auch hier die zugehörigen Burgen und Güter in die 1235 erfolgte Belehnung eingeschlossen (oben S. 213 Note 0).

In gleicher Weise wurde es auch bei andern Territorien gehalten, welche seit der Sprengung des alten Herzogthums Sachsen ein selbstständiges Dasein erlangten. Ich erwähne hier nur diejenigen Lande, welche in dem jetzigen sachsen-meißnischen Hause sich vereinigten und später mit dem Namen Sachsen bezeichnet wurden. Dabei muß ich aber (gegen Zacharis)

---

*) Conrad. Urperg. a. 1139.

zunächst wiederholen, daß ein Beweis für die Privateigenthumstheorie nicht aus dem translativen Erwerbtitel dieses oder
jenes Besitzthums, wie Kauf, Tausch, Schenkung, Belehnung,
zu führen ist. Denn es konnten unter diesen verschiedenen Titeln, wie schon früher bemerkt worden, ebensowohl öffentliche als
Privatrechte übertragen werden. Auch an der Natur des Territorialrechts ward dadurch nichts geändert, daß dasselbe kauf-
oder schenkweise, oder im Wege der Pfandsatzung, Belehnung,
des Erbgangs an den Territorialherrn gekommen: dasselbe
blieb nichts desto weniger ein öffentliches Recht. — Ebensowenig ist es geschichtlich zulässig, die landesherrlichen Einkünfte wie reinen Privatbesitz getrennt von der Landesherrlichkeit zu betrachten: denn jene waren mit dieser stets verbunden. Jedes auf die eine oder andere Weise erworbene Amt*)
oder Land brachte zugleich die zu seiner Verwaltung und Regierung erforderlichen Einkommensquellen mit sich. Auch war es
Gebrauch, die separaten Verwaltungs-, Gerichts- und Regierungskosten einzelner Landestheile: Schlösser, Städte, Dörfer, Amtsbezirke, Herrschaften zunächst aus den dortigen besonderen Einnahmen zu bestreiten und nur die Ueberschüsse an die landesherrliche Kammer abzuliefern. Wenn also in den alten Kauf-
oder Lehenbriefen und ebenso bei Landestheilungen nur einzelne
Schlösser, Aemter oder Orte genannt wurden, so ist daraus
nicht zu schließen, daß es an wirthschaftlichen Mitteln, wie
Höfe, Waldungen oder einzelne Grundstücken gefehlt habe;

---

*) v. Seckendorf, Fürstenstaat I. 2. §. 3. bemerkt über die Aemter
des Landes und deren Zugehörungen Folgendes: „Gemeiniglich aber und nach
uhraltem Gebrauch sind die teutschen Fürstenthümer in gewisse Kempter
ab- und eingetheilet, also daß etliche Städte, Dörffer und Flecken entweder
wie sie miteinander erblet oder erhandelt, oder sonst nach der Gegend und
Bequemligkeit zusammengeschlagen und einem Beamten zur Verwaltung an-
vertrauet werden." Vorschläge über Amtsbeschreibungen s. in den additionen
§. 9. Schon 1317 wurden für einzelne Aemter, z. B. Hildburghausen-
Heldburg, Urbarien, Grundbücher gefertigt, welche die dazu gehörigen Orte
nach den dortigen Jurisdictions- und Abgabenverhältnissen, herrschaftlichen
Gebäuden und Gütern beschreiben. Schultes, Coburger Landesgeschichte des
Mittelalters S. 67. Ein Salbuch der hennebergischen und coburger Lande v.
1340 s. das. Beil. S. 45—63.

diese wirthschaftlichen Besitzungen, welche wir heutzulage Domänen nennen, waren wie andere lehensherrliche Einkünfte immer in den Landeserwerb, der die Hauptsache war, eingeschlossen.

Auch die von Zacharlä S. 50. Note 49 beispielsweise genannten Besitzthümer Camburg, Pleißner Land, Burggrafschaft Altenburg u. s. w. waren keine Domänen im heutigen Sinne, sondern Dominien oder Herrschaften, Grafschaften, „Laub' und Lente", kurz Reichslande, Territorien mit Landeshoheit und Gütern, auch sonstigen entsprechenden Einkünften versehen. Es kommt also im Grunde nicht darauf an, wie die Territorien an das sächsische Haus gekommen sind, ob altdynastischer Besitz oder mit dem Reichsamte verbundene Beneficien die Grundlage bildeten: immerhin war der Territorialherr gehalten, die Territoriallasten, namentlich den Reichsdienst und den Regierungsaufwand, selbst zu bestreiten. Einige Bemerkungen über den Ursprung der sächsischen Lande und damit auch seiner Domänen kann ich jedoch nicht umgehen.

Das **Markgrafthum Meißen**, früher ein persönliches Reichsamt, kam mit den zugehörigen Beneficien 1127 durch Gunst des Kaisers an Konrad, Grafen von Wettin, den Stammvater des heutigen sächsischen Gesammthauses, welcher nach dem Tode seines Vetters, des Grafen Heinrich von Wettin zu Eilenburg, auch dessen Besitzungen und 1143 die Reichsdomäne (Grafschaft) Rochlitz erhielt. Sein ältester Sohn Otto wurde Nachfolger in der Markgrafschaft, als dem Hauptlande; die andern Besitzungen, nämlich die gleichfalls reichslehenbaren Grafschaften Rochlitz, Wettin und Brena kamen an die 3 jüngern Söhne. Graf Otto III. von Brena aus einer dieser Nebenlinien schenkte die Grafschaft Wettin dem Erzstift Magdeburg für den Fall seines kinderlosen Todes, der 1288 eintrat. Damit trat Wettin außer dem Hause. Die reichslehenbare Grafschaft Brena mit Kamburg und Torgau fiel gleichzeitig, weil kein Leibes-Lehens-Erbe des letzten Besitzers vorhanden war, an das Reich zurück und wurde sofort an die Herzoge von Sachsen-Wittenberg verliehen (1290), welche seit 1269 auch die Burggrafschaft und das Grafending zu Magdeburg und Halle (sächsische Pfalzgrafschaft) durch kaiserliche Belehnung besaßen. Erst 1423 kam die

Grafschaft Breua mit dem übrigen Besitzthum der Herzoge von Sachsen (Wittenberg) wieder an das meißnische Haus.

Thüringen bildete bekanntlich früher ein eigenes Herzogthum, welches jedoch von den sächsischen Kaisern nicht wieder besetzt wurde. Dagegen bestellte Otto der Große 968 einen Markgrafen (Günther) über einen Theil von Thüringen, zum Schutze der Grenze gegen die Wenden. Zu Ende des 11. Jahrhunderts verschwand dieses Amt und bald darauf (1130) errichtete Kaiser Lothar das Landgrafenamt in Thüringen, welchem gleich der herzoglichen Gewalt die Grafen und Dynasten des Landes untergeordnet waren. Im Jahr 1247, nach dem Tode Heinrichs Raspe, wurde die Landgrafschaft nebst der Pfalzgrafschaft Sachsen an Markgraf Heinrich den Erlauchten von Meißen verliehen. Doch fehlte nicht viel, so wären in Folge der Mißhelligkeiten im Hause des Landgrafen Albrecht (Heinrichs Sohn) und der fortdauernden Landfriedens-Störungen [a]) Thüringen und Meißen von dem Reiche eingezogen worden. Erst nach langem Streite wurde durch Vergleich vom 19. Dez. 1310 die Erblichkeit des Landgrafthums Thüringen und des Markgrafthums Meißen nebst allen deren Dominien und Zubehörden förmlich anerkannt und dem Sohne Albrechts, Friedrich, die Belehnung mit den vom Reiche herrührenden Rechten zugestanden.[b])

Auch die Reichsvogtei des pleißner Landes, welche schon von Kaiser Friedrich II. (1246) und wiederholt von Heinrich VII. (1311) den Markgrafen von Meißen verpfändet und in der

---

[a]) s. die kaiserlichen Urkunden v. 13. Nov. 1295 und 4. Jan. 1303 bei Pertz Leg. II. p. 463. 480. In der erstern werden alle Edlen, Ministerialen, Städte und Einwohner Thüringens gegen Brechung des von ihnen beschwornen Landfriedens in Schutz genommen.

[b]) Ludewig reliq. tom. XI. p. 676. — praefato Friderico et suis heredibus Landgraviatum Thuringiae et Marchionatum Misnensem cumuniversis eorum dominiis et pertinenciis, sicut et ipsum Fridericum, tanquam ad verum heredem et legitimum successorem sunt rite et rationabiliter devoluti, et sicut progenitores sui tenuerunt, cum omnibus juribus, que ab imperio de jure debet habere, conferre et ipsum investire debet, prout moris est Imperii de eisdem. Vgl. Michelsen, die Landgrafschaft Thüringen unter den Königen Adolf, Albrecht und Heinrich VII. Jena 1860. S. 24.

Folge nicht mehr eingelöst wurde, war Reichslehen; ebenso das Burggrafenthum Altenburg und Schloß Schmöllen, ferner die Grafschaft Orlamünde (1344 durch Kauf erworben), das Fürstenthum Landsberg.

Diesen und andern Landen wurde sodann im Jahr 1425 durch kaiserliche Gunst der ehrenvolle Erwerb des Kurfürstenthums und des Herzogthums Sachsen beigefügt. Auch hier kann nicht gezweifelt werden, daß mit dem Herzogthum oder, wie es in dem Lehenbrief auch heißt, mit der Herrschaft zu Sachsen die Zugehörungen, namentlich die Rechte des herzoglichen Lehenhofs, gegenüber den noch vorhandenen herzoglichen Vasallen, und die landesherrlichen Kammergüter an den neuen Erwerber gekommen sind: denn in die Belehnung Friedrichs des Streitbaren wurden ausdrücklich eingeschlossen die zugehörigen Grafen, Herren, Mannen, Ritter, Städte, Lande und Leute, Nur wurden die Leibgedinge der drei Wittwen von Sachsen auf etlichen Schlössern und Herrschaften im Lande zu Sachsen bis zum Tode dieser Wittwen vorbehalten.

Nach dem Tode des ersten Kurfürsten aus dem meißnischen Hause erhielten dessen Söhne für sich und ihre Erben die kaiserliche Bestätigung aller mit dem Kurfürstenthum und Herzogthum zu Sachsen, der Landgrafschaft zu Thüringen [7]) und der Markgrafschaft zu Meißen verbundenen Herrschaften, Lande, Leute, Straßen, Städte, Schlösser, Pfandschaften, Mannschaften, Lehenschaften, Eigenschaften, Zölle, Geleite, Renten, Nutzungen, Zinse, Gülten, Gerichte und anderer Zugehörungen (1428) und überdieß am 20. September 1430 die Gesammtbelehnung mit diesen Besitzungen [8]), jedoch so, daß der erstgeborne Friedrich

---

[7]) s. die Urkunde bei Lünig corp. juris feud. tom. p. 594. Der Grund, warum Thüringen hier schon eingeschlossen ist, obgleich die Landgrafschaft erst nach dem Tode Herzog Friedrichs des Friedfertigen (1440) an die Söhne Friedrichs des Streitbaren kam, liegt darin, daß schon 1420 der letztere auf Grund der mit seinem Vetter eingegangenen Erbverbrüderung die Sammtbelehnung mit Thüringen erhalten hatte. Auch die Landgrafschaft Hessen wird aus gleichem Grund in dem Lehenbrief von 1442 aufgeführt.

[8]) Die kaiserliche Belehnung wurde auch später immer von den sächsischen Häusern gemeinsam nachgesucht und erhalten, s. über die Formalien

der Sanftmüthige mit dem Kurfürstenthum insonderheit belehnt wurde. Ein neuer kaiserlicher Lehenbrief vom Jahr 1442 umschloß gleichfalls sämmtliche Besitzungen — „es sei vorher Eigenthum gewesen oder nicht." Die letztere Bemerkung betraf besonders die Koburger Pflege, welche schon einen exemten Theil der alten südthüringischen Mark bildete, 1353 von Friedrich dem Strengen durch Heirath mit einer Gräfin von Henneberg erworben und nun dem Kaiser Friedrich III. zu Lehen aufgetragen wurde. Dahin gehörten Schloß und Stadt Koburg und andere Schlösser und Städte in Franken: Königsberg, Hellburg, Rauf, Schauenburg, Neuhaus, Hilbburghausen, Sonneberg, Eisfeld und Rota mit allen Zugehörungen*).

§. 33.

Veränderungen und Theilungen.

Sowohl vor als nach dem Erwerb Sachsens fanden verschiedene Theilungen in der meißnischen Familie statt. So gab Heinrich der Erlauchte († 1287) schon bei Lebzeiten einen Theil der Lande an seine beiden Söhne, indem er nur Meißen und die Lausitz zurückbehielt; der älteste Albrecht erhielt Thüringen, der jüngere Dietrich andere, früher zur Mark Thüringen gehörige Besitzungen, welche man unter dem Namen Osterland begriff. Nach mehreren weiteren Theilungen war Friedrich der Gebissene wieder der alleinige Besitzer der Lande. Sein einziger Sohn Friedrich der Ernsthafte erhielt 1328 die kaiserliche Belehnung mit Meißen, Thüringen und dem Osterland. Aber auch jetzt blieb es nicht bei der Einheit des Ländergebiets; vielmehr fanden unter den Nachkommen des ebengenannten Friedrich wieder mannigfache Theilungen und Absonderungen statt.

---

des Akts, die vielfachen Kniebeugungen der verschiedenen Gesandten u. s. w., den Bericht v. J. in Hellfelds Beiträgen Th. 1.

*) s. Lehenbrief für Kurfürst Friedrich II. und Herzog Wilhelm zu Sachsen über ihre Reichslehen und Regalien von 1442 bei Lünig corp. jur. feud. tom. I p. 595.

Man muß in dieser Beziehung unterscheiden: die Oerterung, d. h. die Theilung des Einkommens, und die wirkliche Theilung der Lande und Güter (Thattheilung). Eine sog. Oerterung wurde im Jahr 1379, vorläufig auf 2 Jahre, unter den Söhnen Friedrichs des Ernsthaften vorgenommen. Der gesammte Länderbesitz wurde in 3 Orte oder Sitze, möglichst gleich mit Renten, Nutzungen und Zugehörungen ausgestattet, getheilt. Friedrich der Strenge erhielt das Osterland, Balthasar Thüringen und Wilhelm Meißen. Dabei sollten die wichtigsten Regierungsrechte immer noch gemeinschaftlich unter Friedrichs Leitung ausgeübt werden. Auch wurde festgesetzt, daß keiner in seinem Ortland eine neue Steuer oder Bede heischen oder setzen solle, daß an den Rechten und Gerechtigkeiten der Lande (Verfassung) einseitig nichts geändert, daß kein Gut, Schloß oder Rente verkauft, vergeben oder versetzt werden dürfe, daß bei Lehensheimfällen das ledige Gut bei dem Orte zu bleiben habe, worin es gelegen, und daß die Huldigung von Dienstmannen, Vögten oder Amtleuten für die 3 Herren gemeinschaftlich zu empfangen sei.

Nach Friedrichs des Strengen Tode (1382) wurde die Gesammtregierung aufgelöst und zu einer wirklichen Theilung der drei Lande geschritten; die Mannschaften und Amtleute in jedem Landestheile wurden von der Huldigung gegen die andern Landesherren losgesagt. Aber schon im Jahr 1387 suchte man den Schaden wieder gut zu machen. Um merklichen Gebrechen und Schäden der Fürstenthümer, Herrschaften, Lande und Leute zu begegnen, entschlossen sich die fürstlichen Brüder Wilhelm I. und Balthasar nach dem Rathe der Herren und Mannen, ihre Lande in Form einer Erbverbrüderung mit gegenseitiger Erbhuldigung wieder zusammenzulegen. Im Jahr 1403 traten die Söhne Friedrichs des Strengen dieser Erbverbrüderung bei, indem sie alle Lande zu Thüringen, Meißen und Osterland, Lande und Schlösser zu Franken, zu Hessen und alle Schlösser, Lande und Güter, so erkauft, erkriegt oder sonst erworben waren oder noch würden, in derselben Weise verbanden. Doch solle bis zu erfolgendem Anfall jeder Theil das Recht haben, sein Fürstenthum selbständig zu regieren,

auch Schlösser und Städte oder andere Landestheile, wo es nöthig, jedoch ohne Arglist und Gefährde zu versetzen oder
zu verkaufen.

Eine andere Theilung wurde im Jahre 1411 von den Söhnen Friedrichs des Strengen, Friedrich dem Streitbaren und
Wilhelm II. auf 4 Jahre beliebt; jener erhielt den meißnischen,
dieser den osterländischen Theil. Dies war wieder eine bloße
Nutztheilung, welche im Jahre 1415 auf 12 Jahre mit
einigen Aenderungen erneuert wurde. Abermals wurde im Jahr
1438 zwischen den Söhnen Friedrichs des Streitbaren, welcher
1425—36 in Folge des unbeerbten Todes Wilhelms II. Meißen,
das Osterland und Sachsen allein regiert hatte (Thüringen war
damals noch in den Händen Friedrichs des Friedfertigen, Sohnes von Balthasar) eine Oerterung auf 9 Jahre vereinbart:
jeder der drei damals noch lebenden fürstlichen Brüder, Friedrich der Sanftmüthige, Sigmund und Wilhelm III. erhielt gewisse, namentlich verzeichnete Orte: Meißen, Altenburg, Weißenfels u. s. w. mit Zehnten, Gerichten, geistlichen und weltlichen
Lehen und allen andern Zubehörungen in Besitz. Eine eigenthümliche Zutheilung bestimmter Güter und Rechte fand auch hier
nicht statt, sondern nur eine getrennte Benützung; die wichtigeren
Landessachen (Heerbann, Besetzung der Aemter) wurden gemeinschaftlich ausgerichtet. Auch die Landtage blieben gemeinschaftlich.

Diese Art von Theilung, welche immer nur persönlich und auf
bestimmte Zeit eingegangen wurde, gewährte den Vortheil, daß der
Zusammenhang von Land und Leuten gewahrt, die einseitige Veräußerung von Landestheilen, Gütern und Rechten gehindert und die
gegenseitige Erbfolge gesichert war. Indessen hatte die gemeinschaftliche Regierung doch auch viele Unbequemlichkeiten. Schon
im Jahr 1437, als Herzog Sigmund unter Vorbehalt einer Leib-
zucht (einige Schlösser und Städte nebst Lieferungen an Geld
und Getraide) sich in den geistlichen Stand begeben hatte, wurden daher die beiden andern Brüder zu Frieden, Nutz und
Frommen der Lande, nach Rath der Grafen und Herren,
der Räthe, Mannen und Städte dahin einig, daß Kurfürst
Friedrich den zurückgefallenen Landestheil Sigmunds, mit dem
Sitze Weißenfels, und den Wilhelms, mit dem Sitze Koburg, durch

Vögte verwalten und dagegen zur Bestreitung des Hofhalts des letztern einen bestimmten Abtrag geben sollte. Diese Uebereinkunft, nur auf 3 Jahre geschlossen, wurde 1439 durch eine neue, von den Ständen verglichene Satzung und Oerterung ersetzt.

Indessen nach dem Anfall Thüringens durch den Tod Friedrichs (1440) genügte auch diese Einigung nicht mehr. Man kehrte zu einer wirklichen Landestheilung zurück und suchte nur den Nachtheilen derselben auf anderem Wege zu begegnen. Nachdem beide Brüder 1442 in der früher angeführten Weise sich vom Kaiser hatten belehnen lassen, schlossen sie auf Rath der Bischöfe, Prälaten, Grafen, Herren, heimlichen Räthe, Mannschaften, Landschaften und Städte am 10. Sept. 1445 einen Vertrag, wodurch die gesammten Lande, nämlich Thüringen, Meißen, Osterland, die Orte gegen Böhmen, Voigtland und Franken, nicht aber auch das Kurland Sachsen, welches der ältere Friedrich voraus erhielt, zwischen Kurfürst Friedrich dem Sanftmüthigen und Wilhelm III. in zwei Theile zerlegt wurden: 1. Thüringen mit den namentlich bezeichneten Schlössern und Städten, Herrschaften, Prälaturen, Klöstern, Mannschaften, Würden, Lasten, Herrlichkeiten, Wäldern, Wildbahnen, Fischereien, Zöllen, Geleiten und sonstigen Zu- und Einbehörungen; 2. Meißen mit den aufgeführten Stücken und Pertinenzien. — Dabei wurde festgesetzt: alle Lehen sollen bei dem Lande bleiben, wo sie gelegen, die Schulden aber (283,053 fl.) zu gleichen Theilen auf das Land zu Thüringen und Meißen übernommen werden. Kurfürst Friedrich erhielt Meißen, Wilhelm Thüringen mit den zugeschlagenen Orten. Die Theilung hatte langen Unfrieden und zweijährigen Bruderkrieg zur Folge. Unter Vermittlung der Stände (Prälaten, Grafen und Herren, Ritter, Mannschaften und Städte), welche sich deßhalb 1445 zu gegenseitigem Schutze vereinigt und verpflichtet hatten, nöthigenfalls die Landesfolge zu verweigern,[1]) wurde endlich in einem Vertrage vom 18. Nov. 1446

---

[1]) Als Motiv dieser Landschaftsvereinigung wird angegeben: wie lange Zeit die Lande Thüringen, Meißen, Osterland, die Orte in Franken und Voigtland in guter Regierung, Frieden und Wohlfahrt gestanden und wie nun, nachdem die Fürsten nicht mehr in der alten, vom Großvater beliebten

Beutscher, die Rechte des Staates an den Domänen. 15

beschlossen, die Zusammengehörigkeit der Lande durch eine erbliche und ewige Einung (Erbverbrüderung) und gegenseitige Erbhuldigung zu sichern; auch solle sich kein Theil ohne den andern belehnen lassen. Erwerbungen in gemeinschaftlichen Kriegen an Schlössern, Städten u. s. w. sollen demjenigen zufallen, in dessen **Landestheil sie gelegen**, auswärtige Erwerbungen getheilt werden.

Nach dem Tode des Kurfürsten Friedrich des Sanftmüthigen (1464) regierte sein Sohn Ernst in Kursachsen allein, in den meißnischen Landen gemeinschaftlich mit seinem Bruder Albert, während Wilhelm, gleichfalls Herzog von Sachsen genannt, immer noch den thüringischen Antheil besaß.

Auf das Ableben Wilhelms (1482), der 1446 die erste Landesordnung für Thüringen erlassen hatte, fiel Thüringen an die Kurlinie zurück und nun wurden zwischen **Ernst und Albrecht am 26. August 1485**, „mit guter Vorberathung und zeitigem Rathe ihrer Landschaft, von beiden, geistlichen und weltlichen Ständen", die vereinigten Lande mit Ausnahme Sachsens, welches Ernst als Kurfürst behielt, abermals getheilt, wobei Ernst Thüringen, mit Einschluß der Pflege Koburg, Herzog Albert aber Meißen erhielt. Die Aemter des ehemaligen Oster- und Pleißner Landes wurden getheilt und einige Territorialstücke in Gemeinschaft behalten.*) **Seitdem sind die sächsischen Lande nicht wieder zusammengekommen.**

Weise beisammen bleiben wollen, große Zwietracht im Lande entstanden, so daß es Noth thue, den Herrn zu entsetzen und zu scheiden, wozu niemand besser passe als die Landschaft; sie wollten also ihre Versöhnungsversuche machen und wo jemand unter ihnen dabei Unrecht oder Schaden geschähe, alle zu einander stehen und die Landfolge in diesem Falle verweigern.

*) Lünig. Reichsarchiv Parl. sp. cont. II. p. 237. Die kaiserliche Bestätigung vom 21. Februar 1486 bei Lünig, corp. jur. feud. tom I. p. 599 führt als Gegenstand der Theilung und der Sammtbelehnung der fürstlichen Brüder auf: die Burggrafschaft und Grafschaft zu Magdeburg und Halle, die Pfalz zu Sachsen, die Grafschaften zu Brena und Orlamünde, die Herrschaft zu Pleißen, das Burggrafthum zu Altenburg und zu Meißen, sammt den Schlössern Frauenstein, Hartenstein und ihren Mannschaften, Märkten, Dörfern, Herrlichkeiten und Zugehörungen, ferner das Fürstenthum zu Landsberg und die Schlösser und Städte zu Franken, mit Namen Koburg (Schloß

§. 34.
Sachsen albertinischer und ernestinischer Linie. Weitere Theilungen.

Herzog **Albrecht**, Stifter der **albertinischen** Linie, erhielt vom Kaiser Maximilian I. im Jahre 1495 einen besondern Lehenbrief über seine Lande und zugleich die Gesammtbelehnung wegen des Kurfürstenthums und der übrigen Länder ernestinischer Linie. Auch verordnete der Herzog in einer testamentarischen Disposition vom Jahre 1499, daß seine erblichen Lande nicht weiter getheilt, sondern zunächst dem ältesten Sohne **Georg** zufallen, dem jüngeren Sohn **Heinrich** aber einige benannte Schlösser und Städte mit einem, dem vierten Theil der Landeseinkünfte entsprechenden Einkommen zum fürstlichen Unterhalte angewiesen werden sollen. Diese Disposition wurde vom Kaiser bestätigt (14. Dez. 1500) und auch von beiden Söhnen vertragsmäßig anerkannt (1501). Nicht minder bemerkenswerth ist das Testament des Herzogs **Georg** von 1539. Da der Herzog seinen männlichen Erben hinterließ, so wollte er Streitigkeiten zwischen dem Landessuccessor, Herzog **Heinrich**, und den Töchtern zuvorkommen, gleichwohl aber diese möglichst bedenken. Daß Heinrich, des Testators Bruder, eventuell Heinrichs Sohn, das Land nebst Zubehörde erhalte, ward stillschweigend vorausgesetzt. Herzog Georg verordnete aber noch weiter: der Landessuccessor solle nicht blos Land und Leute (Aemter mit Zubehörde) Lehen und Regalien, sondern auch einen großen Theil des sonstigen Nachlasses, insbesondere Geld, Gold, Silber, Kleinodien, Artillerie, Schmelzhütten, Jagdzeug, Fischereien, Teiche und Mühlen erhalten, die Töchter aber resp. deren Kinder sich mit einem Abtrage von 40,000 fl. be-

---

und Stadt), Königsberg (Schloß und Stadt), Heßburg (Schloß und Stadt), Strauf, Schaumberg, Neuhaus, Hildburghausen, Sonnenberg, Gfelb und Rotha mit allen Zugehörungen, die Landgrafschaft zu Thüringen des Orts zu Franken und alle ihre andern Fürstenthume, Grafschaften, Schlösser, Städte, Straßen, Mannschaften, Lehen, Land, Leute, Güter, Renten, Nutzen, Bergwerke, Salzwerke, Wildbänne, Zölle, Geleite u. s. w.

gnügen. Auch Herzog **Heinrich** hinterließ ein Testament (1541), wonach gegen die väterliche Anordnung sein Fürstenthum, Herrschaften, auch Land und Leute auf seine beiden Söhne Moritz und August fallen sollten. Moritz ließ jedoch dasselbe nicht eröffnen, sondern schloß 1544 mit seinem Bruder August einen Vergleich, worin dieser durch Abtretung einiger Aemter mit einem Einkommen von 23,000 fl., vorbehältlich der landesfürstlichen Jura für Herzog Moritz, zufriedengestellt wurde.

Weniger gedeihlich war der Gang der Dinge in der **ernestinischen Linie**. Kurfürst Ernst hinterließ zwei Söhne, wovon der ältere im Kurfürstenthum allein folgte, während die Regierung der übrigen Lande in beider Namen, jedoch „nach der gewöhnlichen Sitte der fürstlichen Häuser" unter der Hauptdirektion des älteren geführt wurde. Beide Brüder, Friedrich der Weise und Johann der Beständige, wurden auch 1487 und wieder 1495 vom Kaiser belehnt, der ältere mit dem Kurfürstenthum insbesondere und wieder zu rechten gesammten Lehen mit Herzog Albert gemeinsam. Unter den Söhnen Johanns des Beständigen, welcher nach dem erblosen Tode seines Bruders allein regierte, kam es jedoch, trotz des väterlichen Testaments, welches eine gemeinschaftliche Regierung festsetzte, im Jahre 1542 zur Theilung: der jüngere, Johann Ernst, erhielt für sich und seine Erben **Koburg** nebst einer jährlichen Rente von 14,000 fl.; der ältere Johann Friedrich die thüringischen und meißnischen Lande nebst dem Voigtlande, vorbehältlich der Gesammtlehenschaft und gesammten Erbhuldigung.

Eine Totalveränderung ward nun aber in beiden sächsischen Linien durch die für die protestantische Sache unglückliche Schlacht bei **Mühlberg** (1547) herbeigeführt, indem Kurfürst Johann Friedrich der Großmüthige wegen seiner Theilnahme am Kriege in die Acht erklärt und aller Würden und Lande entsetzt wurde. Die Domänen wurden mit dem Lande eingezogen und das Ganze, ohne Unterschied zwischen Eigen und Lehen und ohne Rücksicht auf Familienansprüche, vom Kaiser an Herzog **Moritz** verschenkt.[1]

---

[1] Die förmliche Belehnung mit dem Kurfürstenthum und dem größten Theile der übrigen Lande erfolgte erst am 24. Febr. 1548; die erneute Belehnung Herzog Augusts am 23. April 1566.

In Folge der wittenberger Kapitulation (19. Mai 1547) wurde jedoch von Herzog Moritz ein Komplex großentheils thüringischer, zum Theil auch meißnischer Städte und Aemter (worunter Gotha, Eisenach, Weimar, Salfeld, Jena) mit einem Einkommen von 50,000 fl. den Söhnen des geächteten Kurfürsten abgetreten. (Auch hier folgten die Domänen und andere Einkommensquellen wieder den Landestheilen.) Nach seiner Freilassung wurde Johann Friedrich in seinen Fürstenstand, väterliche Gewalt und in die eben genannten Lande wieder eingesetzt (1552). Ein Jahr darauf, nach dem Tode seines Halbbruders Johann Ernst, fiel auch noch die Pflege Koburg an ihn zurück, mit Ausnahme des Amts Königsberg, welches der Kriegskosten wegen an Markgraf Albrecht von Baireuth abgetreten und erst 1569 von Herzog Johann Wilhelm von Weimar zurückerworben wurde. Durch den Naumburger Vertrag vom 24. Febr. 1554 wurde nachträglich noch Altenburg mit einigen andern Aemtern und Städten von dem Kurfürsten August, Bruder des Moritz, an Johann Friedrich restituirt.[a]

Später (1583) kam an das Haus Sachsen in Folge eines von Herzog Johann Wilhelm 1554 abgeschlossenen Erbvertrags und 1573 ertheilter kaiserlicher Anwartschaft ein neuer Erwerb: die reichslehenbare Grafschaft Henneberg-Schleusingen nebst Wildbahnen, Gehölzen, Fischereien, Bergwerken und andern Zugehörungen, aber auch mit einer Schuldenlast von 130,474 fl. bei deren Abtragung die Landschaft behülflich war.[b] Bei der Theilung des einstweilen gemeinschaftlich besessenen hennebergischen Landes (1660) wurden in Folge kaiserlicher Bestimmung (1573) 5/12 der Erbschaft, d. h. die Aemter Schleusingen, Suhla und Kühndorf mit Benshausen an Kursachsen überwiesen. Von den an die ernstinische Linie gekommenen 7/12 sind die vormaligen Aemter Meiningen, Maßfeld, Wasungen, Sand, Themar und Behrungen in den heutigen meiningischen Aem-

---

[a] Ueber die Aenderungen, welche nachgehends mit diesen Aemtern und zugehörigen Domänen vorgegangen, s. Schweitzer öff. Recht des Großherzogthums Weimar S. 3. Note 3.

[b] So wird wenigstens behauptet von K. Luther, rechtl. Natur der Domänen in Sachsen-Meiningen S. 58. Näheres über den Vertrag das. S. 124—127.

tern Meiningen, Wasungen und Römhild vereinigt. Aus Anlaß dieses Theilungsvertrags begaben sich auch die ernstinischen Herzoge des Rechts der Wiedereinlösung der als Ersatz für die Vollziehung der Reichsacht gegen Wilhelm v. Grumbach und Herzog Johann Friedrich von Gotha aufgewendeten Kriegskosten an Kursachsen verpfändeten Aemter Weida, Arnshaug, Ziegenrück und Sachsenburg; diese wurden also definitiv dem Kurfürstenthum einverleibt (1660). Einen weiteren Erwerb machte Kursachsen (die sog. albertinische Linie) in dem Prager Frieden vom 30. Mai 1635, indem dem Kurfürsten die Markgrafschaften Ober- und Niederlausitz definitiv von Oesterreich (Böhmen) abgetreten wurden. Nebstdem wurde seinem Sohn August die Verwaltung des Erzstifts Magdeburg zugesagt, von welchem der Kurfürst die sog. querfurtischen Aemter (Querfurt, Jüterbock, Dahme, Burg) erhielt.

Der Streit, welcher nach dem Tode des Kurfürsten Johann Georg I. (1656) durch dessen Testament hervorgerufen ward, wonach dessen nachgeborene Söhne gewisse Schlösser, Städte und Aemter mit der landesfürstlichen Obrigkeit zugetheilt erhalten sollten, wurde vergleichsweise dahin beigelegt (1657), daß der Erstgeborne, welcher gleich anfangs als allgemeiner Landesfolger sich von den Ständen hatte huldigen lassen, zwar seinen Brüdern bestimmte Gebietstheile überließ, jedoch sich die oberste Landesregierung vorbehielt. Indessen dauerten die Zwistigkeiten innerhalb der albertinischen Linie fort, bis nach dem Aussterben der drei Nebenlinien Zeiz, Mersenburg und Weißenfels (1718, 1738, 1746) die ihnen angewiesenen Paragien an den Kurfürsten zurückfielen.

Ich kehre zu der ernstinischen Linie zurück. Zwar hatte Johann Friedrich der Großmüthige ein Testament hinterlassen (1554), worin er verordnete, daß seine drei Söhne die Lande sämmtlich ungetheilt innehaben und gebrauchen, auch keine Veränderung ohne gemeinschaftliche Zustimmung vornehmen sollen; nur wenn sämmtliche Lande einmal wieder zusammenkämen, könnte erforderlichen Falls eine Theilung, aber nur nach Rath und Gutheißen der Räthe und der Landschaft, stattfinden. Dennoch wurde bald wieder getheilt. Zuerst wurde 1565 eine

Mutschirung vorgenommen, indem sämmtliche ernstinischen Lande, unter Vorbehalt des Revenüenwechsels, in den weimarischen und koburgischen Theil auf sechs Jahre zerlegt wurden. Im Jahr 1567 kam Johann Wilhelm durch die Reichsacht seines Bruders Johann Friedrich des Mittleren zur alleinigen Regierung sämmtlicher Landestheile; nach Restitution der Söhne des Geächteten wurde aber zwischen diesen und ihrem Oheim eine wirkliche Theilung nach Aemtern vorgenommen (1572), wobei das erste Mal die sog. Portionsbücher, mit bestimmten Anschlägen der Aemter nach den Domanial= und andern Einkünsten, zu Grund gelegt wurden, die man bei späteren Theilungen im ernstinischen Hause berichtigt wieder benützte.⁴) Die restituirten Herzoge Johann Kasimir und Johann Ernst wurden dadurch Stifter der fränkischen, Johann Wilhelm der thüringischen Linie.

Später (1603) theilte sich die thüringische Linie in die altenburgische und weimarische und, als die fränkische Linie erlosch (1638), blieben nur noch diese beiden bereichert zurück. Nun wurde aber wieder in Weimar getheilt (1641) und es entstanden die Speziallinien Weimar, Eisenach und Gotha, von welchen die zweite 1644 erlosch. Als 1672 auch die altenburger Linie sich wieder schloß, wurden den 16. Mai 1672 die Herzoge von Sachsen=Weimar und Gotha dahin verglichen, daß ⅜ der altenburgischen Lande an Sachsen=Gotha, ⅛ an Sachsen=Weimar kommen sollen. Hiernach erhielt Sachsen=Weimar zu seinem bisherigen Gebiete die Städte und Aemter Dornburg, Allstedt, Roßla, Stadtsulza (ohne das bei Sachsen=Gotha bleibende Salzwerk), Bürgel, Hausdorf, Crayenburg, ferner die Hoheit und Steuern in den Herrschaften Remda und Apolda. Noch in demselben Jahre (25. Juli 1672) wurden die weimarischen Lande unter den Söhnen Herzog Wilhelms getheilt, und es entstanden die weimarsche, eisenachsche und jenaische Speziallinie. Die letztere erlosch in ihrem Mannsstamm 1690, die eisennachsche 1741, so daß der ganze durch die Theilung von

---

⁴) Hellfeld, Beiträge zum Staatsrecht und der Geschichte von Sachsen Th. II. S. 29. Vgl. K. Luther a. a. O. S. 52. 114. 142.

1672 getrennte Besitz wieder zusammenkam. Weiteren Landestheilungen im Weimarschen wurde durch die **Primogenitur-
Ordnung** von 1724 begegnet.⁵) Schon 1714 war ein
Vertrag zwischen dem regierenden Herzog Ernst August und seinem Oheim Herzog Wilhelm über Festhaltung des Primogenitur-
rechts geschlossen worden. Am 23. Oct. 1717 hatten die weimarischen Landstände erklärt, daß sie die Einführung der Primogeni-
tur anrathen wollten, weil solche den Wohlstand und splendor
des weimarischen Hauses glücklichst erhöhen könne und zugleich
die dadurch hauptsächlich mit part nehmende Wohlfahrt der weimarischen Lande und Unterthanen mit anwachsen müsse. Darauf
wurde die entsprechende Verordnung in den letzten Willen Herzog
Ernst Augusts aufgenommen und am 29. Aug. 1724 vom Kaiser als Hausgesetz bestätigt.

Anders ging es in der **gothaischen** Hauptlinie. Herzog
Ernst der Fromme, Stifter dieser Linie, hatte in der Thei-
lung von 1640 erhalten: Stadt und Amt Gotha mit dem Kloster
Reinhardsbrunn, die Aemter Tenneberg, Georgenthal, Schwarz-
wald, Wachsenburg und Ichtershausen, Königsberg und Tonndorf.
Bei der eisenachschen Theilung (1645) erhielt er den Hel-
burgschen Antheil, bei der hennebergschen (1660) die Aemter
Wasungen, Sand und Frauenbreitungen. Nach dem Erlöschen der
Altenburger im Jahr 1672 kamen noch hinzu die Fürstenthümer
Altenburg und Koburg, das Stift Salfeld und die
hennebergschen Aemter Themar, Meiningen, Maßfeld und
Behrungen. Den 26. März 1675 starb der Herzog mit Hinter-
lassung eines Testaments vom Jahr 1654, worin er seine Söhne
sämmtlich zu Erben seiner Lande einsetzte, so jedoch, daß sie solche

---

⁵) Hellfeld, Beiträge zum Staatsrecht und zur Geschichte von Sachsen Thl. I. nr. 16. S. 245. Der Erstgeborne succedirt hiernach in sämmtlichen Landen sammt allen dazu gehörigen Schlössern, Aemtern, Rittern und
Manuschaften, Städten, Flecken, Dörfern, Unterthanen, Diensten, Zinsen, Jagten, Gehölzen, Teichen, Folgen, Steuern und andern Nutzungen. Auch wurde
das Primogeniturrecht ausgedehnt auf alle späteren Anfälle an Landen und
Leuten, desgl. auf Alles, was Herzog Ernst August an außenstehenden Schulden, Inventarien und Silbergeschirr hinterlassen oder sonst zur Zierde und
Nothwendigkeit angeschafft haben dürfte.

in Gemeinschaft besitzen und der älteste das Directorium führen solle. Bei der Approbation des väterlichen Testaments (2. Juni 1675) wurden die Deputate der 7 Brüder vom zurückgelegten 16. Jahre an auf 2000 Thlr. und so aufsteigend bis zum zurückgelegten 25. Jahre, wo 8000 Thlr. gereicht werden sollten, festgesetzt; der älteste erhielt überdieß 4000 Thlr. Jahrgeld für das Directorium und durch Vertrag v. 30. August 1676 noch weiter jährlich 20,000 Thlr. aus gesammter Kammer zur Führung der Hofstatt als regierender Fürst. Doch bald wollte jeder seinen eigenen Hofhalt und die zum Unterhalt angewiesenen Aemter in erblicher Weise mit der gesammten Jurisdiction innehaben. Die vier jüngeren überließen jedoch (1680) dem ältesten Friedrich die Ausübung der Landeshoheit in ihren Antheilen, kraft immerwährender Kommission, und begnügten sich mit 12,142 fl. jährlicher Einkünfte aus denselben; die zwei älteren dagegen erhielten (1681) ihre Landestheile mit 16,137 fl. jährlicher Einkünfte und voller Landeshoheit, während dem ältesten so viel an Land und Leuten übrig blieb, daß er 49,417 fl. jährlicher Einkünfte hatte.

Drei der gebildeten Speziallinien: die koburgsche, eisenbergsche und römhilder erloschen 1699—1710, worauf nach längerem Rechtsstreite auf den Grund der 1720 gefertigten Portionsanschläge zur Theilung der betreffenden Lande geschritten wurde (1734, 1735). Von den koburgischen Landen kamen an Sachsen-Meiningen die Aemter Sonneberg und Neuhaus, an Sachsen-Hildburghausen das Amt Sonnenfeld, an Sachsen-Saalfeld Stadt und Amt Koburg nebst den Gerichten Rodach, Neustadt und Gerstungshausen und das Klosteramt Mönchsroden. Die eisenbergschen Lande kamen gänzlich an Sachsen-Gotha. Von den römhildschen Landen erhielt Sachsen-Saalfeld ⅛ des Stifts und Amts Römhild und ³⁄₁₂ des Amts Themar, Sachsen-Meiningen ⅜ des Amts Römhild, Sachsen-Gotha ⁷⁄₁₂ des Amts Themar; Hildburghausen wurde mit der Kellerei Behrungen, den echterischen Lehen und dem Hofe zu Milz abgefunden. Die gothaische Hauptlinie zerfiel nun in vier Speziallinien: Gotha-Altenburg, Koburg-Meiningen, Hildburghausen und Koburg-Saalfeld.

Später folgten noch einige Erwerbungen und Austauschungen, aber auch Verluste bei den sächsischen Häusern. Namentlich erwarben Sachsen-Meiningen und -Gotha als Besitzer der Herrschaft Römhild, gegen Abtretung mehrerer Orte und Güter, von dem Großherzogthum Würzburg 1808 die Souveränität über Wolfmannshausen, den ritterschaftlichen Antheil an Berkach und die Hoheitsrechte über Berkach und den Ort Gleicherwiesen. Die kurfürstlich sächsischen Lande wurden zwar in Folge Vertrags mit Frankreich vom 12. Dez. 1806 zu einem Königreich erhoben, aber nicht vermehrt (für den von Preußen erhaltenen Kossuther Kreis wurde 1808 Barby, Gommern und Mannsfeld an Westphalen abgetreten); vielmehr mußte der König sein treues Aushalten an dem ihm aufgedrungenen Bündnisse mit Napoleon durch einen Verlust von mehr als der Hälfte seines Landes büßen. In dem Wiener Vertrage vom 18. Mai 1815 wurde nicht blos der kossuther Kreis an Preußen zurückerstattet, sondern auch noch weiter abgetreten der wittenberger, thüringer und neustädter Kreis, ferner einige Theile des meißner, leipziger und voigtländischen Kreises, der größte Theil der Hochstifte Merseburg und Naumburg und sämmtliche nicht inkorporirten Länder, mit Ausnahme eines Theils der Oberlausitz. Dagegen erhielt das jetzige Großherzogthum Sachsen-Weimar durch die Wiener Kongreßakte von 1815 (Art. 27. 38. 39) und Vertrag mit der Krone Preußen vom 1. Juni und 22. Sept. 1815 einen nicht unansehnlichen Zuwachs theils aus königlich sächsischen, theils aus erfurtischen, großherzoglich frankfurtischen und kurhessischen Besitzungen.

Noch trat eine Hauptveränderung ein in den herzoglich sächsischen (sachsen-gothaischen) Landen durch Erlöschung der Speziallinie Gotha-Altenburg. In dem Vertrag vom 12/15. Nov. 1826 wurden nunmehr die Besitz-Verhältnisse der verschiedenen herzoglichen Höfe in folgender Weise geregelt:

1) An Sachsen-Meiningen wurde überlassen: das Fürstenthum Hildburghausen mit Ausnahme der Aemter Königsberg und Sonnefeld, ferner das Fürstenthum Saalfeld, mit Ausnahme der 1805 an Gotha-Altenburg abgetretenen Ortschaften, das koburgische Amt Themar, mehrere zum koburgischen Amt Neustadt gehörige Ortschaften, das gothaische Amt Kranichfeld und einige altenburgische Gebietstheile vom Amt Camburg und Eisenberg.

2) Der herzogliche Hof zu Sachsen-Hildburghausen erhielt für Abtretung seiner gesammten Lande an Sachsen-Koburg und Sachsen-Meiningen und zur Abfindung seiner Successions-Ansprüche das Fürstenthum Altenburg, mit Ausnahme der zuletzt erwähnten an Meiningen gekommenen Landestheile.

3) Koburg erhielt das Fürstenthum Gotha, mit Ausnahme des Amts Kranichfeld und seines Antheils am Amte Römhild, ferner die hildburghausischen Aemter Königsberg und Sonnefeld. Dagegen wurden von ihm an Meiningen abgetreten das Fürstenthum Saalfeld und einige bisher koburgische Landestheile.

Weiteren Theilungen innerhalb der Speziallinien des gothaischen Gesammthauses war schon vor diesem Vertrage durch Einführung des Erstgeburtsrechts begegnet, namentlich in Hildburghausen (1703, 1710), Altenburg (1703, 1705), Meiningen (1725, 1802) Koburg-Saalfeld (1747). Ebenso ist in den neueren Verfassungen dieser Staaten die Untheilbarkeit mit dem Rechte der Erstgeburt und der Linealfolge festgesetzt, so in dem meiningenschen Grundgesetz v. 1829 §. 3. In dem altenburgischen von 1831 §. 1. 13., in dem koburg-gothaischen von 1852 §. 1. 0.

Das gegenseitige Erbrecht der ernstinischen und albertinischen Linie ward durch den Uebergang des Kurfürstenthums und anderer Lande von der ersteren auf die letztere als die jüngere Linie (1548) nicht aufgehoben. Dasselbe beruht nicht blos auf den Lehensbriefen und Erbverbrüderungen, sondern auch noch auf dem Theilungsvertrage von 1485 und dem Nebenrezeß zu dem Naumburger Vertrage vom 24. Febr. 1554.*) Demnach würde bei dem Aussterben der ganzen ernstinischen Linie die albertinische an die Reihe kommen und umgekehrt. Gesetzt das großherzogliche Haus Weimar erlösche in seinem Mannsstamm, so käme die Nachfolge auf die übrigen Zweige des ernstinischen Stammes in der gothaischen Hauptlinie, also auf die herzoglichen Häuser.

---

*) Vergl. Weiße, Lehrbuch des kgl. sächsischen Staatsrechts Bd. I. §. 43.

§. 35.

Rechtliche Natur der sächsischen Kammergüter zur Zeit des deutschen Reichs.

Die Geschichte der sächsischen Domänen ist, wie sich gezeigt hat (§. 34), hauptsächlich Territorialgeschichte. Nicht blos war der Domänen-Erwerb meist bedingt durch den Territorial-Erwerb, sondern es richtete sich auch die Nachfolge in den Domänen stillschweigend nach denselben Grundsätzen, wie die Landes-succession. Die kaiserlichen Lehenbriefe, die Erbverbrüderungen, die Sammtbelehnungen nennen in der Regel nur die Lande, nicht auch einzelne Kammergüter oder nutzbaren Rechte, indem diese als Zugehör das Schicksal des Landes theilten, wenn nicht ausnahmsweise über dieses oder jenes einzelne Gut besonders verfügt wurde. Auch bei Theilungen wurden die Domänen in der Regel nicht von den Aemtern und Landen, wozu sie gehörten, getrennt, sondern sie folgten einfach den neuen Besitzern der Lande. Eine Ausnahme scheinen auf den ersten Anblick die Oerterungen oder Mutschirungen (§. 33.) zu bilden, sofern hier nicht die Lande selbst, sondern nur die Nutzungen aus Domänen und Regalien der Theilung unterworfen wurden. Allein auch hier fand eine Substantial-Trennung der Domänen und Rechte von dem Lande, beziehentlich von den einzelnen Aemtern nicht statt; nur wurde in jedem Theile nach den zuvor gemachten Taxationen gewisse Aemter mit ihren Einkünften zur Verwaltung und Nutznießung persönlich angewiesen. Daß auch hier die Amtsausgaben sowie die Landesausgaben aus den Kammereinkünften zunächst bestritten wurden, ergibt sich von selbst; denn es waren ja die Landesherren (keine Apanagirte), welche die Einkünfte unter sich theilten und welchen hinwieder jene Ausgaben als Landesherrn oblagen. Nur die reinen Amtseinnahmen, nach Abzug des Amtsaufwands, wurden bei den Portions-Anschlägen zu Grund gelegt; davon hatte alsdann jeder Herr nicht blos seinen persönlichen Aufwand, sondern auch die Kosten der Landesverwaltung und seinen Antheil an den Kosten der Gesammtregierung zu bestreiten, wenn nicht für diesen Zweck dem dirigirenden Herrn voraus schon die Mittel angewiesen waren.

Ist hierdurch die Verbindung der Domänen mit dem Lande und mit der Landeshoheit bestätigt, so spricht gegen die von Zachariä u. A. behauptete **Fideikommiß-Qualität** des Kammerguts noch insbesondere der Umstand, daß die alten Kur- und Erblande und auch ein großer Theil der späteren Erwerbungen unmittelbare **Reichslehen**, also Staatslehen in aktivem und passivem Sinn waren. Die Nachfolge (jus succedendi) in den Territorien und Zubehörden richtete sich nach dem Reichslehenrechte (einem Theil des früheren jus publicum), den besonderen Lehensverträgen und den vom Kaiser genehmigten Erbverbrüderungen. Die weiblichen Verwandten waren hiernach voraus schon von der Succession ausgeschlossen. Das Anrecht der Stammvettern beruhte auf den Erbverbrüderungen und Sammtbelehnungen und selbst die Nachfolge des Sohnes bedurfte erst noch der jeweiligen Anerkennung durch die mit skrupulösen Formen umgebene Lehens-Erneuerung. Als der **Lehensstaat** mehr und mehr durch den **Föderativ-Staat** verdrängt wurde, traten staats- und völkerrechtliche Maximen und Formen in die Lücke und es konnte jetzt die öffentliche Natur der Kammergüter und namentlich ihre Verbindung mit dem Rechte der Landesherrschaft um so weniger verkannt werden, als auch die meisten neuen Erwerbungen nur unter dem Prätexte des öffentlichen Rechts gemacht wurden.

Man hat, um die **privatrechtliche** Natur der sächsischen Domänen zu beweisen, auf die Anfänge der Landesherrlichkeit im **thüringer Lande** hingewiesen, wo Ludwig mit dem Barte, ein Verwandter Kaiser Konrads II. im Jahr 1036 in schwarzer Tracht, begleitet von 12 fränkischen Edlen erschienen sei, sich angekauft, Städte und Dörfer erbaut und große Strecken Landes nutzbar gemacht habe.[1] Ich will dem roman-

---

[1] Bollert, Entstehung und rechtliche Natur des Kammervermögens in Deutschland überhaupt und insbesondere in den sachsen-ernstinischen Landen. Jena 1857. S. 58. 59.

tischen Gewande der Erzählung nicht zu nahe treten; juristisch erheblicher ist jedoch die Urkunde Kaiser Konrads II. vom Jahre 1039, worin eine gewisser Graf Ludwig (quidam Ludovicus comes) ein Gut, das er von Einwohnern Thüringens erworben, d. h. das Dorf Altenberg mit Neubrüchen der Gegend, sodann einen größtentheils unbebauten Landstrich, Theil der sog. Laube (Loybe) im Herzogthum Gotha gelegen, mit Weilern (villulis), Gütern und andern Zubehörungen von Reichswegen (his regalibus ediclis) zu Eigenthum bestätigt erhielt und zugleich die Immunität von der Gewalt der Reichsbeamten für den ganzen Bezirk erlangte.²) Dies entspricht jedoch ganz dem, was oben S. 61 f. über den Ursprung der landesherrlichen Besitzungen und Einkünfte, namentlich aus vormaligen Reichsgütern und Reichsrechten gesagt worden. Daß Graf Ludwig (Lünig nennt ihnen einen Grafen v. Schwarzburg) manche Güter und Dörfer gekauft, wie die Chronisten sagen, Anderes (die Stadt Sangerhausen) durch Heirath erworben, soll nicht geläugnet werden; jedenfalls war der Haupterwerb in obiger Urkunde, der erwähnte Landstrich, Reichsgut und auch das Immunitäts-Privilegium, womit erst die volle Landesherrlichkeit begründet ward, konnte nur vom Reiche erworben werden. Später ward dieser Besitz mit der lehenbaren Landgrafschaft Thüringen vereinigt, welche nach dem erblosen Tode Heinrich Raspes nebst zugehörigen Gütern an den Markgrafen von Meißen, Heinrich den Erlauchten verliehen wurde. Die nächste Verwandte, Sophie v. Brabant, Tochter des Landgrafen Ludwig IV. welche für ihren Sohn Ansprüche auf Thüringen erhob, ward nach langem Streite, wobei die thüringischen Vasallen theils für, theils gegen dieselbe Parthei nahmen, mit einigen Städten an der Werra und mit der Grafschaft Hessen abgefunden (1265).

Auch andere Erwerbungen von Landestheilen, namentlich Städten, Aemtern und zugehörigen Gütern und Waldungen durch

---

²) Lünig, Reichsarchiv, part. spec. cont. II. Forts. 3, S. 282. Thuringia sacra p. 42. In der Bestätigung Heinrichs III. vom Jahre 1044 das. S. 44. ist die Immunität dahin ausgedrückt: Decernimus etiam ut nullus omnino hominum seu quaelibet persona, potens aut dux, aliquid negotii in his locis nisi cum illius voluntate et jussu exerceat.

Kauf, Pfandschaft, Heirath, welche Vollert (Note 1 citirt) aus dem heutigen Großherzogthum Sachsen-Weimar und Andere aus den Herzogthümern Altenburg und Meiningen anführen, beweisen nichts gegen die öffentliche Natur dieser Objekte, da jeder Territorial-Erwerb an und für sich schon seinem Gegenstande nach ein öffentlicher ist, und weil nicht weniger jede einzelne Domäne durch ihre Einverleibung in das landesherrliche Kammergut dessen Natur und Bestimmung mit annimmt.

Der anonyme Verfasser der altenburgischen Regierungsschrift*), welchem Zacharia sonst vielfach sich anschließt, gibt zwar zu, daß die Territorialhoheit sich allmälig aus der Grundherrschaft emporgearbeitet, daß die vorzugsweise seit dem 14. Jahrhundert sich bildenden Landstände vielfach Anstoß zu einer allgemeinen territorialen Gesetzgebung und damit zur Herstellung einer Art von staatlicher Einheit und Gewalt in den einzelnen Territorien gegeben hätten, und daß das deutsche Reich mit dem westphälischen Frieden bereits in eine Konföderation unabhängiger monarchischer Staaten umgebildet worden. Doch werden auch von ihm die früheren Territorial-Erwerbungen und Landestheilungen als privatrechtliche Vorgänge aufgefaßt, nicht etwa (wie es die Konsequenz mit sich brächte) um das Land oder den Staat zu einer res privata principis zu machen (was wenigstens nach heutigen Vorstellungen unmöglich wäre) sondern um die mit den Landestheilen verbundenen Domänen und Einkünfte davon zu trennen und der fürstlichen Familie vorzubehalten. Es soll also die Umwandlung, welche in dem Wesen des Staats vor sich gegangen, nicht nur dem Kammergut fremd geblieben sein, sondern dieses hätte, obwohl als Pertinenz von Staatstheilen zum Lande gekommen, eine separate Existenz mit dem Charakter eines privatrechtlichen Dominium angenommen. Daß außer wirklichen Erbgütern auch Reichslehen, Amtsgüter, Regalien, steuerartige und fiskalische Gefälle von Anfang an zur Kammer gezogen wurden, daß in Folge der Reformation das Kammergut der sächsischen Fürsten durch Säkularisation wesentlich vermehrt

---

*) Die Domänenfrage im Herzogthum Altenburg. Frankfurt 1853 S. 7 f.

wurde, ⁴), daß auch sonst durch Staatsverträge, namentlich die Rheinbundeakte, die Wiener Schlußakte mancher Wechsel in den Territorial-Verhältnissen und ebendamit auch in dem landesherrlichen Einkommen eingetreten ist — dies Alles berührt den Verfasser nicht: höchstens könnte, meint er, auf Separation des in neuerer Zeit (seit es überhaupt ein Staatsgut gebe) mit dem Domixial-Vermögen vermischten Staatsguts angetragen werden; den Beweis dieser Vermischung hätte aber der Staat zu führen. ⁵)

Es wird nicht nothwendig sein, auf das Einzelne, was durch das früher Ausgesagte bereits widerlegt ist, näher einzugehen. Namentlich sind die Gründe, welche für ein Privat-Eigenthum der fürstlichen Familien an den säkularisirten geistlichen Besitzungen in den ernestinischen Landen angeführt worden, ⁶) meist so gesucht, daß es keiner Entgegnung bedarf: die Säkularisationen seien durchgehends unmittelbare Folge des Bauernkriegs gewesen, wo die Klöster zerstört worden (doch nicht die Güter!), und die Einwohner davon gelaufen seien (!); sie hätten vor der wittenberger Kapitulation von 1547 stattgefunden, worin den Söhnen Johann Friedrichs Aemter mit einem Einkommen von 50,000 fl. zugestanden worden.⁷) Auch andere

---

⁴) Auch Zacharia, Staatsrecht II. S. 425, Note bemerkt: „ein großer Theil des sächsischen Kammerguts rührte von den säkularisirten Kirchenguts her". Einzelne Säkularisationen in Meiningen s. in der Schrift über die Domainenfrage im Großherzogthum Sachsen-Meiningen. Darmstadt 1847. S. 32 (Verf. soll der frühere Regierungspräsident Bahlkampf sein.)

⁵) s. die Note 3 citirte Schrift S. 24.

⁶) s. die Note 4 angef. meiningische Schrift S. 31, worauf die altenburgische Schrift S. 12 verweist.

⁷) Dies waren die landesherrlichen Netto-Einnahmen aus jenen Landestheilen, wie sie von den Beamten (Vögten und Rentmeistern) nach den öffentlichen Rechnungen berechnet wurden. An eine Privatrente ward dabei nicht gedacht, sondern an ein landesherrliches Einkommen für den künftigen Landesherrn aus der Familie des abgesetzten Kurfürsten. Wie viel von dem Einkommen der säkularisirten Stifte und Klöster dabei gewesen, muß ich dahin gestellt sein lassen; jedenfalls wurde der neue Besitz, welcher durch die Niederlage des schmalkaldischen Bundes wieder unsicher geworden war, erst später durch den westphälischen Frieden (1648) sanktionirt.

Gründe beweisen nichts, wie: ein Theil der vormals geistlichen Güter sei durch Vertrag dem Kammervermögen erworben (wer hat diese Verträge abgeschlossen, doch der Landesherr?) oder zur Stiftung von Pfarreien und Schulen verwendet (dies wäre nachzuweisen!); die Dotation mehrerer Klöster, insbesondere in der Grafschaft Henneberg, sei in die Hände der Landesherren als Nachkommen und Nachfolger der Stifter zurückgekehrt.*)

Schwerlich mochte sich endlich der Verfasser der altenburger Regierungsschrift (Note 3) Erfolg versprechen von der Berufung auf den westphälischen Frieden, worin z. B. dem Kurfürsten von Brandenburg und seinen Nachfolgern und Erben, ebenso dem Hause Hessenkassel gewisse geistliche Lande und Einkünfte zugewiesen wurden. Es hat dies keine andere Bedeutung, als daß die Lande und zugehörigen Domänen in der regierenden Familie erblich sein sollen. (Gerade in den beispielsweise genannten Staaten Preußen und Kurhessen sind die Domänen mit Einschluß der früheren geistlichen Güter als Staatsgut und nicht als Familien-Gut anerkannt.) Ein Privat-Eigenthum, das an den erworbenen Territorien ohnedies unmöglich ist, konnte auch an den Pertinenzien nicht erworben werden: denn diese folgten nur der Hauptsache. Es war der Landesfürst als solcher, welcher die Erwerbung machte, wie es auch der Landesfürst war, welcher die früheren Schirmvogteien über einzelne Klöster ausübte, deren Prälaten auf den Landtagen erschienen, und wie es auch der Landesherr war, welcher in Sachsen und Thüringen kraft herzoglicher und landgräflicher Gewalt die Lehensherrlichkeit über die Besitzungen der Grafen und Herren ausübte und heimfallende Lehen entweder wieder verlieh oder mit seiner Kammer vereinigte. Der Verfasser der angeführten Schrift übersieht ebenso wie Zachariä die Mischung staatsrechtlicher und privatrechtlicher Elemente in der Beherrschungsform des Mittelalters und verkennt deßhalb auch

---

*) Der Stifter und seine Nachkommen sind so wenig als ein Dritter berechtigt, das einmal gestiftete Kirchenvermögen zurückzuziehen. Von einem jus postliminii kann doch nicht die Rede sein!

die Bedeutung des landesherrlichen Kammerguts, in welchem sich
gleichfalls jene Elemente vermischt vorfinden.⁹)

Trotz der Verschiedenheit der Erwerbgründe und der Erwerbungen selbst formirte sich doch der Besitz in den Händen der
jeweiligen Landesherren zu einer rechtlichen Einheit (universitas), zunächst in den einzelnen Aemtern als besonderen rationes fisci,¹⁰) sodann in der landesherrlichen Kammer.¹¹) Während
die Aemter in ihrer alten Zusammensetzung und Abgeschlossenheit
gewöhnlich erhalten wurden und resp. erhalten werden mußten,
weil die Portions-Anschläge darauf beruhten, war der Umfang
der Territorien und der Bestand der Kammern vielfachem Wechsel ausgesetzt. Wo mehrere Lande nur durch Personal-Union
verbunden waren, wie Weimar und Eisenach,¹²) hatte jedes Land
seine eigene Kammer.

So widersprechend auch das Verfahren der einzelnen Herrscher war und so sehr sich lange Zeit die Neigung zu mehr oder
minder gleichheitlichen Theilungen, Mutschirungen und Todthei-
lungen, Divisionen und Subdivisionen offenbarte, so ging doch
das Streben im Ganzen dahin, den Zusammenhang der Lande

---

⁹) In der Note 3 cit. Schrift S. 24 wird gegen die Bemerkung in dem
Tübinger Gutachten betr. die hannoversche Frage S. 225 (Zeitschrift für deutsches Recht II. 1. Abth. S. 43), daß die Kammergüter und die damit zu-
sammenhängenden Rechte größtentheils von dem Landesherrn als solchem erworben oder doch mit den eigentlichen landesherrlichen Rechten dergestalt vermischt worden seien, daß sie deren öffentliche Natur angenommen hätten, eingewendet, daß eine Vermischung von dem Verfasser nicht nachgewiesen
worden. Ich meine aber doch, der Beweis sei in jenem Gutachten erbracht.
Vergl. übrigens oben §. 4 und 5, und selbst Schneider über Kammergüter
und Civillisten deutscher Fürsten mit Rücksicht auf die sächsischen Fürsten.
Leipzig 1831. S. 24. 28.

¹⁰) Daher die hier wieder vorkommende Benennung: „amtseigenthümliche
Güter", „Amtsgerechtigkeiten." Auch von Amtskammern ist die Rede, s. Seckendorf, Fürstenstaat III. 4. §. 1.

¹¹) s. oben §. 5. Ueber die Organisation und Verwaltung der Kammern
handelt ausführlich v. Seckendorf, welcher hauptsächlich die sächsischen Kammern im Auge hat, in seinem deutschen Fürstensaal Thl. III. besonders
Kap. 4.

¹²) Erst 1809 wurde die beiderseitige Kammer-Administration vereinigt.
In Koburg und Gotha besteht die abgesonderte Administration heute noch.

und Güter aufrecht zu halten. Das nächste Mittel war die Regierungsgemeinschaft, welche die Einheit der obersten Leitung und Repräsentation des Landes aufrecht erhielt und schon 1379 und später wiederholt festgesetzt wurde. Ein anderes Mittel, welches wenigstens fingirter Weise und eventuell die Einheit der Lande sicherte, war die Erbverbrüderung und die kaiserliche Sammtbelehnung.

Es war hauptsächlich das Landesinteresse, welches bei diesen Versuchen überwog. Hätte es sich blos von einem großen Grundbesitze des fürstlichen Hauses gehandelt, wie Zachariä S. 51 seiner Schrift annimmt, so wäre das Land gar nicht dabei in Frage gekommen, so hätten die Stände jedenfalls nichts dabei zu sagen gehabt. Aber schon bei den Erbeinigungen von 1387, 1403 tritt das ständische Element hervor (Räthe, Ministerialen und Vasallen), noch mehr bei den Oerterungen von 1437 und 1439. Hier waren bereits gesammte Stände thätig und es wurde nach Rath und Erkenntniß der Grafen und Herren, der Räthe, Mannen und Städte eine freundliche Vertragung und nützliche Verweisung der Lande beschlossen. Dieselben Stände, worunter namentlich die Städte Hildburghausen, Koburg und Eisfeld, machten sodann 1445, wie bereits bemerkt worden, von ihrem freien Einigungsrechte Gebrauch und bewirkten dadurch zwar nicht, daß die schädliche Theilung ganz vermieden, wohl aber der bereits erworbene oder künftig zu gewinnende Besitz von Landen wieder zu einer Erbgemeinschaft verbunden und für den Fall von Streitigkeiten ein Austrägalgericht festgesetzt wurde. Würde ein Theil Töchter hinterlassen, aber keine männliche Nachkommen, so sollen die Töchter von dem andern Theil zur Nothdurft versehen, auch bei vorkommender Heirath nach Rath, Wissen und Willen der Landschaft des abgeschiedenen Theils ausgestattet werden.

Ich gebe zu, was Zachariä S. 51 seiner Schrift bemerkt: daß die Stände der sächsischen Lande, obwohl sie schon frühe zu korporativer Selbständigkeit und bedeutungsreicher Wirksamkeit gelangten, gleichwohl kein Miteigenthum und, soviel mir bekannt, auch keine Mitverwaltung des Kammerguts beansprucht. Es stand ihnen ein solches Recht nach den früher angeführten allgemeinen Grundsätzen in der Regel so wenig zu, als eine Mitregierung. Auch sonst hielten sich die sächsischen Fürsten nur in so weit gebunden, als ein Landesherr ohne Wissen und Willen seiner mitbelehnten Brüder und Vettern, wie auch des Lehensherrn, seine Lande oder einen ansehnlichen Theil davon oder die landesfürstlichen Regalien, Gerechtsame und Herrlichkeiten nicht verkaufen, verschenken oder letztwillig darüber zu Gunsten nicht berechtigter Dritter verfügen durfte. Bei Veräußerung eines oder mehrerer Aemter, Güter oder Nutzungen wurde es nicht so genau genommen.[13]) Selbstverständlich durfte jedoch das Kammerkollegium bei Veräußerungen des Grundstocks nicht für sich vorgehen, sondern es unterlagen solche, wie andere wichtige Kammer- oder Regimentssachen, jederzeit der landesherrlichen eigenen Entschließung.[14])

Indessen würde man fehlgreifen, wollte man aus einem Vorgange des 17. Jahrhunderts, welchen Zachariä aus dem kursächsischen Lande anführt, darauf schließen, daß die Kammergüter als Privatgüter, Stamm- oder Fideikommißgüter betrachtet worden seien. Der Fall, welcher manche belehrende Seiten darbietet, ist folgender:[15]) Kurfürst Johann Georg III. fand bei seinem Regierungsantritt (1680) die Kammer in sehr zerrüttetem Zustande. Es war an Aemtern, Vorwerken, Dörfern, Geleiten Diensten, Zinsen und anderen Theilen ihres Vermögens so viel verschenkt, verpfändet, verkauft oder für rückständige Besoldungen und ähnliche Forderungen weggegeben worden, daß der jährliche Abgang an kurfürstlichen Einkünften über 100,000 Thlr. betrug. Der neue Kurfürst wollte diese „wider das Herkommen des Hauses" veräußerten Stücke wieder einziehen; auf die deßhalb gemachte Landtagsproposition verlangte jedoch die Landschaft,

---

[13]) v. Seckendorf, deutscher Fürstenstaat II. 3. §. 6.

[14]) Nach den Kammerordnungen waren dem Landesherrn folgende Gegenstände zur höchsten Resolution von den Kammerräthen vorzutragen: neue Anordnungen, Geschenke und Erlassung von Rechten, Versetzung oder Veräußerung von Aemtern und Gütern, Bestellung und Abdankung der Diener, Verkauf allerlei Vorraths, Anordnung der Weinlese, alle vornehmen, d. h. wichtigeren Ausgaben zu Regiments- und Staatssachen. v. Seckendorf a. a. O. III. 4. § 27.

[15]) Weiße, neueste Geschichte des Königreichs Sachsen Thl. 1. S. 294 f.

daß eine Kommission von einigen Räthen und Mitgliedern der Landschaft niedergesetzt und die Rechtskollegien oder einzelne erfahrne Beisitzer zu Rath gezogen, einstweilen aber die Besitzer der veräußerten Güter im ruhigen Genuß gelassen werden. Die Kommission ward niedergesetzt, aber der Erfolg entsprach den ständischen Ansichten nicht: denn auf dem Ausschußtag von 1689 wurde abermals geklagt und in dem eingehaltenen Verfahren ein Hauptgrund des gesunkenen Wohlstandes des Landes gefunden, indem sich die Meinung verbreitet hätte, als wenn man in diesen Landen den Grundsatz annehme, daß der Nachfolger in der Regierung die Handlungen und Verschreibungen der Vorfahren anzuerkennen nicht verbunden sei, während doch die Herzoge Albert, Georg u. s. w. große Geldsummen aufgenommen, auch mehrere wichtige Güter im Lande verkauft, vertauscht, verschenkt und keiner ihrer Nachfolger in Zweifel gezogen hätten, daß dasjenige, was auf diese Weise gethan, sonderlich wenn die Expedition aus den Kollegien dahin gehörig ergangen, nicht anzuerkennen wäre. Ein weiteres Beispiel wird angeführt: Auch Christian II. habe viele Kammergüter veräußert und die Rentkammer in große Schulden gestürzt; dennoch habe dessen Bruder und Nachfolger bei Eröffnung des ersten Landtags erklärt: es sei billig und rühmlich, daß des Herrn Bruders Kredit gerettet und männiglich befriedigt werde. Regierungsseitig war man ähnlich wie auch nachher in Preußen und Baiern (s. oben S. 31.) geneigt, den Ansichten derjenigen auswärtigen und deutschen Juristen beizutreten, welche für die Domänen oder Kammergüter die Natur unveräußerlicher Staatsgüter (Domänen u. s.) in Anspruch nahmen. Darauf bemerkte der Ausschuß: daß niemals die Kammergüter für Domänen (deren Natur und Beschaffenheit eigentlich darin bestehe, daß das Eigenthum dem Staat und der bloße Nießbrauch sammt Verwaltung dem Regenten überlassen werde) geachtet worden. Die Stände wiederholten schließlich ihre Rathschläge, worauf der Kurfürst der Landschaft ihr eigenes Interesse bei Erhaltung der Kammergüter vorstellte, sich aber erbot, bei der Revokation derselben die rechtliche Gebühr beobachten zu lassen. — Also nicht der Gesichtspunkt eines Familieneigenthums (wovon auch die Regierung nicht ausging) noch allerdings das Domänenrecht, wie es von Choppin u. And. gelehrt wurde, noch selbst das finanzielle Interesse des Landes, welches vielmehr die Consolidirung des Kammerguts wünschenswerth machte, war es, was die Stände bewog, dem Reunionsverfahren der Regierung entgegenzutreten, sondern die Rücksicht auf das nothwendige Vertrauen zu den Handlungen einer jeweiligen Regierung, kurz das Princip, welches oben von uns als das richtige vertheidigt wurde (S. 129. 136): daß bei Veräußerung von Domänen, ebenso wie bei anderen Regierungshandlungen, der Nachfolger in der Regierung die Handlungen des Vorgängers (vermöge der Continuität der persona publica des Landesherrn) zu vertreten habe, wofern sie anders gesetzlich vorgenommen worden. Die Stände verwarfen zwar den Begriff von Domänen in der damaligen Auffassung, weil sich damit die Vorstellung einer unveräußerlichen dos reipublicae verband, wovon der Regent nur die Verwaltung und Nutznießung hätte; sie verwarfen aber nicht die Ansicht von einem landesherrlichen Eigenthum an dem Kammergut, dessen Veräußerung dem Landesherrn als solchem zukommt, wenn gleich über die Grenze des Veräußerungsrechts verschiedene Ansichten auch bei den sächsischen Juristen obwalteten [18]) und es daher unter allen Umständen gerathen war, jede einzelne Veräußerung für sich zu beurtheilen und die Entscheidung über die Revolution den Gerichten anheimzugeben.

Ich muß hier noch einer andern auffallenden Behauptung Zachariä's entgegentreten. Derselbe sagt (S. 52 Note 53): daß von allen, der Verhältnisse und Rechte des Landes Sachsen kundigen Schriftstellern das Eigenthum des regierenden Hauses an den Kammergütern auf das unzweideutigste anerkannt werde. Ich

---

*) Andr. Knichen de suxonico non provocandi jure et privilegio, Hannover 1603. p. 316 ist gegen die Veräußerlichkeit der Domänen, wenn die Veräußerung bleibend ist oder zum größten Nachtheil und zur Schwächung der Rechte des Fürsten gereicht. Die Ansicht v. Seckendorfs, Ringlers u. A. s. oben S. 27 ff. In der Resolution auf die Präliminarschrift v. 14. März 1692 ist ein Bericht des Kammerkollegiums erwähnt, wo behauptet wird, daß die Vorfahren die Kammergüter nicht schlechterdings, ohne gewisse requisita und außer dem äußersten Nothfall, für alienabel gehalten hätten.

muß bezweifeln, daß Herr Zachariä auch nur einen dieser Autoren aufmerksam gelesen hat. Schreber, den er citirt, steht nicht auf seiner Seite s. oben S. 36. Auch v. Römer, Staatsrecht und Statistik des Churfürstenthums Sachsen Thl. II. S. 280—292 gibt die Domänen dem Landesherrn nicht als Familienhaupt, sondern vermöge der Landeshoheit. Weiße, Staatsrecht des Königreichs Sachsen Bd. II. §. 103 nimmt zwar an, daß die Amts- oder Kammergüter ursprünglich blos in dem Privateigenthum der weltlichen Fürsten sich befunden hätten; gleichwohl hätten sie die Natur von Staatsgütern in so fern erhalten, als seit Entstehung der Territorialhoheit durch die Einkünfte derselben ein beträchtlicher Theil des landesherrlichen Aufwandes gedeckt worden. In den Proprietätsrechten soll sich zwar demungeachtet nichts verändert haben; doch schließt er daraus nur, daß die Kammergüter in der Regel ohne Konkurrenz der Stände veräußert werden können, nicht aber, daß der Familie eine solche Konkurrenz zustehe; er erinnert vielmehr daran, daß die fideikommissarische Eigenschaft in verschiedenen Fällen, besonders auf den Landesversammlungen v. 1689 und 1749, widersprochen worden sei.

Gleich grundlos wie über die Domänen in Kursachsen, jetzt Königreich Sachsen, spricht Zachariä von den, wie er sagt, ganz gleichartigen Verhältnissen des Kammerguts in dem jetzt großherzoglichen Hause Sachsen-Weimar-Eisenach, indem er Note 55 S. 53 bemerkt: „Auch hier war das Eigenthum des fürstlichen Hauses am Kammergut von jeher ganz unbestritten." Dies soll der weimarsche Landtag selbst in seiner Erklärungsschrift vom 9. Mai 1817 ausdrücklich anerkannt haben, was bewiesen wird mit Schweizer, öffentliches Recht des Großherzogthums Sachsen-Weimar §. 28, wo aber nichts weiter davon steht, als eine Stelle, welche wörtlich also lautet: „Es ist angenommen und festgehalten, daß sich in den deutschen Staaten die Herrschaft aus der Grundherrlichkeit entwickelt habe. Ohne aus dem Vermögen der einzelnen Unterthanen irgend etwas zu erheben, lebt der Fürst eines Landes, dessen Hauptkräfte in dem Grundbesitze und der Bearbeitung dieses Besitzes liegen, von seinen Gütern, ganz gemäß der ersten Einrichtung deutscher Staaten."

Daß mit dieser historischen Reminiscenz ein Eigenthum des großherzoglichen Hauses am Kammervermögen nicht bewiesen noch zugestanden ist, versteht sich. Zachariä hat übrigens selbst in seinem Staatsrecht II. S. 403 Nr. 3 das weimarische Kammergut als Eigenthum des Landesherrn und untrennbare Pertinenz der Landeshoheit erklärt und dies ist historisch, insbesondere bezüglich Sachsen-Weimars die richtige Auffassung. Dafür spricht nicht blos die von Zachariä cit. Primogenitur-Ordnung von 1724 (s. oben S. 232 Note 5), welche in gleicher Weise wie andere Quellen die Lande, Schlösser, Dienste, Zinsen, Gehölze u. s. w. als Gegenstände der Staatssuccession bezeichnet, im Gegensatz zu dem Privat-Vermögen, welches der dem Grade nach Nächste nach gemeinem und sächsischem Recht erben soll, sondern auch die Stellung, welche das Kammerkollegium nach einem Rescript vom 2. Dez. 1710 unter anderen Staatsstellen einnimmt.

„Obwohl (heißt es hier) Unsrem fürstlichen Kammer-Kollegium, als dem die Direction Unserer Domänen und Kammer-Intraden besonders anvertraut, auch die Autorität und Macht beygeleget, in allen dahin gehörigen Sachen an die Beamten, auch andere Amtsbediente und Angehörige Mandate, Rescripte und Verordnungen ergehen zu lassen, so soll dennoch per modum einer gerichtlichen Kognition und Decision darinnen nicht verfahren, sondern solche und andere Sachen, so rechtsstreitig oder kriminell sind und ihrer Eigenschaft nach vor die Gerichte und Unsere fürstliche Regierung gehören, mit den Kammersachen nicht vermengt, sondern an fürstliche Regierung verwiesen werden, insonderheit falls bey einem oder anderm Puncte Unser Kammer-Interesse angemerkt würde, zu Vermeidung des Vorwurfes, als ob man gleich Part und Richter sein wolle." [17])

Das Kammerkollegium war also mit der Autorität einer vorgesetzten Landesstelle bekleidet. Dasselbe hatte die Befugniß, zu edicieren wie andere obrigkeitliche und Regierungs-Behörden,

---

[17]) Schweitzer öffentliches Recht des Großherzogthum Sachsen-Weimar. §. 85.

und nicht blos die Reuteibeamten, auch die Vögte, Amtleute, waren ihm subordinirt. Obgleich nämlich jetzt in den Aemtern meist die Geschäfte nicht mehr wie früher vereinigt waren, sondern eine Person als Amtmann, Vogt oder Schöffe zu den Justiz-Sachen, eine andere zu den Kammer-Sachen bestellt wurde, so waren doch die Justizbeamten durch ihre Bestallungen angewiesen, auch auf die herrschaftlichen Regalien und Einkünfte ein wachsames Auge zu haben und Aufträge von den Kammern anzunehmen. [18]) Nach obigem Rescript sollen nun aber auch wahre Justiz-Sachen, wobei die Kammer selbst als Parthie betheiligt ist, nicht von dem Kammerkollegium entschieden, sondern dieselben sollen durch das Regierungskollegium als Justiz-Instanz erledigt werden. Daß auch heute noch Fiskalstreitigkeiten nicht von dem Fiskus selbst entschieden werden, ist bekannt.

§. 36.
Die Ordnungen im gothaischen Gesammthaus.

Auch die Vorgänge im sachsen-gothaischen Gesammthause, worüber wir noch besonders reden müssen, weil durch sie hauptsächlich die Fideikommiß-Idee illustrirt werden soll, werden von Zacharia unrichtig beurtheilt.

Herzog Ernst der Fromme zu Sachsen-Gotha, der gemeinschaftliche Stammvater der heute noch blühenden Speziallinien Meiningen, Altenburg und Koburg-Gotha, soll durch seine ganze Regierung und die von ihm getroffenen Einrichtungen, Gesetze und Anordnungen bewiesen haben, daß er das Kammer-Vermögen als ein ihm selbst und seinem Hause zuständiges Eigenthum betrachte; er habe nur nicht für erforderlich erachtet, einem Zweifel darüber zu begegnen. — Hätte Zacharia statt dessen gesagt, daß das nutzbare Eigenthum des Herzogs (Eigenthum im staatsrechtlichen Sinne genommen) an den herzoglichen Landen und zugehörigen Gütern und Rechten, und daß das Nachfolgerecht der ächten „Leibes- und Lehens-Erben" in

---
*) v. Seckendorf Fürstenstaat III. 4. §. 6.

Land und Leuten und Zubehör, also auch im Kammergut, zweifellos gewesen, so wäre hiergegen nichts zu sagen. Anders ist es, wenn wieder von einem Eigenthume des Hauses oder der regierenden Familie an dem Kammergute gesprochen wird. — Ist diese oft gewählte und mit Rücksicht auf die so häufig mißbrauchte Idee einer successio ex pacto et providentia majorum beliebte Bezeichnung des berechtigten Subjekts überhaupt unrichtig oder durchaus falsch, wie Zachariä Staatsrecht II. §. 208, Note 1 sich ausdrückt, so ist sie es auch innerhalb des sachsengothaischen Hauses; sie ist es ganz besonders in Bezug auf das K a m m e r g u t, wenn dieses als s e l b s t ä n d i g e r Gegenstand des Besitzes und nicht vielmehr als Z u b e h ö r der L a n d e s h e r r s c h a f t gedacht wird, die selbst wieder nicht Gegenstand eines privatrechtlichen dominium sein kann. Doch will ich auf dieses frühere, insbesondere §. 11 und 12, besprochene Thema hier nicht weiter eingehen, sondern nur kurz die Beweise prüfen, welche für das Eigenthum des gesammten Hauses Gotha an den Kammergütern vorgebracht sind:

    1) Die K a m m e r o r d n u n g von 1606, meint Zachariä, beruhe durchweg auf der richtigen Voraussetzung, daß die Kammergüter, einschließlich aller nutzbaren Regalien und des Ertrags wesentlicher Hoheitsrechte, herrschaftliches Eigenthum seien. — Das Wort: Herrschaft, gnädige Herrschaft, herrschaftliches Gut wurde allerdings früher häufig gebraucht, so auch in dem von Zachariä angeführten Bericht der hennebergischen Landschaft, wo von den im Amte Maßfeld gelegenen vornehmen Kammergütern der H e r r s c h a f t Henneberg gesprochen wird. Es ist aber hier, sowie in andern Fällen, wo das Wort: „herrschaftlich" auf das Kammergut in complexu und auf einzelne Bestandtheile desselben angewandt wird, nicht an eine P r i v a t h e r r s c h a f t zu denken (sonst könnten nicht auch Einkünfte aus wesentlichen Hoheitsrechten darunter begriffen sein) sondern an die L a n d e s h e r r s c h a f t oder Landesregierung. Auch Zachariä will zuletzt nur das „ausschließliche Eigenthumsrecht der Landesherrschaft" (S. 56) damit beweisen; dieses ist aber nicht identisch mit einem Familieneigenthum.

    2) Die L a n d e s o r d n u n g von 1666. Hieraus werden

zwei Stellen angeführt (Note 57), welche allerdings nicht unwichtig sind, jedoch das Gegentheil von dem darthun, was Zachariä beweisen will. In der ersten, S. 89 der Landesordnung, ist gesagt:

„Wir seynd nochmals gemeint, in Ansprüchen, so gegen unsere e i g e n e Empter, Kammergüter und andere Nutzungen geschehen mögten, vor Unser Regierung des Rechtens durch Unsere Beamte gebührlich warten zu lassen."

Es ist dieß dieselbe Bestimmung, welche 70 Jahre später in Weimar erlassen worden (s. oben §. 35. a. E.). Nur ist in obiger Stelle der Landesordnung wieder nicht bloß von eigenen K a m m e r g ü t e r n, sondern zunächst von eigenen A e m t e r n die Rede, welchen die Kammergüter untergeordnet waren; auch ist ausgedrückt, daß die Aemter, Kammergüter u. s. w. in Streitsachen vor der Regierung durch die B e a m t e n zu vertreten seien. Gleichwie auf die Aemter und die Landeshoheit überhaupt, so hatte allerdings der jeweilige Landesherr auch auf die zugehörigen Kammergüter und Gefälle ein e i g e n e s e r b l i c h e s Recht (s. oben S. 93), womit aber nicht gesagt ist, daß die Kammergüter im P r i v a t e i g e n t h u m des Fürsten oder seines Hauses stehen, so wenig als dieß von den Landesbezirken oder von dem Lande im Ganzen gesagt werden kann. Auch die Beamten, welche die ihnen untergeordneten Aemter und Amtsgüter vor dem Gerichte zu vertreten hatten, fungirten nicht als Mandatare der landesherrlichen Familie, sondern des landesherrlichen Fiskus (Kammerfiskus, Amtsfiskus).

Die z w e i t e Stelle der Landesordnung (S. 313) lautet also:
„Die Beamten sollen auch in diesem Forstwesen keines Schenkens oder Erlassung an Geld oder Holz u. s. w. sich unterfangen. Denn bei Uns stehet, wenne und welchen Wir vor Uns von Unsern Kammergütern, d a f ü r w i r d i e W ä l d e r u n d G e h ö l z e b i l l i g a c h t e n u n d f ü r d e s L a n d e s S c h a t z halten, Gnade erzeigen wollen oder nicht."

Diese Weisung ist zunächst gegen das einseitige Handeln der Beamten in forstlichen Gnadensachen, indirekt aber gegen die unentgeltliche Benützung des Holzes durch die Waldbewohner und Umlieger und gegen die alte Volksansicht gerichtet, als ob die herrschaftlichen Waldungen wie ein Gemeinland der öffentlichen Benützung offenstehen. Daher sagt die Landesordnung: die Waldungen seien auch für Kammergüter d. h. für Domänen und als „des Landes Schatz" zu achten; das will sagen, was v. Seckendorf (s. oben S. 28) von den Kammergütern sagt, daß durch ihre Verschlechterung oder Vergeudung die Kraft und Regierung des Landes angegriffen werde.

Ist in allen diesen Stellen (Nr. 1 und 2) wie Zachariä annimmt, eine „auf beiderseitiger Uebereinstimmung der Landesherrschaft und der Stände beruhende Rechtsansicht" enthalten, so haben wir damit allerdings eine gemeinsame Grundlage der Beurtheilung für die sächsischen Herzogthümer gewonnen. Nur ist daraus wieder nichts für ein Familien-Eigenthum zu entnehmen, sondern nur so viel ist daraus zu schließen, daß das Eigenthumsrecht der Landesherrschaft an den Kammergütern von der Gesetzgebung anerkannt war. Uebrigens darf dieses Eigenthum nicht als ein unbeschränktes hingestellt werden: denn einmal stand ihm gegenüber die Lehensherrlichkeit des Reichs, welche sich auch auf die Pertinenzien erstreckte, wiewohl in praxi allerdings angenommen wurde, daß nicht bei Veräußerung eines jeden einzelnen Stücks Landes oder Guts der lehensherrliche Konsens einzuholen sei, sondern nur bei einer die Integrität des lehnbaren Territoriums resp. des Kammerguts schwächenden ansehnlichen Veräußerung.[1]) Sodann ist zu beachten die Konkurrenz der Landstände, welche, wenn schon regelmäßig nicht zur Kontrolle des Kammerhaushalts berufen, doch bei Mißbräuchen in der Verwaltung und insbesondere bei einer die Interessen des fürstlichen Standes und Landes gefährdenden Schwächung des Grundstocks zu Vorstellungen bei dem Landesherrn und zu einer Beschwerde bei Kaiser und Reich befugt waren.

3) Das Testament Ernsts des Frommen vom 31. August 1654.[2]) Auch hierin ist eine Bestimmung über das Eigenthums-

---

[1]) v. Seckendorf, Fürstenstaat II. 3. §. 6.

[2]) Gedruckt im Saalfeldschen Gesetzbuch, Koburg 1785. S. 1 und bei Lünig, Reichsarchiv Bd. 8. S. 464. Ich habe eine Abschrift des Testaments

recht an dem Kammervermögen nicht enthalten.*) Dennoch sollen (nach Zachariä) die letztwilligen Verfügungen des Herzogs Ernst die genügendsten Belege für seine Absicht an die Hand geben, die gesammten Güter in seiner Familie zu erhalten und ihnen also (?) die Eigenschaft eines Familienfideikommisses beizulegen. Ich habe das „berühmte" Testament aufmerksam gelesen, aber von einer Fideikommißstiftung keine Spur gefunden. Zwar ist zu einem Fideikommiß nicht gerade erforderlich, daß das Wort „Fideikommiß" gebraucht werde; schon die Bestimmung, daß die Erbschaft von dem direkten Erben einem Dritten zu hinterlassen, — bei einem Familienfideikommiß: daß das Vermögen in der Familie zu erhalten und unverändert auf die Nachkommen zu bringen sei, genügt. Allein der bloße Wunsch, daß dieß geschehe, welchen am Ende jeder Erblasser hat, und selbst die Absicht eine solche beschränkende Bestimmung zu treffen, wenn sie nicht wirklich und in giltiger Weise getroffen ist, reicht natürlich nicht hin, um die Nachkommen für alle Zukunft in der Verfügung über das Ihrige zu beschränken. Auch wird die Natur des Gegenstandes z. B. des Lehens, der Landesherrlichkeit, des Kammerguts nicht dadurch verändert, daß in einem Testament des zeitlichen Besitzers oder in einem Familienvertrage den Nach-

---

vor mir, als Theil einer im landschaftlichen Archiv zu Meiningen aufgefundenen handschriftlichen Sammlung der Verträge und letztwilligen Verordnungen, betr. die von Herzog Ernst hinterlassenen Lande, von 1654 bis 1681 P. 1. sect. 1. Von 116 Seiten, welche das Testament in dieser Sammlung einnimmt, gehen 28 auf den Eingang und allgemeine, meist religiöse Betrachtungen, 4 auf die Erbeseinsetzung und den Unterhalt der Töchter, 10 auf Bestellung von Schule und Kirche und damit zusammenhängende Stiftungen. Weiter folgen Vorschriften für das Verhalten in Regimentssachen u. s. w. und erst später kommen dann ausführliche Bestimmungen über die Art der Succession der Söhne, Regierungsgemeinschaft, Vormundschaft u. s. w.

*) Zachariä, S. 56. meint sogar: eine solche besondere Bestimmung über „das auf die Söhne und Erben als Landesnachfolger (richtig!) übergehende Eigenthumsrecht" wäre nur auffallend und kaum begreiflich gewesen. Zugleich spricht er aber auch wieder von dem Kammervermögen als „gesammtem Domanialbesitz des Hauses," oder von einem „Eigenthum des gothaischen Gesammthauses," S. 63. dagegen von einem landesherrlichen Eigenthum am Kammervermögen.

folgern eine Beschränkung in der Veräußerung, Theilung oder
Schulden-Kontrahirung auferlegt ist. Es kann sogar die Absicht
der Disponenten möglicher Weise auch blos dahin gerichtet sein,
die in der Natur des Gegenstandes selbst schon liegenden Beschränkungen zur Anerkennung zu bringen. Eine dem Lehenrecht widersprechende Disposition konnte aber von den Vasallen
ohne lehensherrliche Einwilligung überhaupt nicht getroffen werden.
Ebensowenig kam es dem jeweiligen Landesherrn zu, das Kammergut dem Nachfolger in der Landesregierung zu entziehen oder
zum Gegenstand einer Privattheilung, getrennt von den Aemtern
und dem Lande, zu machen, wenn gleich das Regierungsrecht an
sich ihm eine Verfügung über einzelne Bestandtheile, ohne De-
terioration des Ganzen, während der Regierung gestattete. Wie
verhielt sich nun zu diesen Grundsätzen das ernstinische Testament?

Der Zweck desselben war ein politischer, nämlich: „den
neuen status des Fürstenthums,“ wie er nach der voraus-
gegangenen Landestheilung mittelst einer absonderlichen Landesregierung, geistlichen Consistorii, Kammer-, und Steuer-Kol-
legien und anderer Anstalten fundirt worden, auf die Nachkommen
zu bringen und, weil in den letzten Zeiten die alte deutsche Auf-
richtigkeit und Ehrbarkeit merklich nachgelassen hätte, auch in dem
Fürstenstand die Sittenverderbniß größer geworden, den herzoglichen Kindern gleichsam ein „Modell zu hinterlassen, welcher-
gestalt sie sich in ihren actionibus bezeigen sollen.“ Neben
frommen Betrachtungen und landesväterlichen Befehlen und
Ermahnungen in Kirchen-, Schul- und Regimentssachen
nehmen die Bestimmungen über den Nachlaß verhältniß-
mäßig nur eine kleine Stelle ein. Zunächst werden (dieweil nun
doch die heredis institutio das Fundament eines Testaments ist)
die 6 lebenden Herrn Söhne nebst den künftig gebornen zu
rechten Erben in dem Fürstenthume, Landen, Leuten und Lehen,
jetzigen und künftigen, wie in allem Erbe, auch dem beweglichen
z. B. Geschütz, Bibliothek, Baarschaften, Kleinodien, Silbergeschirr, Wein, Getreide, Ausständen eingesetzt. Den Töchtern
und Enkeltöchtern wird nur die nothwendige Alimentation und
herkömmliche Ausstattung nebst einem Zuschuß von 90,000 fl.
für den Fall, daß der fürstliche Mannsstamm der gothaischen

Gesammtlinie abginge, zugesagt. Später folgen noch Bestimmungen über die gleichheitliche Succession der Söhne, die Direktion des Aeltesten während der Landesgemeinschaft, über das Kammerwesen und über die Vormundschaft der minderjährigen Söhne. — Unverkennbar ist der fromme, mildthätige, auf das Beste des Hauses und Landes gerichtete Sinn des Testirers; dagegen bekundet die Anordnung einer gleichzeitigen und gleichmäßigen Succession der fürstlichen Söhne, welche die Theilung der gothaischen Lande in sieben Linien zur Folge hatte, eben nicht die von Zachariä belobte „Regentenweisheit." Denn wenn auch zunächst, namentlich für die Zeit der Minderjährigkeit der jüngeren Söhne, eine Kommunion der Lande unter der Administration und Direktion des Aeltesten angeordnet wurde*) so wird doch eine wirkliche Landestheilung offen gelassen und für diesen Fall voraus bestimmt, daß solche ohne Prärogative und Vortheile in gleiche Theile geschehen solle. Dennoch läßt sich nicht sagen, daß der Testirer nur durch Familien-Rücksichten geleitet worden sei. So lange die Untheilbarkeit der Lande nicht wie im Kurfürstenthum Sachsen grundgesetzlich eingeführt war*), hatten mehrere Söhne, ihre Lehensfähigkeit vorausgesetzt, gleichzeitig Anspruch auf Succession und es kam nur darauf an, ob durch eine Oerterung oder wirkliche Theilung diese Ansprüche Befriedigung erhalten sollten. Wurde aber einmal getheilt, so brachte die Pertinenz-Eigenschaft der Domänen mit sich, daß sie den Landen folgten und so wurde es auch in obigem Testamente und in dessen Nachträgen gehalten. Die Pertinenz-Eigenschaft ist sogar dem Herkommen gemäß erweitert auf Gegenstände, welche nicht zum Domänenvermögen gehörten, indem der ganze Nachlaß, auch der bewegliche, in die Landessuccession eingeschlossen wurde. Auch seine Regentenpflichten gegen das Land und das Interesse, welches dieses bei der Verwaltung des Kammerguts hatte, erkannte der

---

*) Doch sollte auch den jüngeren Brüdern gestattet sein, in Kammer- und Konsistorial-Sachen oder bei Abhör der Rechnungen in der Hofstatt zur Erleichterung des Aeltesten abwechselnd nachzusehen.

*) Die einst untheilbaren Länder Thüringen und Meißen waren in Folge der Mühlberger Kapitulation mit Einwilligung des Kaisers selbst zerrissen worden. Ebenso später die Grafschaft Henneberg.

Herzog wohl; daher die Ermahnung an die Landessuccessoren, gegen die Landstände und Unterthanen sich gnädig und gerecht zu bezeigen, ohne ständische Verwilligung keine Steuern zu beschließen, in Regierungs-, Konsistorial- und Kammersachen die bestehenden Ordnungen wahrzunehmen und ohne Kommunikation mit den Ständen keine neuen Ordnungen zu erlassen, überhaupt mit rechter Treue und Liebe die Wohlfahrt der Lande zu befördern. Bei eintretender Vormundschaft solle das Regierungskollegium die Mitvormundschaft führen und demselben für Kammer- und Haushaltungs-Sachen der Kammerrath und Rentmeister beigegeben werden. Schließlich wurden die Räthe und Stände aufgefordert, jedes an seinem Orte das Testament zu erfüllen und über den Vollzug desselben zu wachen.

Man sieht hieraus, wie die Kammersachen den andern Regierungssachen, die Kammerordnung den andern öffentlichen Ordnungen gleichgeachtet und an eine Fideikommißstiftung in Betreff des Kammerguts nicht gedacht worden. Auch die Behauptung Zacharia's (S. 57.): daß Herzog Ernst die Theilung des Domanialvermögens nur aus Rücksicht auf das Ansehen seines Hauses und der Glieder desselben beschränkt habe, ist rein aus der Luft gegriffen. Eine besondere Bestimmung über die Theilung des Domanialvermögens oder Kammerguts findet sich gar nicht in dem Testamente. Bei der Bestimmung über den Ausschluß der Töchter von allem Erbrecht mag wohl an den Glanz des Stammes und Namens mit gedacht worden sein; allein auch dieser Ausschluß erfolgte nicht auf Grund eines Fideikommisses, sondern was die lehenbaren Lande und Zubehörden betrifft, auf Grund des Lehenrechts und der alten Erbverbrüderungen (auf diese stützt sich das Testament ausdrücklich bei der Erbeinsetzung der Söhne) und was das Erbe im engeren Sinne und die fahrende Habe betrifft, auf die Gewohnheit der Erbverzichte, welche bei der Heirath von den fürstlichen Töchtern unterzeichnet wurden.

4) Die späteren Dispositionen Ernsts des Frommen haben an dem Charakter seiner ersten Verordnung nichts geändert. In der sog. Regimentsverfassung vom 9. Nov. 1672 sind die Lande (einschließlich der Domänen) mit Ausnahme Kursachsens

für theilbar erklärt, aber nur unter der Voraussetzung, daß die Theile zu reputirlicher Führung des fürstlichen Staubes und Erlangung eines Reichsvotums hinreichend seien. Diese Voraussetzung fand Herzog Ernst auch nach dem Anfall des größten Theils der altenburgischen Lande nicht eingetroffen. Es sollten daher zwar den neuen, wie den vorigen Landen je ihre Regierungs-, Konsistorial- und Kammer-Kollegien, wie auch die landschaftlichen Rechte und die darauf erlangten Reichs- und Kreis-Stimmen gelassen, jedoch die Landesregierung über sämmtliche Fürstenthümer zur Aufnahme des Hauses und der Nachkommen und zu desto nachdrücklicherem Schutz der Unterthanen noch ferner von dem Aeltesten für sich und seine Brüder gemeinschaftlich geführt werden. Würde es doch zu einer Theilung kommen, so sollen zwar die Theile oder Loose an Gefällen möglichst gleich gemacht, die andern „Pertinenzien" aber, wie Gehölz, Jagden, Lehen, Steuern u. s. w. nicht ängstlich, unter Zerreißung der Grenzen und Beschwerung der Lande mit fremden Lasten ausgeglichen, sondern einem jeden innerhalb seines Fürstenthums belassen werden. Bei künftigen Anfällen von Landen sollen die dortigen Schulden ohne Beschwerde der alten Lande entweder aus gesammten Mitteln oder aus den Einkünften der neuen Lande bestritten werden.

Die Deklaration der Regimentsverfassung vom 27. August 1674 wollte die Verbindung der Lande noch enger ziehen, indem sie anordnete, daß es bei Einer gemeinsamen Hofhaltung sein Bewenden haben und dem regierenden Herrn die Kommunikation mit den abwesenden Brüdern im Allgemeinen freigestellt werden solle. Doch ist die beigefügte Ausnahme-Bestimmung, daß einige Regierungshandlungen, wie die Verpfändung oder Veräußerung der Aemter und Güter, sonderbare Begnadigungen, wodurch die Kammer oder deren Einkünfte merklich geschwächt würden, Errichtung neuer Familien-Verträge, auch ferner noch der Einwilligung sämmtlicher Söhne und Nachkommen bedürfen, nicht dahin zu deuten, als ob damit der gesammte Besitz von Landen und Gütern für alle Zukunft hätte als unveräußerlich erklärt werden wollen. Der ganze Vorbehalt bezieht sich, wie ähnliche Vorbehalte in früheren Testamenten*) und Theilungs-Verträgen nur auf den Fall der angeordneten gemeinsamen Regierung und von selbst ergibt sich, daß von den Beschränkungen, welche in diesem Falle unter den in Kommunion stehenden fürstlichen Brüdern eintraten, nicht geschlossen werden darf auf das Verhältniß der Agnaten oder abgetheilten Brüder gegenüber der Regierung eines Einzigen. Daß übrigens auch nach dem Lebenrecht der Landesherr in der Veräußerung nicht ungebunden ist, ward bereits früher bemerkt.

Aus der Approbation des väterlichen Testaments vom 2. Juli 1675 erwähne ich nur, daß nach §. 32 von demjenigen, was nach Abzug der Deputate für die fürstlichen Brüder und anderer der Kammer obliegenden Lasten und Ausgaben an fürstlichen Kammereinkünften übrig bliebe, zunächst gewisse Quotienten zum gesammten Vorrath für spätere sorgliche Zeit geschlagen und erst das Uebrige den fürstlichen Brüdern zur Disposition überlassen werden solle. Daß trotz der väterlichen Warnungen und Verbote dennoch eine Theilung der Lande erfolgte, die Gesammtregierung und der gemeinsame Hofhalt, der freilich von vornherein unpraktikabel war, aufgelöst wurde, ist bereits früher bemerkt worden.

5) Der Theilungsantrag vom 7. April 1677.*) Hier haben wir es erstmals nicht mit einer Theilung von Land und Leuten zu thun, sondern bloß mit einer Vermögenstheilung. Doch hat diese nicht zum Gegenstande das ganze Domanium oder das Kammergut als solches*) sondern nur theils eine Anzahl

---

*) F. P. Friedrichs des Großmüthigen von 1553.
*) Abgedruckt nebst Beilage in der Lutherischen Schrift S. 201 f.
*) Zacharia §. 13. seiner Schrift stellt den Vertrag so dar, wie wenn damit eine Disposition über sämmtliche Kammergüter hätte getroffen werden wollen: die Söhne des Herzogs Ernst hätten dadurch zu erkennen gegeben, daß sie die Kammergüter, obwohl sie sich im Verhältniß zu einander ein unbedingtes Eigenthumsrecht daran beilegen, im Wesentlichen bei dem gesammten Hause erhalten wissen wollen, und hätten sich zu diesem Zwecke gegenseitig bestimmten Beschränkungen in Betreff der Veräußerung und Schulden-Kontrahirung unterworfen. Später aber bemerkt er: „Nur die seit dem Jahre 1572 heimgefallenen Lehengüter wurden, so zu sagen, als noviter acquisita nicht als unter dem allgemeinen Fideikommiß begriffen angesehen." Gerade aber von diesen handelte es sich im obigen Vertrage.

von Herzog Ernst hinterlassener (Friedensteinscher) Aktivkapitalien nebst Zinsen, theils mehrere seit 1572 heimgefallene und nicht wieder ausgeliehene sog. vermannte Kammergüter in den Fürstenthümern Gotha (Liebenstein, Eugenstein) Altenburg (Wendischleiba, Ramschitz, Schwanbitz, Schelchwitz, Peterberg) und Koburg (Kalenberg, Deßlau, Gaueustadt, Hof zu Rotwinka, der mehrerer Zehend, die birkische Lehen), zusammen geschätzt auf einen Werth von 112,987 fl. Diese Vermögensstücke wurden unter die 7 fürstlichen Brüder, welche bis jetzt noch keine eigenen Kammergüter hatten, vertheilt, unter der Bestimmung, daß einem jeden die ihm zukommenden 42,192 Rthlr. Kapital und 5,436 Rthlr. an Zinsen, wie auch die 16,141 fl. an den vertheilten Kammergütern erb- und eigenthümlich bleiben sollen, jedoch keiner von diesem Allen mehr als 15,000 Rthlr. zu alieniren und sich damit außer Schulden zu setzen oder sonst sein Bestes zu werben befugt sei. Was über diesen Betrag hinaus veräußert oder eingehoben würde, solle wieder im Lande an Gütern oder versicherten Kapitalien nützlich angelegt werden und nach Absterben eines jeden Herrn, wenn er keine fürstlichen Kinder hinterließe, auf das gesammte (gothaische) Haus zurückfallen. Hätte er aber fürstliche (d. h. ebenbürtige) Kinder, so solle er unter denselben zwar frei disponiren dürfen, jedoch auf deren Abgang abermals der Rückfall auf das gesammte Haus zu jeder Zeit vorbehalten bleiben. Die Kammergüter bekam jeder fürstliche Herr frei von Ritterdiensten, Steuern und andern Auflagen und Beschwerden, wie sie von der fürstlichen Herrschaft bisher genützt und besessen worden; jedoch solle mehr nicht als die Erbgerichtsbarkeit oder Vogteilichkeit (erste Instanz) und die niedere Jagd übergehen, die peinliche hohe und Territorialgerichtsbarkeit (mit Appellations-Instanz) und die hohe Jagd aber bei dem Fürstenthum oder der gesammten landesfürstlichen Herrschaft verbleiben.

Die Gemeinschaft der Nutzung dieser sog. Kammergüter wurde also aufgehoben; diese Güter selbst wurden von der Gemeinschaftsregierung der Lande getrennt und in das Separat-Eigenthum der einzelnen Fürsten übertragen und damit eine fideikommissarische Anordnung und Successionsbestimmung verknüpft, welche von den Rechten des Lehensagnaten und dem Rechte der

Lehensfolge, wie sie bei den Landen hergebracht war, sich unterschied. Auf ein Universalfideikommiß der Lande selbst, oder des Kammerguts überhaupt, kann von diesem Partikular-Fideikommiß nicht geschlossen werden; im Gegentheil hätte die Anordnung eines eigenen Fideikommisses zu Gunsten der fürstlichen Kinder im sachsen-gothaischen Gesammthause aus gewissen Kammergütern nicht vorkommen können, wenn die Kammergüter überhaupt mit einem agnatischen Fideikommisse des sächsischen Hauses schon behaftet gewesen wären. Immerhin war aber das Beispiel einer separaten Theilung von Domänen im fürstlichen Hause bedenklich genug, um, wenn damit fortgefahren wurde, den Zerfall des Landeshaushalts herbeizuführen. Es blieb jedoch bei diesem Einen Vorgang, welcher hervorgerufen war durch den Wunsch, den Finanzverlegenheiten der „fürstlichen Durchlauchtigkeiten" abzuhelfen, und auch dieser Vorgang ward, wie es scheint, wieder gut gemacht dadurch, daß die vertheilten Kammergüter*) später, als es nun doch zu einer Landestheilung kam, wieder großentheils mit den fürstlichen Landesportionen in Verbindung gebracht und nicht als Privatgüter fortgeführt wurden.

Zwar wurde in dem Vertrage mit den vier jüngern Brüdern vom 24. Februar 1680 nicht blos weitere Theilung unter den Nachkommen untersagt, sondern auch mit „fürstlichen Worten" versprochen, nichts von den Aemtern und Zubehör, Rechten und Gerechtigkeiten zu veräußern, zu verpfänden oder sonst zu beschweren (ausgenommen, daß im Nothfall ein Anlehen, nicht über 20,000 Thlr. mit brüderlichem Consens auf ein gewisses Stück aufgenommen würde); an ein Privatfideikommiß ist aber hierbei nicht zu denken; denn nicht sowohl die zärtliche Sorge für die Familie, welche allerdings die schädliche Theilung herbeiführte, als vielmehr die nothwendige Rücksicht auf die Erhaltung des „fürstlichen Ansehens" und der Lande selbst, war das Motiv für jene nothwendige Einschränkung. Daraus erklärt sich

---

*) Auch diese werden in dem Deputations-Konklusum wegen der Erbschaft der Herzoge von Sachsen vom 19. Juli 1720 nur quasi fideicommissa familiae genannt. Luther, rechtl. Natur der Domänen. S. 178.

auch die vom Kaiser am 4. Dezbr. 1686 den fürstbrüderlichen Rezessen ertheilte lehensherrliche Bestätigung.

6) Der **Römhilder Rezeß vom 28. Juli 1791**, abgeschlossen zwischen den Herzogen zu Sachsen-Gotha, Meiningen, Hildburghausen und Koburg-Saalfeld, hatte im Auge den in naher Aussicht gestandenen Fall des Aussterbens der regierenden Linie Sachsen-Meiningen und ist besonders wichtig durch die für diesen Fall zugestandene Ausdehnung der Allodialfolge zu Gunsten der weiblichen Allodialerben des Herzogs Georg. Die gemachten Zusagen sind jedoch in das Gewand allgemeiner, für alle Zukunft geltender Bestimmungen gekleidet. „Zum gemeinsamen Wohl des herzoglichen Gesammthauses" (so lautet der Eingang) und um „das wahre Wohl und Beste ihrer Unterthanen und der in gesammter Lehenschaft stehenden fürstlichen Lande in Gemäßheit der Hausverträge zu befördern" (f. §. 1.), vereinigten sich die Paciscenten u. A. dahin, daß es jedem Landesherrn freistehen solle, heimgefallene Güter wieder an Vasallen als rechte Lehen zu verleihen oder an privatos erblich zu veräußern, jedoch so, daß im letzten Falle der Erlös oder die darauf gelegte Abgabe (als Lehens-Surrogat?) in Zugang gebracht werde; daß ferner, wenn bei künftigen Kollateralsuccessionen **heimgefallene Lehen** sich unveräußert vorfinden, die fürstlichen Landesfolger berechtigt seien, diese Güter selbst zu behalten, jedoch unter Ersatz des Werthes an die **Allodial-Erben** (!), wenn nicht eine andere Disposition von dem letzten Landesherrn getroffen wäre. Sodann wurde, um Irrungen bei künftigen Kollateralfällen zu begegnen, „zum Nutzen und zur Beruhigung der regierenden Herzoge, sämmtlicher Agnaten und aller Unterthanen" verabredet, daß künftig weder von den Landen noch von den **dabei befindlichen** Kammergütern [10]) etwas veräußert, noch Schulden gemacht werden sollen u. s. w. Zu der Allodial-Verlassenschaft einer erlöschenden Speziallinie des

---

*) Zachariä S. 61. Note 68 seiner Schrift vermuthet: dieß wolle einen Gegensatz zu auswärtigen Kammergütern ausdrücken. Es heißt aber nicht **darin**, sondern „**dabei befindlichen**," womit einfach die zugehörigen Kammergüter bezeichnet sind.

gothaischen Gesammthauses werden namentlich gerechnet neue, ohne Vermehrung der Schulden acquirirte und bezahlte Güter, welche zu den Portions-Anschlägen und Kammergütern nicht gehören,¹¹) alle bezahlten Mobilien und das vorräthige Getreide (insofern solches nicht zu Deputaten, Stiftungen und zu Bestreitung anderer Landesbürden nothwendig), ausstehende Reste, überhaupt alle Sachen, worüber jeder Landesherr bei seinen Lebzeiten frei disponiren könne. Ueber alle diese Gegenstände solle der ohne fürstliche männliche Descendenz sterbende Landesregent unter Lebenden und von Todeswegen frei disponiren können und, wenn dieß nicht geschehen, der Allodialnachlaß den Allodialerben zufallen. Wegen der hinterlassenen Schulden wurde verabredet: es sollen den Landes- successoribus obliegen alle wahren Kammerschulden, welche als von den fürstlichen Vorfahren vererbt bei den Kammern in Einnahme und Ausgabe gebracht und verzinst werden. In Betreff der Aufnahme neuer Schulden wird zugegeben, daß Fälle eintreten können, wo zur Vermehrung der Kammer-Einkünfte, Verbesserung des Landes, Ausstattung von Prinzessinnen oder zur Bestreitung außerordentlicher Ausgaben bei Unglücksfällen neue Kammerkapitalien erborgt werden müssen; doch solle darüber zuvörderst mit den fürstlichen Agnaten communicirt, der agnatische Konsens erbeten und dieser nur in den Fällen ertheilt werden, wenn versio in rem dargethan und gezeigt worden, wie der Abtrag wieder könne bewirkt werden. Selbst landschaftliche Schulden sollen von dato an um keine erhebliche Summe ohne Einwilligung der Agnaten vermehrt, die Unterthanen aber mit Vermehrung der Steuern verschont werden. Bei künftiger Vertheilung einer auffallenden Landesportion sollen die Portionsanschläge von 1572 und 1600 nach vorgängiger Ratifikation zu Grunde gelegt werden.

---

*) Wie es scheint, beruht hierauf die Behauptung Zachariä's S. 60: die in den Portionsbüchern verzeichneten Bestandtheile des Kammervermögens seien durch stillschweigende und ausdrückliche Einigung als mit Fideikommiß behaftet anerkannt worden. S. jedoch K. Luther, rechtliche Natur der Domänen S. 52. 114. f. 142.

Diese Bestimmungen des römhilder Rezesses stehen zum Theil im Widerspruch mit der bisherigen Hausverfassung, namentlich der Unterschied, welcher für den Fall der Erlöschung des Mannsstamms einer Linie zwischen neuen und alten Erwerbungen zu Gunsten der Allodialerben, d. h. der Töchter und der von ihnen Abstammenden gemacht wird, während noch ein Haus-Konferenzbeschluß vom 20. Juli 1720 das Testament Herzogs Ernst I. von Gotha von 1654 und die Regimentsverfassung vom 1672 aufrecht erhält, wonach die Töchter von der Succession in Lehen, Erbe und Habe ausgeschlossen sind und ihnen nur die herkömmliche Ausstattung gegen den gewöhnlichen Erbverzicht zu verabfolgen ist. Der Rezeß steht aber nicht blos im Widerspruch mit den Ordnungen im gothaischen Hause, sondern auch mit den Erbverbrüderungen und den darauf gegründeten Anfallsrechten der gesammten sächsischen Häuser und eventuell des hessischen Hauses, sowie mit den damaligen Rechten des kaiserlichen Oberlehensherrn, dessen Einwilligung so wenig als die der Lehensagnaten und der Landstände zu dem neuen Rezesse erwirkt worden. Die Erbverbrüderungen erstreckten sich nämlich nicht blos auf den damaligen Besitz, sondern auch auf den späteren Erwerb, und nicht blos auf die Lehen, sondern auch auf das Allodium, während nach dem neuen Rezeß das Allodium, soweit es nicht unter den Portionsanschlägen und Kammergütern begriffen ist, (nach Zacharia S. 63 sogar auch die aus vorhandenen Kammermitteln und den Erübrigungen der Kammereinkünfte gemachten Erwerbungen!) ferner die Kammervorräthe und Activreste der Landesfolge ganz entzogen werden sollen. Mit dem Lehenrecht insbesondere steht im Widerspruch der im Rezeß aufgestellte Grundsatz, daß der Landesherr qua Lehensherr für heimgefallene und nicht wieder an Vasallen als Lehen (feuda militaria) verliehene oder von ihm veräußerte Lehen den Allodialerben d. h. den Kognaten Ersatz zu leisten habe,[12])

[¹) Richtiger wäre es gewesen, zu bestimmen, daß der Allodialerbe, wenn der Landesherr das heimgefallene Lehen verwerthet und den Erlös zum Ankauf von Schatullgütern verwendet hat, dem Landessuccessor dafür Ersatz zu leisten habe, welcher dadurch zu Gunsten der Allodialerben benachtheiligt

während nach dem **Reichslehenrecht** und der Natur der Sache erledigte Cantaflerlehen wieder an den **Lehensherrn** zurückfielen, also ein Theil des landesherrlichen Hauptlehens blieben und, wenn sie nicht wieder verliehen wurden, doch jedenfalls der landesherrlichen Kammer zum Zweck der Erfüllung der Reichspflicht und Bestreitung der Regierungskosten einzuverleiben waren. [¹⁵])

Die Beschränkungen des Landesherrn in der Veräußerung von Kammergütern und in der Kontrahirung von Schulden, wie sie in dem Rezeß bezeichnet worden, sind auch von der Art, daß ein Landesherr sich dieselben nicht gefallen lassen kann: denn sie würden die Administration der Domänen, welche ohne alle und jede Veränderungen in der Substanz und ohne Kontrahirung von Verbindlichkeiten nicht zu führen ist, geradezu von der Kognition und dem guten Willen der Agnaten abhängig machen. Sie sind auch wohl niemals zur Ausführung gekommen und finden ihre Erklärung nur in dem Bestreben, den letzten Regenten eines Hauses vor dem Uebergang des Landes und des Kammerguts an eine andere Linie möglichst willenlos zu machen, um ihn an besorglichen Eingriffen in die Rechte des Landessuccessors **und** der sog. Allodialerben zu verhindern. Der in Aussicht genommene Kollateralfall in der meiningischen Linie ist nicht eingetreten, da dem Herzoge Georg 9 Jahre nach dem Rezesse noch ein Sohn geboren wurde, der nachher regierende Herzog Bernhard Erich Freund. Damit verschwand die praktische Bedeutung des römhilder Rezeßes und erst 1825, bei dem Aussterben des Spezialhauses Sachsen-Gotha, wurde derselbe wieder hervorgesucht. Aber auch jetzt, bei dem einzigen seit dem Rezesse vorgekommenen Kollateralfalle,

---

wurde. Der Satz, daß umgekehrt die Allodialerben heimgefallene Lehen, die sich noch im Nachlasse vorfinden, oder den Werth derselben beanspruchen können, beruht auf einer falschen Anwendung der Grundsätze von der *separatio feudi ab allodio* auf die Staatserbfolge, welche Anwendung allerdings bis zum Theilungsvertrag v. J. 1677 zurückgeht.

*) Dieß nimmt auch an die kleine Schrift von Schneider über Kammergüter und Civilisten teutscher Fürsten, mit besonderer Beziehung auf die sächsischen Regenten, Leipzig 1831. S. 26.

wurde demselben von der Mehrzahl der betheiligten Linien keine
Verbindlichkeit zugeschrieben. Auf Grund der Erbverbrüderung
zwischen Sachsen und Hessen, der Regimentsverfassung Ernsts I.
von Gotha und des Hauskonferenzbeschlusses vom 1720 verweigerte Sachsen-Meiningen sowohl als Sachsen-Hildburghausen
die Anerkennung der Existenz eines Hausallobiums im
Hause Sachsen und nur im Vergleichswege und unter Verwahrung gegen die Giltigkeit der betreffenden Bestimmungen des
römhilder Rezesses verwilligten sie eine auf den 12. Theil des
Domänen-Vermögens sich belaufende Abfindung an Koburg, welchem die Allodialerbin ihre Ansprüche cedirt hatte. [14])

Alle Folgerungen, welche Zachariä aus dem römhilder
Rezesse für das Vorhandensein eines Familien-Eigenthums oder
Universalfideikommisses am Kammergut zieht, [15]) fallen somit
zu Boden und, gesetzt selbst der Rezeß wäre innerhalb der heutigen herzoglichen Linien zur Anerkennung gelangt, so wäre ihm
doch gegenüber von dem Gesammthause Sachsen und gegenüber
den Landständen, welche in dem testamentum ernestinum von
1654 ebenso, wie die fürstlichen Räthe zu Garanten desselben
aufgestellt sind, keine Geltung beizumessen. Auch

7) der Haupt-Theilungsvertrag vom 12. Nov. 1826,
womit Zachariä beweisen will, daß der althergebrachte und ohne
Widerspruch fortgesetzte Rechtszustand des Domaniums im gothaischen Gesammthause eine Bestätigung erfahren habe, spricht
nicht von einer den Kammergütern ertheilten Fideikommißqualität,
sondern nur von einigen Partikular-Fideikommissen, so von den
auf dem Freuensteien (Gotha) befindlichen wissenschaftlichen und
Kunstsammlungen, welche als Familienfideikommiß des gothaischen
Gesammthauses anerkannt sind (Art. 14), ferner von dem
josephinischen Familienfideikommiß (Art. 8), welches als Privateigenthum der Speziallinie Sachsen-Altenburg noch in dem
dortigen Grundgesetze von 1831 §. 20 anerkannt ist. Auch Herzog
Ernst Ludwig von Sachsen-Meiningen errichtete in seinem Testa-

---

[14]) Die Domänenfrage im Herzogthum Altenburg (1853) S. 43.
[15]) Weder von dem einen noch von dem andern ist dort die Rede. Auch
Zachariä spricht S. 63 wieder von einem landesherrlichen Eigenthum.

mente von 1721 ein Fideikommiß aus seinen Propregütern
Dreißigaker und Ludwigsburg, und noch besteht in Sachsen-
Meiningen die herzogliche Hausfideikommißkasse.¹⁶) Das Pri-
valeigenthum der fürstlichen Familienglieder blieb selbstverständlich von dem Theilungsvertrage ausgeschlossen (Art. 6).
Dagegen folgten die Kammergüter von selbst dem neuen Landesherrn und auch die meiningischen Kammergüter Kahlenberg
und Gauerstadt, welche bisher auswärtige Kammergüter waren,
wurden jetzt dem Territorialherrn in Coburg zurückgegeben.¹⁷)
Ueberhaupt ging der neue Vertrag darauf aus, die Zerreißung geschlossener Gebiete möglichst zu vermeiden und drei so viel als möglich zusammenhängende Herzogthümer herzustellen (s. Eingang).

Doch konnte derselbe einige Ausnahmen nicht umgehen, wo
einzelne Dorfschaften oder auch einzelne Kameralgüter oder Servitu-
ten von dem überlassenen Komplexe ausgenommen wurden. Gerade
aber, daß fast ausnahmslos und stillschweigend die Kammergüter und
Kammereinkünfte, und selbst in der Regel auch das bewegliche
Eigenthum innerhalb des Ländernachlasses, namentlich alles
Wirthschafts-Inventarium der Kammergüter (Art. 18), den neu
gebildeten Fürstenthümern folgte,¹⁹) beweist wieder die Zusammengehörigkeit der Lande und Kammergüter. Auch die Vertheilung der Kassenbestände (Art. 37 und 38 des Vertrags),
worauf Zachariä (S. 65) speziell Bezug nimmt, wurde nicht
im Geiste des römhilder Rezesses vorgenommen d. h. zum Pri-
valnachlasse (Allodium) geschlagen, sondern nach dem Prinzip
der Staatssuccession geregelt. Die bei der gothaischen und
altenburgschen Kammer vorhandenen Ueberschüsse wurden nämlich

---

¹⁶) K. Luther, rechtliche Natur der Domänen S. 173. Die das. S. 187
angenommene Fortdauer eines Fideikommisses an den heimgefallenen Lehen
(oben S. 259) scheint mir sehr zweifelhaft.

¹⁷) Zachariä S. 53 Note 51 führt diese Bestimmung zum Beweise an,
daß die Pertinenzqualität keine staatsrechtlich nothwendige sei. Allein hier
wurde nur eine frühere Anomalie gut gemacht, indem die selben 1677 zur
Theilung gekommenen Kammergüter wieder an dasjenige Fürstenthum gelangten, wo sie gelegen waren.

¹⁹) S. 14 des Nebenvertrags Nr. III. a werden die Domänen Landes-
zubehörungen genannt. K. Luther S. 93.

ebenso wie der Länternachlaß selbst in drei Theile getheilt, die seit der Präliminartheilung stattgefundenen Einnahmen aber ebenso wie die am Normaltage vorhandenen Aktivreste dem neuen Landesherrn überlassen.

Obgleich alle Beweismittel Bacharld's für das behauptete Eigenthum des sachsen-gothaischen Gesammthauses an den Kammergütern der herzoglich sächsischen Lande, vom 17. bis in dieses Jahrhundert herab, sich als unzureichend, vielmehr für das Gegentheil sprechend gezeigt haben, so wird damit doch keineswegs das Anrecht der erbfähigen Nachkommen der herzoglich sächsischen Speziallinien und eventuell des ganzen sächsischen Hauses auf die Lande und folgeweise auch auf die damit verbundenen Kammergüter in Frage gestellt. Dieses Anrecht gründet sich auf die Erbverbrüderungen und die darauf ertheilte Mitlehenschaft, innerhalb der Linien aber theils auf das Lehenrecht, theils auf die besonderen Successions-Ordnungen, welche jedoch den eventuellen Successionsrechten der mitbelehnten Nebenlinien nicht widersprechen durften. Als das deutsche Reich und mit ihm das Reichslehensverband aufhörte, wurden zwar die eventuellen Nachfolge-Rechte einzelner Rheinbundesfürsten auf die Gebiete, Domänen und Güter anderer Souveräne für den Fall, daß die bisher regierende Familie oder Linie erlöschen sollte, vorbehalten.[19]) Es war jedoch natürlich, daß man jetzt, da das Lehenrecht nicht mehr formell galt, die vorhandene Lücke durch spezielle Haus- und Landesgesetze auszufüllen suchte, und hierbei ist denn auch der Ausdruck Fideikommiß, Familien-Eigenthum für die Lande selbst oder auch nur für die Kammergüter gebraucht worden, obgleich eine Fideikommißstiftung wenigstens für die sächsischen Lande überhaupt, wie wir gesehen haben, sich nicht erweisen läßt. Welcher Werth jenen Bezeichnungen im einzelnen Falle beizulegen, wird sich weiter unten §. 38. f. zeigen.

---

[19]) Rheinbundesakte 1806 Art. 31. s. eben S. 148.

§. 37.

Die auf dem Kammer-Vermögen ruhenden Lasten.

Der Satz, daß dem Landesherrn als Besitzer des Kammerguts außer dem eigenen Unterhalt und dem der Familie die Landesausgaben mit Einschluß der Reichssteuer obliege, ist schon oben §. 10 gegen die schwankenden Einwürfe Zachariä's vertreten worden. Dennoch kann ich nicht unterlassen, einige historische Zeugnisse aus den sächsischen Landen beizufügen, und sodann kurz derjenigen Gründe zu gedenken, welche in neuerer Zeit von sächsischen Schriftstellern gegen jenen Grundsatz erhoben worden.

Dem Herzog Georg von Sachsen, welcher 1500—1541 im albertinischen Hause regierte, wird nachgerühmt, daß er ein billiger und gerechter Herr gewesen, in alter einfacher Weise regiert, dem Lande nichts über die Gebühr, noch ohne seine Zustimmung auferlegt habe. [1]) — Hatte auch der alte Haushalt im Laufe des 16. und 17. Jahrhunderts, besonders durch die Unfälle, welche das ernestinische Haus trafen, eine große Veränderung erfahren, so finden wir doch nach dem 30jährigen Krieg im Wesentlichen die Stellung des Landesherrn zu den Ständen immer noch unverrückt.

Herzog Ernst der Fromme ermahnte in dem Testamente von 1654 seine Söhne: den Staat und Aufwand nicht über das Einkommen, so nach Abzug der Schulden und anderer nothwendigen Ausgaben an Besoldungen u. s. w. übrig bleiben würden, zu spannen, die Landes-Einkünfte (Kammerintraden) zu-

---

[1]) Des menniglich bei gleich und recht
auch niemandt keine Last auflegt,
und sonderlich mein Unterthan
mit steur ich nie beschweret han,
ohn was mit wille und auf bitt
von in mir warth gewegerth alt,
auch stets regirt mit irem wissen etr.
Kapp, Nachlese der Reform. Urkunden Th. III. S. 363.

nächst zur Tilgung der Schulden zu verwenden, die Ausgaben für die Hofstatt einzuschränken, die Steuern, so extra ordinem in Landesnöthen verwilliget worden, allein zu dem Zweck, wozu die Verwilligung geschehen, zu verwenden und zu dem Ende jedesmal durch die verordneten Einnehmer, mit Zuziehung eines zur Rentkammer Verordneten, Rechnung halten zu lassen; ferner möglichsten Fleißes dahin zu trachten, daß außer der unvermeidlichen Noth keine Steuer angelegt werde, jedenfalls aber mit der Landstände Vorwissen und Bewilligung verfahren und denselben in Fällen, die Ordinari-Steuer anlangend, die gewöhnlichen Reversalien jedesmal ausgestellt werden. In den Landtags-Reversalien v. 2. Sept. 1671 sagt Herzog Ernst: „Nachdem — Unsere getreuen Stände (Grafen, Herren, Ritterschaft und Städte) Uns mit einer unterthänigsten treuherzigen Verwilligung von Handarbeit und Fuhren zu Vollführung des Verwahrungsbaues, dann ferner zur Erleichterung der Uns obliegenden Regimentslast und zu andern dabei und sonst vorfallenden Nothwendigkeiten die nächstbevorstehenden 6 Jahre über, von Andreä des laufenden Jahres exclus. an zu rechnen, nicht allein mit der zeither in Uebung gewesenen Tranksteuer auf die gewöhnlichen 3 Fristen, sondern auch mit und neben derselben auf ebensolang jährlich mit zwei Ordinarlsteuern auf Juni und Andreä an die Hand zu gehen, versprochen u. s. w. (s. Gutachten der Finanzabtheilung der Abgeordneten zu Gotha in den dortigen Landtagsverhandlungen 1848 S. 373. 374.)

Ich darf mich hier noch auf einen andern Zeugen berufen. Es ist dieß der vormalige sachsen-gothaische Geheimerath und Kammerdirektor v. Seckendorf, welcher in seinem erstmals 1655 erschienenen deutschen Fürstenstaat (III, 4. §. 19.), wozu er den Typus vorzugsweise von den damals noch vereinigten sachsen-gothaischen Landen genommen,[2]) folgende 5 Klassen von Kammerausgaben unterscheidet: 1) für die fürstliche Hofstatt, worunter die Handgelder des Landesfürsten, seiner Gemalin und

---

[2]) Dieß erkennt an der weimarsche Ministerialvortrag vom 15. Oktbr. 1817, abgedruckt in dem Schriftchen: Zur Domänenfrage in Sachsen-Weimar, Weimar 1854. S. 15.

Kinder für den täglichen Gebrauch, ferner Ausgaben für die Hofküche, Keller, Silberkammer, Marstall, Hofmusik, Komödie, Ballet, Jägerei u. s. w. 2) Regiments- und Staatssachen, wie Empfahung der Lehen am kaiserlichen Hof, Beitrag des Landes zur Unterhaltung des Reichskammergerichts, Reichs- und Kreisanlagen, Beschickung der Reichs- und Kreistage, Gesandtschaftskosten bei Unterhandlung mit Benachbarten und andern in Landessachen, Verlag der Münze, Kanzlei und hohen Gerichtsbarkeit, Unterhaltung der Korrespondenz und der Posten, Schreiberei- und Botenlöhne, Verbesserung der Aemter mit Erkaufung weiterer Güter und Einkommens, Landesdefension mit Kriegsrüstung, Unterhaltung der Festungen und Garnisonen, Schloßwachen. 3) zu milden Sachen, worunter Kirchen und Schulen, Stipendien, Universitäten, Bibliothek, Waisen- und Zuchthäuser, Druckereien, tägliches Almosen. 4) zum Bauwesen der Residenz, der Festungen, Amthäuser, Wasserbauten, Brücken und Straßen. 5) zu Bezahlung der Schulden.

Ob dieses Ausgabenregister, welches ich nur im Auszuge gebe, im Einzelnen vollständig ist, darauf kommt es nicht an; so viel geht jedenfalls daraus hervor, daß nicht blos Hof-, sondern auch Regierungs- und Staatsausgaben jeder Art, namentlich Gesandtschaftskosten, Ausgaben für die Landesvertheidigung zu den Kammerausgaben gerechnet wurden. Eine Anlage im Lande erklärt v. Seckendorf (das. §. 18) nur zulässig bei vorfallenden Reichs- und Kreissteuern oder in großen Landesnöthen und Kammerbeschwerungen auf vorhergehende Bewilligung der Stände.

All' dieses stimmt mit demjenigen überein, was §. 10 über das gemeine Recht in unserer Frage ausgeführt worden. Ein besonderes Verhältniß ward jedoch in dem gothaischen Gesammthause durch die anfängliche Regierungsgemeinschaft unter den Söhnen Ernsts des Frommen entwickelt. Diese Gemeinschaft bezog sich auch auf die Kammer-Einkünfte. Nicht blos wurde der Direktorialgehalt von 4000 Thlr. und das Aequivalent für die Hofstatt des regierenden ältesten Bruders von 20,000 Thlrn. auf bestimmte Aemter und andere gemeinsame Einkünfte angewiesen,³) sondern es wurden auch alle andere Regierungsausgaben, namentlich für die gemeinschaftlichen Räthe, Offiziere, Beamte und Diener, aus den gemeinen Kammernutzungen und Zutraben bestritten. Dagegen ruhten die onera und Beschwerden der Aemter auch während der Gemeinschafts-Regierung auf den dortigen besondern Einkünften und nur die Ueberschüsse wurden an die gemeinsame Kammer, beziehentlich an den regierenden Herrn, der mit seinem fürstlichen Haushalt darauf angewiesen war, abgeliefert.⁴)

Wenn der Verfasser der altenburger Regierungsschrift⁵) bemerkt: daß aus den Domival-Revenüen nur „theilweise oder oft" auch eigentliche Regierungskosten bestritten worden seien, so ist mit diesem vagen Einwurfe weder ein Prinzip aufgestellt, noch überhaupt etwas bewiesen. Wem sollen denn die Ausgaben für die Landesregierung in der Regel obgelegen haben? Der Verfasser läugnet auch die Subsidiarität der Steuerpflicht; da er aber auf die sächsischen Verhältnisse keine Rücksicht nimmt,⁶) so darf ich mich begnügen auf dasjenige hinzuweisen, was oben und früher §. 10 über jenen Grundsatz ausgeführt worden.

---

³) Rezeß vom 29. August 1676 Nr. 4. „Werden Ihrer F. D. vorbenannte Aemter, Städte und deren Pertinenzien und Zugehörungen mit Dörfern, Vorwerken, Hölzen, Schäfereien, Aeckern, Wiesen, Gärten, Mühlen, Wassern, Bächen, Teichen, Fischereien, Renthen, Nutzungen und Gefällen, wie die in denen ordentlichen Amtsrechnungen und ihren Capiteln geführet werden, sammt Leuten und Unterthanen, Diensten u. s. w. eingeräumet, solches alles auf's Beste zu nützen" u. s. w.

⁴) S. Rezeß vom 29. August 1676. „Was zum 12. die onera und Beschwerden betrifft, so bei denen abgetretenen Aemtern hafften, bestehen sich solche in der Aemter Rechnungen in Ausgabe, und sind von denen Ihrer Fürstl. Durchl. assignirten Einkünften und Geldsummen allbereit abgezogen, werden also dieselbe aus solchen Aemtern bezahlet."

⁵) Die Domänenfrage im Herzogthum Altenburg S. 16. f.

⁶) Ich nehme aus das Citat von Hannibal Fischer's wenig bekannter Schrift über den deutschen Adel (Frankf. a. M. 1851), worin dieser als „gewissenhafter Mann" gesteht, daß ein gesetzliches Fundament für die behauptete Subsidiarität der Steuer aufzufinden, ihm als landständischen Konsulenten in Hildburghausen nicht habe gelingen wollen.

Auch die Behauptung der anonymen Schrift über die Domänenfrage im Herzogthum Sachsen-Meiningen S. 43: daß der Ertrag der Hoheitsgefälle es eigentlich und ausschließlich gewesen, auf dem die Bestreitung der mit der Ausübung der Hoheitsrechte verbundenen Ausgaben gelegen, ist ohne alle Begründung hingestellt, wiewohl neuerdings in einigen sächsischen Staaten versucht wurde, durch Ausscheidung der Regalien und Hoheitsrechte das Domanium von den darauf ruhenden Lasten zu befreien.

Vollert[7]) gibt zwar zu, daß von jeher die Einkünfte des Dominial-Vermögens nicht blos zum standesmäßigen Unterhalte des Landesherrn, einschließlich der Sustentation des Hofstaates, der Apanage für die Nachgebornen, der Aussteuer- und Wittumsgelder gedient haben, sondern auch zur Bestreitung von **Regierungskosten**, welche durch die Ausübung der Hoheitsrechte entstanden. Von den Regierungskosten (Unterhaltung der Behörden) unterscheidet er aber eigentliche Landeslasten, wie die Erhaltung von Festungen, die Kosten der Landesvertheidigung und der Legationen zu Reichs-, Kreis- und Deputations-Tagen; diese seien sowie die Reichs- und Kreissteuern nicht subsidiär, sondern zugleich mit dem Kammervermögen von den Unterthanen zu tragen. Dieser Unterscheidung liegt wieder eine andere Distinction zwischen den **Interessen der Landesherrschaft** und denen des **Landes** zu Grund, welche Zachariä später benützt hat, und wogegen ich mich schon oben S. 107 ausgesprochen habe.[8]) Allerdings halten zu den kaum angeführten Ausgaben nach den Reichsgesetzen (s. oben S. 104) die Unterthanen, **hülfliche Beiträge** zu leisten; allein die Ausgaben selbst lagen doch zunächst und unmittelbar der Kammer ob. Auch das weniger vollständige Verzeichniß der Kammerausgaben in dem

---

[7]) Die Entstehung und rechtliche Natur des Kammervermögens, insbesondere in den ernestinischen Landen S. 32. f.

[8]) Vollert S. 34 gibt zu, daß die Kosten für die Justizpflege dem Domanialvermögen zur Last gefallen seien. Dennoch bleibt er bei seiner Distinction; denn die Gerichtsbarkeit sei früher ein Attribut der Grundherrlichkeit gewesen und Patrimonial-Eigenthum im eigentlichsten Sinne. Auch die landesherrliche und die vom Kaiser eigens verliehene peinliche Gerichtsbarkeit?!

Rezesse der Herzoge von Sachsen dd. Weimar 9. März 1629 (also während des 30jährigen Kriegs entstanden) führt unter andern gemeinen oneribus der Kammer die Reichsanlagen auf.*)

Ebenso werden in der Deklaration der Regimentsverfassung vom 27. August 1674 und in der brüderlichen Approbation vom 2. Juni 1675 Art. 26 und 27 die Kosten des aktiven und passiven Gesandtschaftswesens der gemeinschaftlichen Kammer zur Last gelegt:

„Schließlichen (heißt es dort) wie sich sonsten der gesamten Räthe und Bedienten halber selbsten verstehet, daß dieselbe aus denen gemeinen Einkünfften besoldet werden sollen; also hat es auch mit denen Schickungen und Gesandtschaften keine andere Meynung, als daß dieselben wie auch was auf die Annehmung und Tractament frembder Herrschaften und Gesandten gehen möchte, aus gemeinen Nutzungen und Intraden, ohne Verringerung eines und des andern Deputats zu nehmen."

Ueberhaupt wurde zwischen landesherrlichen und Landes-Einnahmen und Ausgaben ursprünglich nicht unterschieden: die Kammereinkünfte hießen auch Landesintraden, die Kammerausgaben Landesausgaben, Landesbürden oder gemeine onera.¹⁰) Erst später, als für die Erhebung und Verwendung der Steuern eine eigene Kasse mit ständischer Kontrolle oder Verwaltung entstand, wurde diese vorzugsweise Landeskasse genannt; in deren Ermanglung wurden selbst die Landtagskosten aus der Kammer bestritten.¹¹)

---

*) Zur Domänenfrage im Großherzogthum Sachsen-Weimar S. 26.

¹⁰) Das fürstväterliche Testament von 1654 §. „Und damit" hofft, daß nach Abrichtung der Deputate an die Söhne ein Namhaftes von den Landes-Intraden übrig verbleibe, damit nicht allein die geistlichen Stiftungen, so auf den Aemtern haften, besto zuverlässiger abgeleget werden, sondern auch sonst auf alle Fälle ein Vorrath vorhanden sei.

¹¹) Rezeß vom 30. August 1676. „Was aber in denen Residentien und Aemtern auf Landtags- und Landschafts-Convocation an Tractamenten nöthig aufgewendet werden muß, solches hat an denen Orten, wo es die Steuer- und Landes-Cassa nicht übernehmen muß, Unsere Gesammte-Cammer zu tragen und abzustatten."

Wie allmälig der Steuer- oder Landschaftskasse einzelne Ausgaberubriken, die ursprünglich auf der Kammer hafteten, zugewiesen wurden, läßt sich auch aus der sächsischen Geschichte nachweisen. So unterscheidet in Bezug auf den Unterhalt der **Kriegsoffiziere** der Note 8 angeführte Rezeß v. 1670 1) ihr Traktament bei Hof: dieses ist bei denjenigen, welche bei Hof zur Tafel oder Tische gezogen werden, ebenso wie bei andern, von dem Herzog (Friedrich) aus den ihm angewiesenen Hofstattskosten zu bestreiten, also der gesammten Kammer, woraus das Aversum für diese Kosten bestritten wurde, deßhalb nichts weiter anzurechnen; 2) ihre Diener und Pferde in den Wirthshäusern sollen, wo es die Nothdurft oder der Wohlstand erfordere, von gesammter Kammer oder „nach Unterschied der Umstände" (d. h. wo eine solche Kasse besteht) aus der Landes- oder Kriegskasse ausgelöset werden.

In dem Herzogthum Sachsen-Meiningen wurden von der Landschaft zu Anfang dieses Jahrhunderts folgende Ausgaben aus der Landschaftskasse bestritten: die Reichs- und Kreisanlagen, die Armirung, Montirung und Verpflegung der zum fränkischen resp. zum obersächsischen Kreis zu stellenden Mannschaft mit Ober- und Unteroffizieren, Gefreiten und Tambours zu Roß und zu Fuß, die Kasernenunterhaltung, die Zinsen von den aufgenommenen Landschaftsschulden, die landschaftlichen Verwilligungen für gnädigste Landesherrschaft, die Beiträge zum Regierungs-Fiskus, der Beischuß zu den Armen- und andern gemeinnützigen Landesanstalten, die Besoldung der landschaftlichen Deputirten und Diener, sowie für die Stadt- und Amtsphysici und Chirurgen. Dagegen waren der Landschaftskasse außer den periodischen Steuern überlassen die Getränke- und Fleischaccise, die Wachtgelder von der Residenzstadt Meiningen u. s. w. [12])

Ueber die Ausdehnung der ständischen Verpflichtung zur Bestreitung von Regierungsausgaben konnten nur die besondern

---

[*]) A. **Böttiger**, über Kammergüter und Domänen in den sächsischen Landen, mit besonderer Beziehung auf das herzogl. Haus Sachsen-Meiningen, Leipzig 1846 S. 43. Ob diese Angabe richtig ist, muß ich dahin gestellt sein lassen. Der juristische Theil dieser Schrift ist nicht erheblich.

Landesverträge und Landtagsabschiede und (nach den Reichsgesetzen) das rechtmäßige Herkommen entscheiden. Im Zweifel
waren aber jene Ausgaben von der landesherrlichen Kammer zu
bestreiten; ihre Uebernahme durch die Stände mußte bewiesen
werden. Und so sehr waren die Ausgaben für die Landesverwaltung eine Obliegenheit des Landesherrn, daß nur dasjenige
als Einkommen der sächsischen Herzoge bei einer Veranschlagung
der Landesportionen gerechnet wurde, was nach Abzug der Ver-
waltungs- und Regierungsausgaben übrig blieb.

Hierbei ist noch weiter zu bemerken, daß der Aufwand für
die Regimentslast, gleichsam wie eine dingliche Beschwerde, auf
dem Kammergut haftete, die persönlichen Bedürfnisse des Landesherrn, somit bei Unzureichenheit der Einnahmen dem Regierungs-
aufwand nachstanden.[13]) Daher wurden bei dem Debitwesen von
Landesherrn die Bezüge der letztern zunächst herabgesetzt, während
die Ausgaben für Regierungs- und Landeszwecke fort und fort
aus den Kammereinnahmen bestritten wurden, was sich die Fürsten
und ihre Gläubiger gewiß nicht hätten gefallen lassen, wenn nicht
die Kammergüter als Zubehörung des Landes, die Regierungs-
oder Landesausgaben aber als eine auf dem Kammervermögen
ruhende Last angesehen worden wären. Wo der fürstliche Haushalt von dem Staatshaushalt abgesondert und bleibend dotirt ist, da
macht sich das Maß der Befriedigung von selbst. Abgesehen
hiervon kann aber bei einer Reduktion der öffentlichen Ausgaben
nur die relative Nothwendigkeit derselben entscheiden und hier
wird sich der Hof derselben Maxime unterwerfen müssen, welche
v. Seckendorf [14]) empfiehlt: daß man das Unnöthige, ob es gleich
auch angenehm und lieb ist, um des Nöthigen willen quittiren
und fahren lassen muß.

---

[13]) Die Analogie dinglicher Lasten, ut in fundo haftender onera, wird
wiederholt gebraucht im Sailfelder Rezeßbuche S. 127. 142. 210. Heinze,
die Domänenfrage im Herzogtum S.-Meiningen in der Zeitschrift für
Staatswissenschaft 1863 S. 258 f.

[14]) Fürstenstaat, additiones S. 164.

§. 38.

Das heutige Recht der Domänen- und Kammergüter in den sächsischen Staaten.

1. Königreich Sachsen.

Die Verfassung des Königreichs Sachsen vom Jahr 1831 §. 16. ff. unterscheidet:

1) das Staatsgut, worunter sie, wie die baiersche Verfassung, den gesammten untheilbaren Territorialbesitz mit Kammergütern, Domänen, Regalien u. s. w. versteht.[1] Unter Staatsgut ist hiernach auch begriffen das Kammervermögen oder königliche Domanium (Staatsgut im engern Sinne).[2] Dieses wird, nebst den Regalien und Fiskus-Gefällen, durch die Staatsfinanz-Behörde verwaltet und lediglich zu Staatszwecken benützt (§. 17). Heimfallende Lehen wachsen dem Staatsgute zu. Dagegen erhält der König eine Civilliste (derzeit von 500,000 Thlr.), welche als Aequivalent für die den Staatskassen auf die jedesmalige Dauer der Regierungszeit des Königs zugewiesenen

---

[1] „Das Staatsgut besteht, als eine einzige untheilbare Gesammtmasse, aus dem, was die Krone an Territorien, Aemtern, Kammergütern, Domänen, den dazu gehörigen Fluren, Gebäuden und Inventarien, Grundstücken, Forsten und Mühlen, Berg- und Hüttenwerken, Auen, Regalien, Amtskapitalien, Einkünften, nutzbaren Rechten, öffentlichen Anstalten, Beständen, Außenständen und Vorräthen jeder Art und sonst besitzt und erwirbt und es geht dasselbe in seinem ganzen Umfange auf den jedesmaligen Thronfolger über." Diese Anführung der Kammergüter und Regalien in Verbindung mit Land und Leuten entspricht allerdings der alten Welse, spricht aber eben wieder für die Richtigkeit der gemeinrechtlichen Auffassung derselben als Pertinenzien der Landesregierung oder Staatsgewalt, welche, wie wir nachher (nr. 2) sehen werden, sogar bei dem k. Hausfideikommiß anerkannt ist.

[2] Wenn Milhauser, Staatsrecht des Königreichs Sachsen S. 99 von einem Eigenthum des Königs am Domänengut spricht, so kann er hierunter, wie Zachariä Staatsrecht II. S. 425 nur ein Eigenthum des Königs als solchen, oder ein Krongut verstanden haben. Die Staatsguteigenschaft im Sinne des §. 16 der V.-U. ist aber dadurch nicht ausgeschlossen.

Nutzungen des „königlichen Domäneuguts" angesehen und je auf die Regierungszeit mit den Ständen verabschiedet wird.

Indessen ist dem König unbenommen, eine oder die andere Domäne gegen Abzug einer dem durchschnittlichen Ertrage entsprechenden Summe von der Civilliste auf Lebenszeit in eigene Verwaltung zu übernehmen und auch die abgesonderte Verwaltung des Staatskammerguts in dem Falle wieder herzustellen, wenn die Stände zu einer dem obigen Betrage mindestens gleichkommenden Civilliste sich nicht mehr verstehen würden.³)

2) Das königliche Fideikommiß oder Hauseigenthum besteht aus dem Inventar bestimmter Schlösser, Palläste, Hofgebäude und Gärten, ferner aus gewissen königlichen Sammlungen von Gold- und Silbergeräthen, Kunstgegenständen, Antiquitäten, wozu noch dasjenige kommt, was demselben nach dem Tode eines Königs aus dessen Privatvermögen anwächst. Dieses Fideikommiß ist als Eigenthum des königlichen Hauses erklärt und geht nach der in den §§. 6 und 7 der Verfassung für die Krone bestimmten Successions-Ordnung „und sonst auf den jedesmaligen rechtmäßigen Regenten des Königreichs Sachsen über," als von dem Lande unzertrennbar und unveräußerlich.⁴)

---
³) Verf.-Urk. §. 22 u. f. „Diese Nutzungen sollen auch den Staatskassen so lange überlassen bleiben, als eine Civilliste bewilligt wird, welche der jetzt mit Fünfmalhunderttausend Thalern verabschiedeten an Höhe wenigstens gleich kommt." Kaum bedarf es der Bemerkung, daß früher nicht blos der persönliche Bedarf des Landesherrn und seiner Familie, sondern auch der Regierungsaufwand aus dem Domanium oder Kammergute bestritten wurde. Es würde daher im Fall einer Zurückziehung des Domänenguts auch das alte Rechtsverhältniß wieder eintreten. Indessen ist nach dem Grundsatze des §. 17. „Sein Ertrag bleibt den Staatskassen überlassen" die Aufhebung des jetzigen Verhältnisses nicht in die Willkür des neuen Königs gestellt, sondern sie wäre nur ausnahmsweise dann gerechtfertigt, wenn die Stände zu der verfassungsmäßigen Erneuerung der obigen Leistung nicht konsentiren würden. Zu einer Schmälerung der vereinbarten Civilliste während der Regierungszeit des Königs sind die Stände ohnedieß nicht berechtigt.

⁴) Milhauser, Staatsrecht des Königreichs-Sachsen §. 39. schließt hieraus mit Recht: das Hausfideikommiß würde bei etwaigem späterem Abgang des albertinischen Mannesstamme, für welchen es errichtet ist, nicht auf die Allodialerben des letzten Besitzers, sondern auf den jedesmaligen rechtmäßigen Regenten des Königreichs Sachsen übergehen. Um so mehr muß dieß aber bei dem königl. Domänengut, als nunmehrigem Staatsgut, gelten.

Die Stände sind verpflichtet, über die Erhaltung des Fideikommisses, wie des Staatsguts zu wachen.⁵)

3) **Privateigenthum** des Königs ist alles dasjenige, was derselbe vor der Thronbesteigung bereits besessen hat oder während seiner Regierung aus einem Privatrechtstitel oder durch Ersparnisse aus der Civilliste erwirbt. Hierüber kann der König unter Lebenden frei verfügen; unterläßt er es, so fällt es dem Hausfideikommiß an.

4) Eigenthümlich ist die sog. **Secundogenitur** im Königreich Sachsen, bestehend aus einer Jahresrente von 85,000 Thlr. für die nachgeborne Descendenz der Kurfürstin Marie Antoinette, welche durch Vertrag vom 6. Okt. 1776 ihre Erbansprüche an den bairischen Allodial-Nachlaß dem Könige Friedrich August abtrat und dafür jene Jahresrente, die jetzt aus der Staatskasse gereicht wird, zugesichert erhielt. Die Nachkommen succediren nach der Ordnung der Erstgeburt. Gelangt der Inhaber der Secundogenitur auf den Thron, so geht die Rente auf den zunächst Berechtigten über.⁶)

§. 39.

2. Großherzogthum Sachsen-Weimar.

Das Großherzogthum Sachsen-Weimar gehört zu denjenigen Staaten, welche nach Auflösung des Rheinbundes zuerst wieder eine landständische Verfassung erlangten. Unter den Rechten der Landstände steht nach dem Grundgesetz vom 5. Mai 1816 oben an, daß ohne ihre ausdrückliche Verwilligung keine Finanzmaßregel ergriffen werden darf, welche das Landes-Eigenthum oder das Eigenthum der Staatsbürger in Anspruch nimmt. Das Kammergut, welches von einer besonderen Staatsstelle, dem Kammerkollegium, verwaltet wurde, blieb von der Landschaftskasse

---

⁵) Daß das letztere die fideikommissarische Eigenschaft niemals hatte, wird auch von Milhauser a. a. O. S. 32. Note 1. zugegeben.
⁶) Hausgesetz von 1837 §. 42. ff.

damals noch getrennt; doch war schon auf dem Landtage vom Jahr 1817 von der Regierung die Vereinigung des landschaftlichen und Kammerhaushalts unter Auswerfung einer Civilliste mit Vorbehalt des Eigenthums des großherzoglichen Hauses am Kammervermögen eventuell in Aussicht genommen. (Dekret vom 3. Febr. und 1. Nov. 1817.) Es wurde aber damals dem Plan einer gesonderten, neu geordneten Verwaltung des landschaftlichen und Kammervermögens der Vorzug gegeben.[1]) Auf dem Landtag vom Jahr 1821 vereinigte man sich blos im Allgemeinen über die Bestandtheile und die Bestimmung des Kammervermögens. „Alles Weitere — so lautet die Erklärung des Landtags vom 16. April 1821 — sowohl die endliche Entscheidung über die Verhältnisse der großherzoglichen Kammer- und Landschaftskasse, als auch die völlige Abgrenzung dieser beiden Theile des Staatsguts und Staatshaushaltes wurde bis zur nächsten Wiederversammlung des Landtags ausgesetzt." Eine Gegenerklärung der Regierung erfolgte nicht, sondern Tags darauf die Verkündigung des Gesetzes vom 17. April 1821. Unter Nr. I. betreffend die Bestandtheile des großherzoglichen Kammervermögens ist gesagt:

„Das Kammervermögen begreift die Regalien, die liegenden Güter und nutzbaren Rechte des großherzoglichen Hauses, überhaupt alle diejenigen Gegenstände, deren Einkünfte jetzt oder mit gleichem Rechte künftig in die landesfürstliche Kammer fließen."

---

[1]) Schon in der Erklärung vom 3. Mai 1817 sprach sich der Landtag für die Trennung des öffentlichen Einkommens aus Gütern, Domänen und Regalien und andererseits des öffentlichen Einkommens durch Steuern aus, in der Art, daß jenes unter unmittelbarer Verwaltung der Kammer, die Civilliste abgebe, dieses unter unmittelbarer Verwaltung des Landschafts-Kollegiums zur Bestreitung des übrigen Regierungs-Aufwands bestimmt bleibe. Damals reichten jedoch nach den Mittheilungen der Regierung die Kammereinkünfte, wegen der darauf ruhenden Schuldenlast, nicht aus zur Befriedigung des großherzoglichen Hauses; der Landtag verwilligte daher jährlich 20,000 Thlr. zur Deckung des Defizits der Kammerkasse, während der Großherzog die Verschmelzung des Kammer- und Landschafts-Vermögens gegen eine Civilliste von 300,000 Thlr. zuzugestehen bereit war. Vergl. ständische Er-

Daß hiemit nicht ein Privat-Eigenthum des großherzoglichen Hauses anerkannt werden wollte, geht hervor aus der Erwähnung der Regalien, welche neben andern Einkünften (z. B. aus den 1817 der Kammer einverleibten Chatoullegütern) in die landesfürstliche Kammer fließen sollten; jedenfalls wäre die Regierung, wenn sie einen solchen Ausspruch beabsichtigt hätte, mit der Schlußerklärung der Stände in Widerspruch getreten.

Auch der Passus II. des Gesetzes v. 1821 über die Bestimmung des Kammervermögens:

„Das so begränzte Kammervermögen ist nach Abzug eines Fonds, welcher zur Verzinsung und Tilgung der demselben aufruhenden Schulden bereits ausgesetzt worden, den Bedürfnissen des großherzoglichen Hauses und dessen Hofstaats gewidmet, auch nicht minder, nach wie vor, zur Erfüllung derjenigen Bedingungen und Verpflichtungen bestimmt, welche entweder aus früheren Stiftungen ihm obliegen, oder aus dem Domanialbesitze und dessen Rechten hervorgehen."

ist zwar nicht klar; daß aber damit nicht die ausschließliche Verwendung der Kammereinkünfte zur Erhaltung des großherzoglichen Hauses und Hofstaates gemeint war,*) geht hervor aus dem den Ständen mitgetheilten Ministerialvortrag vom 15. Oktr. 1817, worin ausdrücklich mit Bezugnahme auf die Darstellung v. Seckendorfs in seinem deutschen Fürstenstaat die Bestimmung des Kammerguts zur Bestreitung des Aufwands für die Landes-

---

klärung v. 23. Dez. 1818 und Vortrag des Landesmarschalls in der Sitzung v. 16. März 1847.

*) Wie Schweizer, öffentl. Recht des Großherzogthums Sachsen-Weimar-Eisenach Th. 1. §. 28. und Zachariä, deutsches Staatsrecht Bd. II. S. 430 nr. 3 annehmen. Zu den aus dem Domanialbesitze hervorgehenden Verbindlichkeiten wurden u. A. gezählt die Besoldungen für die Untergerichte, die Beiträge für Geistliche und Kirchen. Aber auch gewisse Besoldungsbeiträge für Beamte der Oberbehörden wurden aus Kammermitteln gegeben. Im Jahr 1843/44 wurden verausgabt auf die Justiz- und Polizeiverwaltung der niedern Instanz 85,208 Thlr. für Geistlichkeit, Kirchen, Gymnasien und Schulen 70,614 Thlr. s. Landtagsverhandl. 1847. S. 729.

herrschaft und den Regierungsaufwand anerkannt ist.³) Nur von der Alternative war die Rede: Entweder solle ein durch Verabschiedung zwischen Fürst und Ständen bestimmter Theil des Staats- und Regierungsaufwandes aus den Kammereinkünften bestritten werden, oder es solle nach Maßgabe einer zu treffenden billigen Vereinbarung die großherzogliche Kammer einen angemessenen Beitrag zur Landessteuerkasse entrichten.

Das Gesetz vom 29. April 1821 über die Steuerverfassung, indem es nach Anführung der in dem Gesetz vom 17. deff. Mts. bezeichneten Bestimmung des Kammerguts fortfährt:

„Nur die übrigen Staatsbedürfnisse sind durch Steuern von unsern Unterthanen aufzubringen, insonderheit dasjenige, was die Stellung des Großherzogthums in dem deutschen Bunde, die Unterhaltung der Landeskollegien, die allgemeine Sorge für Kirchen und Schulen, die Unterhaltung des Militärs, die Pensionen der Staatsdiener und ihrer Wittwen, die Verzinsung und Tilgung der Landes-Schulden nothwendig erfordern."

war allerdings nicht geeignet, die Unklarheit zu heben oder ein prinzipiell richtiges Verhältniß in der Vertheilung der Staatslast zwischen beiden Kassen herzustellen. Doch konnte eine Aufhebung der Verpflichtung des Kammerguts zu den Regierungsausgaben überhaupt, gelegenheitlich des neuen Gesetzes, nicht wohl bezweckt sein. Auch dem Eingange dieses Gesetzes, worin das Kammervermögen als Stamm- und Familiengut bezeichnet ist, kann eine entscheidende Bedeutung nicht beigelegt werden: denn, abgesehen davon, daß es nicht in der Aufgabe des neuen Gesetzes über die Steuerverfassung lag, die bis heute noch bestrittene Eigenthumsfrage bezüglich des Kammerguts zu lösen, so ist jener Eingang gar nicht mit den Ständen verabschiedet worden; er hat also keine gesetzliche und jedenfalls keine derogative Bedeutung.⁴)

---

³) s. den Abschnitt des Ministerialvortrags, welcher von der Normirung der Bestimmung des Kammervermögens handelt, in der sonst gehaltlosen Schrift: Zur Domänenfrage im Großherzogthum Sachsen-Weimar, Weida 1854 S. 11—18.

⁴) Zu beklagen ist nur, daß durch diese Stelle der traditionelle Irrthum der Rechtsgelehrten, als sei in dem Großherzogtum Sachsen-Weimar das

Am 4. Mai 1847 beantragte der Landtag auf den Vorschlag des Abgeordneten v. Bodenhausen: eine Vereinigung des Kammervermögens mit dem landschaftlichen Vermögen in der Art, daß die Einkünfte des erstern zur Hauptlandschaftskasse fließen, dagegen eine näher zu bestimmende Summe für das großherzogliche Haus abgegeben werde; eventuell: daß, in Betracht der bedeutend gestiegenen Kammereinkünfte und der dagegen erfolgten größeren Belastung der Unterthanen mit Steuern, das Grundvermögen der großherzoglichen Kammer ohne Entschädigung besteuert und überdieß jährlich aus der großherzoglichen Kammerkasse an die Hauptlandschaftskasse eine angemessene, näher zu bestimmende Summe verwilligt werde. Den 9. März 1848 erfolgte die Antwort dahin, daß von nun an sämmtlicher Grundbesitz der Kammer nach Maßgabe der bestehenden Steuergesetzgebung belastet werden solle. Auch wurde die **publizistische Natur** des Kammerguts insofern anerkannt, als ohne Einwilligung der Stände keine Veräußerung noch Schuldenbelastung gestattet sein solle. Gleichzeitig wurde aber durch Patent des Großherzogs Karl Friedrich unter Zustimmung des jetzt regierenden Großherzogs die Vereinigung des Kammerguts mit dem landschaftlichen Vermögen gegen Gewährung einer **Civilliste** in Aussicht gestellt. Darauf fand eine Vereinbarung mit dem Landtage statt, kraft welcher das bisherige Kammervermögen mit Vorbehalt einiger Besitzungen und einer Civilliste von 280,000 Thlr. von dem großherzoglichen Kammerfiskus auf den Landschafts-Fiskus eigenthümlich überging, also das Eigenthum des Staats an dem Kammergute direkt anerkannt wurde. (Dekret vom 6. April und 16. November 1848).

Kammergut als Familien-Eigenthum anerkannt, unterstützt worden. Auch das Tübinger Gutachten in der hannoverschen Verfassungsfrage vom Jahr 1839 führte Sachsen-Weimar unter den wenigen Staaten an, welche nominell ein Familien Eigenthum an den Domänen statuiren, und mußte sich deßhalb gefallen lassen, bei den weimarschen Ständeverhandlungen von 1854 (Prot. I. Abth. S. 29), wenn schon unter Anerkennung seiner „Unpartellichkeit, Schärfe, Gelehrsamkeit und Umsicht," für jene Ansicht benützt zu werden, obgleich das Gutachten im Allgemeinen sich gegen diese Theorie ausspricht.

Das revidirte **Verfassungsgesetz** vom 15. Oktober 1850 §. 39 ließ es bei dieser Einrichtung und band wiederholt die Veräußerung der Domänen an die Zustimmung des Landtags, ausgenommen minder bedeutende Theile des „**Staatsguts**" oder die Ablösung einzelner Rechte; die aus solchen Veräußerungen herrührenden Gelder sollen dem „**Stammvermögen des Staats**" erhalten werden. Auf Grund eines von den Agnaten (Herzog Bernhard von Sachsen-Weimar und dessen beiden Söhnen) gegen die Verabschiedung vom Jahr 1848 eingerichten Protests wurde jedoch von der Regierung im Jahr 1854 der Entwurf einer neuen Regulirung der Verhältnisse des Kammerguts bei einem außerordentlichen Landtage eingebracht, nach welchem, im Gegensatz zu jener Verabschiedung, das Eigenthum am Kammergut dem großherzoglichen Hause von Sachsen zukommen, die Verwaltung aber eine gemeinschaftliche bleiben und die Civilliste in eine Domänenrente umgewandelt werden sollte. Zu jener Anerkennung war der sonst willfährige Landtag nicht zu bewegen. Ebenso wenig wollte er für die nicht zu berechnende Eventualität einer Trennung der Regierung von dem großherzoglichen Hause zu dem proponirten Uebergang des Kammerguts in den Privatbesitz des Hauses im Voraus seine Zustimmung ertheilen. Das Ergebniß der eingetretenen Verhandlungen wurde von der Regierung in dem Gesetze vom 4. Mai 1854 zusammengefaßt, wonach hinsichtlich des **Eigenthums** an dem von dem landschaftlichen Vermögen seiner Substanz nach wieder abzutrennenden Kammervermögen die vor dem 6. April 1848 bestehenden Rechte von Neuem eintreten sollen.

Der Sinn dieser unbestimmten Worte ist der: daß die Verabschiedung von 1848 in Bezug auf das Eigenthum am Kammergut aufgehoben, daß also das Gesetz vom 17. April 1821 mit seiner Ungewißheit in dieser Beziehung wieder hergestellt und ebensowenig den Rechten des Großherzogs als denen des Staats etwas vergeben werden solle. Die **Verwaltung und Nutznießung** des Kammervermögens und die Vertretung desselben, auch in Bezug auf die Substanz, blieben der Staatskasse resp. dem Staatsministerium. Ausgenommen von der Staatsabministration blieb nur der dem „großherzoglichen Hause" zur eigenen Verwaltung und Benützung vorbehaltene Theil des Kammervermögens (Krousideikommiß), welcher ebenso wie die aus den Revenüen des übrigen Kammervermögens gewährte Domanialrente für Rechnung der Hofkasse durch das Hofmarschallamt verwaltet und vertreten wird.

§. 40.
3. Herzogthum Sachsen-Altenburg.

Im Herzogthum Sachsen-Altenburg hatte schon Herzog August von S.-Gotha und Altenburg am 5. Juni 1818 Einsicht der Stände in die Kammer-Administration, Mitbeschließung derselben bei Feststellung der Kammeretats und Verwendung der etatmäßigen Einnahmeüberschüsse zum Besten des Landes zugestanden.¹) Durch das Grundgesetz vom 29. April 1831 wurde die Domänenverwaltung mit der Staatsfinanzverwaltung verbunden, der jetzige und künftige Bestand des Landes nebst Domänen und Schlössern als Gegenstand der Staatserbfolge der herzoglichen Speziallinie Sachsen-Altenburg erklärt ²) und auf den reinen Ertrag der in die landesherrliche Kammer

---

¹) Pölitz, die europäischen Verfassungen Bd. 1. S. 779.
²) §. 3. „Der jetzige Bestand des Landes, der Domänen und Schlösser (mit Ausnahme der vom jetzigen Regenten oder dessen Nachfolgern aus Chatoullemitteln etwa geschehenen oder künftig geschehenden Anschaffungen) erbt ungeschmälert in der Staatserbfolge der herzoglichen Speziallinie Sachsen-Altenburg fort. Unter keinem Vorwande kann jemals ein — nicht erweislich aus den Chatoullemitteln erworbener — Theil, wenn er auch noch so gering wäre, während der Dauer des jetzigen Spezialhauses zu Gunsten eines Allodialerben gegen den Regierungsnachfolger in Anspruch genommen werden. Eine Chatoull- oder Privatbesitzung kann nie der Landeshoheit entzogen werden. Nach §. 13 sind auch künftig anfallende Lande und Besitzungen in die Staatssuccession eingeschlossen.

fließenden Einkünfte, einschließlich der landschaftlicher Bewilligung unterliegenden Kammerhülfe, eine Civilliste fundirt (§. 18).

Unterschieden wurde von dem jetzigen und künftigen Domänenvermögen mit Einschluß der Regalien, obwohl auch dieses als (staatsrechtliches?) Eigenthum des herzoglichen Hauses bezeichnet ist,³) das „Privateigenthum" des herzoglichen Hauses, bestehend in Fideikommißkapitalien (§. 20), deren Nutznießer der regierende Herzog ist; beßgleichen das „Chatoullegut," begreifend dasjenige, was der regierende Herzog außerhalb der Staatserbfolge durch privatrechtliche Titel erwirbt, worüber ihm allein die Verfügung zukommt. (§. 3. 21. 22.)

Um den Wünschen des Landes nach einer Vereinigung der Kammer- und der Obersteuerkasse und möglichster Einschränkung des Haushalts zu genügen, wurden im Jahr 1848 Verhandlungen zwischen Kommissarien der Regierung und einer landschaftlichen Deputation eingeleitet, welche zu einem förmlichen Vertrag zwischen dem Herzog und der Landschaft vom 29. März 1849 (ratificirt d. 4. April) führten, ⁴) dem sofort auch der Erbprinz und die volljährigen Agnaten des herzoglichen Spezialhauses beitraten. ⁵) In diesem

---

³) §. 18. „Das jetzige und künftige Domänenvermögen an Gebäuden, Kammergütern, Salbungen, liegenden Gründen, Erbzinsen, Lehensgeldern und andern aus der Grundherrlichkeit fließenden Renten und Gerechtsamen u. s. w. auch Regalien, ist Eigenthum des herzoglichen Hauses und erbt in demselben nach den Bestimmungen des §. 3 fort. In so fern die Domänenverwaltung einen Theil der Finanzverwaltung bildet, ordnet sie sich nach den, in der zweiten Beilage des Grundgesetzes ausgesprochenen Grundsätzen."

⁴) Abgedruckt in der Schrift: die Domänenfrage des Herzogthums Altenburg, Frankfurt a. M. 1853. S. 88. f. Wenn Zacharia S. 71 von einem sogenannten Vertrage spricht und bemerkt: es lasse sich in keiner Weise ein Entschuldigungsgrund dafür finden, daß man den Herzog dazu gebrängt habe, so bezweifle ich, ob mit solchen Einwürfen den Interessen des Hofes gedient ist. An Zeit zur Ueberlegung hat es nach keiner Seite hin gefehlt und, als der Vertrag am 6. Dez. 1849 publizirt wurde, waren auch die drängenden Umstände nicht mehr von solcher Gewalt, daß etwa von einer exceptio metus die Rede sein könnte.

⁵) Die in der Note 4 cit. Schrift S. 92 abgedruckte Verwahrung der sachsen-coburgschen Agnaten betrifft das dem Herzogthum Gotha verliehene Grundgesetz. Nur der Erbprinz (jetzige Herzog) von Sachsen-Meiningen erhob in einem Schreiben an seinen Vater, den Herzog von S.-Meiningen,

Vertrage trat der Herzog die ihm und dem herzoglichen Hause grundgesetzlich zustehenden Rechte an dem Domanialvermögen, den Kammergütern, Waldungen, Erbzinsen, Lehengeldern und andern, aus der Grundherrlichkeit fließenden, Renten und Gerechtsamen, auch Regalien an den Staat ab, vorbehältlich des Widerrufs für den Fall, daß etwa wider Erwarten die Erfüllung der zu Gunsten des regierenden Herzogs und des herzoglichen Hauses festgesetzten Vertragsbestimmungen ganz oder (sofern über deren Inhalt und Umfang kein Zweifel obwalten und kein Rechtsstreit entstanden sein sollte) theilweise verweigert oder daß das herzogliche Haus aus irgend einem Grunde aufhören würde zu regieren. Für alle diese Fälle wurde festgesetzt, daß alsdann die Bestimmungen des Grundgesetzes v. J. 1831 hinsichtlich der Domänen wieder eintreten sollen; unter dem Beisatze jedoch, daß eine direkte oder indirekte Anerkennung des von Seite des herzoglichen Hauses behaupteten Patrimonialrechts durch die Landschaft nicht ausgesprochen sei, daß vielmehr durch den Vertrag die Frage über jenen Anspruch in keiner Weise berührt werden solle.

Durch Gesetz vom 18. März 1854 wurde dieser Vertrag beseitigt und das Domänenvermögen mit allen demselben zustehenden Rechten, aber auch mit allen vor 1849 ihm obliegenden Lasten, Aufwänden und Leistungen in früherer Weise als Eigenthum des herzoglichen Hauses (§. 18 und 9 des Grundgesetzes) anerkannt; jedoch solle zwischen landesherrlichen Kommissären und der Landschaft der Bestand des Domanialvermögens festgestellt und ohne Genehmigung der Landschaft, einzelne Fälle ausgenommen, kein Theil desselben veräußert oder verpfändet werden. Für die Dauer der Regierung der Speziallinie Sachsen-Altenburg wurde die fernere Verwaltung des Domänenvermögens auf Rechnung des Staatsfiskus durch das Finanzkollegium, in wichtigeren Fällen unter Vernehmung landschaftlicher Beisitzer eingeräumt, jedoch dem herzoglichen Hause

---

aber erst am 14. Mai 1852 Einsprache gegen das Gesetz, welches Schreiben unter dem 28. Febr. 1853 von der meiningenschen Regierung nach Altenburg mitgetheilt wurde. Das. S. 94.

neben der als Civilliste gewährten Domanialrente (128,000 Thlr. zuvor 100,000 Thlr.) eine Anzahl von Gebäuden nebst Gärten und Parks zur Benützung vorbehalten. Würde das herzogliche Haus aus irgend einem Grunde zu regieren aufhören, so sollen wieder die Bestimmungen des Grundgesetzes über das Domanialvermögen in Kraft treten.

Ich will die Gründe der Aenderungen v. 1849 und 1854, welche mit den politischen Wandlungen zusammenhängen, nicht untersuchen; aber einige Fragen drängen sich auf:

1) Worin liegt nach dem Grundgesetze v. 1831 der juristische Gegensatz zwischen dem „Eigenthum des herzoglichen Hauses" an dem Domänenvermögen oder Kammergut und dem „Privateigenthum" des herzoglichen Hauses an Fideikommißkapitalien? Nach Zachariä S. 70 seiner Schrift soll mit dem Worte „Privateigenthum" nichts weiter bezeichnet sein, als ein Gegensatz zu dem, mit der Regierungsfolge im herrschenden Hause verbundenen Domanium. Allein auch das Privateigenthum, das Fideikommiß des herzoglichen Hauses, folgt dem regierenden Herrn. Der Gegensatz liegt vielmehr darin, daß das Domänenvermögen an sich, vermöge seiner Verbindung mit dem Lande und mit der Regierung, Gegenstand der Staatserbfolge (s. Note 2) ist, während die Nutznießung der Fideikommißkapitalien nur vermöge besonderer fideikommissarischer Bestimmung dem regierenden Herzog als Oberhaupt der Familie zukommt. Mit andern Worten, der Unterschied liegt darin, daß das Domanium ein für öffentliche Zwecke bestimmtes landesherrliches Gut ist, während die Fideikommißkapitalien ausdrücklich als Privateigenthum des herzoglichen Hauses erklärt sind, was von dem Domanium nicht gesagt ist und seiner Entstehung und rechtlichen Natur nach auch nicht gesagt werden konnte. Wenn gleichwohl auch im Gesetz von 1854 wieder von einem Eigenthum, nicht Privateigenthum, des herzoglichen Hauses am Domanium, mit Einschluß der Regalien, die Rede ist, so kann hierunter nichts Anderes verstanden sein als das Anrecht der thronfähigen Mitglieder dieses Hauses auf die Regierungs- und Domäneufolge, welches aber natürlich nur so lange dauert, als solche Mitglieder vorhanden sind. Eine eventuelle Anerkennung des Domänenvermögens als

Patrimonialguts, gegen welche 1849 sich die Landschaft ausdrücklich verwahrte, ist auch in dem Gesetz v. 1854 nicht enthalten.

2) Welche Folgen würden in Bezug auf das Domänenvermögen eintreten, wenn die sachsen-altenburgische Linie aufhörte zu regieren? Da das Domänenvermögen in dem Grundgesetz v. 1831, und auch jetzt wieder in dem Gesetz v. 1854 als Eigenthum des **herzoglichen Hauses** erklärt ist, so könnte daraus geschlossen werden, daß der Letztregierende vom Mannsstamme dieses Hauses über das Domanium frei verfügen oder dasselbe seinen Allodialerben, namentlich der Erbtochter hinterlassen könne. Für diese Intention spricht §. 3 des Grundgesetzes v. 1831 (oben Note 2), wonach nur während der Dauer des jetzigen **Spezialhauses** kein Theil des Landes oder der Domänen der Regierungsfolge entzogen und für die Allodialerben beansprucht werden kann. — Allerdings hatte Herzog Ernst, der Ahnherr der Speziallinie Hildburghausen, jetzt Altenburg, in seinem am 24. Juni 1703 errichteten und den 21. Nov. 1710 vom Kaiser bestätigten Testamente das **Erstgeburtsrecht** in seinem Hause nur für die damals besessenen oder künftig von den **fürstlichen Brüdern** des Disponenten anfallenden Lande eingeführt und das Grundgesetz v. 1831 §. 13. dehnt dieses nur insofern aus, als überhaupt alle dem **Spezialhaus** künftig anfallenden Lande und Besitzungen dem Grundgesetze des Erstgeburtsrechts und der Linealordnung unterworfen sein sollen. Allein gleichzeitig sind auch für alle und jede Successionsfälle die Verträge und das Herkommen in dem sächsischen Gesammthause der ernestinischen und der albertinischen Hauptlinie als maßgebend anerkannt (§. 1. 11. 13.). Nach diesen Verträgen aber, insbesondere nach den Erbverbrüderungen und dem durch fürstbrüderlichen Vertrag approbirten Testament Ernsts des Frommen v. 1654, worin selbst wieder auf die von Kaiser zu Kaisern bestätigten Erbverbrüderungen hingewiesen ist, sind nur die männlichen Erben zur Succession auch bei neuen Erwerbungen berechtigt und es haben die Töchter (vermöge des ebengedachten Testaments) bei dem Erlöschen der sachsen-gothaischen Hauptlinie aus Rücksicht auf die mit übergehenden Allodien und Mobilien blos eine **erhöhte Ausstattung**

anzusprechen. Die Staatserfolge ist also auch für den, nicht zu erwartenden Fall des Aussterbens der altenburgischen männlichen Descendenz gesichert. Welche Folgen aber eintreten würden, wenn diese Linie aus einem andern Grunde zu regieren aufhören sollte, läßt sich nicht zum Voraus theoretisch bestimmen.*)

---

§. 41.

4. Herzogthum Sachsen-Koburg-Gotha.

Das Staatsgrundgesetz für die Herzogthümer Sachsen-Koburg und Gotha vom 3. Mai 1852 §. 117 erklärt die Veräußerung oder Belastung von Bestandtheilen des Staats- oder Domänenguts mit Ausnahme geringfügiger Fälle, wovon der betreffende Landtag bei dem nächsten Zusammentritt in Kenntniß zu setzen ist, für einen Gegenstand der Gesetzgebung. Indessen gelten für jedes der beiden vereinigten Herzogthümer wieder besondere Gesetze:

1) nach dem Gesetz über die ständische Verfassung des Herzogthums S.-Koburg-Saalfeld vom 8. August 1821 §. 76 sollen zur Sicherheit und Erhaltung des dem „regierenden Hause eigenthümlich zustehenden Domanialvermögens" die Stände bei Berathung in Ansehung einer nützlichen oder schädlichen Verwendung dieses Vermögens zugezogen werden auch die Stände als Garants des Domanialvermögens gehalten sein, keine Verminderung oder Veräußerung desselben zu gestatten. Diejenigen Diener, welchen die Domänenverwaltung obliegt, werden dafür verantwortlich gemacht, daß die Stände in den Stand gesetzt werden, ihren Verpflichtungen hinsichtlich der Erhaltung des Domanialvermögens jederzeit Genüge zu leisten. — Die Einkünfte der Domänen sollen für die Erhaltung des Regentenhauses, für die Administrations-Kosten und den übrigen

---

*) Vgl. übrigens oben §. 8. und 9. 17. und 18.

Bedarf verwendet werden. Von dem Domänenvermögen werden unterschieden die Einkünfte aus Regalien und alle aus der Uebung der landesherrlichen Gewalt entspringenden Gefälle, die Chaussee- und Weggelder, sowie die Schutzgelder der Hintersaßen: diese Einkommensquellen sollen ausgeschieden und nebst den direkten und indirekten Steuern der Landeskasse zur Bestreitung sämmtlicher (?) Kosten der Staatsverwaltung zugewiesen werden. Die Domänen wurden der gleichen Besteurung wie anderes Grundeigenthum unterworfen.

Man sieht hieraus: trotz dem, daß das Domanialvermögen als Eigenthum des regierenden Hauses angenommen wurde, was nichts Anderes heißen will und kann, als daß dasselbe wie das Regierungsrecht selbst dem jeweiligen Regenten aus dem herzoglichen Hause zukomme, ging doch das Streben dahin, den Grundbesitz oder die eigentliche Domänenwirthschaft zu trennen von der Verwaltung der an sich öffentlichen Einkünfte aus nutzbaren Regalien und Hoheitsrechten. Gleichwohl wurde die öffentliche Bestimmung auch der Domänen im engern Sinn nicht verkannt: denn nebstdem, daß die Erhaltung des Regentenhauses unter die Kategorie der Staatslasten gehört, ist auch der übrige Bedarf, worunter doch zunächst der Staatsbedarf zu verstehen, in die Verwendung eingeschlossen. Die Ueberschüsse der Hauptdomänenkasse sind nach dem Schuldedikt vom 13. Sept. 1821 §. 6 zur Tilgung der Staatsschuld zu verwenden. Die Diener, welchen die Domänenverwaltung obliegt, wurden dafür verantwortlich gemacht, daß die Stände ihrer Verpflichtungen hinsichtlich der Erhaltung des Domanialvermögens jederzeit zu genügen vermögen.[1]

Inzwischen entstanden Differenzen zwischen der Regierung und den Ständen über den Maßstab der Konkurrenz des Do-

---

[1] Im Mai 1854 wurde von dem Landtag ein Regierungsvorschlag angenommen, wonach Veräußerungen und Erwerbungen von 500 fl. und weniger, so lange sie in einem Rechnungsjahr 3000 fl. nicht übersteigen, der Zustimmung des Landtags nicht bedürfen, wohl aber Veräußerungen von höherem Betrage, ebenso Tauschgeschäfte, wobei über 500 fl. darauf bezahlt wird, und Erwerbungen im Auslande ohne Unterschied. Ueber die ohne Zustimmung erfolgten Veränderungen ist jährlich im Verzeichniß mitzutheilen.

mänenvermögens zur Bestreitung der Kosten der Landesverwaltung, worauf der gegenwärtige Herzog Ernst am 29. Dez. 1848 bestimmte, daß das Einkommen aus dem Domänenvermögen künftig nach einem ausgedehnteren Maßstab zu den Staatslasten beizutragen habe; und zwar solle bis zur Abzahlung der dermaligen Staatsschuld die Hälfte, nach Ablauf des gesetzlichen Abzahlungstermins aber ein Drittel des Reinertrags zur Bestreitung der Staatslasten an die Schuldentilgungskasse, beziehungsweise Hauptlandeskasse abgetragen werden. (Die Steuern aus den Domänen sind unter jener Quote inbegriffen.) An die Spitze des neuen Gesetzes wurde aber folgender Art. 1 gestellt: „Die Domänen bilden auch ferner das mit der Fideikommißeigenschaft belegte, unveräußerliche Familieneigenthum des herzoglichen Hauses." Die Verwaltung des Domänenguts soll „ohne alle und jede Einmischung der Stände" durch die herzoglichen Behörden unter Leitung des Staatsministeriums geführt werden, aber nach Etats, worüber wo möglich eine Vereinbarung mit den Ständen zu erzielen wäre, und unter Verantwortlichkeit der Beamten und des Ministeriums für die Herstellung und Ausführung derselben. Dieses Gesetz, sowie die besondere Garantie des koburger Landtags für die Erhaltung der koburgschen Domänen wurden in dem Einführungsgesetz zu dem gemeinschaftlichen Staatsgrundgesetz vom 1. Juni 1852 aufrecht erhalten.

Bekanntlich ist das Fürstenthum Saalfeld durch den Vertrag von 1826 an Sachsen-Meiningen übergegangen. Die ebengedachten Bestimmungen gelten also nur noch für das Fürstenthum Koburg, welches auch durch die nachher zu erwähnende Uebereinkunft, betreffend das Herzogthum Gotha, nicht berührt wurde.

2) In einer als Beilage III. zu dem Staatsgrundgesetz des Herzogthums Gotha vom 25. März 1849 publicirten Vereinbarung zwischen dem Herzog und der Abgeordneten-Versammlung wurde das ganze Kammer- und Domänengut für Staatsgut erklärt, dem Herzog eine Jahresrente (Civilliste) ausgesetzt und über die Staatskasse und den neuen Staatshaushalt Bestimmung getroffen.²) Diese Vereinbarung wurde in dem

---

¹) In dem Grundgesetz selbst (Rauch's parlamentar. Taschenbuch 4. Lief.

Einführungsgesetz vom 1. Juni 1852, welches die Verfassung vom Jahr 1849 wieder beseitigte, bis zu einer anderweiten Regulirung des Kammer- und Domänenvermögens aufrechterhalten. Durch ein sachsen-gothaisches Gesetz vom 1. März 1855 wurde aber dieselbe gleichfalls aufgehoben und ein Vergleich zwischen dem regierenden Herzog und seinem Bruder, dem Prinzen Albert in England,[*)] als Vertretern des gothaischen Gesammthauses einer — und dem herzoglichen Staatsministerium andererseits vom 1. März 1855 an die Stelle gesetzt, wodurch der größte Theil des bisherigen Kammervermögens nebst Aktivkapitalien (diese im Betrag von 1,162,303 Thlr.), wissenschaftlichen und Kunstsammlungen als Eigenthum des gothaischen Gesammthauses erklärt, ein anderer Theil dagegen, bestehend aus einer Anzahl von Gebäuden und Grundstücken, sämmtlichen Einkünften aus Hoheitsrechten, den Einrichtungen für Landeszwecke, gewissen lehensherrlichen Bezügen und schließlich den Kunststraßen als Eigenthum des Herzogthums Gotha, somit als Staatsgut erklärt wurde. In dessen Folge übertrug das Staatsministerium zu Gotha mit Zustimmung des Landtags alle dem Herzogthum Gotha in Bezug auf das Domänengut oder einzelne Theile desselben zustehenden Rechte und Ansprüche auf das herzoglich gothaische Gesammthaus und andererseits das herzogliche Gesammthaus alle auf das Staatsgut habenden Rechte auf den gothaischen Staats-Fiskus.

S. 113) wird §. 51 auf die am 8. u. 13. Jan. 1849 getroffene Vereinbarung wegen des Staatsguts, der Staatskasse, der Civilliste und anderer auf den Staatshaushalt bezüglichen Gegenstände, als einen wesentlichen Bestandtheil des Staatsgrundgesetzes, verwiesen. Vgl. das tüchtige Gutachten der Finanzabtheilung der gothaischen Abgeordneten-Versammlung in den Verhandlungen v. 1848 S. 369 ff., wo gleichfalls der Behauptung eines Familienfideicommisses über Regierung und Kammervermögen mit Beweisen entgegengetreten wird.

*) Dieser hatte nebst andern Agnaten des koburg-gothaischen Hauses (dem König von Belgien und dem Herzog Ferdinand von Sachsen-Koburg), am 8. April 1849 eine Verwahrung gegen das Grundgesetz vom 25. März 1849 unterzeichnet, weil dadurch das unveräußerliche fideicommissarische Recht und Eigenthum des gesammten gothaischen Fürstenhauses angetastet sei.

Den Standpunkt der neuen Vereinbarung bezeichnet am besten §. 5 des Vergleichs:

„Das Domänengut und die einzelnen Bestandtheile desselben unterliegen hinfort denselben gesetzlichen Bestimmungen, wie das übrige im **Privateigenthum** befindliche Grundvermögen im Herzogthum Gotha."

Dennoch konnten die Paciscenten nicht umhin, die bisherige **öffentliche** Natur des Domänenguts insofern anzuerkennen, als

1) gewisse jährliche Ausgaben für **gemeinnützige Zwecke** im Gesammtbetrage von 18,000 Thlr. in der Eigenschaft von auf dem Domänengut haftenden stiftungsmäßigen Leistungen fortdauernd anerkannt wurden; als ferner

2) mittelst besondern **Vertrags** von demselben Tage die Verwaltung und Nutzung des Domänenguts, mit Ausnahme einzelner, dem jeweiligen regierenden Herzog zur freien Verwaltung verbleibender Bestandtheile, „je dem **regierenden Herzog**" unter verfassungsmäßiger Mitwirkung des Staatsministeriums in der Weise überlassen wurden, daß von dem auf 142,500 Thlr. geschätzten Reinertrage **zunächst** die feste Summe (Civilliste) von 100,000 Thlr. für den Herzog und das herzogliche Haus (ausschließlich des Wittums für Wittwen verstorbener Herzoge und des Nadelgelds aber regierenden Herzogin) abgeliefert, sodann der Rest bis zur Summe von 30,000 Thlr. zur Abführung der vom Domänengut zu entrichtenden **Staatsabgaben** und zur theilweisen Deckung der **Staatsverwaltungskosten** verwendet, der weitere Ueberschuß aber zwischen dem Herzog und der Staatskasse zu gleichen Theilen getheilt werden solle.

Dieser weitere Vertrag ist aber nur auf so lange gültig erklärt, als ein Mitglied des sachsen-gothaischen Gesammthauses die Regierung des Herzogthums führen würde. Sollte „aus irgend einem Grunde" dieses Haus aufhören das Herzogthum zu regieren, so würde nach §. 8 das gesammte Domänengut von dem **herzoglichen Hause** selbst verwaltet werden und die Abgewährung irgend eines Theils des Domänenertrags zur Bestreitung von Staatslasten sofort aufhören. Auch die Baar- und Natural-Vorräthe, welche sonst der Einheit des Kammerguts gemäß immer zur Staatssuccession gerechnet werden, sollen in solchem Falle dem herzoglichen Hause übergeben und fernerhin nur noch die Steuern aus dem Domänenabwurfe berichtigt werden.

Es ist dieß die absonderlichste Uebereinkunft, die jemals in einem fürstlichen Hause vorgekommen. Herzogliches Spezial-Haus und gothaisches Gesammthaus werden als juristische Individuen, als Eigenthumssubjekte fingirt, was sie nie waren; sie tauschen Eigenthum mit einander aus, welches einem Dritten, dem Landesherrn oder (nach dem Gesetz von 1849) dem Staate gehört; das Spezialhaus überträgt das angeblich ihm zukommende Eigenthum an das Gesammthaus (worunter zwei auswärtige regierende Familien) und der Landesherr übergibt und empfängt Eigenthum nicht als solcher, sondern ebenso wie sein nachgeborner Bruder als Agnat und Vertreter des Gesammthauses, während die Vertretung des Herzogthums Gotha, d. h. die Abtretung der dem Lande zukommenden Rechte am Domanium, dem Staatsministerium überlassen wird. Es ist mir unbekannt, ob etwa die andern Zweige des herzoglich-sächsischen Gesammthauses Vollmacht zu dem Vertrage ertheilt haben; jedenfalls konnten zwei Mitglieder der koburg-gothaischen Linie nicht für das sachsen-gothaische Gesammthaus oder gar für das ganze Haus Sachsen handeln, Rechte erwerben und aufgeben in einem Falle, wo das Herzogthum Gotha und die Linie Sachsen-Gotha speziell auf der andern Seite betheiligt waren.

In materieller Beziehung leuchtet ein, daß durch den Vertrag und dessen „Anfugen" das bisherige Domanialrecht des Herzogthums Sachsen-Gotha aus den Fugen gerissen wurde. Die althertümliche Verbindung des Domaniums mit dem Lande ist definitiv aufgehoben von dem Augenblicke an, wo das sachsen-gothaische Gesammthaus „aus irgend einem Grunde" aufhören würde zu regieren. Vormals würde man hier zunächst den Fall supponirt haben, wenn dieses Haus im Mannsstamm erlöschen und die Landessuccession an das sächsische Haus in Weimar oder in Dresden übergehen würde. Gerade an diesen Fall scheinen aber die Kontrahenten nicht gedacht zu haben; denn sonst könnte §. 8 nicht davon die Rede sein, daß bei dem Eintritt des vor-

ausgesetzten Ereignisses das Domanium von dem herzoglichen
Haus Gotha wie ein anderes Privateigenthum besessen
werden solle. Das herzogliche Haus*) wird somit als fortdauernd
gedacht, auch wenn das sachsen-gothaische Gesammthaus aufgehört hätte zu regieren! Es scheint hier wie überhaupt bei dem
Vertrage an den Fall gezwungener oder freiwilliger Mediatisirung gedacht zu sein. Hier könnte allerdings ein oder das
andere Haus (man denke an die Mediatisirungen der Rheinbundsakte!) dem Namen und Titel nach fortexistiren und dann die
Domänen ausschließlich für sich administriren wollen. Ich finde
diesen Wunsch sehr begreiflich. Wenn man aber an Alles denkt,
warum nicht auch an den allerdings unwahrscheinlichen, doch
immerhin möglichen Fall der natürlichen Extinction eines Hauses.
Wie nun — wenn die sämmtlichen herzoglichen Häuser im
Mannsstamm erloschen wären und dann das großherzoglich weimarsche, eventuell das königlich sächsische Haus in der Regierung
succedirte, sollen alsdann diese erbverbrüderten Häuser von der
Succession in den Domänen ausgeschlossen sein, während im
umgekehrten Fall anerkannt ist, daß alsdann die großherzoglichen,
beziehungsweise die königlich-sächsischen Domänen kraft der Erbverbrüderungen mit den Landen an die überlebenden herzoglichen
Häuser kommen würden?

Meines Erachtens hat sowohl der König von Sachsen als
der Großherzog von Weimar guten Grund gegen diese Nichtbe-
rücksichtigung alter und früher sorgfältig conservirter Rechte
Einsprache zu erheben. Noch mehr sind die Interessen der Lande
selbst berührt durch die in Aussicht gestellte Lostrennung des
Domänenvermögens vom Staate. Ja die staatsrechtliche Verbindung des Domänenguts ist prinzipiell schon jetzt gelöst: denn
das Domänenvermögen ist für Privateigenthum erklärt und
zu Gunsten des Mannsstamms im sachsen-gothaischen Gesammthause mit Fideikommißverband belegt.**) Die

---

*) An welches herzogliche Haus ist hier gedacht? Offenbar würde nicht
blos das koburg-gothaische Haus, sondern auch ein anderes herzogliches Haus
in Altenburg, Meiningen, wenn jenes zuvor im Mannsstamm erloschen wäre
und die andern sofort succedirt hätten, dasselbe Recht haben.

**) Der Vergleich §. 6 sagt: „das Domänengut ist — mit Fideikommiß

einstweilen noch beibehaltene staatliche Verwaltung des Domänenguts und was der Vertrag über die einstweilen noch fortgehende
Verwendung eines Theils des Reinertrags (soferne der zunächst
kommende Hofaufwand etwas übrig läßt) bestimmt, ist nur geeignet, die Unnatur der getroffenen Vereinbarung vollends in
klares Licht zu setzen.

Ich zweifle nicht, daß sowohl der gegenwärtig regierende
Herzog, welcher selbst die Vereinbarung vom Jahr 1849 unterzeichnet hat, als auch der verewigte Prinz Albert nur im besten
Bewußtsein gehandelt haben; ich zweifle aber auch nicht, daß
noch eine andere Uebereinkunft möglich gewesen wäre, welche
bei gründlicher Würdigung der historischen Rechte den beiderseitigen Interessen der regierenden Familie und des Staates entsprochen hätte.

Aber freilich in den Augen des Herrn Staatsraths Zachariä bietet selbst das obige Abkommen dem Staate noch zu viel. Denn
ausgehend von einem „privatrechtlichen Eigenthum" des
herzoglichen Hauses am Kammergut, schon nach bisherigem Rechte,
findet er es durch die ratio juris nicht geboten, daß durch
den Vergleich die lehensherrlichen Bezüge dem Staatsgut
einverleibt wurden, da ja das lehenrechtliche Verhältniß seinem
Wesen nach in das Gebiet des Privatrechts gehöre, wenn auch
sein Objekt möglicher Weise publici juris sein könne. Ich meine
doch, bei einer Ausscheidung von Objekten komme es auf die
Beschaffenheit der letztern mit an, und nicht bloß auf das Subjekt oder die Form, in welcher darüber kontrahirt wird. Auch
möchte es schwer sein, bei rechten Lehen oder feuda militaria von
Grafen und Rittern, wie sie den Herzogen in Sachsen zu Lehen
gingen, sich einen Privatmann als Lehensherrn vorzustellen oder
bei heute noch vorkommenden Rechten des Lehenhofs, wie namentlich bei Kanzleitaxen von Belehnungen, welche wohl hauptsächlich gemeint sein werden, anzunehmen, daß sie ein rein pri-

---

verband belegt." Diese Worte sind dispositiv, nicht enunciativo. Man kann
daher nicht mit Zachariä S. 65 die erneute Anerkennung eines Fideikommisses des herzoglichen Gesammthauses darin finden, sondern nur einfach eine
Erklärung als Fideikommiß.

vatrechtliches Objekt seien. Uebrigens liegt der Grund, warum jene Bezüge nicht zum Domänenvermögen geschlagen wurden (während sonst fast alle nutzbaren Rechte dahin fielen), wohl nicht darin, daß man den Staat hier hätte ausnahmsweise begünstigen wollen, sondern darin, daß jene Bezüge mit der Funktion des Lehenhofs zusammenhängen, der vom Staate zu unterhalten ist.

§. 42.

5. Herzogthum Sachsen-Meiningen.

a) Die Fürstenthümer Meiningen, Hildburghausen, Saalfeld in ihrer alten Verfassung.

Auch hier sind dieselben Wandlungen und Gegensätze, wie in den andern Herzogthümern zu bemerken. Indessen müssen wir zunächst die Hauptbestandtheile des Herzogthums unterscheiden, welche erst durch das Grundgesetz vom 23. August 1829 zu einem „staatsrechtlichen Ganzen" unter dem Namen Herzogthum Sachsen-Meiningen vereinigt worden sind:

1) Das frühere Herzogthum Sachsen-Meiningen. Das Grundgesetz dieses Herzogthums vom 4. September 1824[1]) enthält in Betreff der Domänen nur die Bestimmung, daß die Landstände das Recht hätten, darüber zu wachen, daß die Substanz des Kammervermögens erhalten werde. Hinsichtlich der Steuern gibt jenes Grundgesetz, welches subsidiär immer noch die alte landschaftliche Verfassung aufrecht erhält, dem Landtag das Recht, gemeinschaftlich mit dem Landesfürsten und den von ihm beauftragten Behörden die Staatsbedürfnisse, soweit dieselben aus landschaftlichen Kassen und aus dem Vermögen der Staatsbürger zu bestreiten sind, zu prüfen und die zu ihrer Deckung erforderlichen Einnahmen und Ausgaben festzusetzen. Man sieht hieraus, es galt in dem altmeiningenschen Lande eine gleiche Kassentrennung, wie in den meisten andern deutschen Staaten, und wenn auch die Stände bei der Verwaltung des Kammerguts

---

[1]) Pölitz, europ. Verfassungen Bd. 1. Abth. 2. S. 824.

nicht unmittelbar mitzusprechen hatten, so hatten sie doch von Veränderungen im Grundstock Kenntniß zu nehmen und es konnte eine erhebliche Veräußerung nicht ohne ihre Zustimmung erfolgen. Sie hatten dieses Recht nicht etwa als Vertreter von agualischen Interessen, sondern des Landes selbst, indem die Staatsbedürfnisse, soweit sie nicht auf die Landschaftskasse oder Steuerkasse übernommen waren, auf dem Kammergute ruhten. Der rechtlichen Präsumtion, wovon Zachariä S. 76 ausgeht, daß das altmeiningische Kammergut dieselbe rechtliche Natur gehabt habe, wie in Sachsen überhaupt und im gothaischen Gesammthause insbesondere, bedarf es hiernach nicht; jedenfalls würde diese Präsumtion zu ganz andern Folgesätzen führen, als sie Zachariä eben noch bei dem koburg-gothaischen Laude vertheidigt hat.

2) Das Herzogthum Sachsen-Hildburghausen, mit Ausnahme der beiden an Sachsen-Koburg abgetretenen Aemter Königsberg und Sonnenfels. Ein Rescript vom 27. Nov. 1817, womit den Ständen der Entwurf einer neuen Verfassung zur Erklärung übergeben wurde, spricht die Erwartung aus, daß die Stände in Folge des ihnen zugedachten erweiterten Einflusses auf den Gang der öffentlichen Verwaltung und auf die Erhaltung des Ganzen „auch die damit in unzertrennlicher Verbindung stehenden größeren Verpflichtungen, insbesondere die ohnehin in den Grundsätzen des heutigen deutschen Staatsrechts begründete Verbindlichkeit, für Deckung der als nothwendig und nützlich erkannten Staatsausgaben, soweit der Ertrag des Domaniums dazu nicht ausreicht, Sorge zu tragen, nicht verkennen und gleich bei der ersten Etatserrichtung für die Bedürfnisse und den Unterhalt des herzoglichen Hofes solche Bestimmungen eingehen werden, wie es der fürstlichen Würde und den Kräften der zugleich als *fürstliches Familiengut* zu betrachtenden *Staatsdomänen* angemessen ist." ²) Also die Domänen sind als Staatsdomänen erklärt; sie sollen aber zugleich auch als Familiengut betrachtet werden. Streng genommen enthält dieß einen Widerspruch. Doch lassen sich beide Bezeichnungen ver-

---

²) Pölitz, europ. Verfassungen Bd. 1. Abth. 2. S. 782. Zachariä's Schrift S. 78. Note 90.

einigen, wenn man dem Worte Familiengut einen Sinn beilegt, worin es oft gebraucht wird, daß nämlich die Familie (d. h. die successionsfähigen Verwandten) ein Recht habe auf die Succession; nur ist nicht zu vergessen, daß die Succession im Kammergut keine selbständige ist, sondern abhängt von der **Landes-succession**. Das Kammergut ist aber insoferne Staatsgut, als es für staatliche Zwecke bestimmt, mit dem Staate und seiner Regierung unauflöslich verbunden ist. Daß man dieses häufig mißachtet, das Land wie eine Domäne und die Domänen wie Privatgüter behandelt und verschleudert hat, wurde bei den beiden Hildburghausischen Debitwesen[3]) des vorigen Jahrhunderts hinreichend empfunden. Daher werden auch in den kaiserlichen Reichshofraths-Beschlüssen die vorgekommenen Domanial-Veräußerungen **Landeszertrümmerungen** genannt und es wird der kaiserlichen Debitkommission die „Recuperirung deren **Landes-Avulsorum**" aufgetragen. Der Landschaft wurde durch kaiserliches Schreiben angesonnen, zur Tilgung der Schulden einen erklecklichen jährlichen Beitrag zu leisten — aber ohne Präjudiz für eine fernere Verbindlichkeit.

Das Hildburghausische **Grundgesetz** vom 19. März 1818 ertheilte der Landschaft das Recht, bei Verfügungen über die Domänen in der Art mitzuwirken, daß zu Verfügungen über die Substanz neben dem **agnatischen Konsens** die Zustimmung **der Landschaft** erforderlich sei. Die Beamten der Domänen-Administration sind dafür verantwortlich gemacht, daß den Rechten der Landschaft sowie den Verpflichtungen gegen die **Agnaten** Genüge geleistet werde. Würde denselben und den **Interessen des Landes** entgegen Dispositionen über das Domänenvermögen getroffen werden, so sollen diese auf bloße Einsprache der Landschaft als von Rechtswegen **ungiltig** und selbst für den Landesherrn **unverbindlich** erkannt werden. Dabei dauerte aber die getrennte Verwaltung der Kammer und andererseits der ständischen Kasse fort; nur wurden den Ständen in Bezug auf

---

[3]) S. die Aktenstücke bei J. J. Moser, von dem reichsständischen Schuldenwesen Th. 1. S. 160. f. 173. 788. Th. II. S. 33 f. 38. 42. Vgl. Zacharia's Schrift S. 77. Note 89.

die Kammer weitere Rechte eingeräumt. Die Landschaft wurde
nämlich berechtigt, die Etats der Staatsbedürfnisse (Kammeretats) mit dem Regenten oder der dazu beauftragten Behörde
gemeinschaftlich festzusetzen und hierunter namentlich auch
die für die Bedürfnisse des Hofs und herzoglichen Hauses erforderliche Summe (Civilliste) mit der Regierung zu vereinbaren. War sie einerseits verpflichtet, subsidär nöthigenfalls
mit Steuern nachzuhelfen, so wurde andererseits nicht minder
anerkannt, daß die gesammten Kammereinkünfte zur
Deckung des Staatsbedarfs (einschl. der Civilliste)
zu verwenden seien. —

Eine weitere Entwicklung erfuhr das hildburghausische
Finanzwesen durch das auf Antrag der Landschaft am 26. April
1820 erlassene herzogliche Haus- und Landesgrundgesetz über
Staatsgüter und Staatsschulden, dessen Motive für
den Gang der neuern Entwicklung überhaupt bezeichnend sind.*)

---

*) „Die Anordnungen und Dispositionen Unserer in Gott ruhenden
Vorfahren, sowie die fürstlichen Haus- und Familienverträge enthalten mehrere
Bestimmungen über die Erhaltung und Integrität des Staats- und Domänenguts und, belehrt durch die Erfahrungen zweier Debitwesen, welche im Laufe
eines Jahrhunderts über Unser herzogliches Haus verhängt waren, haben
Wir selbst in einer im Jahr 1797 errichteten Disposition und fideikommissarischen Verordnung und bei anderen Gelegenheiten verschiedene Erklärungen
in gleicher Absicht niedergelegt. Da jedoch diese Anordnungen und Bestimmungen weder dem Nachfolger noch dem Land volle Sicherheit gegen nachtheilige Verfügungen über das Staats- und Familiengut gewähren und
die Aufhebung der vormaligen Lehensabhängigkeit eines großen Theils
der deutschen Territorien von dem Reichs-Oberhaupte, woraus für dieselben
und besonders für die hiesigen Lande ein besonderer Schutz gegen nachtheilige
Veräußerungen hervorging, die Einführung einer anderen zeitgemäßen Garantie
erforderte, so haben Wir in der landschaftlichen Konstitution die Gültigkeit
aller dergleichen Verfügungen mit an die Zustimmung der Stände geknüpft. Allein einestheils setzt diese Berechtigung der Stände das Vorhandensein gewisser in der Staatsverfassung überhaupt liegender Grundsätze voraus, welche noch bestimmt auszusprechen sind, andern Theils kann einem so
wichtigen Gegenstande, als die Erhaltung der Domänen und die Kontrahirung
von Staatsschulden, wodurch die Verletzung der Substanz des Staatsvermögens immer vorbereitet wird, nur das Feststehen gewisser Regeln
und Maximen, an welche sich die Berathungen sowohl der Stände als der

Uebereinstimmend mit der bisherigen publizistischen Auffassung wurde die Staatsguts-Eigenschaft der Domänen, und zwar nicht blos der in den Portionsbüchern verzeichneten, sondern auch der späteren und aller künftigen Erwerbungen ausgesprochen. Art. 1 des Gesetzes sagt: "Zum Staatsgute gehören im Allgemeinen alle Bestandtheile des Landes, welche zusammen ein untheilbares, unveräußerliches Ganze bilden. Insbesondere gehören dahin alle, vornehmlich zum Unterhalt der herzoglichen Regentenfamilie, dann zur Bestreitung anderer Staatsbedürfnisse, besonders der Staatsadministration, vorhandene Domänengüter, Forsten, Gefälle und sonstige nutzbare Rechte, ohne Unterschied, ob sie zu dem Familienfideikommiß des herzoglich sächsischen Gesammthauses gehören und in den Portionsanschlägen enthalten oder erst in späteren Zeiten erworben oder dem Staate angefallen sind. Ebenso sollen dazu alle künftig mit den Kräften oder Mitteln des Lands acquirirten und demselben oder dem herzoglichen Hause sonst anfallende Güter, Besitzungen und Rechte gehören und dem Staate ohne Weiteres einverleibt sein." — Die Verwaltung der Domänen wurde prinzipiell dem "Landesherrn allein" vorbehalten, welcher aber die Oberaufsicht und oberste Leitung der Finanzgeschäfte (einschließl. der Hauptsteuerkasse) mit seinem dem Lande verantwortlichen Geheimerathskollegium auszuüben hatte. Die Administration der Domänen selbst wurde einer ordnungsmäßig konstituirten und verantwortlichen Finanzbehörde übertragen, in welcher der Landrath einen Platz einnahm. Es folgt sodann eine nähere Zergliederung des Veräußerungsverbots (nothwendige Abtretungen z. B. zu Beseitigung von Streitigkeiten, ferner bloße Vertauschungen, einzelne Veräußerungen zur Beförderung der Landeskultur sind ausgenommen) und der Formen der Veräußerung und Schuldeneingehung, wobei von einem Konsense der Agnaten gar nicht

---

Regierungsbehörden beständig zu haben, Gleichförmigkeit in der Behandlung und volle Sicherheit gewähren." Hildburgh. Reg.-Bl. v. 1820 nr. 19. v. Zangen, die Verfassungsgesetze deutscher Staaten, Th. II. S. 561. K. Luther, rechtl. Natur der Domänen in Sachsen-Meiningen S. 264, wo auch das ganze Gesetz.

mehr die Rede ist. „Der Erlös beim Verkauf von Domänen ist jedesmal auf die nützlichste Weise zum Besten des Staats zu verwenden, vorzüglich zur Erkaufung anderer Güter oder zur zeitlichen Aushülfe der Staatsschulden-Tilgung." Zu den Staatsschulden gehörten von nun an alle sowohl bei der Landschaft (Landessteuerkasse) als bei der Kammer (Domänen- und Regalienkasse) auf dem verfassungsmäßigen Wege, sei es zum allgemeinen Besten oder zur Unterstützung des herzoglichen Hauses, kontrahirten und von der Landschaft anerkannten Schulden; es durften aber nur bei unabwendbarer Noth oder entschiedener und dauernder Nützlichkeit für das Land oder die öffentlichen Kassen eine Schuld kontrahirt werden. Anlehen auf die Domänenkassen (Domänenschulden) wurden von der Landesregierung unter Zustimmung der Landschaft, Anlehen auf die Hauptsteuerkasse (Landschaftsschulden) auf Beschluß der gesammten Landschaft, gleichfalls unter landesherrlicher Genehmigung und nach Vernehmung der Landesregierung, aufgenommen. Der jedesmalige Regent und seine Räthe wurden verpflichtet, die Staatsbedürfnisse so einzurichten, wie es die Kräfte der Kassen und des Landes zulassen. Zugleich wurde den Ständen das Recht eingeräumt, bei Errichtung der Voranschläge mitzuwirken und über deren Ausführung zu wachen.

Hiernach wurde zwar auch jetzt noch zwischen Kammer- und Landeskasse unterschieden, jene blieb nach wie vor Regierungskasse, diese ständische Kasse; aber wie die landschaftlichen Einkünfte (aus Steuern) in höherer Potenz dem Staate gehörten, so konnten andererseits auch die Domäneneinkünfte Staatseinkünfte, die landesherrlichen Domänen Staatsgüter genannt werden. Es entsprach diese Nomenklatur dem allmälig aufgekommenen Staatsbegriff, in welchem die monarchische Institution des Staatsoberhaupts ebenso aufging, wie früher umgekehrt der Person des Landesherrn das Land selbst nebst Kammergut und die gesammte Staatsordnung annectirt wurde.*) Daß daneben auch von einem

---

*) Ganz unstichhaltig sind wieder die Einwendungen Zachariä's S. 79—84 gegen die erklärte Staatsgut-Eigenschaft der Hildburghausischen Domänen, z. B. das Gesetz v. J. 1829 müßte, wenn es die Anerkennung als Staats-

Familienfideikommiß des herzoglich sächsischen Gesammthauses die Rede ist, im Gegensatz zu neuen Erwerbungen und dem Staate unmittelbar angefallenen Domänen, beruht wieder auf irrthümlicher Auffassung der ernstinischen Anordnungen, wovon früher S. 249 f. die Rede war, und hebt jedenfalls die Geltung der neuen grundgesetzlichen Bestimmungen nicht auf. (Es soll ja gerade keinen Unterschied machen, ob die Domänen zum Fideikommiß gehören oder nicht!) Vielmehr geht aus der Bezeichnung: „Staats- und Familiengut" nur wieder hervor das Bestreben, dem doppelten Anspruch auf die Domänen gerecht zu werden, einmal von Seiten des Landes, mit dessen Hülfe dieselben wiederholt gerettet wurden, sodann Seitens der fürstlichen Familie, vermöge des jus succedendi in der Landesregierung.

Erheblicher wäre die Einwendung, daß im Art. 1 (f. oben S. 301.) als Staatsgut zunächst die Bestandtheile des Landes und erst nachher, eingeleitet durch das Wort „insbesondere," die Domänengüter genannt werden. Sollte mit dem Worte Staatsgut nicht blos ein anderer Ausdruck für Staatsgebiet und dessen Zugehörden gewählt sein, ohne damit eine Anerkennung der Domänen als Staatsgüter im eigentlichen Sinne zu bezwecken? Dem steht jedoch entgegen, daß nicht blos Territorialtheile, sondern auch Güter, Gefälle und andere nutzbare Rechte in dem Begriff „Staatsgut" zusammengefaßt sind, sofern sie zur Bestreitung des Unterhalts der Regentenfamilie und anderer Staatsbedürfnisse herkömmlich dienen oder, sei es dem Staate sei es dem regierenden Hause, in neuerer Zeit angefallen sind. Man darf hierbei nicht vergessen, daß mit den Landestheilen die zugehörigen Domänen und Rechte zugleich erworben worden. Die Zusammenstellung des Domänenvermögens

---

eigenthum bezweckt hätte, erklärt haben, daß das Eigenthum am Kammergut auf den Staat übertragen sei oder diesem als zuständig betrachtet werden solle. (Wahlkampf) die Domänenfrage im Herzogthum S.-Meiningen S. 37 meint kurzweg: die ganze Disposition des Art. 1 hätte keinen vernünftigen Sinn! Woher auf einmal dieser Formalismus? Ist etwa in den älteren Quellen, woraus Zachariä auf Hauseigenthum schließt, eine Uebergabe des Kammerguts an das Haus oder gar an das Gesammthaus ausgesprochen?

mit dem Lande oder Staate hat aber auch jetzt noch den guten Sinn, daß das Domanium Zubehörde des Staats ist, und zwar ohne Rücksicht ob die Bestandtheile jenes Vermögens im Territorium selbst gelegen oder auswärtige Kammergüter sind, ob sie Theile des Grundes und Bodens oder sonstige Vermögens-Objekte bilden. Nicht anders, wie das hildburghausische Gesetz, drückt auch die bairische Verfassung (s. oben S. 174) und die k. sächsische Verfassung (S. 276) die Staatsguteigenschaft der Domänen aus, indem diese zugleich und mit dem Lande (als Landespertinenzien) zu Staatsgut erklärt sind. Auch die württembergische Verfassung (oben S. 181) begnügt sich mit dem Worte „Staatsgut," ohne daß deßhalb ein Zweifel über das Eigenthum des Staates an dem königlichen Kammergut entstanden wäre, obgleich die Verfassungsurkunde auch wieder von demselben als von einem vormaligen Familienfideikommisse spricht.

3) das Fürstenthum Saalfeld.

Dieses nahm bis zu seiner Abtretung an Meiningen Theil an der koburgischen Verfassung v. J. 1821, nach welcher die Domänen-Revenüen für die Erhaltung des Regentenhauses, für die Administrationskosten und den übrigen Bedarf zu verwenden waren. (s. oben §. 41.)

§. 43.
b) Das gemeinschaftliche Grundgesetz v. J. 1829.

Obgleich auf ein Promemoria vom 15. August 1826 den hildburghausischen Deputirten und auch später noch bei Abnahme der Huldigung den Mitgliedern der Regierung zu Hildburghausen versprochen worden war, die landschaftliche Verfassung, vorbehältlich der auf dem verfassungsmäßigen Wege etwa zu machenden Aenderungen und Modifikationen, fortbestehen zu lassen, so wurde doch am 23. August 1829, nach Vernehmung eines Ausschusses aus den Ständen der verschiedenen landschaftlichen Korporationen, ein Grundgesetz für die vereinigten Lande verkündigt. Nach diesem noch jetzt gültigen Grundgesetze soll, auch unter dem Vorwande der Allodialqualität, kein Theil des Landes abgetrennt und der **Staatserbfolge** (Landeshoheit des Regierungsfolgers) entzogen werden; vorbehältlich jedoch die bereits vertragsmäßig anerkannten Ansprüche der Allodialerben auf den Werth einzelner Bestandtheile des Domänenguts. Die Staatserbfolge richtet sich innerhalb des herzoglichen Spezialhauses nach den Grundsätzen der Erstgeburt und Linealordnung, im Uebrigen nach den Verträgen und Observanzen des herzoglichen, großherzoglichen und k. sächsischen Hauses. Das Grundgesetz unterscheidet:

1) das **Staatsvermögen** oder die Gesammtheit derjenigen Mittel, aus welchen die allgemeinen Landes- und Staatsbedürfnisse bestritten werden. Den größten Theil des Staatsvermögens — wird angenommen — machen die Beiträge der Unterthanen d. h. die Steuern und die Ueberschüsse und Ersparnisse aus der Verwaltung des Staatsvermögens aus.[1]) Außerdem werden dahin gerechnet diejenigen Gegenstände und Sammlungen, welche dem allgemeinen Nutzen und Gebrauche bleibend gewidmet sind. „Die Einkünfte des Staatsvermögens bilden die **Landeskasse**, aus welcher aller eigentliche Staatsaufwand bestritten wird." Die Verwaltung ist gemeinsam zwischen Regierung und Ständen.

2) Das **Domänenvermögen** (Kammergut), bestehend in Kammergütern, Waldungen, liegenden Gründen, sämmtlichen herzoglichen Schlössern nebst Inventar u. s. w. Dieses Vermögen wird als Eigenthum des **herzoglichen Hauses** erklärt, bestimmt zunächst die Kosten des Hofhalts und des Unterhalts der herzoglichen Familie zu bestreiten.[2]) Die bisher

---

[1]) Sammlung der meiningen'schen Verordnungen 1829 nr. 13. Zachariä S. 84 Note 95 und wieder S. 68 spricht von einer außerordentlichen Ständeversammlung, welche dem Grundgesetze ihre Zustimmung ertheilt habe. Das Grundgesetz selbst spricht aber nur von einem Ausschuße, durch welchen die Wünsche der Stände vorgetragen worden, und von der möglichsten Berücksichtigung dieser Wünsche in dem Gesetz. Der Ausschuß (so heißt er auch in den Protokollen) bestand aus 18 Deputirten, mit Einschluß des Landmarschalls v. Bibra, worunter 3 aus Hildburghausen, 2 aus Saalfeld.

[2]) §. 38. „Das Domänenvermögen an Gebäuden, Kammergütern, Waldungen, liegenden Gründen, grundherrlichen Zehnten, Erbzinsen, Gülten und andern aus der Grundherrlichkeit fließenden Renten und Gerechtsamen

unzweifelhafte Verwendung für andere Staatsbedürfnisse wurde übergangen. Dagegen sollen die bisher zur Domänenkasse (?) geflossenen direkten und indirekten Steuern, sowie alle künftig verwilligten Abgaben, ferner die Einkünfte aus Regalien und aus der Uebung der landesherrlichen Gewalt, insonderheit die Chaussee- und Weggelder, Schutzgelder und alle Leistungen zum Behufe des Militärs der Landeskasse überwiesen werden, gegen verhältnißmäßige Uebernahme von Kosten der Staatsverwaltung und temporären auf der Domänenkasse haftenden Lasten. Eine genaue Designation des Domänenvermögens und andererseits des der Landeskasse zuzuweisenden Vermögens soll nach erfolgter beiderseitiger Anerkennung als ein integrirender Theil dem Grundgesetze beigelegt werden. Ueberschüsse in der Kammerkasse sollen der freien Disposition des Herzogs zufallen, und sie können, insofern die Domänenkasse keine Zuschüsse aus der Landeskasse erhebt und wenn nicht die Umstände und dringende Landesbedürfnisse dem Souverän eine Verwendung zum Nutzen des Landes anrathen (!), zu dem Chatoullegute gezogen werden. Zu neuen Kammerschulden, sowie zur Veräußerung von Kammerguts-Bestandtheilen (einzelne Ausnahmen abgerechnet) wird unbeschadet des agnatischen Konsenses ständische Zustimmung erfordert. Das Domänen oder Kammervermögen wird von einer landesherrlichen Behörde unter Aufsicht des Ministeriums verwaltet. Den Ständen ist nur Nachweis darüber zu geben, daß weder die Substanz vermindert noch dasselbe mit neuen Schulden belastet, vielmehr die Schuldentilgung verfassungsgemäß fortgesetzt werde.

3) das Chatoullegut d. h. dasjenige, was der regierende Herzog aus der Landes- und Kammerkasse für seine Person bezieht und daraus erübrigt oder sonst durch Erbschaft, Testament oder auf irgend andere Weise erwirbt. Auch heimfallende

---

ist Eigenthum des herzoglichen Spezialhauses und bestimmt, davon zunächst die Kosten der Hofhaltung und der Unterhaltung der herzoglichen Familie zu bestreiten." Das Wort „zunächst" läßt wenigstens offen, daß aus der Kammer noch einige Staatsausgaben bestritten werden sollten. Dieß nimmt auch Zachariä S. 67 an, obgleich S. 47 allen eigentlichen Staatsaufwand auf die sog. Landeskasse überweist und nach dem Schlusse des §. 33 die Ueberschüsse der Kammerkasse zur Chatoullekasse gezogen werden können.

Lehen behielt sich der Herzog vor mit dem Chatoullegute zu vereinigen; nur die Lehensherrlichkeit mit den davon abfallenden Nutzungen wird zum Domänengut und zu dem „Fideikommiß des herzoglichen Hauses" gerechnet. „Das Chatoullegut (dessen Verzeichnung vorbehalten wird) steht unter der unbeschränkten Disposition des Souveräns und wird nach **privatrechtlichen** Grundsätzen beurtheilt."

Schon bei den Berathungen, welche dem Grundgesetz vorangingen, waren verschiedene Einwürfe, insbesondere gegen den §. 38 (Note 2) erhoben worden. Die **hildburghausischen** Abgeordneten namentlich protestirten mit Rücksicht auf das dortige Haus- und Landesgrundgesetz von 1820, welches die Domänen für Staatsgut erkläre, indem sie wiederholten, daß sie hier, wo es sich von einem ihnen gegebenen konstitutionellen Rechte handle, gar nicht abstimmen könnten. Die Abgeordneten von **Saalfeld** brachten wiederholt und auf das Dringendste die Thatsache in Erinnerung, daß ihr Landestheil fast gar keine Schulden gehabt habe und daß, die angeblich als Landesschuld mit Saalfeld übernommenen Passiven dort auf den Domänen geruht hätten und auch durch Verbesserung der Domänen, Bau des Schlosses u. s. w. allein entstanden seien, daß also, wenn die Domänen nicht mehr dem Lande gehören sollten, auch das Land die von den Domänen herrührenden Schulden nicht übernehmen könne.*) Die Abgeordneten Hildburghausens und des Oberlandes besorgten: es könnte, wenn nun auch die Waldungen Eigenthum des Hauses würden, ein Regent den bedeutendsten Theil der Hölzer, von dem allein ihre Gegenden lebten, abtreiben und so Unterthanen und Domänenkasse in Verfall gerathen, wo dann doch

---

*) Zur Erläuterung bemerke ich daß, obgleich das koburg-saalfeldische (nach Vernehmung der **Wünsche** von Ständen ertheilte) Verfassungsgesetz vom August 1821 das Domänenvermögen für Eigenthum des herzoglichen Hauses erklärte, das Schulden-Edikt v. September 1821 doch alle Landes- und Domänenschulden in eine einzige Schuld, die **Staatsschuld** vereinigte. Diese vereinigte Schuld wurde nun in dem Successionsvertrag v. 1826 von dem Herzog in Meiningen zu seinem Antheil als Landesschuld übernommen, auch zur Landesschuld geschlagen, trotz der Vorstellungen der Saalfelder Deputirten.

die Landeskasse beistehen müsse. Andere Abgeordnete — und ihre Ansicht eignete sich auch die ungedruckte ständische Erklärungsschrift vom 27. Juni 1829 an — trugen Bedenken, ob die Versammlung überhaupt kompetent sei, ein Urtheil über die Eigenthumsfrage abzugeben: entweder habe der Souverän das Eigenthumsrecht — und die Versammlung sei weit entfernt, dasselbe als entschieden zu erkennen — dann bedürfe es ihrer ausdrücklichen Zustimmung nicht; oder er hätte es nicht — und man sei eben so entfernt, dieses unbedingt zu behaupten — dann läge es außer ihrer Befugniß, dieses Eigenthum durch Anerkenntniß zu übertragen; jedenfalls wäre dieses Anerkenntniß nicht verbindlich für das Land. Obgleich zuletzt doch die Versammlung mit geringer Mehrheit den §. 38 zuließ*), dessen Annahme ihr „anfangs ganz unmöglich schien," so darf doch hieraus auf eine Zustimmung der hildburghausischen Landschaft nicht geschlossen werden. Im Gegentheil hat der landschaftliche Ausschuß des Herzogthums Hildburghausen am 29. Nov. 1829 eine Erklärung wider das einstweilen im Druck erschienene Grundgesetz eingereicht, welches daran erinnerte, daß die gemeinschaftliche Erklärung der in Meiningen versammelt gewesenen Männer blos

---

*) Die Kommissarien erklärten den Abgeordneten: es sei des Herzogs fester Wille, an seinem guten Rechte in Bezug auf das Eigenthum an den Domänen festzuhalten und daher von dem Inhalte des §. 38 (hier ist ja nicht von einem Eigenthum des Souveräns, sondern des Hauses die Rede!) nicht abzugehen. Trügen die Deputirten noch ferner Bedenken, dieses Eigenthum, wie es der Entwurf bestimme, anzuerkennen, so würde das Geschäft abgebrochen und die Constitution nicht zu Stande kommen, vielmehr der bisherige vermischte Kassenzustand fortdauern. (Vermischt oder abgesondert rücksichtlich der einzelnen Länder?) Nun fanden sich noch 2 Deputirte, welche — nachdem alle Vorstellungen der Kommissarien es nur zur Stimmengleichheit gebracht hatten (der Landmarschall war abwesend und konnte daher nicht die Entscheidung geben) den bereits für die Sache gewonnenen Mitgliedern beitraten, die der Meinung waren: es sei selbst das „Zugeständniß des Domanial-Eigenthumsrechts" dem Lande nicht so nachtheilig, als wenn dessen einzelne Theile getrennt und ohne Verfassung und ohne geordneten Rechnungshaushalt über Landesvermögen blieben," und die sich endlich damit trösteten, der Zusatz zu §. 38, („Ueberschüsse u. s. w.") welcher eine Verwendung zum Nutzen des Landes offen ließ, werde in Fällen der Bedrängniß zum landesväterlichen Herzen sprechen.

als eine Berathschlagung und gutächtliche Meinung erfahrner mit dem Vertrauen der Unterthanen beehrter Männer anzusehen gewesen sei, folglich an sich gar keine verbindliche Kraft für das Land hätte haben können, daß der Herzog selbst bei Uebernahme des Landes versprochen, nur auf verfassungsmäßigem Wege Modifikationen der bestehenden Landesverfassung eintreten zu lassen. Schließlich hat der Ausschuß, daß dem promulgirten Grundgesetz eine weitere Eigenschaft als die einer Grundlage für weitere Verhandlungen mit künftig zu wählenden Ständen nicht beigelegt werden möge.

Auch von den vereinigten Ständen wurde gleich bei ihrem erstmaligen Zusammensein am 10. Dezember 1850 gegen die neuen Bestimmungen des Tit. V. vom Staatsvermögen, Kammergut, Chatoullegut Widerspruch erhoben. Sie verlangten insbesondere, an der Formirung des Etats für den gesammten Staatshaushalt theilzunehmen; ferner sollten im Art. 38 die Worte, welche die Anerkennung eines Eigenthums des **herzoglichen Hauses** am Domänenvermögen aussprechen, weggelassen, die Ueberschüsse der Domänenkasse als Landesgelder angesehen, heimfallende Lehen dem Domänenvermögen inkorporirt werden; sie beharrten endlich auf dem bekannten Prinzip, daß die gesammten Staatslasten principaliter aus dem Kammergute und nur in subsidium aus Steuern zu bestreiten seien.³)

---

§. 44.

r) Gesetze von 1831, 1846 und 1849.

Den erhobenen Rechtsforderungen wurde in dem Gesetz über das **Finanzwesen** vom 27. April 1831 mehrentheils entsprochen,¹) welches zugleich den Zweck hatte, den Staatshaushalt auf einfache und übereinstimmende Weise zu ordnen.

---

³) Die ständische Erklärungsschrift v. 10. Dez. 1830 fügt bei: es sei dieses, von den Ständen festgehaltene Prinzip so alt wie die sächsischen Herzogthümer und es sei dasselbe bisher in diesen heilig gehalten und fortwährend beobachtet worden.

¹) Dieses und die folgenden Gesetze sind aus dem meininger Verordnungsblatt entnommen.

Art. 1 bestimmt: „Die Domänen — deren Eigenschaft durch das Gesetz vom 23. August 1829 nicht verändert sein soll, und welche dieselbe so, wie sie bis dahin anerkannt worden und rechtsverbindlich bestanden, behalten — sind zunächst zur Bestreitung des Bedarfs des Herzoglichen Hauses und Hofes und zur Erfüllung der ihm sonst obliegenden Leistungen bestimmt und liefern den Ueberschuß ihrer Einnahme zur Verwendung für die Zwecke der Landesverwaltung ab."

Hierdurch war den Einwürfen gegen §. 38 des Grundgesetzes und den Bedenken der Stände gegen ihre Kompetenz zur Lösung der Eigenthumsfrage entsprochen: es solle nur noch das Recht vor dem Grundgesetze v. 1829 bezüglich der Eigenthumsfrage maßgebend sein, das gemeinsame Grundgesetz also dem Eigenthumsrecht an den Domänen im Herzogthum, wie solches bis dahin rechtsverbindlich bestanden, nicht derogiren. Damit war für die Hildburghausischen Domänen die Staatsguteigenschaft gerettet.[1]) — Auch hinsichtlich der Verwendung der Domanialeinkünfte wurde Einiges nachgegeben, aber freilich keine rechte Klarheit geschaffen, noch das alte Recht einfach wieder hergestellt. Es ist unterschieden zwischen den zunächst[2]) obliegenden Leistungen und der Verwendung der Ueberschüsse. Zu-

---

[1]) Auch Zachariä S. 90 unten gibt zu, daß das Herzogthum Hildburghausen durch das Haus- und Staatsgesetz v. 1820 bereits Rechte erlangt habe, die um so mehr eine Berücksichtigung verdient hätten, als die Verbindlichkeit dieses Gesetzes für den Landesnachfolger nach richtigen und anerkannten Rechtsgrundsätzen insoweit nicht zu bezweifeln gewesen, als dasselbe keine hausgesetzliche Veräußerung des Domaniums enthalten habe.

[2]) Ein Vorzug des Hofaufwands vor dem Regierungsaufwand, welcher gemeinrechtlich wenigstens nicht behauptet werden kann (s. oben S. 177 Note 4 und S. 275) scheint mit obigem Worte nicht beabsichtigt; denn unter den „sonst obliegenden Leistungen" sind außer andern fundirten Leistungen auch die ordentlichen Regierungsausgaben, soweit sie auf dem Domanium ruhten, zu verstehen, da diese doch nicht von dem Vorhandensein eines Ueberschusses abhängig gemacht werden können. Das Wort „zunächst" ist nur im Gegensatz zur Verwendung der Ueberschüsse „im Interesse des Staatswohls" zu verstehen, wie sie einerseits dem Herzog, andererseits den Ständen freigegeben wird.

nächst sollen die Domäneneinkünfte verwendet werden zur Bestreitung des Bedarfs des herzoglichen Hauses und Hofs und zu Erfüllung der sonst (?) obliegenden Leistungen; den **Ueberschuß ihrer Einnahmen** aber sollen die Domänen zur Verwendung für **die Zwecke der Landesverwaltung** abgeben, in der Art, daß ein auf jedem Landtage zu vereinbarender Theil dieses Ueberschusses dem Herzog zur freien Verwendung im Interesse des Staatswohls, insbesondere zur Gründung gemeinnütziger Anstalten, zur Beförderung der Landwirthschaft, der Gewerbe und Künste anheimgegeben, ein anderer Theil aber auf dem Landesetat in Einnahme gebracht werde. Zur Aufbringung des **Staatsbedarfs, soweit derselbe aus den Domänen und andern Einnahmen nicht zu decken**, haben die Stände durch Abgabenbewilligung zu sorgen. Auf gleiche Weise ist ein nachgewiesener Ausfall am Domänen-Etat durch den Landes-Etat zu decken. — Ein wesentlicher **Fortschritt** im Gesetze ist die Errichtung einer obersten Finanzbehörde und einer **allgemeinen Staatskasse** (Hauptkasse), in welcher die sämmtlichen Einkünfte aus dem Domänen- und Landesvermögen, wiewohl durch doppelte Buchführung geschieden, vereinnahmt, verausgabt und verrechnet wurden, sowie daß der Etat für den „gesammten Staatshaushalt," einschließlich der Domänen, nunmehr den Ständen vorgelegt werden mußte.[*]) Regierung und Kammer einschließlich der Forsten, wurden in Einem Kollegium, der „**Landesregierung**" vereinigt, bestehend aus 3 Senaten: Verwaltungs-, Finanz- und Forst-Senat.

Zachariä (S. 91) beklagt, daß man regierungsseitig der

---

[*]) Zachariä S. 89 ist nicht gemeint, die Ertheilung der sehr wesentlichen Rechte, welche er in dem Gesetz findet, zu mißbilligen (!), da alle Konzessionen, welche ein deutscher Fürst mache, wenn sie auch über das Maß des historischen Rechts hinausgehen, doch vom politischen und nationalökonomischen Standpunkte gerechtfertigt seien. Er sieht besonders in der Vereinigung der Domänen- und Landeskasse eine Konzession; allein gegen die alten Rechte der Stände gehalten, namentlich ihr eigenes Kassarecht, gewann die Regierung durch die neue Einrichtung mehr als sie aufgab; denn der ganze Haushalt war nun ihrer staatlichen Leitung untergeordnet.

von den Ständen angeregten Streitfrage über das Eigenthumsrecht am Domanium ausgewichen sei und dadurch der Volksmeinung Nahrung gegeben hätte, als sei man selbst in dieser Hinsicht ungewiß. Zu bedauern ist allerdings, daß keine präcise und allgemeine, den früheren und jetzigen Rechtsverhältnissen entsprechende Entscheidung getroffen worden; aber eine seltene Kühnheit setzt es voraus anzunehmen, daß der Friede eher wäre herbeigeführt worden, wenn die Regierung auf den nicht gerechtfertigten Bestimmungen des Grundgesetzes von 1829 beharrt hätte, statt sie zu ermäßigen: denn durch diese Bestimmungen ward ja der Rechtszustand zuerst gebrochen und der Unfriede herbeigeführt. Einigen Grund nachzugeben mochte zwar die Regierung in den politischen Ereignissen des Jahrs 1830 (worauf Zachariä hinweist) gefunden haben, die ja auch andere Regierungen, wie z. B. die k. sächsische, die hannoversche damals zu politischen Konzessionen geneigt machten; ist es aber richtig und ist es politisch, bei einer verfassungsmäßigen Regierung das Motiv ihrer Zugeständnisse stets nur in äußeren Impulsen und nicht auch in der Einsicht von der Gerechtigkeit und Nothwendigkeit derselben zu finden?

Im Jahr 1848 suchte der Herzog die Domänenverwaltung wieder ganz der ständischen Kontrolle zu entziehen und wirklich gelang es ihm, ein Gesetz v. 26. März herbeizuführen, welches die Verfügung über die Domäneneinkünfte gegen einen jährlichen Beitrag an die Staatskasse von 30,000 fl. (statt des unbestimmten Antheils der letzten am Revenüen-Ueberschusse) für die Dauer seiner Regierung und weitere 3 Jahre ganz dem Herzog überließ, ohne daß die Stände auch nur eines Beiraths bei Feststellung des Etats mehr gewürdigt wurden; nur daß ihnen die Ueberwachung der Substanz des Domänenvermögens und zu diesem Behuf die Einsicht der Rechnungen vorbehalten blieb. In so weit wurde aber doch auf die mögliche Veränderung der Verhältnisse Rücksicht genommen, als der genannte Beitrag steigen oder fallen solle, je nachdem durch neue Finanzgesetze eine Erhöhung oder Verminderung des Gesammtbetrags der direkten Steuern bewirkt würde. Besondere Zusicherungen wurden in einem eigenen Rescripte ertheilt in Bezug a) auf die aus der

Domänenverwaltung zu der Landesverwaltung abzugebenden Quantitäten von Holz und Getreide zur Bestreitung der an Staatsdiener abzugebenden Deputate, b) die zu Landeszwecken abzulassenden Domänen-Gebäude, c) einen für die Domänenverwaltung aufzustellenden Betriebsfonds, d) den regelmäßigen Beitrag der Domänen zu den einzelnen Zweigen der Staatsverwaltung (verschieden von dem obigen Aversum für die Ueberschüsse); e) die Substanzerhaltung der Domänenwaldungen bei außerordentlichen Naturereignissen, f) die Sicherstellung gegen unverhältnißmäßige Erhöhung der Taxen der Nutz- und Brennhölzer für die Unterthanen.

Hiernach erkannte die Regierung zwar noch immer die Verpflichtung zur Bestreitung von Kosten der Staatsverwaltung, aber nur in der Form von Beiträgen, welche wohl seit dem Grundgesetze v. 1829 eine gewisse Regel annahmen. Selbst die Abgabe von Naturbesoldungen an die Staatsdiener und die Ueberlassung von Dienstwohnungen und Amtslokalen an die öffentlichen Diener, welche nicht Domänenbeamte waren, wird als eine Konzession der Domänenverwaltung angesehen, welche sonst alle landesherrlichen Diener und Anstalten selbst zu unterhalten hatte. Und die Domänenverwaltung brachte auch diese selbstverständlichen Opfer für das Gemeinwesen nicht etwa unentgeltlich, nein sie ließ sich bezahlen für die Naturalien und einen Theil der Amtswohnungen, zwar nicht von den landesherrlichen Dienern, aber — aus dem „steuerbaren Vermögen" der Unterthanen, worauf das Grundgesetz v. 1829 die Staatsbedürfnisse verwiesen hat. Hätte Herr Zachariä Rath zu ertheilen gehabt, so würde er, wie er bemerkt (S. 92), sich entschieden dagegen erklärt haben, an dem einmal vereinbarten Rechtszustand im Jahr 1846 schon wieder zu rütteln, „was in der öffentlichen Meinung keine günstige Beurtheilung erfahren konnte;" dagegen würde er, wenn es gleichwohl dazu gekommen wäre, noch weiter gegangen sein und mindestens die 1831 in der Schwebe gelassene Hauptfrage (die Eigenthumsfrage) zur entscheidenden Lösung gebracht haben. Ob ihm dieß gelungen wäre und ob die Regierung ihrer Seits nachher (1848) zu beklagen hatte, daß sie einem Gewaltakt im Sinne der Zachariä'schen Ansicht nicht unternommen, möchte für jeden, der

mit politischen Faktoren zu rechnen versteht, mehr als zweifelhaft sein!

Im März 1848 zog es die Regierung vor, den Versuch
v. J. 1846 selbst wieder fallen zu lassen, indem sie das Gesetz
vom 13. März 1848 proponirte, wodurch — zu großer Zufriedenheit der Stände — das Gesetz vom 27. April 1831 wieder
hergestellt wurde. Bereits am 8. April 1848 wurde sodann
den Ständen ein anderer Entwurf übergeben, wonach das Domänenvermögen, mit Einschluß derjenigen Chatoulle- und Allodialgüter, deren Ertrag bisher zur Domänenkasse geflossen war,
für **Staatsgut** erklärt werden sollte, mit der fortdauernden
Bestimmung, zunächst den Bedarf des herzoglichen Hauses und
Hofs, sowie die ihnen sonst obliegenden Leistungen zu bestreiten,
den Ueberschuß aber zur Verwendung für die Zwecke der Landesverwaltung abzugeben.[5]

Nach wiederholten Versuchen, den häkelichen Gegenstand zu
allseitiger Zufriedenheit zu erledigen, wurde endlich zwischen dem
Staatsministerium und dem Landtage ein neuer Entwurf vereinbart, welcher am 23. Mai 1849 durch Genehmigung des Herzogs
und sofortige Publikation Gesetzeskraft erlangte.[6] Im Art. 1
ward ausgesprochen:

„Das gesammte Domänenvermögen, mit Einwerfung aller
Chatoulle- und Allodialgüter,[7] deren Ertrag bisher zur
Domänenkasse geflossen ist, wird für **Staatsgut** erklärt,
beziehungsweise als solches anerkannt."

---

[5] Meiningische Landtagsverhandl. v. 1847/48 Beil. Bd. S. 309.

[6] Beilagen v. 1849 S. 106. 111. Ueber frühere Anstände, welche jedoch
nicht die Eigenthumsfrage betreffen, s. die Denkschrift das. S. 92 und 93.

[7] Der Grund, warum die Chatoullegüter nach Art. 1 mit in die Masse
eingeworfen wurden, lag darin, daß die Einkünfte aus denselben bisher gleichfalls
zur Domänenkasse flossen und überhaupt die verschiedenen Bestandtheile des
verbandenen Besitzes noch nicht, wie das Grundgesetz von 1829 wollte, durch
Uebereinkunft designirt waren. Eines der Mittel, womit die landesherrlichen
Kommissäre im Jahr 1829 den bekannten Ausschuß für dieses Grundgesetz
zu gewinnen mußten, war die Drohung, daß die Chatoullegüter im Falle der
Nichtvereinigung von den Domänen würden separirt und alle Einkünfte der
Landestheile Kamburg und Kranichfeld würden dazu geschlagen werden. (Land-
tagsschrift v. 1829.)

Ausgenomen wurden a) gewisse näher bezeichnete Schlösser, Lusthäuser, Gärten, Anlagen, Sammlungen; b) ein den jährlichen Ertrag von 75,000 fl. sichernder Theil des Domänenvermögens an Waldungen, landwirthschaftlichen Gütern und sonstigen Grundbesitzungen, deren spezielle Bezeichnung und Ausscheidung einer weitern Vereinbarung mit dem Landtag, eventuell dem schiedsrichterlichen Urtheile des höchsten Gerichtshofs des Landes vorbehalten wurde. — Alle diese vorbehaltenen Gegenstände (a u. b) sollten ein unveräußerliches Eigenthum des herzoglichen Spezialhauses in der Eigenschaft eines Familienfideikommisses für den Mannsstamm desselben bilden. Bei dem Aussterben des Mannsstamms dieses Hauses sollen die Allodialerben des letzten Besitzers, soweit sie von dem derzeit regierenden Herzog abstammen, gewisse näher bezeichnete Gegenstände (die beiden Palais zu Meiningen und die Inventarien und Sammlungen in Saalfeld) zu unbeschränktem Eigenthum und überdieß eine Jahresrente von 25,000 fl. erhalten, die übrigen Theile des Familienfideikommisses aber mit dem Domanial-Vermögen wieder vereinigt werden. Die Civilliste des Herzogs, auf das gesammte Domänengut und zwar als dessen erste Last radizirt, wurde für die Regierungszeit des damaligen Herzogs auf 180,000 fl. gesetzt (einschl. 11,000 fl. für Bauaufwand) sollte aber von der Zeit der Vermählung des Erbprinzen um 25,000 fl. erhöht werden.

---

§. 45.

d) Aufschlung des Staatseigenthums. — Protest dreier Agnaten.

Daß in der Uebertragung des Eigenthums am Domanium auf den Staat eine hausgesetzwidrige, **null und nichtige** Veräußerung enthalten gewesen, woran auch durch die Zustimmung des Thronfolgers und entfernterer Agnaten (wenn solche erfolgt wäre) nichts hätte geändert werden können, so lange nicht das hausgesetzliche Verbot oder die Fideikommißqualität durch einen übereinstimmenden Willens- und Rechtsakt **sämmtlicher** Successionsberechtigten aufgehoben worden, ist eine jener leichtfertigen Behauptungen Zachariä's (S. 94 und 95), vor deren staatsrechtlichen Konsequenzen er sich verschlossen hat. Nach dieser Theorie wäre keines der Gesetze anderer Staaten, wodurch die dortigen Domänen als Staatsgut anerkannt worden (z. B. Baiern, Königreich Sachsen, Württemberg) ja es wäre überhaupt kein Staatsrecht vor Nullität gesichert: denn die Anordnungen, welche Zachariä als Familienfideikommisse deutet, beziehen sich in der Regel nicht blos auf die Domänen oder Kammergüter, sondern auch und zunächst auf die Landesregierung selbst und die damit verbundenen Regalien, Rechte und Herrlichkeiten; jede Minderung der landesherrlichen Rechte durch erweiterte Befugnisse der Stände, namentlich hinsichtlich der Kontrolle der Domänenverwaltung, des nothwendigen ständischen Konsenses zu Veräußerungen oder Schuldenbelastungen wäre ein Eingriff in agnatische Rechte,[1]) daher nicht blos anfechtbar für die Agnaten, wenn sie einmal zur Regierung kommen; sondern von vornherein nichtig auch für den Landesherrn selbst, der zu jenen Konzessionen sich herbeigelassen. Ich kann hierauf nur mit dem Dilemma antworten: entweder haben die Verwandten ein **Miteigenthum** an den Domänen, resp. an dem Lande: dann würde aus dem prätendirten Konsense sämmtlicher Agnaten eine mit dem Wesen des Staats und der Regierung unerträgliche **Familienherrschaft** folgen; oder die Domänen stehen im Eigenthum des **Landesherrn**: dann ist die Veräußerung wie eine andere Regierungshandlung zu betrachten und ihre Gültigkeit hängt nur davon ab, ob die Gesetze dabei beobachtet worden; unter den Gesetzen geht aber das neuere bekanntlich dem älteren vor. Ich habe nicht nöthig, noch weiter nachzuweisen, daß die zweite Auffassung die richtige ist, und daß hier überhaupt nicht von einem Willensakte unter Einzelnen, sondern nur von einem Akte der Gesetzgebung die Rede sein kann, welchem auch die Agnaten, sofern sie

---

[1]) Nur aus dieser Rücksicht läßt es sich erklären, daß auch die geringsten Zugeständnisse zu dem Gesetz v. 1854 auf die Dauer der Regierung des damaligen Herzogs und des zustimmenden Erbprinzen Georg beschränkt wurden, andern nur auf die Dauer der Regierung des nun verstorbenen Herzogs Bernhard.

Rechte im Staate geltend machen, unterworfen sind. Ein Blick auf die §. 42—44 angeführten Gesetze der meiningischen Provinzen und der vereinigten Lande von 1818—1849 zeigt, daß die staatsrechtliche Auffassung in allen diesen Gesetzen vorherrscht. Denn wenn auch in dem hilbburghausischen Grundgesetze von 1818 von Verpflichtungen gegen die Agnaten neben den Rechten der Landschaft, von einem agnatischen Konsens neben dem landschaftlichen (bezüglich eigentlicher Veräußerungen) die Rede ist, so wurde doch die Bestimmung der gesammten Kammereinkünfte zur Deckung des Staatsbedarfs (einschl. der Civilliste) anerkannt und das nachgefolgte Gesetz von 1820 erklärt geradezu das Domanium für Staatsgut, ohne daß eine agnatische Einwendung gegen dieses Gesetz jetzt oder später erfolgt wäre. Das gemeinschaftliche Grundgesetz von 1829 spricht zwar von dem Domänenvermögen als einem Eigenthum des herzoglichen Hauses, jedoch ohne dasselbe von dem Lande oder der Staatserbfolge zu trennen, wie schon daraus hervorgeht, daß die Verwendung zum Nutzen des Landes vorbehalten ist. Im Gesetz von 1831 ist aber auch diese Prädicirung für unverbindlich erklärt worden. Das Gesetz von 1849 endlich hat meines Erachtens das Richtige darin getroffen, daß es nicht wie die Gesetzgebung mancher Staaten z. B. Oesterreichs, Baierns, des Königreichs Sachsen, das ganze Domanium für Staatsgut erklärt, sondern nach dem Beispiele der Gesetze anderer Staaten z. B. Hannovers, Kurhessens, Oldenburgs einen Theil des Domaniums als Eigenthum des herzoglichen Hauses für dessen Bedürfnisse ausgeschieden wissen will, das übrige aber als Staatsgut anerkennt. Dagegen sind die eventuellen Ansprüche des gothaischen Gesammthauses resp. des sächsischen Gesammthauses insofern beeinträchtigt, als bei dem Aussterben des Mannsstamms im Spezialhause der Nachfolger mit Bezahlung einer Jahresrente von 25,000 fl. beschwert ist und überdieß auch noch die Residenz zu Meiningen und Pertinenzien des Schlosses zu Salfeld an die Allodialerben abtreten soll.

Die Behauptung Zachariä's, daß durch das Gesetz v. 1849 das Fundamentalrecht des herzoglichen Hauses am Domanium fast gänzlich, das des sachsen-gothaischen Gesammthauses völlig zerstört worden sei und daß es deßhalb, wie er schon in seinem Staatsrecht (1853) vorhergesagt, nicht dabei sein Verbleiben hätte haben können, — beweist mir die gänzliche Voreingenommenheit dieses Schriftstellers für einen Standpunkt, der ohne Ungerechtigkeit, ja ohne Blindheit gegen offenbares Recht sich nicht behaupten läßt. Im Gegentheil lag die in Gesetz von 1849 beabsichtigte Auseinandersetzung ebenso sehr im Interesse des regierenden Hauses als des Staats, aber allerdings nicht bloß des jetzt regierenden Hauses noch auch bloß des gothaischen Gesammthauses, sondern auch der erbverbrüderten andern sächsischen Häuser, deren Eintritt in dem Grundgesetze v. 1829 gleichfalls vorgesehen ist.

Herr Zachariä hat allerdings das Schicksal des Gesetzes v. 1849 voraus verkündigt — im 2. Theil seines Staats- und Bundesrechts (1854) zu einer Zeit wo, wie er sagt (Note 102), ihm weder die Vorlagen an die Stände noch das Gesetz selbst bekannt sein konnten.*) Er steht auch mit seiner Ansicht nicht allein: denn auf dem meiningischen Landtage von 1854 wurde von dem Landtagskommissäre Herrn Staatsrath D. Oberländer gleichfalls versucht, das Gesetz von 1849 als „absolut null und nichtig und als nicht vorhanden" darzustellen; doch muß ich mich enthalten sowohl den oberländer'schen Vortrag in der Kommission (eine förmliche Abhandlung) als die denselben ergänzende Rede in der Versammlung,**) welche von Zachariä als eine sehr gründliche Deduktion und Rechtsvertheidigung bezeichnet wird, genauer zu beleuchten; denn nicht nur stimmen beide in der Hauptsache ganz mit Zachariä überein (oder vielmehr dieser mit Oberländer), sondern es haben auch jene Vorträge in den Landtagsverhandlungen selbst schon mehrfache Entgegnungen hervorgerufen. Nur einige von vielen möglichen Berichtigungen muß ich mir erlauben:

Herr D. Oberländer hat einen Beweis für das Erforderniß agnatischer Zustimmung zu Veräußerungen des Domänenvermögens darin erblickt, daß die Stände nicht bloß zu dem Gesetze

---

*) Waren ihm auch die Proteste der Agnaten v. 1853 nicht bekannt?
**) s. Landtags-Verh. v. 1854 S. 21—34, den Vortrag in der Kommission das. S. 38—68.

von 1848, sondern auch zu dem v. 1849 die Zustimmung des Erbprinzen wiederholt gewünscht hätten. Aus der Beobachtung einer nützlichen Kautel folgt aber noch nicht die Nothwendigkeit derselben, und wenn die Stände blos die Zustimmung des präsumtiven Regierungsfolgers gewünscht haben, so ist damit vielmehr ausgesprochen, daß die Zustimmung sämmtlicher Agnaten zur Gültigkeit des Gesetzes nicht erforderlich sei. Auch bei den frühern Hausgesetzen haben stets nur die unmittelbar Betheiligten mitgewirkt, nicht die Söhne derselben oder die Stammvettern. Ebenso war es noch bei dem Theilungsvertrag von 1826. Auch hier wurden die Agnaten nicht gehört, obgleich die Domänen sehr ungleich aus dem Grunde vertheilt wurden, weil man dieselben (ganz richtig) als Landespertinenzien behandelte.

Ferner soll die Nichtigkeit des verabschiedeten Gesetzes von 1849 daraus folgen, daß der Regent zwar die Rechte, die ihm Verfassung und Hausgesetz geben, ausüben könne, daß er aber nicht befugt sei, gegen die Bestimmung der Verfassung und des Hausgesetzes Aenderungen an der letzten (?) vorzunehmen. Hierauf ist einfach zu antworten: das Gesetz von 1849 ändert nicht die Verfassung, sondern entscheidet eine Streitfrage, die das Gesetz von 1831 absichtlich unerledigt gelassen hat, und nicht der Regent für sich hat die Aenderung von 1849 getroffen, sondern die Gesetzgebung.

Die Proteste von drei Agnaten (unter vielen) lagen nun allerdings vor, und zwar 1) des Prinzen Albert von Sachsen-Koburg-Gotha dd. 16. März 1852, 2) des Erbprinzen Georg von Sachsen-Meiningen vom 14. Mai 1862, 3) des Herzogs Georg von Altenburg vom 7. März 1853. Der zweite wurde den Ständen mitgetheilt durch herzogliches Rescript vom 26. Febr. 1853, die beiden andern am 13. März 1854. Allerdings hatte der erste einen Grund zur Beschwerde darin, daß nach dem Aussterben des Spezialhauses Meiningen eine Domaulalrente von 25,000 fl. an die Allodialerben fallen soll (es war dieß entgegen den Erbverbrüderungen und dem Testamente des Herzogs Ernst v. 1654), nicht aber darin, daß das Domanium theilweise als Staatsgut prädizirt wurde, was den eventuellen Successionsrechten der andern Linien keinen

Eintrag that; auch nicht darin, daß ein Theil des Domaniums als Eigenthum des Spezialhauses ausgeschieden werden sollte, da ja der Rückfall desselben an das übrige Domanium bei Erlöschung des Hauses vorbehalten wurde. Auch die erbprinzliche Erklärung (2) setzt als unbestreitbar voraus — nach gemeinem Staatsrecht, dem Privatfürstenrecht, dem ernstinischen Testamente dem Herkommen, den Erbverbrüderungen und den Hausverträgen — daß alles Domänenvermögen in den herzoglich sächsischen Ländern ein generelles Haus- und Familien-Fideikommiß des herzoglichen Gesammthauses Gotha sei; und sie folgert daraus, daß jede Veränderung, also auch die im Gesetze v. 1849 zugesicherte Abtretung, nichtig, wenigstens für alle Fideikommiß-Interessen unverbindlich sei. Der altenburgische Protest endlich nimmt an, daß das meiningische Domanialvermögen, gleich dem in den andern sächsischen Herzogthümern, nach unbestreitbaren staatsrechtlichen Grundsätzen und den bestehenden Hausgesetzen ein generelles Haus- und Familienfideikommiß der herzoglich sächsischen Häuser sei und deßhalb das ohne Zustimmung der Agnaten erlassene Gesetz v. 1849 als rechtlich unwirksam und nichtig betrachtet werden müsse. — Ein Beweis für alle diese Behauptungen konnte natürlich in den drei Protesten nicht erwartet werden. Doch darf es auch nicht wundern, wenn der Aufnahme, welche dieselben bei der herzoglichen Regierung zu Meiningen fanden, das Beispiel eines agnatischen Protests aus einem andern Lande (Württemberg) entgegen gehalten wurde, welchen die dortige Regierung alsbald zurückwies. Die württembergischen Agnaten hatten nämlich im Jahr 1815, sich anschließend an die damaligen Verfassungsbestrebungen des Landes, gegen die einseitige Aufhebung der erbländischen Verfassung Einsprache erhoben und dabei ihre alten agnatischen Rechte geltend gemacht und verwahrt. Dieser Protest der fürstlichen Brüder wurde von König Friedrich zurückgewiesen. Herr D. Oberländer meinte zwar, wenn dieß wahr wäre, so würde doch ein Schriftsteller dessen erwähnt haben,*) jedenfalls wäre eine solche Zurückweisung, wenn

---

*) Der Vorgang ward seiner Zeit vielfach besprochen und es ist darauf

das Partikularrecht nichts anderes bestimme, unrichtig; es scheine aber auch der Protest wirklich berücksichtigt worden zu sein.⁴) Dabei verwies er auf Art. 102 (nicht 10) der württembergischen Verfassung, welcher allerdings, aber in entgegengesetzter Richtung, eine Analogie darbietet:

„Sämmtliche zu dem vormaligen herzoglich württembergischen Familienfideikommisse gehörigen, sowie die von dem Könige neu erworbenen Grundstücke, Gefälle und nutzbaren Rechte bilden, mit Ausschluß des sogenannten Hofdomänen-Kammerguts, das königliche Kammergut."

Der beredte Herr Landtagskommissär hat übersehen, was gleich im folgenden §. steht: daß auf diesem Kammergut die Verbindlichkeit lastet, neben den persönlichen Bedürfnissen des Königs, als Staatsoberhauptes, und der Mitglieder des königlichen Hauses auch den mit der Staatsverwaltung verbundenen Aufwand, soweit als möglich zu bestreiten, woraus dann die Verfassung weiter folgert: „es kommt ihm daher die Eigenschaft eines von dem Königreich unzertrennlichen Staatsgutes zu."⁵) Hiergegen haben die Agnaten des Hauses Württemberg nicht protestirt.

Wäre die Ansicht von der nothwendigen agnatischen Zustimmung zu Gesetzen und Verfassungsbestimmungen, welche das Domanium oder Kammergut betreffen, z. B. das landesherrliche Gut als Krongut oder Staatsgut bezeichnen oder eine Kassenvereinigung anordnen, eine Civilliste statt der Kammer-

---

ebenso wie auf die Zurückweisung eines ähnlichen Protests des Prinzen Paul durch den König Wilhelm (1817) gerade mit Bezug auf unsere Frage aufmerksam gemacht in dem heidelberger Gutachten, betr. die hannoversche Verfassungsfrage I. Gutachten herausgegeben von Dahlmann S. 54. Landtagsverhandlungen 1854 Beil. Bd. S. 1. 7—9, wo auch die Proteste abgedruckt sind.

⁵) Landtagsverhandlungen 1854 S. 77. Gleich zuversichtlich und fälschlich behauptete der Landtagskommissär, nunmehrige Bankdirektor Oberländer auf dem Landtage v. 1861 in Betreff des Protests gegen das meiningische Gesetz v. 1849: „Daß der Protest begründet und das Gesetz nichtig war, hierüber ist in der Wissenschaft kein Zweifel!"

⁶) Vgl. oben §. 23.

nutzung festsetzen, irgend begründet, so dürfte noch weniger, wie
dieß Manche annehmen, ohne Zustimmung eines minderjährigen Landesherrn von dem vormundschaftlichen Regenten
etwas an der Verfassung und den Domanialrechten geändert
werden. Und doch ist auch hier in praxi angenommen, daß der
Regierungsverweser die Person des Landesherrn vertrete. Wie
sollte auch gebieterischen Ereignissen gegenüber, wie sie die Jahre
1848 u. 1849 brachten, oder einfach dringenden Zeitbedürfnissen
gegenüber die Regierung eines Staats sich darauf berufen, daß
das eigentliche Staatsoberhaupt, der geborene Monarch, noch
nicht die Jahre der Mündigkeit erreicht habe? Es ist dieß so
wenig möglich und schicklich, als bei Verabschiedung eines Gesetzes, wie das fragliche v. J. 1849, erst die Stimmen der Agnaten sämmtlicher sächsischen Häuser einzuholen und bei der
Ablehnung eines einzigen auf das Gesetz zu verzichten, um
nicht — nach der Theorie des Herrn Zachariä — von vorne
herein ein nichtiges und unausführbares Werk zu schaffen.⁷)
Bei den Verhandlungen über die braunschweigischen Vorgänge von 1830 rechtfertigte der hannoversche Gesandte die von
der vormundschaftlichen Regierung vereinbarte, 1829 aber von
Herzog Karl für unverbindlich erklärte braunschweigische Landschaftsordnung damit: dieselbe sei von dem Vormunde (König
von England) in der Ueberzeugung gegeben worden, daß sie dem
Besten und den wahren Bedürfnissen des Landes entspreche, indem als Grundsatz die erhabene Regierungsmaxime des k. hannoverschen Hauses befolgt sei, nie das Wohl der Unterthanen
von dem des Herrn getrennt zu denken und das Glück des letztern
nur in dem des erstern zu suchen und zu finden.⁸) Nur

---

⁷) Ich brauche kaum zu erinnern an Art. 57 der Wiener Konferenzakte
v. 1820, wonach die gesammte Staatsgewalt in dem Oberhaupte des Staats
vereinigt bleiben muß.

⁸) Die Verhandlungen der Bundesversammlung von 1830 bis zu den
Wiener Ministerial-Konferenzen, Heidelberg 1846 S. 57. Der oben S. 195
Note 2 angeführte Bundesbeschluß war hauptsächlich gegründet auf die Wiener
Konferenzakte von 1820 Art. 56. „Die in anerkanter Wirksamkeit bestehen-
landständischen Verfassungen können nur auf verfassungsmäßigem Wege wieder
abgeändert werden."

Schade, daß derselbe Gesandte (Freiherr v. Stralenheim) dieselbe Regierungs-Maxime später in der hannover'schen Sache bekämpfte! Doch waren auch hier, dem Gewaltakte des Königs Ernst August gegenüber, der unter dem Vorwande verletzter agnatischer Regierungs- und Domanialrechte das in anerkannter Wirksamkeit befindliche Staatsgrundgesetz **aufhob** (1837), die befragten drei Fakultäten darin einig, daß die Verbindlichkeit eines Gesetzes oder einer Verfassung für den Nachfolger nicht davon abhänge, ob etwa der eine oder andere Agnat seine Zustimmung gegeben oder verweigert habe, sondern davon, ob die neue Festsetzung im Einverständniß zwischen der Landesregierung und der verfassungsmäßigen Landesvertretung zu Stande gekommen.*)

§. 46.

*) Gesetz über das Domänenvermögen vom 3. Juni 1854.

Nach fünfjähriger Wirksamkeit des Gesetzes vom Jahr 1849 erklärte der Herzog, gestützt auf die drei **Proteste**, in einem Rescript vom 13. März 1854 an die nach einem neuen Wahlgesetz berufenen Stände, daß er sich außer Stand befinde, der im Art. 1 des Gesetzes von 1849 ausgesprochenen Erklärung, beziehungsweise Anerkennung des Domänenvermögens als **Staatsguts** rechtliche Gültigkeit beizulegen, überhaupt den Bestimmungen dieses Gesetzes, soweit sie mit der Eigenthumserklärung zusammenhängen, weitere Folge zu geben. Es wurde deßhalb den Ständen der Entwurf eines neuen Gesetzes vorgelegt, woraus dieselben die Ueberzeugung gewinnen sollten, daß die Regierung kein anderes Abkommen bezwecke, als ein solches, welches der wahren **Wohlfahrt des Landes** gleiche Berücksichtigung (?) angedeihen lasse, wie den Rechten des Hauses.[1] Art. 1. des Entwurfs lautete:

---

*) s. die Gutachten in der hannover'schen Sache, herausgegeben von Dahlmann S. 53. 103. 171.

[1] Rescr. v. 13. März 1854 in den Landtagsverhandlungen von 1854 Beil. 1. Eröffnungsrede vom 22. deß. Mts.

Das gesammte *) Domänenvermögen an Gebäuden, Gütern, Waldungen, liegenden Gründen, Zehnten, Erbzinsen, Gülten und anderen aus der Grundherrlichkeit fließenden Renten und Gerechtsamen, sowie an Aktivkapitalien ist Eigenthum des herzoglichen Hauses.

Dieses Eigenthum behält die Eigenschaft eines Familienfideikommisses des herzoglich sachsen-gothaischen Gesammthauses unverändert bei.

Wäre es rein bei diesem proponirten Art. 1 geblieben, so könnte nicht zweifelhaft sein, daß damit das ganze bis 1849 der landesherrlichen Verwaltung unterstellte Domanialvermögen als Eigenthum des herzoglichen Spezialhauses und als Familienfideikommiß des gothaischen Gesammthauses erklärt werden wollte. Von einer Ausscheidung konnte alsdann nur die Rede sein: 1) in Bezug auf das im Gesetz vom 23. Mai 1849 erwähnte Chatoulle- und Allodial-Vermögen, sowie „alles nicht zu den eigentlichen Domänen gehörige Vermögen, welches der Verwaltung nach mit diesem bis 1849 verbunden gewesen, oder dessen Erträgnisse bis dahin zur Domänenkasse geflossen sind." ³) Alles dieses sollte Eigenthum des herzoglichen Spezialhauses und zwar, so lange der Mannsstamm desselben besteht, gleichfalls in der Eigenschaft eines Familienfideikommisses (des Spezialhauses?) sein. (Art. 2.) Ueber die Bestandtheile dieses und andererseits des Art. 1 erwähnten Domänenvermögens sollte den Ständen nach Art. 3 des Entwurfs spezielle Vorlage gemacht werden. 2) In Bezug auf das nach Ausscheidung der Domänen zurückbleibende Staatsvermögen, bestehend in den schon vor 1849 zur Landeskasse geflossenen Einkünften aus Steuern, Regalien, Hoheitsrechten und in dem sonstigen ärarischen und vormals ständischen Eigenthum.

Indessen kam nunmehr die Eigenschaft der Domänen selbst zur Sprache d. h. es fragte sich: ob abgesehen von dem Gesetz

---

*) Das Wort „gesammte" wurde im Lauf der Verhandlungen entfernt.
³) Es ist unklar, was mit den Worten: alles u. s. w. gesagt sein wollte. Welches Recht hatte das herzogliche Haus, dieses Eigenthum der Domänenverwaltung zu entziehen? Später fielen jene Worte hinweg.

von 1849 dieselben als **Privatgut** oder **öffentliches Gut** zu betrachten seien. Die Mehrheit des kombinirten Gesetzgebungs- und Finanzausschusses, wiewohl von der Ansicht des mehrfach citirten Tübinger Gutachtens in der hannoverschen Verfassungsfrage ausgehend, daß das Domänenvermögen nicht allein, noch vorzugsweise privatrechtlichen, sondern **gemischten** Ursprungs sei, daß dasselbe in inniger Verbindung mit dem Regierungsrechte stehe und eine **öffentliche** Eigenschaft an sich trage, wollte doch in Erwägung, daß auch für die Eigenthumsrechte des Regentenhauses vielerlei Gründe sprechen und es gewagt wäre, wie schon in den Landtagsverhandlungen vom Jahr 1831 von den landesherrlichen Kommissären und der Ständeversammlung anerkannt worden, eine allgemeine Entscheidung abzugeben, sich auf den Antrag beschränken, den Art. 1 des Gesetzes von 1831 wiederherzustellen, so daß an dem alten vor dem Jahr 1829 geltenden Recht hinsichtlich der Eigenthumsfrage nichts geändert würde. — Ein **Minderheitsgutachten** von 3 Mitgliedern nahm kein Bedenken, im Allgemeinen die Domänen als Stamm- und Fideikommißgut des Mannsstamms des herzoglichen Regentenhauses anzuerkennen, nicht aber das gesammte Domänenvermögen, wenn hierunter alle diejenigen Bestandtheile begriffen sein sollen, deren Ertrag bis zum Jahr 1849 zur Domänenkasse verrechnet worden; eine solche Anerkennung en bloc anzurathen, ohne vorher alle einzelnen Bestandtheile des Vermögens **geprüft** und das wirkliche Staatsgut davon ausgeschieden zu haben, glaubte auch die Minderheit des Ausschusses nicht verantworten zu können. Diese Prüfung — meinte sie — sei erst möglich, wenn das im Art. 3 der Proposition erwähnte spezielle Verzeichniß den Ständen vorgelegt sein werde, sie sei überhaupt, weil bei jedem einzelnen Bestandtheil dessen Erwerb möglichst nachgewiesen werden sollte, in der Kürze nicht möglich. Deßhalb beantragte das Minderheitsgutachten gleichfalls, den proponirten Art. 1 abzulehnen; zugleich aber eine andere Fassung zu wählen, dahin gehend, daß (nicht das gesammte Domänenvermögen sondern) das Domänenvermögen, soweit einzelne Bestandtheile desselben bei der Prüfung des zugesicherten speziellen Verzeichnisses nicht als **Staatsgut** ausgeschieden würden, als **Stamm- und Fideikommißgut** anerkannt werde. Der Landtag beschloß hierauf mit 21 Stimmen gegen 2, den Art. 1 des Regierungsentwurfs abzulehnen, und mit 13 gegen 10, den Art. 1 des Gesetzes von 1831 an die Stelle zu setzen. Dieß geschah am 10. Mai 1854.

Tags darauf erschien ein Reskript, worin die Stände bedroht wurden, falls sie bei der Verwerfung des fideikommissarischen Eigenthums beharrten, die Verhandlungen mit ihnen abzubrechen. Der Ausschuß glaubte aber auch jetzt (17. Mai.) nicht neue Vorschläge machen zu können, da die Eigenthumsrechte des Landesherrn an den Domänen schon durch das Gesetz von 1831 hinlänglich sichergestellt seien und zu der Beibehaltung der gemeinschaftlichen Finanzen, insbesondere der Vereinbarung einer Domanialrente und der gemeinschaftlichen Feststellung der Etats (wogegen die Mehrheit zu einer Annäherung an den proponirten Art. 1 im Sinne der Minderheit bereit gewesen wäre) doch keine Hoffnung vorhanden sei. Nun tauchte in den vertraulichen Unterhandlungen ein Amendement zu Art. 1 des Entwurfs auf, welches sofort die Regierung in einem neuen Entwurfe sich aneignete (26. Mai). Nach diesem neuen Entwurfe sollte in der 1. Linie des Art. 1 (s. oben S. 324) das Wort „gesammte" (Domänenvermögen) gestrichen werden und zugleich der Art. 1 folgenden Zusatz erhalten:

„Ueber die Bestandtheile dieses Vermögens soll den Ständen binnen einem Jahre ein spezielles Verzeichniß mitgetheilt werden.

Ergibt sich bei der Prüfung dieses Verzeichnisses, daß einzelne Theile des in demselben aufgenommenen, bisher als Domänengut behandelten Complexes nicht zum Domänenvermögen gehören, vielmehr Eigenthum des Landes sind, so sollen diese Theile aus dem fraglichen Vermögen ausgeschieden und dem Lande abgetreten werden.

Entstehen hierüber Zweifel und findet über einen deßfallsigen Anspruch des Landes eine Einigung nicht Statt, so schlägt der Herzog drei oberste Gerichtshöfe deutscher Staaten vor, aus welchen der Landtag einen wählt, der dann schiedsrichterlich entscheidet.

Zur Anrufung der schiedsrichterlichen Entscheidung

wird eine ausschließende Frist von sechs Jahren, vom Tage der Mittheilung der Verzeichnisse an die Stände an gerechnet, festgesetzt.

Das Schiedsgericht ist bezüglich des anzuwendenden Verfahrens an die Bestimmungen der Prozeßgesetzgebung nicht gebunden, es läßt vielmehr durch Denkschriften oder auf andere ihm geeignet erscheinende Weise die Streitfrage erörtern, es ordnet von Amtswegen bezüglich der Ermittlung und Aufklärung von Thatsachen das Erforderliche an und entscheidet nach freier, aus gewissenhafter Prüfung gewonnener, rechtlicher Ueberzeugung."

Uns berühren hier zunächst nur die drei ersten Sätze, welche zwar die Worte des Abs. 1 (abgesehen von der dadurch nothwendig gewordenen Auslassung des Worts „gesammte") unberührt lassen, aber die Entscheidung über den Umfang des herzoglichen Hausguts resp. des Landeseigenthums von einer künftigen Vereinbarung zwischen Regierung und Ständen und, wenn diese nicht zu erreichen, von einem schiedsgerichtlichen Urtheile abhängig machen.

So vielen guten Willen auch die Landes-Abgeordneten in Beilegung der Differenzen an den Tag gelegt hatten, und so stark die Regierung in der Versammlung vertreten war, so gab doch der Landtag seine Opposition erst auf,[4]) nachdem ihm neben anderen schriftlichen Zusicherungen (wovon nachher) durch Rescript vom 3. Juni 1854 eröffnet worden war:

daß aus dem allgemeinen Anerkenntniß des Eigenthums des herzoglichen Hauses am Domänenvermögen in Art. 1 Abs. 1 des Gesetzes ein Präjudiz für die Beurtheilung des einzelnen, zur schiedsrichterlichen Entscheidung gelangenden Falles nicht entnommen werden solle.[5])

Auch darüber wünschten die Stände eine formelle Zusiche-

---

[4]) Vgl. Ausschußbericht vom 31. Mai 1854, worin auf Ablehnung des reproponirten Entwurfs angetragen wurde, und die Protokolle v. 1. und 3. Juni, insbesondere das letztere im Eingang. Schließlich wurde der Gesetzes-entwurf in der Sitzung v. 3. Juni 1854 mit 20 gegen 1 Stimme (Luther) angenommen.

[5]) Verhandlungen 1854. Beil. nr. 45.

rung zu erhalten, daß durch die Anerkennung des Eigenthums der herzoglichen Familie die auf den Domänen ruhenden **Lasten und Verpflichtungen** nicht aufgehoben seien. (Prot. S. 131.) Die Regierung gab darauf die Erklärung ab, daß der Art. 1 Abs. 1 selbstverständlich auf die vermöge eines **Rechtstitels** auf den Domänen ruhenden Lasten keinen Einfluß habe. Ein Rechtstitel ist nun freilich auch die notorische Bestimmung des Kammerguts zu den Hof- und Regierungsausgaben und die Anerkennung der auf dem Kammergut ruhenden **Regimentslast** durch die früheren Fürsten. Allein auch in dieser Beziehung wich die Regierung einer offenen Regelung aus. Im ersten Entwurf hatte dieselbe beabsichtigt, die Regierungskosten ganz der Landeskasse zur Bestreitung zu überlassen (es ist dort überhaupt von der Bestimmung der Domänen nicht die Rede); doch sollte der Landeskasse außer den schon 1820 zur Bestreitung von Regierungskosten (genauer zur **verhältnißmäßigen** Uebernahme von Kosten der Staatsverwaltung) abgetretenen direkten und indirekten Steuern,*) Regalien und nutzbaren Hoheitsrechten, aber blos für die Dauer der Regierung des herzoglichen **Spezialhauses**, eine fixe jährliche **Beihülfe**, deren Betrag offen gelassen war, von der Domänenkasse geleistet werden.⁷) Der ständische Ausschuß hatte ganz richtig gegen diesen Vorschlag, welcher auch damals mit 10 Stimmen gegen 2 im Ausschusse und mit 21 Stimmen gegen 2 im Plenum abgelehnt wurde, geltend gemacht, daß derselbe mit den bisher dem Dominium obliegenden Verpflichtungen nicht in Einklang zu bringen sei. Wenn nämlich, abgesehen von dem Eigenthumsrecht an den Domänen, soviel als ausgemacht feststehe und auch

---

*) Die Steuern waren aber von jeher Beihülfen für die Kammer, flossen auch meist nicht in diese, sondern in die Landeskasse. Folglich konnte damit nicht der auf der Kammer haftende Regierungs-Aufwand kompensirt werden.

⁷) Die Beihülfe sollte nach dem Entwurfe theils darin bestehen, daß das Domänenvermögen und ebenso das Chatoullen- und Alledial-Vermögen derselben Besteuerung, wie das übrige Privatvermögen unterworfen würde, theils in einem weiteren Beitrage. Hiernach wäre auch die Steuer nur für die Dauer des Spezialhauses angeboten — vermuthlich weil alsdann eine neue Vereinbarung nothwendig würde. Könnte aber die Bestimmung nicht auch dahin ausgelegt werden, daß alsdann die Beihülfe überhaupt cessiren soll?

durch das Geſetz von 1831 anerkannt ſei, daß der Ertrag der Domänen zunächſt zum Unterhalte des Hofs und der auf dem Domanium haftenden Regierungslaſten zu verwenden und das alsdann Verbleibende ganz zu Landeszwecken beſtimmt ſei, ſo werde nunmehr durch den Entwurf beabſichtigt, nur eine beſtimmte, vielleicht auf Jahrhunderte ſich gleichbleibende, vereinbarte Summe als Zuſchuß an die Landeskaſſe abzugeben, während bei den Erträgniſſen der status quo ein wandelbarer bleibe. Der Ausſchuß beantragte beßhalb, eine Domanialrente ſtatt der bisherigen Civilliſte (einſchließlich der Apanage des Erbprinzen) für die Regierungszeit des Herzogs zu vereinbaren, wobei dann die Verwendung des Ueberſchuſſes der Domanialeinkünfte für die Staatszwecke ſich von ſelbſt ergeben hätte — ein Antrag, dem die Verſammlung mit kleiner Majorität (13 gegen 10) beitrat.

Statt dieſem Antrag zu entſprechen, wurde folgender Art. 7 in den reproponirten Entwurf und ſofort auch in das Geſetz aufgenommen:

Das Domänenvermögen iſt zunächſt beſtimmt, davon die Koſten der Hofhaltung und der Unterhaltung der herzoglichen Familie zu beſtreiten und die übrigen darauf ruhenden Obliegenheiten zu erfüllen. Einen Theil der Ueberſchüſſe der Domäneneinnahme überläßt*) der Herzog zur Verwendung für die Zwecke der Landesverwaltung.

Dieſer Art. ſchließt ſich an den Art. 1 des Geſetzes von 1831 an, ändert jedoch denſelben dahin ab, daß nur ein Theil des Ueberſchuſſes der Domäneneinnahme für Zwecke der Landesverwaltung vorbehalten werden ſoll, und auch dieß iſt ſo gefaßt, wie wenn nicht eine Rechtspflicht, ſondern eine Liberalität des Herzogs dadurch erfüllt würde. — Von den auf dem Domanium zunächſt ruhenden Laſten ſind nur die Koſten des Hofs und der Familie genannt. Welches die „übrigen darauf ruhenden Obliegenheiten" ſind, iſt nicht geſagt. Nur erfährt man aus Art. 13, daß am Tage des Geſetzes beſondere herzogliche Zuſicherungsurkunden 1) über die von der Domänenverwaltung für Landes-

---

*) So nach dem Entwurfe und der Verabſchiedung. In dem Verordnungsblatt iſt ſtatt „überläßt" geſetzt: „giebt."

zwecke abzugebenden Quantitäten an Holz, Roggen und Fourage,*) 2) über die zu Landeszwecken abzulassenden Domänengebäude, ¹⁰) 3) über die Beiträge der Domänen zu den einzelnen Zweigen der Landesverwaltung, 4) über die für die Dauer der Regierung des Herzogs und des Erbprinzen (jetzigen Herzogs) aus den Domäneneinkünften für den Bedarf des herzoglichen Hauses und Hofes vorweg zu entnehmende Summe und den zur Verwendung für die Zwecke der Landesverwaltung zu überlassenden Theil der Ueberschüsse — an die Stände ergangen seien.

Alle diese Zusicherungen, welche den Ständen schon vor der Abstimmung über den Entwurf ertheilt und von denselben in ihrer Schlußerklärung acceptirt, aber mit dem Gesetz nicht publicirt wurden, sind weit entfernt, das Land für die aufgegebene Position zu entschädigen. Namentlich erscheint in dem den Ständen mitgetheilten Verzeichnisse sämmtlicher Exigenzen der Domänen- und Landesverwaltung das Konkurrenz-Verhältniß

---

*) Zu dem Rescript selbst dd. 3. Juni 1854 (Beil. Bd. 1854 S. 84) lautet die Einräumung viel beschränkter. Hiernach wird die Domänenverwaltung diejenigen Quantitäten an Brennholz, Roggen und Fourage, welche bisher zur Bestreitung der Deputate an Staatsdiener abgegeben worden sind, für jeweilig im Voraus zu bestimmende Normalpreise der Landesverwaltung aus den Domänenvorräthen zur Verfügung stellen, so lange diese Vorräthe nach Deckung des eigenen Bedarfs an den betreffenden Orten ausreichen. Andere als jene Deputate werden nur noch auf die Zeit des Lebensgerechts der dermaligen Empfänger unter den bisherigen Bedingungen aus dem Domänenvermögen abgegeben.

*) Auch hier gibt das Note 9 angeführte Rescript viel weniger, als das Gesetz nach seiner weiten Fassung und der bisherigen Stellung der Kammer zum Staate erwarten ließ. Nach demselben werden die bisher der Landesverwaltung zu Landeszwecken überlassenen Domänengebäude (richtiger öffentlichen Gebäude) derselben gegen die Verpflichtung zur baulichen Unterhaltung (welche sonst die Kammer besorgte) und zur Entrichtung der vor 1848 gezahlten Miethentschädigung auch ferner überlassen, es sei denn, daß der Fall nöthiger eigener Benützung oder zweckmäßiger Veräußerung einträte. Nur ausnahmsweise begibt sich die Domänenverwaltung des Widerrufs bei einer Anzahl von Kirchen und Schulgebäuden, Amtsgebäuden und Gefängnissen der Kreisgerichte und Landgerichte. Man sieht, die Regierung ist wieder zu dem Standpunkte v. J. 1816 zurückgekehrt, den sie doch schon 1848 wieder aufzugeben für gut fand.

beider Kassen zu den öffentlichen Ausgaben so sehr zum Nachtheil der Landeskasse herabgedrückt, daß wenn dieses Verzeichniß die Grundlage bilden würde (eine Zustimmung zu dessen Inhalt ist nicht erfolgt), die Kosten der Landesverwaltung, welche sonst prinzipaliter dem Kammervermögen oblagen, jetzt größtentheils der Landeskasse zur Last fallen würden.[11]) Zwar soll das für die gemeinschaftlichen Exigenzen eintretende KonkurrenzVerhältniß nach der von der Regierung gegebenen Zusicherung (Beil. Bd. S. 61 nr. 3) „von Zeit zu Zeit" einer Rectifikation unterstellt und dabei bezüglich der Finanzexigenz der Betrag der Revenüen der Domänen und Landeskasse als Anhaltspunkt benutzt werden; darin liegt aber für beide Theile keine Sicherheit, sondern nur eine Quelle neuer Zerwürfnisse. Auch daß das „Domänenvermögen"[12]) jetzt der Grundsteuer unterworfen wurde (Art. 8), konnte das Land für die öffentliche Bestimmung desselben nicht entschädigen: denn die Grundsteuer traf die Kammergüter nur aus dem Grunde früher nicht, weil diese landesherrliche öffentliche Güter waren und einzig bei Unzulänglichkeit der Kammereinkünfte zu Bestreitung des öffentlichen Aufwands die Steuer eintrat. Nach einem Reskript vom 3. Juni 1854 soll übrigens statt der Grundsteuer ein jährliches Aversum von 20,000 fl. während der Regierung des Herzogs an die Landeskasse entrichtet werden.[13])

Die Zurücknahme des Gesetzes von 1849 kostete die Stände weniger Ueberwindung, als das Zurückweichen hinter das Gesetz von 1831 und die Hinnahme mancher herausfordernder Aeußerungen des Regierungskommissärs, welcher u. A. behauptete:

---

[11]) Eine Ausnahme machen die Kosten der Ordensverleihungen, woran die Domänenkasse ½ leiden soll, ferner 13,855 fl. Besoldungen für Geistliche und Schullehrer (vermuthlich auf Dotationen aus Kirchengütern beruhend). Die Ausgaben für die Finanzverwaltung im Allgemeinen werden halbirt, die Kosten der Domänen und Forstverwaltung natürlich von der Domänenkasse allein bestritten.

[12]) Das ganze Vermögen oder doch nur das ImmobiliarVermögen?

[13]) Beil. Bd. 1854 S. 66. Auch dieß ist als Zugeständniß behandelt. Es ist aber weder eine Schätzung vorausgegangen noch haben die Stände zugestimmt. Im Gesetz steht wieder nichts von dieser Aenderung.

wenn der Landesherr nichts von den Landeseinkünften zu verlangen genöthigt sei, so müsse ihm die Verwendung der Domäneneinkünfte ganz überlassen bleiben; der Hof- und Kammer-Etat sei von ihm allein festzustellen; von ihm allein müsse es abhängen, in welcher Art von Verwendungen er seine Befriedigung suchen wolle.[14]) Während auf diese Weise die Selbständigkeit der Kammerverwaltung als ein altes landesherrliches Recht in Anspruch genommen wurde, dachte man nicht daran, wieder die frühere ständische Verwaltung der Landeskasse und den alten Grundsatz der Subsidiarität der Besteuerung herzustellen. Jene wurde auch jetzt nicht prätendirt, aber als Ersatz dafür die Kontrolle des Haushalts und die Einhaltung der gemeinschaftlich festzusetzenden Etats, weil sonst auch das Bedürfniß an Steuern nicht mit Sicherheit zu ermessen ist. Endlich wurde denn doch, aber auch nur auf die Dauer der Regierung des Herzogs und des Erbprinzen, und nicht in Form eines Gesetzes, erklärt daß 1) für den Bedarf des herzoglichen Hauses und Hofes aus den Domäneneinkünften die Summe von 225,000 fl. vorweg entnommen und 2) von den nach Abzug dieser Summe, sowie der auf dem Domänenvermögen haftenden Lasten und Administrationskosten verbleibenden Ueberschüssen die eine Hälfte gleichfalls zur Bestreitung des Bedarfs des herzoglichen Hauses und Hofes verwendet, die zweite Hälfte aber zur Verwendung für die Zwecke der Landesverwaltung überlassen werde.[15])

Damit war wenigstens für die Ansprüche des herzoglichen Hauses und Hofes eine Grenze gezogen; aber freilich nur für die Dauer von vier Augen (des Herzogs und des Erbprinzen), und auch bei dem genannten Betrage hat es sein Bewenden nicht: denn wenn die Domänen mehr ertragen, so solle nicht etwa die Steuerlast oder die Schuldenlast des Landes um denselben Betrag vermindert, sondern nun solle getheilt d. h. die eine Hälfte des Ueberschusses wieder dem herzoglichen Hause und Hofe über den Bedarf gereicht werden, die zweite Hälfte aber der Landeskasse zufließen.

---

[14]) Landtags-Verh. 1854 S. 105.
[15]) Beil. Bd. 1854. S. 83.

Neben dieser ungleichen und dürftigen Behandlung der Staatsinteressen in dem Gesetze fällt es auf, daß gleichwohl auf die Garantien, welche die staatliche Verwaltung der Domänen und die ständische Garantie für deren Erhaltung darbietet, nicht verzichtet ist: Die Domänenverwaltung erfolgt durch **Staatsbehörden unter der Oberleitung des Staatsministeriums**. (Art. 9.) Zur rechtlichen Gültigkeit einer Domänenveräußerung wird „unbeschadet des agnatischen Konsenses" in der Regel ständische Zustimmung gefordert; ebenso zur Aufnahme von Domanialschulden (hier wird des agnatischen Konsenses nicht gedacht). Für die Einhaltung der Domänen-Etats werden die mit der Domänenverwaltung beauftragten Staatsdiener auch gegen die Stände verantwortlich gemacht; das landschaftliche Direktorium darf zu jeder Zeit Kenntnißnahme von dem Domänenhaushalt verlangen; allein der Domänen-Etat selbst wird nur mit **Beirath der Stände** festgestellt.¹⁶)

Sollte kein Zweig des gothaischen Gesammthauses mehr die Regierung führen, sei es wegen Erlöschung des Mannsstamms oder aus anderem Grunde, so fällt nach dem Gesetze die staatliche Verwaltung sowie die ständische Zustimmung bei Veräußerungen und Schuldenbelastungen und zugleich das Recht auf einen Antheil an dem Ueberschuße der nicht mehr kontrollirten Domänenverwaltung hinweg.

Daß der Friede aus allen diesen Bestimmungen nicht hervorgegangen, zeigt der Streit, welcher zwischen Regierung und Landschaft gegenwärtig vor dem k. Oberappellationsgericht zu Dresden, als Schiedsgericht, obschwebt und bereits mehrere Schriften hervorgerufen hat.¹⁷)

---

¹⁶) Eine Ausnahme wurde gemacht bei dem Etat 1856/59. Landtagsprot. v. 1854. S. 132. Beil. S. 91.

¹⁷) Außer den mehrerwähnten Schriften von Luther und Zachariä eine Abhandlung von Staatsanwalt Heinze in Dresden: die Domänenfrage im Herzogthum Sachsen-Meiningen, in der Zeitschrift für Staatswissenschaft 1863 Heft 2 S. 212 f. Vgl. desselben Verfassers Anzeige der Literatur des meininger Domänenstreits in Pözl's kritischer Vierteljahrschrift für Gesetzgebung und Rechtswissenschaft Bd. IV. (1862) S. 544. Während der Verf. im gemeinen Recht großentheils die Anschauungen Zachariä's theilt, weicht

§. 47.

f) Verschiedene Auslegungen des Gesetzes von 1854.

Das Gesetz vom 3. Juni 1854 ist auf eine staatsrechtlich so eigenthümliche Veranlassung, unter dem Zusammenwirken so verschiedenartiger Einflüsse und Beweggründe und mit so bedeutenden, großentheils aus dem Gesetze selbst nicht sichtbaren, selbst aus den gedruckten Verhandlungen kaum erklärlichen Einschränkungen zu Stande gekommen, daß es nicht wundern darf, wenn über die Auslegung und Anwendung desselben entgegengesetzte Ansichten entstanden sind. In einem Rescripte vom 9. Juni 1859 wurde die Voraussetzung ausgesprochen, daß eine **unbedingte Anerkennung des Domänenvermögens als Eigenthums des herzoglichen Hauses** bereits erfolgt, die Eigenthumsfrage also **definitiv** entschieden sei und nur einzelne Theile, bei welchen eine Erwerbsart nach privatrechtlichen Normen angeführt werden könne, als Landesgut auszuscheiden resp. abzutreten seien. Ständischer Seits wurde hiegegen eingewendet, daß von einer Beschränkung der schiedsgerichtlichen Beurtheilung auf **privatrechtliche** Normen im Gesetze nichts stehe, daß solche Normen bei einer staatsrechtlichen Frage überhaupt nicht entscheiden können, und daß ebensowenig ein Präjudiz für das Eigenthum des herzogl. Hauses von dem Gesetze nach seiner Entstehungsgeschichte beabsichtigt sei.

Es ist zunächst Art. 1 Satz 1 und 2 des Gesetzes (f. oben S. 324) welcher hier in Betracht kommt. Nimmt man diese Sätze wörtlich und allgemein, wie sie gefaßt sind, abgesehen von

---

er in Bezug auf die Gesetzgebung Meiningens von demselben ab. Die als Manuscript gedruckte Kritik der Lutherschen Schrift von Staatsrath D. Oberländer, Meiningen 1858, ist mir nicht zu Gesicht gekommen. (Nach Heinze wäre dieselbe nur eine neue Auflage der 1854 von dem Verfasser als Landtagskommissär gelieferten Rechtsvertheidigung.) Bemerken muß ich noch, daß von der S. 1. oben angef. Schrift des Geheimen Regierungsraths a. D. K. Luther nur der 1. Band erschienen und auch dieser, wegen eines alsbald erfolgten Regierungsverbots, nur in einer kleinen Anzahl von Exemplaren verbreitet ist.

der nachherigen Einschränkung durch Satz 3 ff. (s. oben S. 326), so könnte auch jetzt noch, nachdem das Wort „gesammt" aus dem Eingange des ersten Satzes entfernt ist, die Annahme entstehen, als ob damit das ganze Domanialvermögen als Eigenthum des herzoglichen Spezialhauses und als Familienfideikommiß des Gesammthauses erklärt, als ob damit wenigstens eine Regel, eine Vermuthung für jenes Eigenthum hätte ausgesprochen werden wollen, und es bliebe alsdann nur noch die Frage, welcher juristische Sinn mit den Worten: „Eigenthum des herzoglichen Hauses," „Familienfideikommiß des Gesammthauses" zu verbinden sei. Der Landtag war aber, wie wir gesehen, mit dem Satze 1, pure wie er vorlag, nicht einverstanden, sondern es wurde nach mehrfachen geheimen Verhandlungen, die in das Protokoll nicht niedergelegt sind, das Amendement zu Art. 1 beschlossen, welches zwar die Worte des Regierungsentwurfs, mit Ausnahme des Wortes „gesammte" (Domänenvermögen), stehen ließ, aber die Entscheidung über den Umfang, über den Inbegriff des herzoglichen Hausguts und andererseits des Landeseigenthums erst noch ausgesetzt läßt und von einer künftigen Designation und ständischen Prüfung und im Streitfalle von schiedsrichterlicher Entscheidung abhängig macht. Eine Vorschrift, in welcher Weise die Stände die Prüfung vorzunehmen haben, ob blos durch eine eigene Kommission oder unter Zuziehung von Rechtsgelehrten und Sachverständigen, ward im Gesetze nicht ertheilt. Wohl aber ist die Folge der Prüfung vorgesehen Art. 1 Satz 4:

„Ergibt sich bei der Prüfung dieses Verzeichnisses, daß einzelne Theile des in demselben aufgenommenen, bisher als Domänengut behandelten Komplexes nicht Eigenthum des herzoglichen Hauses, sondern Eigenthum des Landes sind, so sollen diese Theile aus dem fraglichen Vermögen ausgeschieden und dem Lande abgetreten werden."

Klar ist nun freilich nicht, was mit den Worten „Eigenthum des Landes" gesagt sein soll: ob Eigenthum des Staats oder des landschaftlichen corpus (wie bei der früheren Landeskasse). Die Regierung adoptirte die erstere, richtigere Auslegung.[1]

---

[1] In diesem Sinne ist das Wort „Landeseigenthum" früher auch zuweilen von den Domänen überhaupt gebraucht worden (s. v. Römer, Staatsrecht des Kurfürstenthums Sachsen Th. II. S. 280—92.

nahm aber in die 1855 übergebene Designation des „Staatsguts" oder „Eigenthums des Landes" nur wenige Gegenstände auf, meist Gebäude, deren Unterhaltung für die Domänenverwaltung, wenn sie je unter dieser standen, lästig war, wie das Landschaftshaus, das Gymnasium, die Frohnfeste und eine alte Kaserne nebst Militärspital in M einingen, das Regierungsgebäude, das Amtscriminalunzgebäude, das Seminar und die Frohnfeste in Hildburghausen, ein Wohnhaus in Kirchmannsdorf, das Chausseegeldhaus in Salfeld, nicht zu vergessen 126½ Ruthen alte Straßenfläche und ⅔ des Obstertrags von der Landwehr im Amtsbezirk Römhild.²) Um so reicher fiel dagegen das Verzeichniß des „Domänenvermögens des Herzogthums Sachsen-Meiningen" aus. Dasselbe umfaßte, unter den einzelnen Amtsbezirken angeführt, alles bisherige nutzbare Vermögen des Staats an Domänen, Waldungen, Gewerben, Gefällen u. s. w. Am Schlusse folgt noch ein kurzes Verzeichniß des im Herzogthum belegenen Chatoulle- und Allodial-Vermögens, worin unterschieden ist zwischen heimgefallenen Lehen und eigentlichen Chatoulle-Gütern. Die ersteren (8 Objekte, worunter Schloß Altenstein, Liebenstein) bilden die Mehrzahl und gehören gar nicht hieher, sondern nach dem Gesetz von 1831 Art. 1 zum Domänenvermögen, womit sie auch bisher verwaltet wurden.

Daß diese Designationen die Landschaft nicht befriedigen konnten, ist klar. So wenig dieselbe auf die Richtigkeit der zugesagten Verzeichnisse voraus sich verlassen durfte, so wenig konnte ihr verdacht werden, wenn sie jetzt mit skrupulöser Gründlichkeit, ja mit einem gewissen Mißtrauen an die Prüfung ging. War aber nicht mit dem Satz 1 in Verbindung mit Satz 4 ein gefährliches, weit tragendes Prinzip bereits zugegeben und ist nicht zu besorgen, daß, wenn im einzelnen Falle die Frage über das Eigenthum zweifelhaft ist, dann ohne Weiteres gegen das „Land" erkannt werden würde?³)

---

¹) Bei den andern Amtsbezirken steht überall „vacat".

²) Nach der Ansicht Zachariä's (S. 101) läge in dem Art. 1 ein allgemeines, unbedingtes und unbeschränktes Anerkenntniß des Eigenthums

Allerdings wird das Eigenthum des herzoglichen Hauses am Domänenvermögen, scheinbar ohne Einschränkung, anerkannt; es wird sodann eine Ausnahme gemacht bei einzelnen Theilen, welche sich als Eigenthum des „Landes" ergeben würden: diese sollten aus dem fraglichen Vermögen ausscheiden und dem Lande abgetreten werden.⁴) Die Regel scheint somit für das Hauseigenthum zu sein, so lange, als nicht für einzelne Theile das Landeseigenthum nachgewiesen ist; das Verfahren aber unter dem Gesichtspunkt des Vindikationsprozesses aufgefaßt werden zu müssen.

Dennoch würde dieß der Lage der Sache und dem Gange der Verhandlungen (S. 45) nicht entsprechen. Nicht das herzogliche Haus war im Besitze, sondern der Staat. Aus dem Staatsvermögen mußte also das Domanium zunächst wieder ausgeschieden werden,⁵) und es war natürlich, daß der Staat nicht auch dasjenige herausgab, was ihm gehörte, insbesondere aber nicht dasjenige, was weder zu den eigentlichen Domänen noch zu dem Chatoulle- oder Allodialvermögen gehörte, gleichwohl aber nach Art. 2 des Entwurfs (nicht auch des Gesetzes) Eigenthum des Spezialhauses werden sollte. Daher wurde das Beiwort „gesammt" weggelassen und der Vorbehalt eines Separations- (nicht Vindikations-) Verfahrens beigefügt. Aber auch jetzt noch beruhigten sich die Stände nicht und eben um ihre Bedenken aus der weiten Fassung des Art. 1 zu beschwichtigen, erklärte zuletzt der Herzog unter Gegenzeichnung des Ministeriums, daß aus dem allgemeinen Anerkenntniß des Eigenthums

---

des herzoglichen Hauses an dem historisch gebildeten Komplex des Domänenvermögens, mit Ausnahme allein der Kammerintraden publizistischer Natur, welche schon das Grundgesetz von 1829 ausgeschieden hatte (Steuern, Regalien, Hoheitsgefälle). Eine andere Ausnahme, bezüglich der eigentlichen Domänen und Domanialgefälle, sei in dem Art. 1 nicht enthalten, also auch, ohne die Grundlage des Gesetzes und damit den Frieden zu stören, nicht in das Gesetz hineinzutragen.

⁴) Die Art. 2 des Gesetzes erwähnten Einkünfte aus Steuern, Regalien und dergl. bilden keine Ausnahme: diese gehörten schon vor 1849 nicht zur Domänenkasse.

⁵) Es wäre hiernach viel richtiger gewesen, wenn die Worte „ausscheiden" und „abtreten" von dem Hausgut gebraucht worden wären.

des herzoglichen Hauses am Domänenvermögen (Art. 1 Abs. 1.) ein Präjudiz für die Beurtheilung des einzelnen, zur schiedsrichterlichen Entscheidung gelangenden Falles nicht entnommen werden soll."

Diese Zusicherung mit Zachariä so zu deuten, daß das „allgemeine Anerkenntniß" dennoch statt des Beweises dienen und den Ständen nur der Gegenbeweis im Einzelnen vorbehalten werden sollte, wie derselbe jeder Rechtsvermuthung gegenüber (im Gegensatz zur Fiction oder praesumtio juris et de jure) von selbst vorbehalten ist, heißt dem Gerechtigkeitsgefühle und der Offenheit des Staatsoberhaupts, welches die Zusicherung ertheilte, wie dem gesunden Sinne des Landtags, der sich dadurch beruhigen ließ, nahe treten. Zwar wurde in dem Rescripte der Regierung vom 9. Juni 1854 die kaum erwähnte Zusicherung mit den Worten eingeleitet: es versteht sich ganz von selbst, daß u. s. w. (der Antrag der Kammer im Prot. von 1854 S. 131 enthielt diesen Beisatz nicht); es ist ferner wahr: wenn die Zusicherung der Regierung weiter keinen Sinn hatte, als zu bestätigen, daß die Landschaft berechtigt sein solle, einzelne Stücke des Domänenguts, worauf die Domänenverwaltung kein Recht habe, zu vindiciren, so war damit keine Konzession gemacht: denn schon vor dem Gesetze von 1849 hatte der Staat dieses Recht.⁶) Allein gerade darum ist auch nicht anzunehmen, daß die Zusicherung sich blos auf dieses Selbstverständliche beschränkte.

Wohl wäre es am Platze gewesen, wenn in Mitte des Landtags der Sinn der Worte: es versteht sich ganz von selbst u. s. w. erläutert, wenn überhaupt der Zweck der verlangten und ertheilten Zusicherung nicht unerörtert geblieben wäre. Sollte dieß aber nicht in den vertraulichen Unterhandlungen, welche der Sitzung vom 9. Juni 1854 vorhergingen und diese Zusicherung bereits im Auge hatten,⁷) geschehen sein und darf man daraus, daß dieß in der

---

⁶) Zachariä selbst S. 104 gibt dieß zu.
⁷) (Einige Aufklärungen über die Unterhandlungen, welche mit einzelnen einflußreichen Abgeordneten theils im Geschäftslokal des Staatsministeriums theils im Kommissionszimmer geführt wurden, s. in dem Landtagsprot. 1860/61

Schlußsitzung vom 3. Juni, wo nur noch die verlangte Zusicherung verlesen und dann abgestimmt wurde, unterblieb, sofort schließen, daß die Zusicherung gar keinen Zweck und Bedeutung hatte, oder daß, wie Zachariä bemerkt, gar keine Einschränkung der Hauptsaultion des Art. 1 darin enthalten sei? Dem widerspricht schon der Zusammenhang, worin das Rescript vom 3. Juni mit dem für die Regierung bedenklichen Ausschußberichte vom 31. Mai 1850 stand. Der ständische Ausschuß hatte wohl erkannt, daß der Art. 1 auch in der veränderten Fassung (d. h. mit dem Zusatze) noch nicht der prinzipiellen Auffassung der Stände entspreche, indem derselbe im Wesentlichen doch noch den Antrag in sich schließe, daß der Landtag das Domänenvermögen in seinem Hauptbestand als **Eigenthum des herzoglichen Hauses**, resp. Familienfideikommiß des gothaischen Gesammthauses, schon jetzt anerkennen solle, ehe noch eine spezielle Untersuchung über die Erwerbung und rechtliche Natur desselben von Seiten des Landtags wegen Mangels der nöthigen Unterlagen stattfinden konnte. Der Ausschuß beantragte deßhalb die Ablehnung der Reproposition, weil er bei aller Bereitwilligkeit zur Anerkennung dessen, was sich als rechtliche Folge der Prüfung herausstelle, doch dem Lande gegenüber es nicht würde verantworten können, vorläufig und so lange er nicht die vollständigste Ueberzeugung von dem Grunde der proponirten Forderung erlangt hätte, hierin weiter zu gehen, als das Gesetz von 1831. Nun wurde, nachdem in der Sitzung vom 1. Juni die Annahme des Ausschußantrags gesichert schien (außer dem Landtagskommissär hatte nur ein Abgeordneter gegen den Antrag gesprochen), wieder zu geheimen Unterhandlungen gegriffen und hier die bemerkte Zusicherung in Antrag gebracht, welche, wie schon bemerkt, die Annahme des Gesetzes in pleno mit allen Stimmen gegen eine, aber unter ausdrücklicher Bezugnahme auf die von

---

S. 55 ff., wonach die Fassung des Gesetzes von dem Ministerium und von rechtsgelehrten Mitgliedern der Kammer selbst in Folge der neuen Zusicherungen als für die Rechte des Landes ungesetzlich, das Gesetz selbst als ein Provisorium dargestellt worden wäre. Eine Besprechung in der Ständeversammlung selbst oder eine Sitzung des Ausschusses über die neuen Vorschläge fand nach diesen Aussagen nicht statt.

der Staatsregierung ertheilten Zusicherungen, zur Folge hatte. So wenig auch die Dunkelheit der Verhandlungen gestattet, genau zu fixiren, wer die „friedliche Lösung" in Antrag gebracht und wie die einzelnen Zusicherungen,*) welche nun auf einmal das Gesetz für die Versammlung, auch für die Ausschußmitglieder, annehmbar machten, im Schooß der vertraulichen Konferenzen gedeutet worden, so ist doch soviel gewiß, daß auch obige Zusicherung mit die ausdrückliche Bedingung der Annahme des Gesetzes war und es hätte ihr dieser Werth nicht beigelegt werden können, wenn sie nicht das Hauptbedenken des Ausschusses, die Präsumtion für das Hauseigenthum beseitigt hätte.

Ich füge nur noch bei, daß das Rescript vom 3. Juni 1854 die **Beweislast** gar nicht berührt, wohl aber einem andern Wunsche der Kammer mit dem Versprechen entgegen kam: es soll das nach Art. 1 Abs. 9 des Gesetzes den Ständen mitzutheilende Verzeichniß über die Bestandtheile des Domänenvermögens mit **Unterlagen** d. h. mit **Beweisen** über den Ursprung derselben versehen werden. Auch bemerkte noch die herzogliche Regierung bei Vertagung der Stände (3. Juni): „daß nach Aufstellung des speziellen Verzeichnisses über die Bestandtheile des Domänenvermögens die getreuen Stände Gelegen-

---

*) Es ist schon bemerkt worden, daß auch die andern Zusicherungen, welche der Abgeordnete Ansbach nach der vertraulichen Konferenz vom 2. Juni 1854 Namens der Versammlung beantragte, in ihrer Ausfertigung nicht genau mit dem Antrag übereinstimmten, obgleich Staatsrath v. Harbou die Berücksichtigung der vorgetragenen Wünsche von Seiten des Gouvernements unbedingt in Aussicht stellte. Wie leicht konnte es geschehen, daß die Differenzen des darauf verlesenen Rescripts-Entwurfs einem und dem andern Mitgliede bei dem Vorlesen entgingen (man weiß wie oft abgelesen wird!) das sonst darauf aufmerksam gemacht hätte! Warum wurde nicht in diesem wichtigen Falle, wie sonst üblich, der niedergesetzte Ausschuß erst mit der Berichterstattung über die veränderte Sachlage beauftragt? Daß der Antragsteller von Wünschen der Versammlung sprach, thut nichts zur Sache; denn die Wünsche waren in diesem Falle Bedingungen, und bei der Abstimmung über Art. 1 fragte der Präsident: Wird der Art. 1 des Gesetzentwurfs in der proponirten Weise, nach Maßgabe und mit Berücksichtigung der heut von Seiten der Staatsregierung abgegebenen Erklärung und ertheilten Zusicherung, daß die vorgetragenen Wünsche berücksichtigt wer-

heit erhalten werden, einen Beschluß über etwa geltend zu machende
Ansprüche zu fassen, sobald zunächst der Referent und Korre-
ferent eine Prüfung dieses Verzeichnisses vorgenommen und der
sodann einzuberufende Ausschuß seinen Bericht hierüber an die
Ständeversammlung erstattet haben wird."*) Bis dahin blieb
also jede Entscheidung über den Umfang des Haus- und Landeseigenthums ausgesetzt. In der That war auch die Domänenverwaltung weit mehr in der Lage, Beweise über die Natur des
Besitzes, die Art des Erwerbs u. s. w. aus den Domanial-
und Archival-Akten zu führen, als die Landschaft.

Die Bemerkung Zachariäs (S. 102), daß unendlich
häufig in Gesetzen und Verträgen etwas ausdrücklich ausgesprochen werde, was sich zweifellos von selbst verstehen würde,
will ich dahin gestellt sein lassen; jedenfalls widerstreitet es
den Grundsätzen der Exegese, von der Ansicht auszugehen, daß
ein Gesetz oder eine Vertragsbestimmung nichtssagend sei. Im
Zweifel ist vielmehr anzunehmen, daß eine Gesetzes- oder eine
Vertrags-Bestimmung Bedeutung habe, zumal wenn davon
die Annahme des Ganzen abhängig gemacht wurde. Ihre Bedeutung ist aber nicht blos zu suchen in den Worten des einen,
sondern auch des andern mitwirkenden Theils, zumal wenn von
diesem der Antrag ausgegangen.

Hätte übrigens die Regierung ihrer Zusicherung schon ursprünglich keine Bedeutung ertheilt oder eine solche, wovon die
Stände nicht ausgegangen sind, nach ihrem Standpunkt nicht
ausgehen konnten, was würde die Folge des mangelnden
consensus sein? Doch nicht blos die, daß die Zusicherung ihren
Charakter verlöre; nein es wäre dann überhaupt keine Vereinbarung zwischen den Faktoren der Gesetzgebung, also kein Gesetz
zu Stande gekommen.

Nur die Einwendung läßt sich noch machen: verliert das
Gesetz nicht auch seine Bedeutung im umgekehrten Falle, wenn
nämlich dem Art. 1 Satz 4 eine Auslegung beigelegt wird,

---

den sollen, angenommen? Hierauf antwortete die Versammlung mit 23 gegen
1 mit ja.

*) Beil. Bd. S. 91.

wonach die Eigenthumsfrage effektiv noch nicht gelöst ist, ihre Lösung vielmehr erwartet wird von einer künftigen Vereinbarung resp. schiedsrichterlichen Entscheidung? Ich muß dieß in Abrede stellen. Der Zweck des Gesetzes von 1854 war im Grunde schon erreicht mit Aufhebung des Gesetzes von 1849, gegen welches die Proteste erhoben worden waren. Damit war die Ertheilung der Staatsguteigenschaft für das gesammte Domänenvermögen ebenso wieder beseitigt, wie durch das Gesetz von 1831 seiner Zeit die Prädicirung als Hauseigenthum sich aufgelöst hatte. Das Gesetz von 1854 ging aber noch weiter, indem es zwar die Entscheidung im Einzelnen offen ließ, aber dadurch vorbereitete, daß es ein Ausscheidungsverfahren und für den Fall von Streitigkeiten ein Schiedsgericht anordnete, dessen Entscheidung nach Art. 1 Satz 7 eine arbiträre auch in soferne sein sollte, als dasselbe an keine Beweisregeln gebunden ist, sondern nach freier, aus gewissenhafter Prüfung hervorgegangener, rechtlicher Ueberzeugung seine Entscheidung abzugeben hat.

Ein anderer Zweifel hat sich geknüpft an die Worte des Satzes 4 Art. 1: „einzelne Theile." Nach Zachariä soll hiedurch der Rechtsanspruch des Landes insofern eine weitere Einschränkung erleiden, als der Landschaft nur gestattet wäre, ein zelne individuelle Stücke des Domaniums als Staatsgut in Anspruch zu nehmen, nicht aber auch ganze Gattungen z. B. sämmtliche Waldungen, weil in dem Gesetz die Waldungen als besondere Kategorie des Hauseigenthums ausgehoben seien. Ich finde nicht, daß die Landschaft alle Waldungen ohne Unterschied als Landeseigenthum in Anspruch genommen hätte (Luther in seiner Denkschrift §. 54 unterscheidet zwischen Waldungen, welche Pertinenzien geschlossener Landgüter bilden und selbständige Forsten) wohl aber, daß in die Designation des Staatsguts gar keine Waldungen aufgenommen sind. Eine Präsumtion für das Eigenthum des herzoglichen Hauses ist aber gewiß aus der beispielsweisen Aufführung von Waldungen nicht zu schöpfen. Ebenso ist nicht ausgeschlossen, daß auf ganze Erwerbgattungen, wie z. B. die säkularisirten Kirchengüter ein gemeinsamer Anspruch erhoben werden könne: denn im Gegensatz zu dem ganzen

Domänenvermögen oder zu dem „bisher als Domänengut behandelten Komplex" (Art. 1 Satz 4) bilden jene Gattungen immer nur einzelne Theile. Allerdings ist jener Anspruch nicht blos im Allgemeinen zu erheben, sondern auch darzuthun, welche Objekte unter der Gattung begriffen sind. Warum sollte es aber unmöglich gemacht sein, einen gemeinsamen Rechtsgrund für eine ganze Kategorie von Objekten gellend zu machen?

Auch bezüglich einzelner Güter-Komplexe, z. B. der Domänen eines einzelnen Amtes oder eines, früher abgesonderten Landes kann ein gemeinsamer Rechtstitel und ein gemeinsamer Anspruch gellend gemacht werden. Ich erwähne hier besonders der hildburghausischen Domänen, welche durch ein, auch von den Agnaten nicht angefochtenes Gesetz (1820) als Staatseigenthum erklärt wurden [10]. Daß das Land Hildburghausen dadurch besondere Rechte erworben, hat Zachariä S. 90 und 91 selbst zugegeben, wie er auch eingeräumt hat, daß diese Rechte Berücksichtigung verdient hätten. Dennoch soll nach ihm hierauf keine Rücksicht genommen werden, denn dieß wäre — meint er — nur eine partielle Erneuerung des von den Ständen früher begonnenen Streits, welche sich nach der allgemeinen (?) und definitiven (?) Schlichtung dieses Streits durch den Vergleich von 1854 als rechtlich unzulässig darstellen.

---

*) Gegen Zachariä sind hier K. Luther, rechtl. Natur der Domänen §. 160 und Heinze in der staatswissensch. Zeitschrift 1863, S 281 f. 297 einverstanden. Willkürlich ist dagegen die Behauptung des letztern: es sei in der Intention des Gesetzgebers gelegen, daß die einzelnen Theile nicht die große Masse der Domänen überwuchern. Von einzelnen Theilen ist im Gesetz blos die Rede im Gegensatz zum Ganzen, zum Domänenvermögen in seiner Gesammtheit. Die Behauptung des Landtagskommissärs in der Sitzung vom 1. Juni 1851, als ob sämmtliche Abgeordnete darüber einverstanden seien, daß das Domänenvermögen größtentheils Eigenthum des herzoglichen Hauses sei, blieb nicht unwidersprochen und wurde von Herrn D. Oberländer selbst nachher dahin korrigirt, daß in einer früheren Sitzung ein Abgeordneter der Majorität die Aeußerung gethan und diese unwidersprochen geblieben sei. (Prot. S. 125.) Ist denn jede Aeußerung deßhalb wahr oder von der Versammlung zugestanden, weil ihr nicht speziell entgegnet wird? Natürlich gründete sich auch jene isolirte Aeußerung, wenn sie vorgekommen, nur auf eine willkürliche Schätzung; denn das Material zur Beurtheilung fehlt noch ganz.

(S. 98—99, 104.) Daß das neue Gesetz alle Landestheile umfasse, ist keinem Zweifel unterworfen. Aber allgemein
und definitiv entschieden ist durch das Gesetz über das Eigenthum einzelner Domänen, auch der Domänen einzelner Landestheile nicht. Der Vorbehalt künftiger Vereinbarung, resp. rich-
terlicher Entscheidung über den Umfang des Hauseigenthums,
resp. Staatseigenthums, schließt die Domänen in Hilburghau-
sen nicht aus. Auch hier ist also — sei es bei allen oder einzelnen — die Eigenthumsfrage noch zu erörtern und schwer möchte
es Herrn Zachariä werden, einen Rechtstitel nachzuweisen, wodurch die hildburghausischen Staatsdomänen wieder Privatdomänen geworden wären. Der §. 38 des Grundgesetzes von
1829, welcher allein hiefür angeführt werden könnte, ist durch
das Gesetz von 1831 wieder beseitigt, der Art. 14 des neuen
Gesetzes aber, welcher alle entgegenstehenden Gesetze und
Verordnungen aufhebt, steht einem wohlerworbenen Rechte des
Landes, welches auf die besondere Beschaffenheit der hildburghausischen Domänen gegründet ist, nicht im Wege. Es ist überhaupt unwahrscheinlich, daß mit dieser allgemeinen Klausel andere, als die früheren allgemeinen Gesetze von 1829, 1831,
1846 und 1849 getroffen werden wollten; im Zweifel aber
bleibt es bei der bekannten Regel, daß durch Einführung einer
neuen lex generalis die alte lex specialis nicht von selbst vernichtet wird.

Wäre es wahr, was Zachariä S. 65 und 76 sagt, daß
das Gesetz von 1854 keine verbrieften oder sonst anerkannten Rechte des Landes ausschließe, dann hätte die Landschaft nicht blos Aussicht, die hildburghausischen Domänen, sondern auch alle übrigen Domänen für das „Herzogthum"
zu retten (die Designation selbst spricht von den verzeichneten
Domänen als Domänen des Herzogthums), und zwar aus
dem Einen Rechtsgrund, weil das Domanium oder Kammergut
in corpore Pertinenz der Landeshoheit oder Staatsgewalt ist.
Dennoch scheint es mir, daß ein solcher allgemeiner Anspruch,
gerichtet auf das Domänenvermögen in seiner Gesammtheit und
gestützt auf die geschichtliche Natur der Domänen und Kammergüter und deren althergömmliche Verbindung mit dem Lande,

auf Grund des neuen Gesetzes so wenig erhoben werden kann, als andererseits das von der Regierung zuerst behauptete privatrechtliche Eigenthum der herzoglichen Familie am gesammten Domänenvermögen gegen die Sätze 4 und 5 des Art. 1 zu statuiren ist. Die Ueberzeugung, welcher sich auch die Organe der Regierung nicht ganz verschließen konnten, daß das Domänenvermögen gemischter Zusammensetzung sei, hat vielmehr zu dem Kompromisse geführt, den Beweis für die öffentlich-rechtliche, wie für die privatrechtliche Natur im Einzelnen offen zu lassen und damit wird sich auch die Landesvertretung trotz der juristischen Einheit des Kammerguts oder Domänenvermögens in abstracto — zufrieden geben müssen, wenn überhaupt das Gesetz zur Ausführung gebracht werden soll.

Dagegen wird die entscheidende Behörde nicht umhin können, bei der Prüfung des Eigenthums in streitigen Fällen (und es zeigt sich, daß die Zahl dieser Fälle sehr groß ist) zurückzugehen auf die individuelle Natur der einzelnen Erwerbungen. Sollte es also zu einer Ausscheidung der Domänen nach ihrer speziellen Beschaffenheit, mit Einem Worte zu einer Auflösung des gegenwärtigen Domänenbestands kommen, so würden einerseits die privatrechtlichen, andererseits aber auch die staatsrechtlichen und völkerrechtlichen Erwerbungen, wie wir sie früher bezeichnet haben (S. 6 f.), zu berücksichtigen sein. Wenn Zachariä (S. 105) hiergegen bemerkt: es dürfe nicht dem Begriffe des Landes der des Staats substituirt werden (dieß ist bereits von Seite der Regierung selbst geschehen) und es dürfen die Stände nicht staatsrechtliche Titel in Anspruch nehmen, da diese zur Zeit der Erwerbung (weil noch kein Staat bestanden) rechtlich noch gar nicht hätten existiren können, so greift er damit zurück auf prinzipielle Ansichten, welche wir bereits an verschiedenen Orten (s. besonders §. 1, 2, 5, 6 f.) widerlegt haben. Seine Behauptung endlich, daß lediglich privatrechtliche Gründe und Erwerbarten zu Gunsten des Landes in Betracht kommen können, würde geradezu die Stellung der Parteien umkehren, d. h. es müßte hiernach der Beweis eines Privateigenthums, welches doch nur von dem herzoglichen

Hause behauptet wird, von der Landschaft für ihre Zwecke übernommen werden¹¹), was ungefähr ebenso widersinnig wäre, wie wenn der Gesetzgeber für das angeordnete judicium divisorium als Norm hätte aussprechen wollen, daß blos zu Gunsten des Einen Theils erkannt werden dürfe, oder daß zu Gunsten des herzoglichen Hauses auch da zu erkennen sei, wo dasselbe das Eigenthum rechtlich nicht erworben habe.

Nach dem Bisherigen kann ich nur der Interpretation des von den Ständen niedergesetzten Domänenausschusses¹²) beitreten, daß das allgemeine Anerkenntniß der Domäneneigenschaft im Art. 1 Satz 1 des Gesetzes für keinen einzigen der bezeichneten Bestandtheile präjudizirlich sein könne, daß es das Prüfungsgeschäft vielmehr mit sich bringe, daß jedes einzelne Object der Designation einer genauen Erwägung unterzogen werde. Auch bin ich mit dem Ausschuß der Ansicht, daß es sich gar nicht vermeiden lasse, auf allgemeine Grundsätze als Grundlage der Spezialprüfung zurückzukommen, daß es ferner ein Irrthum wäre, wollte man nach den Umwandlungen, welche die Regierungsvorlage bis zur Beschlußfassung am 3. Juni 1854 erfahren hat, und nach den Zusagen, welche ihr vorangegangen sind, annehmen, als ob mit der Anerkennung des reproponirten Art. 1 auch die in den Motiven der Staatsregierung (d. h. in den Vorträgen des Landtags-Commissärs Oberländer) für Geltendmachung der Privatrechtsansprüche dargelegten Ansichten und Vordersätze als richtig und bindend zugestanden worden wären.

Auf die Prüfung des Domänenverzeichnisses selbst kann ich hier nicht eingehen. Ich bemerke nur noch, daß mit der fictiven Zutheilung der Rolle des Klägers an den Landtag, der auf schiedsrichterliche Entscheidung des obschwebenden Rechtsstreits angetragen hat, über die Beweislast noch keineswegs entschieden ist. Wie schon die Natur einer Theilungsklage mit sich bringt, daß nach beiden Seiten hin Beweis auferlegt

---

¹¹) Umgekehrt ist es Sache des herzoglichen Hauses, sein Privateigenthum zu beweisen.

¹²) s. Bericht des Domänenausschusses, die Prüfung der Domänen-Designation betr. in den Landtagsverhandlg. 1860/61. Beil. 13, S. 131.

und jedem das Gebührende zu- und aberkannt werden kann, so wird diese Auffassung in dem vorliegenden Fall noch bestätigt durch die freiere Stellung des Schiedsgerichts nach Art. 1, Satz 7 des Gesetzes, welche ihm gestattet, auch ohne besondere Aufforderung der Parteien bei Ermittlung und Aufklärung von Thatsachen das Erforderliche anzuordnen und dem materiellen Rechte zum Siege zu verhelfen.

§. 48.

g) *Nichtigkeit und Unausführbarkeit des Gesetzes.*

So sehr ich mich bemüht habe, dem Gesetz von 1854 eine richtige, den Absichten der Regierung und der Stände entsprechende Auslegung zu geben, so muß ich doch schließlich meine Ueberzeugung dahin aussprechen, daß jenes Gesetz in sich selbst hinfällig und nichtig ist, daß es auch gar nicht aufrecht erhalten und ausgeführt werden kann, ohne mit seinen Zwecken und mit den offenen und geheimen Bedingungen der Verabschiedung in Widerspruch zu kommen; gar nicht zu reden von den Gefahren und Nachtheilen, welche die Erschütterung der finanziellen Grundlage des Staats für dessen fernere Entwicklung und für das Vertrauen des Landes zu seiner Regierung im Gefolge haben müßte.

Ich sehe ab von formellen Gründen, wie z. B. daß über die letzten entscheidenden Zusicherungen der Regierung bei den Verhandlungen v. J. 1854 weder ein ständischer Bericht erstattet, noch eine Berathung in der Versammlung gepflogen, sondern alsbald nach Verlesung des Rescripts zur Abstimmung geschritten wurde [1]; ferner daß die wichtigen Zusicherun-

---

[1] Nach dem Grundgesetz von 1829 §. 94 ist über die landesherrlichen Propositionen und Anträge zuerst die Diskussion zu eröffnen; auch haben die landesherrlichen Kommissäre, wenn sie die nöthigen Erläuterungen gegeben, den Ständen zu fernerer Berathung ohne ihr Beisein Zeit zu lassen. §. 95 bestimmt, daß der Schluß der Diskussion, wenn nicht ein Mitglied widerspricht, von dem Landmarschall abhängt, daß sodann der Landmarschall die entscheidenden Fragen stellt, worauf aber in der Regel erst am folgenden

gen im Rescripte vom 3. Juni 1854, welche einen ergänzenden Bestandtheil der Vereinbarung bilden, nicht in das Gesetz aufgenommen, noch als Bestandtheile desselben publicirt wurden.

Es sind hauptsächlich materielle Gründe, welche mich bestimmen die Unverbindlichkeit des Gesetzes anzunehmen:

1) das Gesetz beruht in seinen Hauptbestimmungen (Art. 1) auf einer irrthümlichen Voraussetzung, indem es in thesi von einem Eigenthum des herzoglichen Hauses ausgeht und auch in hypothesi nur entweder ein Eigenthum des Hauses oder des Landes gelten läßt. Das Domänenvermögen ist aber seiner geschichtlichen Natur nach weder Haus- noch unmittelbares Landeseigenthum, sondern Eigenthum des Landesherrn. Eigenthum des Hauses kann es nicht sein, weil das herzogliche Haus keine juristische Person darstellt und weil auch der weitere Sinn, welchen man mit dem Worte Familiengut oder Familienfideikommiß verbindet, auf das Kammergut oder das jetzige Domänenvermögen als landesherrliches öffentliches Gut keine Anwendung leidet. Aber auch Eigenthum des Landes im Gegensatz zur Regierung, d. h. der sog. Landschaft, kann das Domänenvermögen nicht sein; denn in die alte Landeskasse flossen nur die von den Ständen verwilligten Steuern. Inzwischen wird mit dem Worte „Land" noch ein zweiter Begriff verbunden, der des Staats, welcher Regierung und Stände einschließt. In diesem Sinne hätten alle Landeseinkünfte, auch die aus den Domänen der neuen Landeskasse oder Staatskasse zufließen müssen, woraus nach dem Grundgesetze v. 1829 (§. 37) die Staatsbedürfnisse zu bestreiten waren. Allein das Grundgesetz blieb dabei stehen, nur die Einkünfte aus Regalien und Hoheitsrechten der Landeskasse zu überweisen, während sie die Einkünfte der Domänenkasse zu den Bedürfnissen des fürstlichen Hauses reservirte.

Tage in Abwesenheit der Kommissäre abgestimmt wird. Zur Entschuldigung des Präsidenten bemerke ich, daß derselbe in der Sitzung vom 3. Juni die Berathung über die eben vernommenen neuen Mittheilungen der Regierung eröffnete und erst, als Niemand das Wort ergriff, die Fragen zur Abstimmung stellte, worauf die Ständeversammlung laut Protokolls beschloß, über den proponirten Gesetzentwurf nebst Anlagen sofort abzustimmen.

Die ständische Erklärungsschrift zu dem Entwurfe des Grundgesetzes von 1829 Art. 38 hat den Gegensatz bezüglich der Domänen richtiger dahin gefaßt: entweder Eigenthum des Souveräns oder Eigenthum des Landes d. h. Staats. Warum wurde dieser Gegensatz nicht aufgenommen? Er würde jedenfalls mehr zur Klarheit verholfen und eine Auseinandersetzung erleichtert haben. Einen andern Unterschied hat die Regierung im Jahr 1855 bei der Designation des Landeseigenthums und andererseits der Domänen gemacht: jenes wurde Staatsgut genannt, aber freilich im Wesentlichen darunter, wie es scheint, nur begriffen vormals ständisches Eigenthum oder solche Gebäude, für deren Unterhaltung früher die Stände Sorge trugen. Die Domänen wurden als Vermögen des Herzogthums benannt; sind denn aber „Domänen des Herzogthums" nicht identisch mit Landesdomänen oder bona principatus *), die dem Domänenverzeichniß noch weiter angehängten Chatoulle- und Allodialgüter mit bona principis oder Privatgütern des fürstlichen Spezialhauses, nach Art. 11 des Gesetzes?

Mit der bemerkten falschen Vorstellung des Gesetzes von einem Familienelgenthum an den Domänen hängt noch weiter zusammen die gleichfalls irrthümliche Bedeutung, welche den drei

---

*) Damit stimmt überein die 1746 zu Weimar gedruckte deductio juris et facti in Sachen „der Frauen Karolinen Christianen, vermählten Landgräfin zu Hessen-Philippsthal, geb. Herzogin zu Sachsen F. D. modo deren Fürstl. Erben, Entgegen des regierenden Herzog Ernst Augusti zu S.-Weimar und Eisenach H. F. D.", worinnen gezeigt wird, daß das ohnweit Jena gelegene Amt und Kammergut Burgau von saeculis her ein inseparables Pertinenzstück des weimarischen Fürstenthums gewesen." §. 3 dieser Regierungsschrift wird gesagt: unter denen in Besitz genommenen Landen mit Zubehör waren sowohl die Kammern, als überhaupt solche Güter, welche in Dominio publico und deren fructus zum fisco Principis destinirt waren, tanquam partes integrantes territorii hauptsächlich begriffen, weilen der Landesherr hiervon mit seinen und die vorfallenden Ausgaben bestreiten sollte." f. das Minoritäts-Votum in den sachsen-weimarischen Landtagsverhandlungen 1854, 2. Abth. S. 17. Auch von der Majorität wurde bei diesen Verhandlungen zugegeben, daß nicht blos die fraglichen streitigen Kammergüter sondern überhaupt das Kammergut integrirender Theil des Fürstenthums war, und nur die Staatsguteigenschaft bestritten. Prot. S. 29.

agnatischen Protesten, als den Motoren des Gesetzes, beigelegt wurde, sodann die Bestimmung über die Verwendung der Domäneneinkünfte, wovon jetzt nur noch ein Theil der Ueberschüsse dem Staate zu gut kommen soll.

2) Das Gesetz widerspricht sich selbst, indem der Hauptsatz des Art. 1, Satz 1, welcher das Domänenvermögen als Eigenthum des herzoglichen Hauses erklärt, der Wirkung nach aufgehoben ist durch die beigefügten Sätze 3 ff., deren Zweck, in Verbindung mit den landesherrlichen Zusicherungen, kein anderer war, als jene Regel wieder aufzuheben und den Beweis für Hauseigenthum wie für Landeseigenthum offen zu halten. — Das Gesetz widerspricht sich ferner, indem es das Domänengut als Eigenthum des herzoglichen Hauses und zugleich wieder als Familienfideikommiß des sachsen-gothaischen Gesammthauses erklärt. Wäre es erlaubt, übereinstimmend mit den Vorträgen des Landtagskommissärs (dem Gesetzentwurf selbst waren keine Motive beigefügt) aus den sog. fideikommissarischen Bestimmungen der Vorfahren auf ein Eigenthum der Familie zu schließen, oder hausgesetzliches Erbrecht gleichbedeutend mit wirklichem Eigenthum zu nehmen: dann hatte Prinz Albert in seinem Proteste recht, wenn er das Domänenvermögen als fideikommissarisches Eigenthum für das herzogliche Gesammthaus, im Gegensatz zum herzoglichen Spezialhaus in Anspruch nahm; dann kann aber nicht von einem Eigenthum des Spezialhauses, und nebenbei von einem Fideikommiß des Gesammthauses die Rede sein. Auch die Proteste des Erbprinzen von Meiningen und des Herzogs von Altenburg reklamirten das Domänengut nur als generelles Haus- und Familienfideikommiß derjenigen Fürstenhäuser, welche das herzogliche Gesammthaus S.-Gotha bilden, nicht zugleich auch als Eigenthum des regierenden Hauses. Ebenso der früher (S. 292.) besprochene gothaische Vergleich von 1855. — Daß auch jenes angebliche Universalfideikommiß des gothaischen Gesammthauses auf einer Verwechslung mit den Erbverbrüderungen der sämmtlichen sächsischen Häuser beruht, ward bereits §. 30 dargethan.

3) Das Gesetz ist zwar, wie es im Zweifel die Natur des Gesetzes mit sich bringt, als eine definitive Satzung hin-

gestellt; dasselbe soll sogar nach dem Schluß des Gesetzes einen integrirenden Theil des meiningischen Grundgesetzes bilden. Nichts desto weniger hat das Gesetz v. 1854 in den wichtigsten Beziehungen einen **bedingten**, beziehungsweise einen **prekären** Charakter:

a) Zunächst ist die Eigenthumsfrage im Einzelnen (Art. 1) abhängig von einer Vereinbarung zwischen Regierung und Ständen, eventuell wenn diese, wie sich bereits gezeigt hat, nicht zu Stande kommt, von einer schiedsrichterlichen Entscheidung über die Domänen-Designation. Damit sind aber auch die andern Bestimmungen des Gesetzes, indem sie die Ausscheidung des Familien- und Staatsguts **voraussetzen**, in die Schwebe gestellt und es darf daher vorläufig an dem Stande vor dem neuen Gesetze, also an dem Inhalte des Gesetzes von 1849 nichts einseitig geändert werden³).

b) Sodann sagt Art. 10 des Gesetzes: „die Bestimmungen in den Art. 3 und 4 über die Zustimmung der Stände bei Veräußerungen und Kontrahirung neuer Schulden, ingleichen die Art. 6, 7, Abs. 2 und Art. 9 gelten nicht länger, als ein Zweig des herzoglich sachsen-gothaischen Gesammthauses die Regierung des Herzogthums S.-Meiningen führt." Hiernach hängt nicht blos die ständische Garantie, sondern auch die Verwendung eines Theils der zweifelhaften Ueberschüsse, die öffentliche Verwaltung der Domänen von der Fortdauer des Mannsstammes im gothaischen Gesammthause ab⁴). Auch die im Rescript vom 28. Mai 1854 den Ständen ertheilten Zusicherungen in Betreff der für Landeszwecke gegen Normalpreise abzugebenden Quantitäten an Holz, Roggen und Fourage, sowie über die zur Benützung abzulassenden öffentlichen Gebäude, über das Beitragsverhältniß der Landes- und der Domänenkasse bei gewissen Ausgaben sind nur für die **Dauer der Regierung des**

---

³) Was wäre denn sonst normirend? Etwa das Gesetz v. 1831? Dieses ward ja, wenn schon von den Ständen in ihrer Mehrheit gewünscht, von der Regierung gleichfalls verworfen.

⁴) Nach dem Entwurfe des Art. 10 sollte die „Beihülfe" aus der Domänenkasse nur für die Dauer der Regierung des **Spezialhauses** bestimmt werden.

Gesammthauses erhellt. Hier scheint wieder das Schreckens-
gespenst der Mediatisirung vorgeschwebt zu haben. Wie aber bei
Erlöschung des Mannsstamms oder im Fall eines vereinten Verzichts der herzoglichen Häuser auf die Regierung? Auch in diesen Fällen würde nach dem Wortlaut des Gesetzes die jetzt schon
lockere Verbindung der Domänen mit dem Staate aufhören; im
letzteren Fall das „Gesammthaus" geradezu berechtigt sein, sämmtliche Domänen mit in das Privatleben zu nehmen. Ein Konsens der Stände wäre zu dieser Entfremdung der Domänen von
dem Lande nicht weiter erforderlich. Hiernach hängt es lediglich
von dem Belieben der Vertreter des herzoglichen Gesammthauses
ab, wie lange überhaupt die in dem Gesetze von 1854 einstweilen
noch beibehaltenen schützenden Garantien und Leistungen fortzu-
dauern haben.

c) Andere Bestimmungen, wie das Maß der für den Bedarf des herzoglichen Hauses und Hofes aus der Domänenkasse voraus zu entnehmenden Summe, sind nur für die Regierung Seiner Hoheit des Herzogs Bernhard und des Erbprinzen Georg, wieder andere, wie das Steuer-Surrogat von
20,000 fl. nur für die fernere Regierungsperiode des ersten
verbindlich erklärt. Käme eine neue Vereinbarung über dieses
Surrogat nicht zu Stande, so würden selbstverständlich die
allgemeinen Gesetze über Besteuerung und Steuer-Repartition
Anwendung finden; es müßte namentlich eine Einschätzung des
Domänenbesitzes vorgenommen werden, welcher hauptsächlich in
Waldungen besteht und einen Werth von 20/30 Mill. Gulden
haben soll. Wie aber, was die Bedarfssumme betrifft, wenn
nach dem Ableben beider hohen Personen keine Vereinbarung
getroffen wird, kann alsdann der neue Herzog die zu antici-
pirende Summe, gleichsam seine Civilliste, selbst bestimmen?
Die Frage ist nicht gleichgültig weil, je nachdem die Summe
gegriffen wird, der Anspruch des Staats auf einen Theil der
Ueberschüsse vereitelt wird. Man sollte annehmen dürfen, jene
Fixirung bilde wie die andern Zusicherungen einen Bestandtheil
der Verabschiedung v. 1854, weil nur im Hinblick auf sie die
ständische Zustimmung ertheilt worden. Aber über den gesetzten
Zeitpunkt hinaus ist ja keine Zusage ertheilt, als die, daß ein

Theil der Ueberschüsse der Domäneneinnahmen zur Verwendung für Landeszwecke gegeben werde. Wer hat diesen zu bestimmen? Entspricht es dem Character einer Vereinbarung, welche die Regierung mit dem Gesetze bezweckte (auch das Gesetz an sich beruht in dem Verfassungsstaat auf dem consensus der Factoren!), daß nur Ein Theil gebunden ist, der andere nicht, oder daß der Versprechende das Maß seiner wiederkehrenden Leistung selbst bestimmen darf? Wenn das Gesetz in einem so wichtigen Punkte, wobei allerdings die Zeitverhältnisse nach beiden Seiten hin zu berücksichtigen sind, für den Herzog und seine Nachfolger nur den Character einer vorübergehenden Uebereinkunft an sich trägt, bringt es dann nicht die Gerechtigkeit und die Natur der Sache mit sich, daß im Falle eine neue Vereinigung nicht zu Stande kommt, der andere Theil auch nicht mehr an das Gesetz gebunden ist?

4) Das Gesetz verletzt die Rechte des Landes, nicht blos weil die 1849 anerkannte Staatsguteigenschaft auf Grund einiger agnatischen Proteste wieder aufgehoben, sondern auch und hauptsächlich weil das Domänengut gegen seine hergebrachte Natur und Bestimmung von dem Staate theils jetzt schon, theils eventuell losgerissen werden soll. Unzweifelhaft können auf dem Wege der Gesetzgebung auch die Domänenverhältnisse geregelt werden; aber gesetzt selbst, daß die Vereinbarung v. J. 1849 bezüglich der Eigenthumsfrage zu weit gegangen wäre, so durften doch die Stände und es durfte die Regierung, die ja nicht blos die fürstlichen Familieninteressen sondern auch die Landesrechte zu vertreten hatte[*], niemals einwilligen, auch auf diejenigen Rechte zu verzichten, welche dem Staate schon vermöge des Gesetzes von 1831 erworben waren, oder gar eine Trennung des Domänenvermögens von dem Lande für den Fall der Erlöschung des Mannsstamms im Gesammthause oder für die Fälle freiwilliger oder gezwungener Mediatisirung voraus zuzugestehen.

---

[*] Eine der Eigenthümlichkeiten der Verhandlung v. 1854 bestand darin, daß das Staatsministerium mit sichtbarer Vorliebe die Privatinteressen der herzoglichen Familie vertrat und den Ständen überließ, die staatlichen Rechte und das Landeswohl zu vertreten.

Vielleicht würde sich auch noch eine Verletzung der Rechte
Dritter, namentlich der Agnaten konstatiren lassen. Wäre
nämlich die Ansicht des Ministeriums gegründet, daß ohne Consens der Agnaten (nach Zachariä aller Agnaten) nichts an
den bestehenden Domanialrechten geändert werden dürfe, so
müßte schon aus diesem Grunde das Gesetz von 1854 für ungültig erklärt werden; denn nur Einer der Agnaten, der Erbprinz von Meiningen, konsentirte, von den Agnaten der andern
herzoglichen Häuser keiner, noch weniger ein Agnat der großherzoglichen oder der königlich-sächsischen Familie, und doch hätten
diese Familien ganz besonderen Grund, sich über das Gesetz zu
beschweren, weil die Verbindung der Domänen mit der Landesregierung, also auch der Anspruch des Staatsoberhaupts auf
den Domänengenuß oder eine darauf gegründete Civilliste
(Domänenrente), welchen auch das Gesetz von 1849 anerkennt,
nur so lange dauern soll, als ein Zweig des gothaischen Gesammthauses in Meiningen regiert. —

5) Das Gesetz ist überhaupt unausführbar, zunächst
in der Hauptbestimmung des Art. 1 wegen der unjuristischen
Voraussetzung eines Familieneigenthums, welches als nicht exi-
stirend auch nicht zu ermitteln ist, sodann weil es an einem leitenden Prinzip und an bestimmten Merkmalen für die Ausscheidung des Haus- und des Staatseigenthums fehlt. Es
ist nicht gesagt, woran man das eine oder andere erkennen soll,
und woran im Streitfalle der Richter sich zu halten habe.
Man ist zwar bei Anlegung des Domänenverzeichnisses und bei
Prüfung desselben auf den Erwerbtitel der einzelnen Besitzungen
zurückgegangen und, wie die Domänenverwaltung, so hat auch
der ständische Domänenausschuß eine Menge spezieller urkund-
licher Belege, zum Theil aus sehr alter Zeit beigebracht. Allein
weder die Regierungsvorträge noch die Ausschußberichte v. J.
1854 sagten genau, von welchem Erwerbtitel das Eigenthum des
einen oder andern Theils abhängig sei; nur zur Characteristik
des Eigenthums im Ganzen wurde auf die Erwerbtitel hingewiesen. Das Entscheidende bleibt aber immerhin die Einverleibung in den einheitlichen Kammerkomplex, worauf die Kosten des
Landesregiments und die nicht von den Ständen übernommenen

Ausgaben für Landeszwecke ruhten. Warum auch wären besondere Chatoullegüter später gegründet worden, als um sie außerhalb der Verbindung mit der landesherrlichen Kammer und Regierung als Privatvermögen des Regenten und seiner Nachkommen blos für ihren Gebrauch zu besitzen?

Aus vorstehenden Gründen kann ich es nur gerechtfertigt finden, daß die meiningischen Stände am 22. März 1861 auf den Antrag des niedergesetzten Domänenausschusses beschlossen, gegen die Gültigkeit des Gesetzes v. 3. Juni 1854 Verwahrung einzulegen, zugleich aber eventuell die schiedsrichterliche Entscheidung über alle einzelnen, nicht zur Vereinbarung gelangenden Landesansprüche anzurufen.

Handelte es sich blos um eine, den Verhältnissen entsprechende, Aussonderung von Kron- oder Fürstengut, von Ausmittlung einer Domänenrente mit Rücksicht auf die nicht bestrittenen Ansprüche des herzoglichen Hofes und Hauses auf fürstlichen Unterhalt aus dem Domänenvermögen, und nicht um einen Eroberungszug auf das gesammte Domanium zum bleibenden Schaden des Landes, so wären die Grundlagen für eine friedliche Uebereinkunft wohl zu finden. In diesem Sinne ward auch ein Gesuch des Landtags v. J. 1861 an die herzogl. Staatsregierung dahin gestellt: auf Grund des Gesetzes v. 1849 und im Hinblick auf das Finanzgesetz v. 23. April 1831 eine das Land beruhigende Gesetzesvorlage an den Landtag gelangen zu lassen; dieses Gesuch wurde jedoch zurückgewiesen.

Was soll nun aber gelten, wenn auch von dem Gesetz von 1854 als ungültig und unausführbar abzusehen ist? Ich habe schon oben (zu Note 3) meine Ansicht dahin ausgesprochen, daß einstweilen bis zur definitiven Ausscheidung des Eigenthums an dem Rechtszustande vor 1854, also an dem Gesetze von 1849 einseitig nichts könne verändert werden. Dasselbe wird auch anzunehmen sein, wenn das Gesetz von 1854, wie ich dafür halte, ganz zu verlassen ist. Nur wird die Aufgabe der Gesetzgebung darauf gerichtet sein müssen, die Mängel des Gesetzes v. 1849 zu verbessern, namentlich die enorme Ausdehnung der Ansprüche der Allodialerben, welche in dem Protest des Prinzen Albert berührt ist, zu beseitigen.

Daß das königlich sächsische Oberappellationsgericht zu Dresden, welches aus der Zahl von 3 regierungsseitig vorgeschlagenen höchsten Gerichten ständischer Seits gewählt wurde, durch die Verwahrung der Stände gegen die Gültigkeit des Gesetzes von 1854 sich nicht abhalten ließ, einstweilen mit dem rechtlichen Verfahren vorzugehen, bis es dem Landtage gelungen sein würde, jenes Gesetz auf irgend welchem zuständigen Wege zu beseitigen, entsprach wohl der Ansicht, daß besagtes Gesetz an keinem formellen Mangel leide. Dadurch ist aber nicht ausgeschlossen, daß das angerufene Schiedsgericht, wenn es zur Prüfung der vorgebrachten Beweise übergeht und noch ehe es an die spezielle Prüfung kommt, einem näher motivirten Antrage des landschaftlichen Ausschusses Gehör schenkt und seine materielle Incompetenz zur Entscheidung auf der Grundlage des Gesetzes v. 1854 ausspricht.

IV.
Schlußbetrachtungen.

§. 49.

Rückblick auf den neuesten Stand der Gesetzgebung.

Der heutige Stand der Gesetzgebung in der Domänenfrage läßt sich kurz in Folgendem bezeichnen:

In dem weitaus größten Theile von Deutschland (mit 9,940 Geviertmeilen unter 11,438 und einer Bevölkerung von 40 Millionen unter 46) ist das gesammte Domänenvermögen als Staatsgut anerkannt und der Ertrag desselben mit den andern Staatseinnahmen (Steuern u. s. f.) verschmolzen, dergestalt, daß außer der gewöhnlichen Hofausstattung in Residenz- und Hofgebäuden, Parks und Gärten und neben dem zugehörigen Inventar beweglicher Gegenstände (Kronschatz, Kronmobilien) eine bestimmte Summe an Geld oder Naturalien (sog. Civilliste) dem Staatsoberhaupte zur Bestreitung des persönlichen und Hofaufwands, zuweilen auch des Aufwands für die Familie im weitern Sinn (der Apanagen, Nadelgelder u. s. w.) auf die Staatskasse fundirt und angewiesen ist: so in Oesterreich, Preußen, Baiern, Königreich Sachsen, Hannover, Württemberg, Holstein und Lauenburg, Luxemburg und Limburg.[1]) Eigenthümer des Staatsguts ist, wie schon der Name besagt und das preußische Landrecht (oben §. 20) ausdrücklich erklärt, der Staat, d. h. das staatliche Gemeinwesen, das Staatsoberhaupt nur als oberster Repräsentant des Staats und erblicher Inhaber der Staatsgewalt.[2]) Die Staatssuccession ergibt sich hier von

---

[1]) Das heutige Verhältniß des Domänenertrags zu den Steuern und andern Staatseinkünften ist freilich sehr verschieden. In Oesterreich ertragen die Domänen nicht viel über 1½, in Preußen 12, Baiern 25% der Staatseinnahmen. Rau, Finanzwissenschaft S. 80 f.

[2]) Vgl. österreichisches Gesetzbuch S. 287 und 289 (oben §. 19), das revidirte oldenburgische Staatsgrundgesetz von 1852, Art. 180. S. 1. Unrichtig ist, wenn Ostermann, preußisches Staatsrecht S. 365 ein getheiltes Eigenthum des Souveräns und des Staats an den Domänen in Preußen annimmt.

selbst. Es ist aber auch die Unzertrennlichkeit des Domänen- oder Kammerguts von dem Lande oder der Krone in mehreren Grundgesetzen ausdrücklich ausgesprochen, namentlich im Königreich Sachsen (mit Erstreckung auf das Fideikommiß des k. Hauses und den Privaterwerb des Königs, worüber nicht verfügt worden) in Württemberg. Auch in einer Anzahl kleinerer Staaten ist in den Jahren 1848 ff. die Erklärung der Domänen zu Staatsgut, unter Vereinbarung einer, nach Maßgabe der Kräfte und Obliegenheiten der Kammer berechneten Civilliste grundgesetzlich erfolgt, aber in Folge des politischen Rückschlags auf dem Wege der Gesetzgebung oder einseitig von der Regierung wieder zurückgenommen worden, z. B. in Mecklenburg-Schwerin, Nassau, Sachsen-Weimar, Sachsen-Altenburg, Sachsen-Gotha, Sachsen-Meiningen.

Gegenüber jener klaren und entschiedenen, von einigen Regierungen schon früher in ihrem eigenen Interesse gewählten und jedenfalls den Mißbräuchen und Nöthen der alten Kammerverwaltung weit vorzuziehenden Lösung der Domänenfrage erscheinen alle andern, mehr oder weniger gekünstelten Lösungsversuche als **Ausnahmen**, zum Theil als wirkliche staatsrechtliche Anomalien:

1) der angeführten Regel am nächsten steht die finanzielle Einrichtung mehrerer Staaten, wo statt einer gewöhnlichen Civilliste ein Theil der **landesherrlichen Domänen** als Haus- oder Hof-Dotation (Krongut) ausgeschieden, der andere Theil aber nebst den Einkünften aus Regalien und Hoheitsrechten mit dem Staatsvermögen aus Steuern, Eisenbahnen, Telegraphen, Staatsgewerben u. s. w. vereinigt ist (Hannover, Kurhessen, Sachsen-Weimar, Oldenburg); oder wo

2) zwar das fürstliche Kammergut in besonderer Verwaltung belassen, aber der jeweilige Ueberschuß der Kammerkasse nach Bestreitung der Civilliste, ebenso wie der Abwurf der Steuerkasse an die Hauptfinanzkasse abgeliefert wird (Braunschweig). Es gibt aber auch noch

3) einige Staaten, wo das **landesherrliche Kammergut**, im Gegensatz zur Landeskasse oder Steuerkasse beibehalten oder wiederhergestellt ist und demgemäß die Einkünfte aus Domänen und Regalien der ausschließlichen Verwaltung des

Staatsoberhaupts zu Bestreitung der Hof- und Regierungsausgaben, soweit letztere nicht von den Ständen auf die Steuerkasse übernommen worden, überlassen sind. (Mecklenburg-Schwerin und Strelitz, Hessen-Homburg, Lichtenstein.) Hier gelten im Zweifel die früher §. 14 angeführten Grundsätze. Diesen Staaten stehen wieder entgegen

4) andere, wo das Domänen-Vermögen in neuerer Zeit als **Familiengut** oder **fideikommissarisches Eigenthum** des fürstlichen Hauses erklärt, jedoch der Sache nach als **Staatsgut behandelt**, namentlich der Nutzung und Verwaltung des Staats, unter Vorbehalt einer Civilliste unterworfen wurde: Baden, Großherzogthum Hessen (mit Ausnahme des dem Staate überlassenen Drittheils der Domänen), Sachsen-Altenburg, Schwarzburg-Rudolstadt. Auch der Grundsatz der **Staatserbfolge** innerhalb der regierenden Familie ist hier ebenso wie in den Staaten Nr. 1—3 anerkannt. Die Bezeichnung Familieneigenthum oder Hausgut kann daher im Allgemeinen nur den Zweck haben, die **Erbberechtigung** der fürstlichen Familie auszusprechen, nicht aber das Domänen-Vermögen seiner öffentlichen Bestimmung zu entziehen und in ein Privatvermögen der Familie oder Chatoullegut des letztregierenden Herrn zu verwandeln.

Ist die fürstliche Familie in ihren folgeberechtigten Mitgliedern erloschen, so kann überhaupt weder von einem Familiengut im weiteren noch im engeren Sinne mehr die Rede sein; die Rechte des Staates am Domänengut aber bleiben und es kann der Letztregierende der Familie so wenig einseitig darüber verfügen, wie über das Recht der Landesregierung selbst. Es bleibt daher, nachdem die Reichsgewalt weggefallen ist, nur übrig der Weg, welchen das oldenburgische Staatsgrundgesetz von 1852 Art. 18 vorgezeichnet hat: „Würden dereinst Besorgnisse wegen der Regierungserledigung bei der Ermangelung eines grundgesetzlich zur Nachfolge berechtigten Prinzen entstehen, so soll zeitig vom Großherzoge und dem Landtage durch eine weitere grundgesetzliche Bestimmung für die Regierungsnachfolge Vorsorge getroffen werden." [a]

---

[a] „Sollte diese Vorsorge nicht getroffen sein, so soll im Falle der Re-

3) Einen singulären Standpunkt nehmen ein das meiningische Gesetz vom 3. Juni 1854. Art. 10 und der fürstbrüderliche sachsen-gothaische Vertrag vom 1. März 1855, welche beide, unter Aufhebung der zuvor anerkannten Staatsgutseigenschaft, zwar vorerst noch die Verwaltung des Domänenvermögens durch Staatsbehörden und die Kontrolle derselben durch die Stände zugeben, aber diese wie überhaupt die ganze Verbindung mit dem Staate (Verwendung eines Theils des Ertrags für die Zwecke der Landesverwaltung, Konsens der Stände zu Veräußerungen) davon abhängig machen, daß ein Zweig des herzoglich sachsen-gothaischen Gesammthauses (Altenburg, Meiningen und Koburg-Gotha) die Regierung des Herzogthums führt. Der gothaische Vertrag §. 8 führt dieß noch weiter aus, indem er im entgegengesetzten Falle die Abgewährung irgend eines Theils des Domänen-Ertrags zur Bestreitung von Staatslasten (mit Ausnahme gewisser jetzt noch in dem „Vergleiche" von demselben Tage §. 8 als „stiftungsmäßig" und unwiderruflich anerkannten Leistungen) aufhören und das gesammte Domänengut, mit Ausnahme des als Staatsgut fortan anerkannten unnutzbaren und lästigen Theils desselben, von dem herzoglichen Hause, „dem diesem daran zustehenden Eigenthum gemäß," verwalten und nutznießen läßt⁴). Ich bemerke nur noch, daß die Lösung der Verbindung der Domänen mit dem Staate nach dem gothaischen Vertrage eintreten soll, wenn „aus irgend einem Grunde" das herzoglich sachsen-gothaische Gesammt-

---

gierungserledigung der dazu neu gewählte allgemeine Landtag die Regierungsnachfolge bestimmen, und zwar mit einer Mehrheit von zwei Dritteln der wenigstens zu drei Vierteln anwesenden Abgeordneten. Während dieser Erledigung führt das Staatsministerium die Regierung." Dieser Zusatz des Staatsgrundgesetzes vom Jahr 1849, Art. 9 wurde in der Revision ausgelassen; es ist aber nicht abzusehen, wie die Regierungsfolge eintretenden Falls anders als mittelst des alten ständischen Wahlrechts bestimmt werden soll.

⁴) Im meiningischen Gesetze ist das Eigenthum der Domänen dem herzoglichen Spezialhause vorbehalten, unter Anerkennung des Fideikommisses des sachsen-gothaischen Gesammthauses. Der gothaische Vergleich dagegen überträgt das Eigenthum am Domänengut jetzt schon auf das sachsen-gothaische Gesammthaus.

haus aufhören würde, das Herzogthum zu regieren;*) also nicht etwa blos bei einer Mediatisirung — ein Fall, den das schwarzburg-sondershausische Grundgesetz von 1849 §. 68 im Auge hat*) — sondern auch wenn das Gesammthaus in seinem allein zur Nachfolge berechtigten Mannsstamme erlöschen sollte (wer soll alsdann das zum Eigenthum berechtigte „herzogliche Haus" vorstellen?) ja sogar im Falle einer willkürlichen Abdizirung. Man sieht, es sind hier ganz verschiedene Fälle auf demselben Fuße behandelt.

Nicht zu verwechseln ist diese Art der Behandlung des Kammerguts mit dem sachsen-altenburgischen Gesetz von 1854, wo die Staatsadministration der Domänen nur für die Dauer der Regierung der Speziallinie Sachsen-Altenburg anerkannt ist. Hier würde also, wenn das herzogliche Haus aus irgend einem Grunde zu regieren aufhörte, zwar nicht die zuvor anerkannte Staatsgutsqualität des Kammerguts wieder Platz greifen, wohl aber würden, wie das Gesetz sagt (D. 1b.), die Bestimmungen des Grundgesetzes vom Jahr 1831 §. 18 über das Domanial-Vermögen wieder in Kraft treten, wonach die Domänen-Verwaltung gleichfalls einen Theil der Finanzverwaltung bildet und eine Civilliste auf dieselbe angewiesen ist, aber unter Anerkennung des Eigenthums der herzoglichen Familie an dem landesherrlichen Kammergute, mit Inbegriff der Regalien. — Auch die Vereinbarung über die Domänen in Oldenburg vom 5. Febr. 1849, wonach die Sonderung zwischen Krongut und Staatsgut mit allen daraus zu ziehenden Folgerungen wegfallen soll, sobald kein Nachkomme aus dem in dem Grundgesetz allein für regierungsberechtigt erklärten Mannsstamme des Herzogs Peter Friedrich Ludwig von Oldenburg mehr an der Regierung des Großherzogthums sein würde („unbeschadet des Rechtsbestandes der inzwischen am Domanialverbande vorgenommenen Aenderun-

---

*) Im meiningischen Gesetze Art. 10 scheint dasselbe beabsichtigt, obgleich die eventuelle Staatserbfolge des großherzoglichen und königlich sächsischen Hauses im Grundgesetz von 1829 §. 1–3 ausdrücklich anerkannt ist.

*) Hier ist die Verwaltung und Nutzung des Kammerguts durch den Staat (nicht auch die übrige Verbindung mit dem Lande) „auf die Dauer der Selbständigkeit des Fürstenthums" dem Staat überlassen.

gen") geht nicht so weit, wie das meiningische Gesetz und der
gothaische Vertrag: denn auch das Grundgesetz von 1852, Art.
179 ff. anerkennt jene Sonderung, aber auch die Verbindung der
Domänen nicht blos mit dem Staat, sondern selbst mit den Provinzen, wozu sie herkömmlich gehören ²), und dasselbe trifft zugleich eventuell Vorsorge für den Fall einer Thronerledigung,
indem sie die neue Staatssuccession und damit auch die neue
Dotirung der Krone von einem Verfassungsgesetze abhängig macht.

§. 50.

Nochmals die Privateigenthumstheorie. Politische Gründe.

Wie Zachariä aus den angeführten Vorgängen (§. 10 seiner
Schrift) den Schluß ziehen konnte, daß nur in einigen Gesetzgebungen das Kammergut in wahres Staatseigenthum verwandelt worden, in der großen Mehrzahl der deutschen Staaten aber an dem Familieneigenthum und der Fideikommiß-
qualität festgehalten werde, wäre minder erklärlich, wenn wir
nicht bereits wüßten, durch welche Sprünge er zu der Vorstellung eines Familien-Eigenthums an dem Kammergute von
vorne herein gelangt ist. Dergleichen Sprünge wiederholen sich
auch hier. Als besonders bemerkenswerthes Zeugniß für das
fürstliche Eigenthum (also doch nicht Familieneigenthum?),
gewissermaßen als Prototyp, betrachtet er die badische Verfassungsurkunde wegen des Motivs in §. 59: „Ohngeachtet die
Domänen nach allgemein anerkannten Grundsätzen des Staats-
und Fürstenrechts unstreitiges Patrimonialeigenthum des Regenten und seiner Familie sind und Wir sie auch in
dieser Eigenschaft, vermöge obhabender Pflichten als Haupt der

---

¹) Der Anspruch der einzelnen Provinzen auf besondern Genuß der
Anskünfte, wie er in dem oldenburgischen Grundgesetz anerkannt ist, findet
sich in gleicher Weise, wie früher angeführt worden, auch in andern Staaten,
wo die Realunion nicht durchgeführt ist, so in Holstein und Lauenburg,
Luxemburg und wohl auch in Limburg, welches gleichfalls Provinzialstände hat.

Familie, hiemit ausdrücklich bestätigen, so wollen Wir bennoch den Ertrag derselben" u. s. w. Auch ich habe oben (§. 49 nr. 4) die badische Verfassung zu der Klasse derjenigen Grundgesetze gestellt, welche ein sog. Familieneigenthum annehmen; aber einen Beweis gegen die öffentliche Natur und Bestimmung des Domänen- oder Kammerguts kann ich darin nicht finden: 1) weil die Voraussetzung einer communis doctorum opinio für das vermeintliche Patrimonial-Eigenthum, wovon die Verfassung in ihrer ertheilten Bestätigung ausgeht, eine irrige ist; 2) weil wir es hier lediglich mit einem doctrinären Satze zu thun haben, der aus irgend einem Lehrbuche in die octroirte Verfassung des Großherzogthums übergegangen ist und dem, wie gezeigt worden (§. 24), die Geschichte der badischen Domänen selbst widerstreitet; 3) weil factisch die badische Verfassung die Domänen als Staatsgut behandelt, wie denn auch seit dem Bestande der Verfassung (1818) die Einkünfte der Domänenverwaltung einen Theil des Staatsbudget bilden und über die Civilliste (welche schon die Verfassung erwähnt), sowie über die Apanagen förmliche Gesetze bestehen, welche, so lange sie nicht abgeändert sind, die Rückkehr zu der früheren einseitigen Verwaltung des Domanialvermögens folgeweise ausschließen. (Sollten nicht auch ständischer Seits später Verwahrungen gegen mögliche Deutungen des §. 59 erfolgt sein?)

Zachariä selbst (S. 47 Note 45 seiner Schrift) rechtfertigt die Bezeichnung der Kammergüter als Staatsgüter, weil hierdurch ihre hausgesetzliche und verfassungsmäßige rechtliche Bestimmung und zugleich ihre rechtliche Verschiedenheit vom Chatoulle- oder reinen Privatgut des Souveräns oder der Glieder der fürstlichen Familie bezeichnet werde. Dennoch eifert er (S. 47) gegen die Versuche, welche ständischer Seits schon vor 1848 da und dort gemacht worden, dem Staat das Eigenthum des fürstlichen Domaniums zu erstreben, welche aber, da es an eigentlichen Rechtsgründen zur Unterstützung dieses Bestrebens gefehlt und dieser Mangel durch die Berufung auf die Doctrin einiger (?), das positive Recht ignorirender (?) Publicisten nicht ersetzt werden könne, da auch keine drängende politische Gründe zu einer den ständischen Bestrebungen entspre-

cheuden Concession vorgelegen, größtentheils fruchtlos
gewesen seien; erst die stürmischen Bewegungen des Jahrs 1848
hätten in einer Mehrzahl von Staaten eine förmliche Abtretung
des Domäneneigenthums an den Staat im Gefolge gehabt.

Es ist eine leichte Sache, über verfehlte ständische Bestrebungen oder liberale Regierungshandlungen vom Standpunkt
einer späteren reaktionären Zeit den Stab zu brechen. In
diesem Fall hat übrigens Zachariä bei seinem Angriff auf
die sog. Action entschieden Unrecht. Die Gesetzbücher Preußens und Oesterreichs halten mit ständischen Bestrebungen
nichts zu thun; aber sie giengen aus von der, in der Person
des Staatsoberhaupts sich darstellenden Einheit des Staats
und der Regierung. Was dem Staate zugeschrieben wurde,
erschien darum nicht als eine Verkürzung des Staatsoberhaupts. Auch
die Zugeständnisse der bairischen und württembergischen
Verfassung in der Domänenfrage sind von den dortigen Regierungen selbst angeboten worden; sie räumten das Staatseigenthum an den Domänen ein, ohne eine Rechtsentäußerung oder
Rechtsverletzung für das regierende Haus darin zu erblicken,
denn ja immer noch wie früher und nur noch gesicherter der
Unterhalt aus den Domäneneinkünften vorbehalten blieb. Man
erinnerte sich der alten üblen Finanzwirthschaft, der Zerrüttung,
welche aus der Verschuldung und Verschleuderung der Kammergüter unter einzelnen Regenten und schlechten Rathgebern her-
vorgiengen, in Württemberg insbesondere der Mißstände, welche
eine drei- und vierfache Verwaltung hervorrief. Kurz man sah
in der Vereinigung der Staatskassen, in der Oeffentlichkeit der
Verwaltung und in dem Institut der Civilliste einen Gewinn
für das Land, für das Haus und die Regierung. — All' das
geschah vor dem Einbrechen der sog. Reaction, d. h. vor den
Karlsbader Beschlüssen (1819) und auch diese sind so wenig als die
darauf gefolgten Wiener Konferenz-Beschlüsse (15. Mai 1820)
der Erklärung der Domänen zu Staatsgütern entgegengetreten.

Mit den angeführten Beispielen ist übrigens die Zahl
der Staaten, welche vor 1848 sich zu der Staatsgutstheorie
bekannt haben, noch nicht abgeschlossen. Die französische Juli-
Revolution von 1830 erinnerte an die da und dort noch unerfüllte

Zusatz des Art. 13 der Bundesakte; daraus entsprang die k. sächsische Verfassung von 1831, die kurhessische von demselben Jahr und das hannoversche Grundgesetz vom Jahr 1833. Das letztere erhält ausdrücklich die landesherrlichen Rechte an dem sog. Krongut aufrecht und auch die kurhessische Verfassung vom Jahr 1831, welche Zachariä in seiner Sammlung der deutschen Verfassungsgesetze übergeht (sie war doch nur faktisch beseitigt!) hat an dem Verhältnisse des Staatsoberhaupts zur Substanz des „Staatsvermögens" (einschließlich der Domänen) nichts geändert¹). Darf man aber deshalb annehmen, daß diese Verfassungen auf dem Boden der Patrimonialitätstheorie des Herrn Zachariä stehen, oder daß die Stände, indem sie auf Vereinigung der Domänenkasse mit der Staatskasse drangen, zu weit gegangen seien?

Auch die nassauischen Stände, welche Zachariä beispielsweise nennt, verdienen nicht den Vorwurf zu weit gehender Bestrebungen, denn: 1) ist es unrichtig, was Zachariä sagt, daß schon in den bestehenden Verfassungsgesetzen von 1814 die Eigenschaft der Domänen als Familiengut garantirt gewesen sei. Das octroirte Verfassungsgesetz von 1814 spricht wohl beiläufig von den Domänen als Familiengut, aber in einer Verbindung, welche die öffentliche Bestimmung des Domaniums erkennen läßt²). 2) waren es nicht die Stände, sondern es war die Regierung, welche Streit anfing, indem sie 1818 die Domänen von dem Staatsvermögen trennte und dadurch ein Defizit in der Staatskasse herbeiführte, allerdings unter fortwährendem, aber gewiß gerechtfertigten Widerspruch der Stände. Die 1848 von dem Herzog proklamirte und 1849 und 1851 wiederholte Anerkennung der Domänen als Staatseigenthum ist seitdem nicht förmlich aufgehoben worden, wiewohl allerdings die Regierung seit 1854 davon abgewichen ist und auch die unlängst getroffene Vereinbarung mit den Ständen Bestimmungen enthält, welche der staatlichen Natur der Domänen nicht hinreichend Rechnung tragen.

---

¹) (Nebelthau) Wahrheit und Irrthum in der mauerbrecherschen Schrift: die deutschen regierenden Fürsten und die Souveränität. Cassel 1839. S. 27 f.

²) s. oben S. 185 Vgl. Zachariä Verfassungsgesetze S. 757 Note, wo er selbst sagt: „die staatsrechtliche Bedeutung des Domaniums sprach das Steueredikt von 1809 aus und erkannte auch das Patent von 1814 indirekt an."

Wenn Herr Zachariä es zu rechtfertigen sucht, daß die Zusagen von 1848 und 1849 meistentheils unerfüllt geblieben und die Regierungen zu dem frühern Rechtszustande der Kammergüter, wenn schon mit einigen Modifikationen, zurückgekehrt sind, so ist natürlich vom formellen Standpunkte aus nichts wider diese Rückkehr zu sagen, vorausgesetzt, daß sie in gültiger Weise unter den kompetenten Faktoren der Gesetzgebung vereinbart worden. Dagegen ist ein einseitiges **faktisches** Vorgehen wider frühere Gesetze und Einrichtungen, wie wir es in Hannover, Nassau und andern Staaten erlebt haben, gerade vom konservativen Standpunkte aus höchlich zu mißbilligen; und es kann demselben nicht die Wirkung beigelegt werden, daß nun jene Gesetze und Einrichtungen deshalb rechtlich zu existiren aufgehört hätten. Auch die Proteste von Agnaten, worauf Zachariä als **Veranlassung** zu den vorgenommenen Revisionen hinweist (in der Regel waren es doch mehr **politische** Gründe, welche den Widerruf bestimmten), haben gegenüber von Aenderungen in der Verfassung und Gesetzgebung des Staats, namentlich in dem Rechtsverhältnisse der Domänen so wenig eine rechtliche Wirkung, als der Widerspruch anderer Unterthanen [1]. Aber selbst materiell liegt für die Agnaten kein Grund vor, sich zu beschweren, so lange ihre eventuelle Thronberechtigung nicht aufgehoben oder abgeändert wird.

Die Gesetze der Jahre 1848 und 1849 tragen wohl häufig die Spuren der Eile und der politischen Aufregung an sich; aber es wäre unbillig, denselben insgesammt den Vorwurf zu machen, als ob dadurch in Bezug auf die Domänenverhältnisse unbillige oder über die früheren Vorgänge anderer Staaten hinausgehende Aenderungen getroffen worden seien; vielmehr ergibt sich aus der Vergleichung der oben §. 19 ff. angeführten Partikulargesetze, daß die in jenen Jahren vereinbarten Finanz-

---

[1] Nur als Ausnahme ist es anzusehen, wenn noch einige neuere Gesetze, z. B. das meiningische Grundgesetz von 1854, neben der ständischen Zustimmung agnatischen Konsens zu Veräußerungen vorbehalten. Darunter sind aber doch nur Veräußerungen im Verwaltungswege gemeint, nicht Abänderungen in der Verfassung oder Gesetzgebung, wodurch auch jene Gesetze wieder modifizirt werden können.

ausscheidungen wesentlich auf denselben Grundsätzen beruhten, wie jene in denjenigen Staaten, wo die dückliche Aufgabe schon früher gelöst worden war, z. B. in Baiern und Württemberg. Die Absonderung des fürstlichen Haushalts von dem Staatshaushalt durch Vereinbarung einer Civilliste oder Zutheilung von Hofdomänen, ferner die ständische Kontrolle der Domänenverwaltung und die Staatsgarantie gegen willkürliche Veräußerungen — alles das war im Interesse nicht blos des Staats, sondern auch der fürstlichen Familie, deren Rechte und Ansprüche in Bezug auf Apanagen, Sustentationen, Wittume u. s. w., wie in Bezug auf künftige Succession nun um so mehr Schutz genossen. Auch die Anerkennung der Domänen als Staatsgut verletzte die agnatischen Rechte nicht; denn nicht davon handelte es sich, wie Zachariä es darstellt, das „Eigenthumsrecht der souveränen Häuser (?) am Domanium zu vernichten und auf den Staat zu übertragen," sondern die Verbindung der Domänen mit dem Lande und mit der Regierung mehr als bisher zu sichern und den Staatshaushalt auf festere Grundlagen zu stellen*).

Zachariä selbst bemerkt, (Staatsr. II. S. 403), daß in den deutschen Staaten der Landesfürst als solcher als der Eigenthümer des Staatsguts (nach öffentl. Rechte) betrachtet werde, jedoch in keinem andern Sinn, als er überhaupt Eigen-

---

*) Mit Recht sagt Bluntschli, allgem Staatsrecht 2. Aufl. Bd. II. S. 67: die früherhin geltende (?) Vorstellung eines privatrechtlichen Kammerguts sei für die neuere Staatsentwicklung völlig unhaltbar geworden. Auch R. v. Mohl, Polizeiwissenschaft 2. Aufl. Bd. II., S. 47 u. 48 handelt nur von Staatsdomänen. Dabei bemerkt er Note 5: man kann zugeben, daß in vielen Fällen jetzige Staatsgüter anfänglich Familiengüter des regierenden Hauses waren, wie dieses Manche behaupten; allein damit ist noch keineswegs bewiesen, daß sie es auch jetzt noch sind. Im Gegentheil läßt sich nachweisen, wie viele ursprüngliche Familiengüter, während der früheren Patrimonialherrschaft namentlich auch zur Bestreitung der Regierungskosten bestimmt, bei der sich nach und nach ausbildenden Idee des Rechtsstaats und der daraus entstehenden Trennung zwischen der Person der Fürsten und ihrer Stellung als Staatsoberhäupter, allmälig die Eigenschaft wahrer Staatsgüter annehmen und durch stillschweigende Schenkung (?) von den fürstlichen Häusern dazu überlassen wurden."

thümer oder Inhaber der Staatsgewalt sei. Gerade dieß trifft aber zu bei dem Kammergute, welches dem Landesherrn als solchem eigenthümlich zukommt. Ich sehe also zunächst keinen Unterschied zwischen dem jetzt sog. Staatsgut und dem Kammergut als den, daß die staatliche Natur der Domänen mit jenem Namen schärfer bezeichnet ist, oder daß das Eigenthum, welches bisher dem Landesherrn als solchem, sinnbildlich der Krone zukam, nun direkt auf die moralische Person des Staats selbst bezogen wird*). Eine weitere, praktisch erhebliche und verbreitete Neuerung lag in der eingeführten ständischen Kontrolle und in der sog. Etatswirthschaft, wovon die Folge war, daß das Staatsoberhaupt nicht mehr, wie früher, über den Ertrag des Domaniums beliebig verfügen konnte, sondern verpflichtet wurde, denselben für die verabschiedeten öffentlichen Zwecke, wohin auch die festgesetzten Summen für den Unterhalt des Staatsoberhaupts und des regierenden Hauses gehören, zu verwenden. Mit dieser Einrichtung erklärt sich Zachariä selbst einverstanden.

Wo ist nun das Unrecht, gegen welches Herr Zachariä §. 10 a. E. die Reaktion heraufbeschwört? „Wie es eine berechtigte Aktion gibt, — bemerkt er — so auch eine berechtigte Reaktion, und für berechtigt halten wir die letztere überall, wo es darauf ankommt, ohne Noth und wahres Bedürfniß bei der Aktion verletztes Recht anzuerkennen und wieder herzustellen." Die konservativen Regierungen der deutschen Großstaaten und Mittelstaaten haben sich nicht beeilt, diesem Aufrufe Folge zu leisten. Einzelne Schriftsteller in Preußen und Baiern haben wohl in dieselbe Posaune geblasen, wurden aber von Zachariä selbst (Staatsr. II. S. 424, 425) zurechtgewiesen.

Nur an die „kleineren staatlichen Gemeinschaften" wendet sich Zachariä, welchen die Natur den Anspruch auf eine politisch

---

*) Auch Dahlmann, Politik 1. Bd. 2. Aufl. S. 125 bemerkt, daß man die Domänen, als die ursprüngliche Quelle des fürstlichen Privathaushalts und nicht minder des fürstlichen Staatshaushalts, mit gleichem Rechte landesherrliche Güter und Staatsgüter nennen möge. Vgl. Gutachten in der hannoverschen Verfassungsfrage S. 247 ff.

hervorragende Rolle in der Geschichte versagt habe (s. S. 4 u. 28 der Schrift). In einigen dieser Staaten, namentlich Gotha, Meiningen hat sich auch seine Vorhersagung: es werde nicht bei den Vereinbarungen vom Jahr 1849 bleiben können, prophetisch erwiesen. Doch nicht genug an diesem Erfolg und an der Unklarheit und Verwirrung der Begriffe, welche Folge der eingetretenen Umkehr — nicht zu dem alten Rechte der landesherrlichen Kammergüter, sondern zu der unpublizistischen Patrimonialitäts-Theorie gewesen ist, wird jetzt (S. 28 der Schrift) auch den andern kleineren deutschen Fürstenhäusern (und ihrer ist ja die Mehrzahl) nahe gelegt, daß sie ihr „althergebrachtes, positivrechtlich (?) begründetes Eigenthum am Kammergut festzuhalten suchen und der Verwandlung in Staatsgut, welche die moralische Person des Staats zum Eigenthümer macht*), und es mit diesem auf jeden Staatssuccessor übertragen würde, widerstreben"; wie es ihnen auch Niemand verargen könne, „wenn sie das in Uebereilung aufgegebene Eigenthum wieder zu erlangen suchten."

Guter Rath kommt wohl oft zu spät; aber schlimmer Rath stets zu frühe! Hat Herr Zachariä den Hergang überall gründlich untersucht, daß er mit so viel Sicherheit von Uebereilung der Fürsten spricht? Hat nicht jeder regierende Fürst — um mit Kaiser Franz II. zu reden — die Vermuthung für sich, daß er bei seinen Staatshandlungen alle individuellen Verhältnisse reiflich erwogen und die Wohlfahrt des Landes zum Augenmerk habe?[1]) Welche Folgen — frage ich — würden ent-

---

*) Im Staatsrecht II. S. 403, 424 und 425 läugnet Zachariä, daß dieß die Absicht der Grundgesetze von Baiern, Königreich Sachsen u. s. w. sei, und er spricht sich deßhalb gegen die Ausdrucksweise des preußischen Landrechts aus: es könne wohl (meint er) ein Staatsgut geben, hinsichtlich dessen der Staat selbst als Eigenthümer erscheine, aber in Deutschland sei es nicht so; nur der Landesfürst als solcher sei als Eigenthümer des Staatsguts nach öffentlichem Recht zu betrachten, jedoch in keinem andern Sinn, als er überhaupt Eigenthümer oder Inhaber der Staatsgewalt sei, mithin beschränkt auf öffentliche oder Staatszwecke.

[1]) Kaiserliches Handschreiben an die Kurfürsten, die preußischen Besitznehmungen im fränkischen Kreise betreffend, bei Häberlin, Staatsarchiv Bd. III. S. 27.

stehen, wenn schon die Protestation eines oder mehrerer Familienglieder hinreichte, um ein Gesetz oder eine Verfassung in Frage zu stellen? oder wenn der Grundsatz zur Geltung käme, daß in den kleineren Fürstenthümern das Recht mit anderer Waage zu messen sei, als in den größeren? Es ist wohl ein alter Erfahrungssatz: wenn zwei dasselbe thun, ist es doch nicht dasselbe. Wie aber Zachariä es mit seinem staatsrechtlichen Gewissen vereinigen kann, die Größe oder Kleinheit eines Staats zum Maßstab der Widerruflichkeit eingegangener Verpflichtungen der Regierung gegen das Land zu machen, begreife ich nicht. Ob ein Staat groß oder klein, ändert nichts an seinem Rechte als Staat. Man sollte übrigens glauben, die Regierung eines großen Staats bedürfe noch mehr als die eines Kleinstaats konsolidirter Mittel zur Durchführung ihrer Zwecke, weil überhaupt größere Anforderungen an sie gestellt werden. — Könnte die Lehre, welche Zachariä den kleineren Fürstenhäusern ertheilt, daß das gegebene Wort unter dem Prätext der Uebereilung widerruflich sei, nicht später, wenn die Gelegenheit günstig, auch von der andern Seite, von der Volksseite, benützt werden?

Wenn Herr Zachariä aufgefordert wurde, seine gutachtliche Meinung über einen vorliegenden Fall mitzutheilen, so mochte er dieß nach seiner rechtlichen Ueberzeugung unumwunden thun; aber — unter Darleihung von Scheingründen und allgemein, ohne spezielle Prüfung — eine Reihe von Regierungen aufzumuntern, den gewagten Versuch zum Umsturz verfassungsmäßiger Zugeständnisse zu machen und damit den Unfrieden auch in solche Staaten zurückzuführen, wo seit Jahren das Verhältniß der Kammergüter zu gegenseitiger Zufriedenheit geordnet war — ein solches Verfahren richtet sich selbst!

Berichtigungen.

Seite.
7. L. 19 v. o. statt Zwar lese: Doch.
53. L. 23 v. o. statt und des Reichs lese: und Stände des Reichs.
60. L. 7 v. o. statt Domänen lese: Diener.
65. Note 22 statt Schutz-Cammer lese: Schatz-Kammer.
112. L. 6 v. o. statt Grundgesätze lese: Grundsätze.
149. L. 10 v. u. statt Grundsatz lese: Gegensatz.
157. Note 2 statt privés lese: privée.
171. L. 3 statt 1498 lese: 1849.
172. L. 4 v. o. ist „sich" zu streichen.
182. L. 4 v. o. statt Komunal lese: Kommunal.
     L. 7 v. o. statt vermehrt lese: beschwert.
190. L. 9 v. o. statt Domanialen lese: Domanialien.
236. L. 11 v. u. statt wurde in jedem Theile lese: wurden jedem Theile.
240. L. 11 v. o. statt Ausgesagte lese: Ausgeführte.
     Note 4 statt Kirchengute lese: Kirchengütern.
251. L. 13. v. u. statt Mandatare lese: Mandatare.
271. L. 11 v. o. statt Dominal- lese: Domanial-Revenüen.
305. Die Note 1 gehört zu S. 304, L. 3 v. u. nach verkündigt.
313. L. 16 v. o. lese: Natural-Besoldungen.
321. Note 4 a. E. Das Citat: Landtags-Verhandlungen u. s. w. gehört zu
     S. 319 L. 7 v. u. nach 1854.
322. L. 18 v. o. lese: Bundes-Verhandlungen.
330. Sind die Worte der Klammer: „jetzigen Herzogs" zu streichen.
339. L. 8 v. o. statt 1850 setze: 1854.
369. Note, L. 2 v. u. statt annehmen lese: annahmen.

www.ingramcontent.com/pod-product-compliance
Lightning Source LLC
Chambersburg PA
CBHW020300240426
43673CB00039B/658